上海律师文丛

U0867645

建设工程纠纷
经典案例分析与实务指引

杨青　主编
上海君伦律师事务所　组编

法律出版社
LAW PRESS · CHINA
北京

图书在版编目（CIP）数据

建设工程纠纷经典案例分析与实务指引 / 杨青主编 ； 上海君伦律师事务所组编. -- 北京 ：法律出版社，2024. --（上海律师文丛）. -- ISBN 978 -7 -5197 -9320 -3

Ⅰ. D922.297.5

中国国家版本馆 CIP 数据核字第 2024UZ2548 号

建设工程纠纷经典案例分析与实务指引
JIANSHE GONGCHENG JIUFEN JINGDIAN
ANLI FENXI YU SHIWU ZHIYIN

杨 青 主编
上海君伦律师事务所 组编

责任编辑 彭 雨
装帧设计 李 瞻

出版发行 法律出版社
编辑统筹 法律考试·职业教育出版分社
责任校对 裴 黎
责任印制 胡晓雅
经　　销 新华书店

开本 710 毫米 × 1000 毫米 1/16
印张 23.25 **字数** 406 千
版本 2024 年 8 月第 1 版
印次 2024 年 8 月第 1 次印刷
印刷 唐山玺诚印务有限公司

地址：北京市丰台区莲花池西里 7 号（100073）
网址：www.lawpress.com.cn
投稿邮箱：info@lawpress.com.cn
举报盗版邮箱：jbwq@lawpress.com.cn

销售电话：010 - 83938349
客服电话：010 - 83938350
咨询电话：010 - 63939796

书号：ISBN 978 - 7 - 5197 - 9320 - 3
定价：76.00 元

凡购买本社图书，如有印装错误，我社负责退换。电话：010 - 83938349

上海市律师协会文库
第十二届编委会、第十二届评审委名单

建设工程纠纷经典案例分析与实务指引
编委会

组　　　编：上海君伦律师事务所

主　　　编：杨　青

编委会委员：杨　青　丁德应　郭　蔚

张羽实　马天奇　杨雪帆

吴　琦

总　　序

在法治的光辉照耀下，法律不仅是维护社会秩序的基石，更是推动社会进步的重要力量。上海市律师协会自诞生之日起，已历经四十多个春秋，见证了上海律师行业为促进经济社会发展、保障人民群众合法权益、维护社会公平正义、推进社会主义民主法治建设作出的积极贡献。

为深入学习贯彻习近平总书记重要讲话精神，引领全市广大律师进一步明确时代和国家赋予律师的功能定位和责任使命，始终坚持"做党和人民满意的好律师"，不断提高学术理论素养和法律实践能力，进一步提升专业化水平，努力以高质量的法律服务为高质量发展、高水平开放保驾护航，上海市律师协会致力于引导律师著书立说，鼓励百家争鸣，积极打造"上海市律师协会文库"品牌，营造上海律师行业特有的文化氛围。2006 年年初正式启动"上海市律师协会文库"出版工作，2009 年又推出了"上海律师文丛"系列。已经问世的作品，汇聚了上海律师的智慧结晶，展示了上海律师的精神财富，也印证了上海律师在高速发展的转型期中始终立于时代的前沿。

"上海市律师协会文库""上海律师文丛"系列图书，聚焦当代中国法律实践中的热点问题，内容涵盖公司、劳动与社会保障、财税、房地产、金融、教育等多个领域，既有对法律理论的深入剖析，也有对法律实务的精准解读。

搭建律师思想碰撞之平台、畅通律师信息传播之渠道、铺设律师学问切磋之道路、营造律师形象展示之舞台、创建律师文化交流之大厦，始终是上海市律师协会推动律师发展的出发点和追求目标，也是广大上海律师共同憧憬的理想之境。我们期待，"上海市律师协会文库""上海律师文丛"系列图书的出版，能够为法律职业人士的成长和发展助力，为上海乃至全国的法治建设贡献一份力量。

最后，我谨代表所有参与本系列图书编写的作者和工作人员，向一直以来支持和关注“上海市律师协会文库”“上海律师文丛”系列出版物的读者朋友们表示衷心的感谢。

愿法治之光照亮每一个角落，愿法律之舟承载梦想扬帆远航。

上海市律师协会

2024 年 4 月

序　言

在中国，建设工程领域因其复杂性和高风险性，一直以来都是法律纠纷的高发区。作为一名专注于建筑房产领域法律服务的律师，我深知其中的种种挑战和复杂性。正因为如此，我们在近两年的时间里，潜心编撰了《建设工程纠纷经典案例分析与实务指引》这本书。我们希望通过这本书，能够为广大建设工程从业者、法律工作者以及建工企业、相关政府部门提供一个全面、翔实的法律实务指南。

建设工程不仅涉及大量的资金投入和复杂的工程技术，还涉及众多的法律关系和合同条款。任何一个环节的失误，都可能导致巨大的经济损失，甚至影响工程的顺利进行。因此，掌握建设工程领域的法律知识，了解各种可能出现的法律风险和纠纷，并具备相应的应对策略，对于从事这一领域的各方来说都是至关重要的。

在本书中，我们锁定了建设工程领域的关键争议点，从多个角度进行深度剖析，并且坚持以实务为导向，力求每一个案例的分析都具有实操性和指导性。比如，工期问题、常用条款的理解与适用、强制清场的法律依据与操作实务、赶工费用的计算与争议解决、挂靠行为的法律认定与风险防范、工程质保金的返还条件与程序、工程资质的审查与管理、工程质量的保障与纠纷解决、建设工程招投标的法律规定与操作实务、发包转包的合法性与风险防控等。本书写作历时近2年，全书正文逾40万字。这些内容不仅涵盖了建设工程领域的主要法律焦点，还结合了我们在实际办案过程中的典型案例和经验教训，相信可以为读者提供翔实的法律分析和实务指引。

作为一名深耕建筑房产领域的律师，我深知法律服务的意义不仅在于解决已经发生的纠纷，更在于帮助企业和个人防患于未然、规避风险。因此，在书中我们特别关注了建工企业的合规管理和法律风险防控。我们希望通过这些内容,能够帮助建工企业建立健全法律风险防控体系,提高企业的法律风险防范能力和合规能力,从而在激烈的市场竞争中立于“不败之地”。

春晖寸草,山高海深。本书的编撰过程离不开上海君伦律师事务所团队的辛勤付出,本书的出版是团队智慧的结晶,在此,我作为本书主编,首先向上海君伦律师事务所主任丁德应律师表以崇高的敬意和真挚的感谢,感谢丁主任对本书撰写工作的支持和专业指导,没有丁主任的支持,本书可能将历时更多年才能出版;其次要感谢上海君伦律师事务所高级合伙人郭蔚律师的主要审稿工作。此外,我还要特别感谢每一位参与编撰工作的同事和支持我的朋友,你们的专业素养与团队精神,让我深刻体会到合作的力量,也使这本书的内容更加扎实。无数个深夜,我们的讨论与辩论,不仅激发了我的思维火花,更为这本书增添了多元的视角与深度,感谢你们无私的陪伴与智慧的碰撞,是你们的共同努力,才有了这本书的顺利出版。道阻且长,行则将至。我还要感谢始终坚持、始终勇敢的自己,一路走来,跌跌撞撞地努力前进着,但我始终坚信律师唯有深耕专业,坚持理论联系实践,做难而正确的事,才能有稳定可持续的发展。

最后,我们在写作本书的这两年时间里,反复讨论、研究和修改,只为呈现一本真正有价值、有指导意义的法律实务书籍。我希望这本书能够成为广大读者的良师益友,为大家在解决建设工程法律纠纷、进行法律风险防控以及提升法律实务能力方面提供有力的支持和帮助;愿这本书能够助力大家在建设工程领域的法律实务道路上,走得更加从容、自信、长久。

杨　青
上海君伦律师事务所
副主任　高级合伙人

目　　录

分包合同中“背靠背”条款的理论分析、法院认定及风险提示

编前语

目前我国建设工程分包中仍然存在一系列法律问题，在司法实践中，总承包商与分包商签订分包合同时，总承包商为追求自身利益，往往将总承包合同中的相关要求以及风险转嫁至分包合同中，如工期、技术指标、违约责任等。在这些条款中，最易导致争议的莫过于有关支付的“背靠背”条款。本文对“背靠背”条款的定义和性质展开剖析，并结合相关法律规定和审判案例进行研究，分析司法实践对于“背靠背”条款效力和适用条件的认定，提示分包商如何在签署“背靠背”条款时保障自身利益，并对分包商和总包商分别进行风险提示。

【案情概要】①

2013年，发包人沈阳大东城市开发建设投资有限公司与总承包人中国建筑一局（集团）有限公司（以下简称中建一局）签订《施工总承包合同》，后中建一局将部分工程分包给沈阳祺越市政工程有限公司（以下简称祺越公司），双方签订了《分包合同》，其中约定“若因建设单位（发包人）不能按时支付给承包人工程款而导致承包人未按照合同约定时间向分包人支付工程款时，不视为承包人违约”，实际是以大东建设付款为前提条件的“背靠背”条款。后中建一局长期未付款，祺越公司提起诉讼。

【争议焦点】

关于“背靠背”付款条件，是否已经成就，中建一局是否有付款义务？

---

① 中国建筑一局（集团）有限公司、沈阳祺越市政工程有限公司建设工程施工合同纠纷案，最高人民法院民事判决书，（2020）最高法民终106号。

【判决概要】

法院认为,根据权利义务对等原则和诚实信用原则,作为总包方负有积极向发包方主张工程款的义务,以确保其与分包方的"背靠背"支付条款得以履行。特别是在分包方已通过诉讼向总包方主张工程款的情况下,可以视为分包方已向总包方提出请款申请,总包方仅仅因为与分包方就部分结算事项存在争议,即怠于向发包方请款,特别是在分包方提起诉讼后对此仍持消极态度,其行为有失妥当,也系对合同附随义务之违反。故中建一局关于"背靠背"条件未成就、中建一局不负有支付义务的主张,理据不足。

【案件分析】

一、"背靠背"条款的概念和背景

工程分包系指建筑工程的总承包商依法将自己所承包的在建工程中的一部分(非主体部分)承包给其他建筑公司的行为,是相对总承包而言存在的概念,发生在总承包商与发包人签订总承包合同以后。总承包商依法发包给具有相应资质的承包企业,该承包企业以自己的名义对在建工程进行施工活动,对自己所为的分包工程与总承包商共同承担连带责任。我国的建筑工程市场是不折不扣的买方市场,在建筑工程实践中,发包人欠付工程款一直是总承包商不得不面对的商业风险,而在分包合同中设置"背靠背"条款,是总承包商转嫁发包人支付不能风险的有效途径。

"背靠背"条款并非一个法定概念,实为行业内的惯常说法,在建筑工程分包合同中屡见不鲜,不仅存在于总承包商与分包商的分包合同中,在分包商的再分包合同中也可能存在。通常是指当事人双方在合同中约定付款方的付款时间、付款金额、付款方式等以收到第三方支付的相关款项为条件,最常见的约定便是:只有总承包商收到发包人支付工程款后,才有义务向旗下的分包商支付分包工程款。此类约定被形象地译为"背靠背"条款,可以使总承包商有效降低自己的资金风险,实现与分包商风险共担甚至是转移风险。

二、"背靠背"条款的表现形式

由于"背靠背"条款并未有一个明确的定义,在实践中的表达方式也五花八门,笔者简单归纳总结常见的几种"背靠背"条款的约定方式。

1. 约定发包人向总承包人付款是总承包人向分包人付款的条件,或者分包价款的支付以发包人付款为前提,是"背靠背"条款最常见的表现形式,也是"背靠背"条款常被称为"业主支付为前提"条款的原因,后文主要也将围绕此种形式的条款展开。

2. 约定分包价款的支付按发包人付款比例支付，或者约定分包价款按发包人付款进度支付，更有甚者表述为分包价款根据发包人的“付款情况”支付，这一表述虽很常见但是较为抽象，增加了司法裁判的难度，审判结果也根据案情不同而认定不一。

3. 约定发包人拖欠款项时总承包人不负任何责任，分包人不得向总承包人主张权利或者分包人不得起诉总承包人，实际上是总承包人利用其在市场上的优势地位所设定的责任免除条款，可能单独出现，也可能和前述其他形式的“背靠背”条款结合出现。

三、我国法律对“背靠背”条款的规制和裁判现状

我国现行法律法规和司法解释没有明确“背靠背”条款是否合法，甚至都没有关于“背靠背”条款的明确规定——包括《建筑法》《建设工程质量管理条例》等在内都没有对“背靠背”条款的性质进行明确，只有少数几则地方性文件略有提及。

北京市高级人民法院《关于审理建设工程施工合同纠纷案件若干疑难问题的解答》第 22 条中规定“分包合同中约定待总包人与发包人进行结算且发包人支付工程款后，总包人再向分包人支付工程款的，该约定有效”。对“背靠背”条款持肯定态度，对总承包人有利。

安徽省高级人民法院《关于审理建设工程施工合同纠纷案件适用法律问题的指导意见（二）》第 11 条的规定对“背靠背”条款也持肯定态度，但是范围仅局限于非法转包和违法分包建设工程，未提及合法分包的情形。

可以看出，地方的司法指导文件有承认该条款效力的趋势，但由于法律和司法解释的缺位，目前审判实践中对于“背靠背”条款的裁判观点仍未达成一致，处理结果也不相同，且不说“不同院不同判”，甚至连最高人民法院都出现了“同院不同判”的情况：

在中石化胜利建设工程有限公司、山东中亚建设集团有限公司建设工程分包合同纠纷案[①]中，最高人民法院回避对“背靠背”条款是否有效的论证，对于原审法院认为“背靠背”条款属于“约定不明”，不予支持的判决，最高人民法院以“理由未必允当，但处理结果并无不当”的理由予以维持。

在福建省东昇建设工程有限公司、中国水利水电第十六工程局有限公司厦

① 最高人民法院民事裁定书，（2016）最高法民申 2625 号。

门分公司建设工程分包合同纠纷案[①]中，最高人民法院却认可了“背靠背”条款的效力，将条款约定的支付方式确认为双方应该依约履行的方式。

如此种种，立法上的空白和司法认知上的混乱将在最大程度上加剧“背靠背”条款适用的不确定性，致使当事人无法有效预见此种安排的后果，不利于交易效率的提高以及对当事人自由意志的保护，且各地法院对于“背靠背”条款的不同态度还极可能引发当事人对于案件管辖权的争夺，从而造成司法资源的浪费，故而应明确“背靠背”条款的效力，为其在行业中的合理适用作出指引。

四、“背靠背”条款的法律性质

关于“背靠背”条款的法律性质，主要有附期限说和附条件说两种观点。两种观点区别在于附期限说基于确定事实，附条件说则反之。

（一）附期限说

分包合同双方的真实意思表示应是将“获得业主付款”视为未来发生的确定的事实，若非如此，分包方也不会愿意与总承包方签订分包合同，因此业主方支付工程款仅是付款期限长短的问题，所以“背靠背”条款是“附期限”条款。

（二）附条件说

“背靠背”条款以获得业主付款作为支付条件，本身包括总包人（承包人）无法获得业主付款就无须支付的含义，其法律依据为原《合同法》第45条和现《民法典》第158、159条，亦即附生效条件的合同（民事法律行为），自条件成就时生效，当事人为自己的利益不正当地阻止条件成就的，视为条件已成就。

笔者认可“背靠背”结算条款系“附条件”条款，原因在于，合同履行中，发包人拖延结算或者分包人施工工程存在不符合合同约定导致发包人拒绝结算的情况大有存在，事实证明“业主方支付工程款”常常不是确定的事实，此种情况下，“背靠背”条款应属附条件条款。若合同中确实仅约定“双方结算以总包单位与建设单位的结算依据和条款为准”，未明确表述“建设单位不付款则总包单位无须支付”的意思，可能被理解为附期限条款，总包单位存在无法以此抗辩分包单位付款请求的风险。

五、关于“背靠背”条款的法理分析

（一）以有效论为主流

从法条规定来分析，可以认为“背靠背”条款具有合法性。

原《合同法》第52条规定：“有下列情形之一的，合同无效：（一）一方以欺诈、胁迫的手段订立合同，损害国家利益；（二）恶意串通，损害国家、集体或者第

① 最高人民法院民事裁定书，（2017）最高法民申258号。

三人利益；（三）以合法形式掩盖非法目的；（四）损害社会公共利益；（五）违反法律、行政法规的强制性规定。”

据此，“背靠背”条款单就“收到建设单位所支付的工程款”这一表述没有违反法律、行政法规效力性强制性规定或公序良俗的情形，依法应当认定为有效。况且，从法理上看，“背靠背”条款是基于双方合意设立的条款，司法审判中应当充分尊重当事人的意思自治。

从实务操作来看，“背靠背”条款体现出很强的适用性，具有存在价值。在工程分包合同中，“背靠背”条款十分常见，总包商以此条款分担自己从业主处收回工程造价的风险，分包商作为工程实际建造者对此也承担一定的风险。从商业目的角度思考，这一规则设计具有合理性。首先，从合理商业目的的角度考虑，没有风险只有盈利的交易不具有存在的价值，因为其背后双方串通造假的可能性非常大——想要盈利必然意味着承担风险。其次，具体到工程分包合同中，分包商通过分担收不回工程造价款的风险接下工程项目，以期获得盈利。不能因为“背靠背”条款转嫁了部分商业风险从而否定其存在价值，整个市场经济中也是存在风险的，想要完全逃避商业风险的体制安排只存在于计划经济时代。从而能够得出的结论是：总包商通过“背靠背”条款来分担风险的做法具有商业合理性，“背靠背”条款具有存在的价值。

（二）司法实践中仍有认为“背靠背”条款无效的判决

因由上述原因，学界已经很少有人再持无效论的观点，但司法实践中仍然存在不少判决“背靠背”条款无效的案例，最常见的一大疑问为是否显失公平。

原《合同法》第 54 条规定，订立时显失公平的条款，当事人一方有权请求人民法院或者仲裁机构变更或者撤销。有的判决认为“背靠背”条款属于在订立合同时显失公平的合同条款，总承包人通过“背靠背”条款将发包人不支付的风险转移给与之无关的分包人，违背公平原则，不利于对分包人弱势地位的保护，所以以公平原则为由不予支持。笔者认为这不具有逻辑上的贯通性——如果分包商在订立合同时便知道此条款显失公平，其有权选择不签合同，甚至签合同之后也可以在除斥期间内通过原《合同法》第 54 条行使权利请求人民法院或仲裁机构变更或撤销，在工程已经完工后再提起变更或要求撤销“背靠背”条款，其实际是对契约精神的藐视。

其他不支持“背靠背”条款的判决，依据主要有四。

第一，以合同相对性为由，认为发包人是否付款只属于总包合同内容，与分包合同无关，总承包人作为分包合同价款请求权的对象，应当直接向分包人付款。

第二,当分包合同整体无效时,其中“背靠背”条款作为合同部分亦无效。

第三,分包合同多采用由总承包商提供的格式文本,“背靠背”条款属于格式条款而无效。

第四,另外还有部分判决未明确认定“背靠背”条款的效力,但以其他理由直接忽略条款约定。

六、司法实践

法院目前对于“背靠背”条款的主流处理方式有以下三种。

1. 通过其他理由直接得出判决结果,回避判断“背靠背”条款的效力。

在上海三航奔腾建设工程有限公司诉中国三冶集团有限公司船坞、码头建造合同纠纷案①中,最高人民法院的法官通过认定系争转包合同无效,从而得出“背靠背”条款无效的结论,回避了对“背靠背”条款效力的判断。

根据原《合同法》第 57 条,合同中独立存在的解决争议的条款,不受合同无效的影响,显然,“背靠背”条款是关于支付的条款,不属于争议解决的条款,据此其应该也是无效的。但根据最高人民法院《关于审理建设工程施工合同纠纷案件适用法律问题的解释》(已失效)第 2 条的规定,工程质量合格时,即使施工合同无效,合同当事人仍可参照约定付款,如此一来,“背靠背”条款是否可以被“参照约定”就有了争议。在实务中大量无效分包合同中涉及“背靠背”条款的争议,“转包合同无效”也是分包商经常使用的诉讼策略,法院最后是否“参照约定”也因为案情不同而不同,从结果来看,更多数判决是站在保护分包人(实际施工人)这一弱势群体的角度来选择说理角度和依据的,但往往通过论述其他更无懈可击的理由进行裁判,直接得出判决结果,对判断“背靠背”条款这种有争议条款的效力进行回避。

2. 认为“背靠背”条款成立,但应当以总包和分包商守约为前提,并且“背靠背”条款应当约定有期限。

在南京国电南自风电自动化技术有限公司与白城电力镇赉变压器有限责任公司买卖合同纠纷上诉案②中,吉林省白城市中级人民法院认为,“双方签订的合同自履行至今近三年的时间,南京国电公司未能给付相应货款,即使背靠背的付款方式成立,亦应以各方守约为前提,且应存在法律意义上的给付货款的合理期限。南京国电公司因业主方没有投运、调试、验收而拒付相应货款,致使南京国电公司与镇赉变压器公司相应货款给付成为无期限,此与法律相关规

---

① 最高人民法院民事裁定书,(2017)最高法民申 4349 号。

② 吉林省白城市中级人民法院民事判决书,(2017)吉 08 民终 841 号。

定相悖”。法官认为业主是第三人，依据原《合同法》第65条和第121条，总包商应当向分包商按期付款，而不应以第三人付款为前提条件，“背靠背”条款即使成立，也应当附实现条件，并设定期限，不设定期限的条款不具有存在意义。

此种裁判观点实际上是在赞同“附条件说”，总承包人向分包人等人付款理论上是一个将来必然发生的事实，表达的是一个时间概念，但实务中总承包人从业主方收到款项的日期并不明确，所以，虽然“背靠背”条款成立，但双方就总承包人支付工程尾款的履行期应该有明确规定，否则就是约定不明，应当适用原《合同法》第62条第4项关于随时履行之规定。

3. 认为“背靠背”条款成立，但总包商有积极向业主催款的义务，否则分包商可以以此作为抗辩理由要求总包商支付工程款项。

在上海立瞩建筑安装工程有限公司与上海美和医疗工程有限公司建设工程合同纠纷案①中，一审法院认为“背靠背”条款有效，应当完全按照其行使权利和履行义务，但二审法院进行改判，认定总包商在合理期限内未向业主提起诉讼追讨工程款，属于怠于向业主主张工程款，涉案工程早已交付并使用，此处的合理期限已过，并且质保期已满合同约定的两年，分包商有理由要求总包商支付工程款项。从这份判决中可以看出法院对于“背靠背”条款的价值判断是有效条款，但即使总包商和分包商约定以业主向总包商支付工程价款为总包商向分包商支付价款的前提，总包商在合理期限内没有通过诉讼向业主主张工程款，形成怠于履行催款义务的情形，当事人为自己的利益不正当地阻止条件成就的，视为条件已成就，此时总包商应当向分包商支付工程全款。

当然，除了以上三种情形以外，实务中还有大量其他判决思路，也与各案案情不同有关。

七、风险提示

总结前文所述，关于“背靠背”条款的主要争议可以总结为以下几点。

第一，公平原则是否影响“背靠背”条款的效力，“背靠背”条款是否因显失公平而无效？

第二，分包合同整体无效时“背靠背”条款是否随之无效？

第三，“背靠背”条款是否属于格式条款？

第四，若“背靠背”条款所附条件不可能实现，“背靠背”条款是否无效？

据此，可以对分包商和总包商分别给予以下风险提示。

---

① 上海市第二中级人民法院民事判决书，(2016)沪02民终7315号。

（一）分包商如何减少风险

对于分包人而言，应避免将发包人支付总承包人工程款作为总承包人向分包人支付分包合同价款的条件，尽量保持分包工程款结算和支付的独立性。但不可否认的是，在合同订立的过程中，总承包人处于优势地位，分包人通常无法拒绝在分包合同中约定“背靠背”条款。因此，当分包合同明确约定“背靠背”条款且总承包人恶意欠付分包工程款时，笔者建议分包人及时提起诉讼，削弱总承包人的抗辩依据，主张其付款条件已成就，维护自身的合法权益。

另外，建设工程市场经营行为并不规范，大量存在非法转包、违法分包等情形。分包合同（挂靠合同、转包合同）的效力也是法院审理此类争议首先应当解决的问题，故而分包合同的效力对于“背靠背”条款的影响也是争议焦点之一。这也直接关系到分包人（实际施工人）能否规避“背靠背”条款，直接请求总包人（承包人）支付工程价款，因此分包商在合同订立的过程中应特别注意分包合同的有效性。

同时，分包商在同总包商约定“背靠背”条款时，应当注意在此条加注明确的期限，可以注明如下：甲方向乙方支付工程价款以业主向甲方支付工程价款为前提，并且乙方将工程完工并验收通过或交付甲方使用且经过本合同约定的质量保质期后，甲方不得以业主尚未支付工程价款为拒付款理由（甲方指总包商，乙方指分包商）。

（二）总包商如何减少风险

对于总承包人而言，法院在发包人未付款情况下判决付款条件未成就的案例非常少，“背靠背”条款无法按照总承包人的预设真正发挥作用。故笔者建议在签署及履行分包合同过程中：

首先，总承包人应保证分包合同对“背靠背”条款表述完整明确，避免表述不清或存在歧义，而且应尽可能体现合同的公平合理，给予分包商相应的知情权，比如总承包商可将总承包合同中约定的发包人对自己的付款期限、付款比例、付款条件等内容展示在分包合同中，让分包商知晓相关情况，主动掌握分包合同中的“背靠背”内容。如果可以的话，最好还应给予分包商救济的方式，否则法院很容易以“显失公平”或“格式条款”的理由不适用“背靠背”条款。

其次，严格按照合同约定向发包人请求支付工程款，妥善保存能够证明其与发包人结算情况及发包人支付工程款的证据材料。从权利义务平衡的角度来看，在“背靠背”条款业已对分包人不利的情况下，法院一般会对总承包人苛以严格的举证责任，总包商在此过程中应当注意收集和保存相关数据，在诉讼中应当有证据证明不存在自身原因导致的业主不付款，且自己已积极向业主催款。

最后,当发包人迟延支付工程款时,总承包人应尽早通过诉讼积极向发包人主张权利,避免因怠于主张权利而被认定为"不正当地阻止条件成就",手段包括但不限于催款函、提起诉讼等。此处的"积极催款"指对于没有履行付款义务的业主,总包商可以选择采取私力救济和公力救济方式。私力救济方式包括催款函、律师函等。公力救济方式包括提起诉讼、仲裁、法院主持下的调解和庭外和解等。从案例中判断,以诉讼方式向业主索要工程款更容易被法院采信,证明力会更强。否则如果法院认定"背靠背"条款落空,总包商就应先行支付分包工程款。

结　语

分包合同中的"背靠背"条款本质上属于当事人双方就建设单位不付款的风险如何分配进行的约定,通过前文所进行的论述可知,就该条款本身而言,其完全处于我国现行的法律框架之内,亦对农民工利益保护和社会公共利益无碍,加之其作为建筑行业的一项行业惯例存在已久,必有其合理性。但如前文所述,"背靠背"条款引起的纠纷也不少,且至今立法层面尚未出现明确规定,司法实践中亦未一致承认,因此,笔者提醒总承包商和分包商双方均要审慎其中存在的法律风险,平衡双方利益,实现风险共担,利益共享的根本目的。同时,司法机关对"背靠背"条款司法释义已是当务之急,实践中也需重视"背靠背"条款的影响,统一司法裁判尺度,最大限度地实现建筑工程领域的有序与健康发展。

相关法律规定

1.《民法典》

第一百五十八条　民事法律行为可以附条件,但是根据其性质不得附条件的除外。附生效条件的民事法律行为,自条件成就时生效。附解除条件的民事法律行为,自条件成就时失效。

第一百五十九条　附条件的民事法律行为,当事人为自己的利益不正当地阻止条件成就的,视为条件已经成就;不正当地促成条件成就的,视为条件不成就。

2.《合同法》(已失效)

第四十五条　当事人对合同的效力可以约定附条件。附生效条件的合同,自条件成就时生效。附解除条件的合同,自条件成就时失效。

当事人为自己的利益不正当地阻止条件成就的,视为条件已成就;不正当地促成条件成就的，视为条件不成就。

第五十四条　下列合同，当事人一方有权请求人民法院或者仲裁机构变更或者撤销：

（一）因重大误解订立的；

（二）在订立合同时显失公平的。

一方以欺诈、胁迫的手段或者乘人之危，使对方在违背真实意思的情况下订立的合同，受损害方有权请求人民法院或者仲裁机构变更或者撤销。

当事人请求变更的，人民法院或者仲裁机构不得撤销。

第五十七条　合同无效、被撤销或者终止的，不影响合同中独立存在的有关解决争议方法的条款的效力。

第六十二条　当事人就有关合同内容约定不明确，依照本法第六十一条的规定仍不能确定的，适用下列规定：

……

（四）履行期限不明确的，债务人可以随时履行，债权人也可以随时要求履行，但应当给对方必要的准备时间。

……

第六十五条　当事人约定由第三人向债权人履行债务的，第三人不履行债务或者履行债务不符合约定，债务人应当向债权人承担违约责任。

第一百二十一条　当事人一方因第三人的原因造成违约的，应当向对方承担违约责任。当事人一方和第三人之间的纠纷，依照法律规定或者按照约定解决。

3. 最高人民法院《关于审理建设工程施工合同纠纷案件适用法律问题的解释》（已失效）

第二条　建设工程施工合同无效，但建设工程经竣工验收合格，承包人请求参照合同约定支付工程价款的，应予支持。

4. 北京市高级人民法院《关于审理建设工程施工合同纠纷案件若干疑难问题的解答》

22. 分包合同中约定总包人收到发包人支付工程款后再向分包人支付的条款的效力如何认定？

分包合同中约定待总包人与发包人进行结算且发包人支付工程款后，总包人再向分包人支付工程款的，该约定有效。因总包人拖延结算或怠于行使其到期债权致使分包人不能及时取得工程款，分包人要求总包人支付欠付工程款的，应予支持。总包人对于其与发包人之间的结算情况以及发包人支付工程款的事实负有举证责任。

5. 安徽省高级人民法院《关于审理建设工程施工合同纠纷案件适用法律问题的指导意见(二)》

第十一条　非法转包、违法分包建设工程,实际施工人与承包人约定以发包人与承包人的结算结果作为结算依据,承包人与发包人尚未结算,实际施工人向承包人主张工程价款的,分别下列情形处理:

(一)承包人与发包人未结算尚在合理期限内的,驳回实际施工人的诉讼请求。

(二)承包人已经开始与发包人结算、申请仲裁或者诉至人民法院的,中止审理。

(三)承包人怠于向发包人主张工程价款,实际施工人主张参照发包人与承包人签订的建设工程施工合同确定工程价款的,应予支持。

建设工程价款优先受偿权的权利主体、行使条件及途径全解析

编前语

《民法典》第807条规定了建设工程价款优先受偿权制度，这项制度赋予建设工程价款债权就该工程折价或者拍卖的价款优先受偿的权利，目的是对农民工等建筑工人的工资权益予以优先保护，但此项保护并非直接指向建筑工人的工资权益，而是以保护承包人的建设工程价款债权为媒介，间接保护建筑工人的权益。目前在实践中，关于建设工程价款优先受偿权存在不少争议，包括权利的主体范围、行使条件、范围、客体、行使途径等。本文将结合最高人民法院的案例及观点、学术观点等就上述问题进行讨论。

【案情概要】[①]

2013年6月26日，A公司与B公司就C中心工程项目签订了《建设工程施工合同》，计划开工日期为2013年6月28日，计划竣工日期为2016年3月23日，合同价款暂定570959342.49元。在工程施工过程中，由于B公司多次拖延支付工程款导致影响项目继续施工，A公司于2013年11月12日、2014年12月23日向B公司发函要求支付价款并顺延工期。2014年11月3日，审价公司对案涉项目出具审核报告，确认A公司就案涉项目已完成工程量审核结算金额为394478042.29元，A公司与B公司均加盖公章予以确认。2014年12月1日，A公司向焦作中级人民法院提交关于C中心在建项目拍卖联系函，该函载明：A公司系C中心在建工程承包方，自项目开工至今已完成产值2.87亿元，A

① 河南恒和置业有限公司、中天建设集团有限公司建设工程施工合同纠纷案，最高人民法院二审民事判决书，(2019)最高法民终255号。

公司请求依法确认优先受偿权并参与整个拍卖过程。

由于B公司持续拖延付款的行为,A公司遂起诉要求B公司支付拖欠工程款及违约金,并在上述债权范围内对C中心享有优先受偿权。在案件审理过程中,洛阳市中级人民法院裁定受理了B公司的破产清算申请。此外,案涉工程截至一审庭审结束前仍未取得建设工程规划许可证、建设工程施工许可证等相关文件。

【争议焦点】

1. A公司行使案涉建设工程价款优先受偿权是否超过法律规定的期限?
2. A公司享有案涉建设工程价款优先受偿权的范围。

【判决概要】

法院认为,在审价公司对案涉工程价款出具审核报告后,A公司及时向焦作中级人民法院请求确认对案涉工程的优先受偿权,随后又多次请求确认并行使优先受偿权,故A公司行使建设工程价款优先受偿权并未超过法定期限。B公司关于A公司未在6个月除斥期间内以诉讼方式主张优先受偿权,其优先受偿权主张不应得到支持的理由不能成立。但是依据最高人民法院《关于建设工程价款优先受偿权问题的批复》(已失效)第3条的规定,建设工程价款不包含承包人因发包人违约所造成的损失,A公司仅对B公司欠付工程价款的范围内对其施工工程的部分折价或者拍卖价款享有行使优先受偿权的权利。

【案件分析】

一、建设工程价款优先受偿权的性质

如何认定建设工程价款优先受偿权的性质是一个颇为重要的议题,因为在现行司法实践中存在诸多问题,均可以在清晰界定其性质的基础上进一步探讨可行的解决思路。但关于优先受偿权性质的界定,在实践和理论上也存在一定争议,主要有以下三种观点。

第一种观点是留置权说。

由于建设工程合同在性质上属于承揽合同,根据《民法典》第808条规定,建设工程施工合同可适用关于承揽合同的规定,即可以根据《民法典》第783条规定实际扩大留置财产的范围,使建设工程合同的债权人对不动产同样可以行使留置权。但留置权说的主要弊端在于这与留置权的行使对象为动产(《民法典》第447条)相悖。而且,留置权的存续以留置人占有留置物为条件,实践中,很多承包人在未取得建设工程价款的情况下已经丧失了对建设工程的占有。如果将建设工程价款优先受偿权作为留置权,在承包人失去对建设工程占有的情况下其就得不到保护,对承包人亦不公平。

第二种观点是法定抵押权说。

这一观点的弊端在于与物权法定原则存在矛盾,而且设立于不动产之上的抵押权,于登记后才成立,但建设工程价款优先受偿权无须登记。有观点认为,建设工程价款优先受偿权作为法定抵押权,为维护交易安全和第三人利益,应当建立建设工程价款优先受偿权登记制度,但现行法律未对建设工程价款优先受偿权作出规定。

第三种观点是优先权说。

是部分高级人民法院及最高人民法院在司法实践中采纳的观点,如(2017)云民终1003号案中,云南省高级人民法院认为建设工程价款优先受偿权系法定优先权。首先,建设工程价款优先受偿权只要符合《民法典》第807条的规定条件即成立,既不需要以承包人占有建设工程为要件,也不需要登记;其次,我国其他法律也规定有各种类型的优先权,如《企业破产法》《民事诉讼法》《海商法》等。这种权利系立法者基于特定政策考量,为追求实质公平而赋予特定民事主体权利优先保护的法律效力。从比较法的角度看,无论是法国(《法国民法典》第2095条、第2103条)还是日本(《日本民法典》的先取特权)、意大利等均规定了优先权。所以,建设工程价款优先受偿权属优先权性质更具有合理性。

二、建设工程价款优先受偿权的权利主体

从《民法典》第807条上理解,承包人享有建设工程价款优先受偿权。根据《民法典》规定,建设工程的承包人包括勘察人、设计人和施工人。由于我国建筑市场不规范,存在大量转包、违法分包、支解发包、借用建筑工程施工资质签订建设工程施工合同等情况,因此也就出现了直接与发包人订立建设工程施工合同的承包人、转包合同和分包合同的承包人、借用资质和出借资质的承包人等。实践中,对于哪些承包人享有建设工程价款优先受偿权的问题,争议较大。

第一,建设工程的勘察人和设计人是否享有建设工程价款优先受偿权?

建设工程价款优先受偿权制度的立法初衷是保护农民工等建筑工人的工资权益。建设工程是农民工等建筑工人劳动物化的成果,所以应当对建筑工人的物化劳动予以特别优先保护。农民工等建筑工人主要受雇于建设工程施工合同的承包人。因此,原则上建设工程的勘察人和设计人不享有建设工程价款优先受偿权。

第二,实际施工人是否享有建设工程价款优先受偿权?

这个问题的观点在司法实践中发生了阶段性变化。如地方高级人民法院中,江苏省高级人民法院2010年发布的《建设工程施工合同案件审理指南》第5条第9项规定了建设工程施工合同无效,承包人或实际施工人主张建设工程价款优先受偿权的,法院不予支持。但江苏省高级人民法院在2018年发布的《关于审理建设工程施工合同纠纷案件若干问题的解答》(已失效)第16条改变了之前的立场,规定实际施工人在一定条件下享有优先受偿权,即实际施工人在总承包人或转包人不主张或者怠于行使工程价款优先受偿权时,就其承建的工程在发包人欠付工程价款范围内可以主张优先受偿权。过去曾流行的一种观点认为,建设工程价款优先受偿权系归属承包人的权利,因此原则上只能由承包人享有建设工程价款优先受偿权。但由于最高人民法院原《关于审理建设工程施工合同纠纷案件适用法律问题的解释》第26条赋予了实际施工人突破合同相对性向发包人主张欠付工程款的权利,故当承包人怠于行使工程款,怠于主张建设工程价款优先受偿权时,实际施工人可以代位行使建设工程价款优先受偿权。

但是,2019年施行的最高人民法院《关于审理建设工程施工合同纠纷案件适用法律问题的解释(二)》(已失效)第17条却推翻了上述地方高级人民法院的观点,规定:"与发包人订立建设工程施工合同的承包人,根据合同法第二百八十六条规定请求其承建工程的价款就工程折价或者拍卖的价款优先受偿的,人民法院应予支持。"《最高人民法院建设工程施工合同司法解释(二)理解与适用》中对此回应是:"对实际施工人的认定以及实际施工人在诉讼中的主体地位及实体权利义务的认定,应当严格依照《建设工程司法解释(一)》第26条的规定,不能扩大适用范围和条件。实际施工人以向合同相对方提起诉讼为原则,虽然《建设工程司法解释(一)》第26条规定实际施工人有条件向发包人主张工程价款,但实际施工人不宜直接向发包人主张工程价款优先受偿权。毕竟司法解释赋予实际施工人有条件地向发包人主张工程价款与优先受偿权并无必然联系。"

综上可以得出结论,与发包人没有建设工程施工合同关系的实际施工人不享有建设工程价款优先受偿权。因为通常情况下是承包人违反法律规定与合同约定才导致实际施工人的产生。在发包人没有过错,且在法律禁止非法转包、违法分包的情况下,如果随意允许实际施工人不仅可以突破合同相对性,还可以向发包人主张工程价款优先受偿权,实属变相鼓励违法行为。这样做是为了达到平衡保护农民利益和保护交易安全、维护我国建筑市场及其他当事人利益的效果。综上,实际施工人不享有建设工程价款优先受偿权。

在研究此问题的过程中，笔者通过检索关键词“实际施工人”“无效合同”“建设工程优先受偿权”统计了最高人民法院、各省高级人民法院的再审、二审案件共436件，其中与实际施工人行使建设工程价款优先受偿权直接相关的案件共计90件，其中诸如(2015)浙海终字第220号、(2016)皖民终912号、(2015)苏审二民申字第01542号、(2017)苏民终234号等案件支持了实际施工人可以享有优先受偿权，与前述的地方高级人民法院在2019年之前的口径保持一致。2019年后，正如前述最高人民法院观点发生改变，诸如(2019)最高法民再258号、(2019)最高法民申2852号、(2018)最高法民申5769号等案件均认为根据法律及相关司法解释规定，行使优先受偿权的主体应仅限于建设工程承包人，现行法律及司法解释并未赋予实际施工人享有建设工程价款优先受偿的权利。地方高级人民法院也紧跟其后，如(2020)云民终1143号判决中，云南省高级人民法院也认同实际施工人不能享有建设工程价款优先受偿权。

第三，在支解发包情况下，承包非主体工程的承包人是否享有建设工程价款优先受偿权？

在支解发包合同中，存在多个承包人，且均与发包人订立合同，不仅发包人有过错，承包人也有过错。在存在多个承包人的情况下，如果每个承包人都享有建设工程价款优先受偿权，将会对工程的施工、利用以及交易安全造成较大的损害，尤其是承包非主体工程的承包人，其可能因为一小部分分项工程的价款而对全部建设工程行使建设工程价款优先受偿权，对施工秩序和交易秩序的影响都非常大。

因此，综合当事人过错、各方当事人利益和建设工程施工的客观情况，在支解发包的情况下，笔者认为，应当将建设工程价款优先受偿权的权利人限定为承包主体工程的承包人。

第四，与代建人签订建设工程施工合同的承包人是否享有建设工程价款优先受偿权。

第五，借用资质签订建设工程施工合同的情况下，缺乏资质的单位或者个人是否享有建设工程价款优先受偿权的问题，实践中存在争议。

对这一问题，司法实践中主要是关注两点：一是享有建设工程价款优先受偿权的主体原则上应当是一人而不宜为多人；二是在处理出借资质的建筑企业、借用资质的单位或者个人、发包人三方之间的关系时，应当考虑《民法典》第146条规定，以各方当事人的真实意思为基础确定各自的法律关系。只有符合《民法典》第807条规定的行使条件(具体见下)，方可享有建设工程价款优先受偿权。

三、建设工程优先受偿权的行使是否受合同效力的影响

建设工程优先受偿权的行使是否受合同效力的影响，这个问题在学术界存在不同的看法。

一种观点认为，建设工程优先受偿权的行使受到合同效力的影响。既然建筑施工合同无效，发包方应当支付工程款的约定也应无效。但是显然，承包人付出了相应的劳动，应当获得相应的报酬，否则有违民法的公平观念；但施工合同无效后，承包人获得报酬的权利性质发生了改变，不再是依据合同享有的约定之债，而成为法定享有的获得损失赔偿的权利。

但是另外一种观点认为，建设工程施工合同无效，但工程质量合格的，承包人依然可以依照《民法典》第793条"建设工程施工合同无效，但是建设工程经验收合格的，可以参照合同关于工程价款的约定折价补偿承包人"的规定主张工程款，故其当然享有工程价款优先受偿权。

而目前司法实践中，如(2019)最高法民终255号、(2019)最高法民终314号案件，包括文章开头所举的案例，均倾向于认为建设工程施工合同无效并不影响优先受偿权的行使。

江苏省高级人民法院2018年的《关于审理建设工程施工合同纠纷案件若干问题的解答》(已失效)第15条规定建设工程价款优先受偿权不受建设工程施工合同效力的影响。广东省高级人民法院2017年《关于审理建设工程合同纠纷案件疑难问题的解答》(已失效)第13条也作如此规定，即建设工程施工合同无效，但工程质量合格的，发包人仅以施工合同无效为由主张承包人无权主张工程价款优先受偿权的，不予支持。河北省高级人民法院、浙江省高级人民法院亦持此观点。

理由在于，前文即已明确指出，建设工程款优先受偿权作为赋予建设工程承包人的一项法定优先权，立法目的是保护劳动者的利益，因为在发包人拖欠承包人的工程款中，有相当部分是承包人应当支付给劳动工人的工资和其他劳务费用。在无效的合同中，上述有关费用也已经实际支出，仍然需要由发包人予以支付。

最高人民法院《关于审理建设工程施工合同纠纷案件适用法律问题的解释(一)》第38条规定，建设工程质量合格，承包人请求其承建工程的价款就工程折价或者拍卖的价款优先受偿的，人民法院应予支持。

该条规定明确了承包人的工程价款优先受偿权以建设工程质量合格为前提，无须以施工合同有效为前提。如果承包人施工完成的建设工程质量不合格，导致发包人合同目的不能实现，其就无权请求发包人依照约定支付建设工

程款。

四、建设工程优先受偿权的行使是否以工程竣工为条件

笔者认为，建设工程优先受偿权的行使不以建设工程是否竣工为条件。

建设工程价款优先受偿权不是合同权利而是法定权利，其成立不以登记或当事人达成一致意见为条件。根据《民法典》第807条的表述可以看出，建设工程价款的优先受偿权是以发包人欠付工程款为前提的，即便工程未竣工，只要发包人有欠付工程款的事实，承包人就可以依据法律规定的程序主张工程价款优先受偿权。

最高人民法院《关于审理建设工程施工合同纠纷案件适用法律问题的解释（一）》第39条也规定未竣工的建设工程质量合格，承包人请求其承建工程的价款就其承建工程部分折价或拍卖的价款优先受偿的，人民法院应予支持。

五、建设用地使用权是否为建设工程优先受偿权的客体

由于我国实行“房地一体主义”，如果承包人行使工程款的优先受偿权，对某个建设工程进行拍卖，则建设工程及占用范围内的建设用地使用权是一体拍卖的，那么拍卖的全部价款是否都可以作为承包人工程价款的补偿，保证其受偿范围。这是司法实践中经常会出现的问题。

笔者认为，建设用地使用权不应该作为建设工程优先受偿权的客体，而解答这个问题必须要结合《民法典》第807条的立法目的及建设工程优先受偿权的性质进行思考。建设工程优先受偿权是法定优先权的这一结论前文已经反复提及，在整个建设的过程中，承包人的建筑材料和劳动力已经被物化在建设工程当中，它的所有投入已经转化为建设工程，与建设工程不可分离。因此，根据添附制度的原理，承包人对建设工程的价款享有优先受偿的权利，但是建设用地只是建设工程的一个载体，承包人的建筑材料与劳动力并没有被物化在建设用地上。杭州银行股份有限公司上海虹口支行、浙江宝业建设集团有限公司建设工程施工合同纠纷案①中，最高人民法院采纳了上述观点，认为建设工程价款优先受偿权范围不包括土地价值，房地产进行整体拍卖后拍卖款应当由建设工程款优先受偿权人以及土地使用权抵押权人分别优先受偿。

六、享有优先权保护的建设工程价款范围如何界定

在实践中，对于享有优先受偿权保护的建筑工程价款不包含承包人因发包人违约造成的损失没有争议，但是对于是否包含承包人的应得利润却存在不同看法。

---

① 最高人民法院执行裁定书，（2019）最高法执监470号。

关于享有优先受偿权保护的建设工程价款范围的界定，应当结合《民法典》第807条和最高人民法院《关于审理建设工程施工合同纠纷案件适用法律问题的解释（一）》第40条加以确定。司法解释规定了承包人建设工程价款优先受偿权存在保护范围，但是没有列举范围的具体组成，而是以援引式的规定，依照国务院有关行政管理部门对建设工程价款范围的规定进行认定。

依据《建设工程施工发包与承包价格管理暂定规定》第5条，建设工程价款由直接成本、间接成本、利润和税金构成。根据该规定，工程价款可以分为四个部分：

1. 直接成本，又称直接费，包括定额直接费、其他直接费、现场管理费和材料差价。其中，定额直接费又包括人工费、材料费和施工机构使用费三部分。

2. 间接成本，或称企业管理费，包括管理人员工资、劳动保护费等十多项。

3. 利润，由发包人按工程造价的差别利率计付给承包人。

4. 税金，包括营业税、城市建设税、教育费附加税三种。

在实践中，建设工程价款的表现形式有五种，即工程估算价、设计概算价、施工图预算价、施工预算价和竣工结算价。而《民法典》第807条所称工程价款，如指已竣工工程，应指竣工结算价；如指未竣工工程，则应以施工预算价为基础进行评估确定工程价款。考虑到该条的立法精神是保护建筑施工企业被拖欠的工程款，而工程款主要由工人工资、承包人的管理费和正常利润组成。因此，承包人利润是工程价款的重要组成部分，显然应当享有优先受偿权。

总结而言，享有优先保护的建设工程价款的范围可以界定为，如指已竣工工程，应指施工结算价，如指以施工预算价为基础进行评估确定工程价款，包含承包人的正常利润，但不包含承包人因发包人违约造成的损失。

七、权利人应当如何行使建设工程优先受偿权？

关于工程价款优先受偿权的行使期限。

《关于审理建设工程施工合同纠纷案件适用法律问题的解释（一）》第41条规定，承包人应当在合理期限内行使建设工程价款优先受偿权，但最长不得超过18个月，自发包人应当给付建设工程价款之日起算。

第一，如何界定18个月法定期间的性质？

笔者认为，该行使期间应当属于除斥期间。《民法典》第199条是关于除斥期间的规定。除斥期间是法律为某项权利预设存在的期间，权利人在该期间内不行使权利，期间届满时，该权利即消灭。除斥期间是不变期间，不因任何事由中止、中断或延长。《民法典》《关于审理建设工程施工合同纠纷案件适用法律问题的解释（一）》中均未规定建设工程价款优先受偿权的行使期间可以中止、中断或延长,且权利人如未在该期间内行权,则优先受偿权消灭。且《最高人民法院建设工程施工合同司法解释(二)理解与适用》一书也认为该行使期限的性质属于除斥期间,不适用诉讼时效中止、中断和延长的相关规定。

第二,优先权行使期间的起算点如何确定?

《关于审理建设工程施工合同纠纷案件适用法律问题的解释(一)》第41条规定自发包人应当给付建设工程价款之日起算。实践中,对于"应当给付建设工程价款之日"的认定需要根据具体案件作客观判断,根据最高人民法院在《民事审判实务问答》中的观点、《最高人民法院建设工程施工合同司法解释(二)理解与适用》中的观点及司法实践情况,可分为如下几种情形。

1. 合同对工程款的支付时间有约定的,应当遵从当事人的约定。

2. 在合同无效,但建设工程经竣工验收合格的情况下,可参照合同约定确定应付工程款的时间。《民法典》第793条第1款规定,建设工程施工合同无效,但是建设工程经验收合格的,可以参照合同关于工程价款的约定折价补偿承包人。承包人可参照合同约定请求支付工程价款,亦可参照合同约定的支付工程价款的方式和日期请求发包人支付工程价款。

3. 合同解除或者终止履行的,应区分具体情况认定应付工程款日。合同解除后,已经完成的建设工程质量合格的,可依照《民法典》第806条第3款的规定,即优先受偿权行使的起算时间也应当遵从合同约定。实践中,大多数合同解除或者终止履行时,工程尚未完工,合同约定的工程价款结算条件尚未成就。若发包人与承包人就合同解除后工程价款的支付另行达成合意,则应当尊重当事人的意思自治,以该协议约定确定工程款的支付时间作为优先受偿权的起算时间。若双方对工程款的数额有争议,可能需要进行鉴定,如当事人向司法机关或仲裁机构正式主张权利,人民法院及仲裁机构确认发包人欠付承包人工程款,应付款之日应为当事人提起诉讼之日。

4. 当事人对付款时间没有约定或者约定不明的,可借鉴《关于审理建设工程施工合同纠纷案件适用法律问题的解释(一)》第27条关于发包人向承包人支付工程价款利息起算时间的规定,总结而言:

(1)建设工程实际交付的,以建设工程交付之日为应付款时间。在浙江东阳建筑实业工程有限公司与西安市康福房地产开发有限公司建设工程施工合同纠纷案[①]中,法院认为按照原《合同法》关于工程款优先权的精神,结合该案事实,应以双方移交工地之日起算该优先权行使期限。

---

① 最高人民法院民事判决书,(2014)民一终第108号。

(2)建设工程没有交付,但承包人已经在建设工程竣工验收合格后按照合同约定的时间提交竣工结算文件,应当认定提交竣工结算文件之日为应付款时间。宁夏回族自治区高级人民法院在南道金典装饰工程有限公司与宁夏东宇实业有限公司装饰装修合同纠纷案①中即以原告送达竣工申请单、交工通知等材料之日作为权利起算日。

(3)建设工程价款未结算,建设工程也未交付,大多数为工程未完工或者完工后未经验收的情形。此时,合同约定的工程价款结算条件尚未成就,应当规定一个拟制的应付款时间,最高人民法院认为以一审原告起诉时间作为应付款时间是适当的。地方高级人民法院诸如安徽省高级人民法院也采纳此观点,在铜陵建鑫建筑安装工程有限责任公司、宿州市富通置业有限公司建设工程施工合同纠纷案②中,法院即以原告起诉之日为权利的起算点。

第三,是否必须通过诉讼途径才能主张建设工程优先受偿权?是否可以未经诉讼直接向执行机构主张建设工程优先受偿权?

1. 诉讼并不是建设工程价款优先受偿权行使的必要手段。建设工程价款优先受偿权是一种法定优先权,自其符合相应法定条件时设立。

现行法律规范中并未规定优先权人必须通过诉讼的方式行使其权利,承包人可以与发包人协议就工程折价或申请法院拍卖工程的方式行使其权利。根据最高人民法院《关于审理建设工程施工合同纠纷案件适用法律问题的解释(一)》第35条及第36条的规定,以及最高人民法院《关于适用〈中华人民共和国民事诉讼法〉的解释》第506条第2款"对人民法院查封、扣押、冻结的财产有优先权、担保物权的债权人,可以直接申请参与分配,主张优先受偿权"的规定可知,建设工程价款优先受偿权并非必须通过诉讼程序确认才能成立,优先受偿权人可以直接向法院执行部门提出主张。在河南省建筑安装工程有限公司、河南福成置业有限公司建设工程价款优先受偿权纠纷案③中,最高人民法院认为,二审判决就建设工程价款的优先受偿权须先经审判程序确认后方可申请执行的认定不符合法律规定。最高人民法院2021年11月9日发布的指导案例171号中认为,执行法院依其他债权人的申请,对发包人的建设工程强制执行,承包人向执行法院主张其享有建设工程价款优先受偿权且未超过除斥期间的,视为承包人依法行使了建设工程价款优先受偿权。发包人以承包人起诉时行

① 宁夏回族自治区高级人民法院民事判决书,(2016)宁民初47号。

② 安徽省高级人民法院民事判决书,(2019)皖民终88号。

③ 最高人民法院民事裁定书,(2019)最高法民申5070号。

使建设工程价款优先受偿权超过除斥期间为由进行抗辩的,人民法院不予支持。

2. 基于前述,优先权人如果在执行程序中向法院提出行使优先受偿权,执行机构会怎么处理呢? 通常会存在如下三种情况。

(1)如果被执行人对申请的工程款金额无异议,且经法院审查承包人提供的建设工程合同及相关材料合法有效,亦未发现承包人和被执行人恶意串通损害国家、集体和第三人利益,法院可准许其优先受偿。

(2)如果被执行人对申请的工程款金额有异议,则承包人应当另案提起诉讼,但是依照民事诉讼法的规定,法院对工程变价款的分配程序应当待诉讼有结果后方可继续进行。

(3)司法实践中更常见的情况是,双方当事人经过纠纷解决程序并获得工程款的执行名义,但是这些执行名义或不确认承包人是否享有建设工程优先权,或对工程款中优先受偿权部分的具体金额加以明确。此种情况下,执行时则会遇到阻碍,一方面,如果执行机构在执行中确认承包人享有优先受偿权及其具体金额不符合审执分立的基本原则,也不能给到当事人的权利以充分救济;另一方面,如果由执行机构确认优先权部分的具体金额势必另行委托审计机构或鉴定机构,则会导致当事人诉累并影响执行效率。因此,对于这个问题,目前司法实践中,执行机构会先告知承包人申请再审或另行诉讼,经审判机构对有建设工程优先权的债权金额进行确认后,依确定的金额执行。律师执业过程中也应注意这个问题,在提起诉讼时应当根据案件情况及时确认优先受偿权及其范围。

《民法典》以建设工程价款优先受偿权赋予承包人就欠付工程款在建设工程折价款中优先受偿的权利,使保护债权受到有效保护,但司法实践中的争议不断反映出法律适用的困境。本文通过案例、对法条的文义解释、论理解释结合司法实践情况,总结出建设工程价款优先受偿权的权利人不包含实际施工人,优先权的行使与合同有效与否、工程竣工与否无关,主要看工程质量是否合格,行使期限的起算点因合同是否约定付款时间点、工程是否竣工交付、合同的效力等而不同,且行使方式也并不必须通过诉讼进行等。试以本文初探建设工程价款优先受偿权制度的边角,以期对我国司法实践中优先受偿权制度完善有所裨益,真正发挥法律制度的定分止争作用。

相关法律规定

1.《民法典》

第八百零七条 发包人未按照约定支付价款的，承包人可以催告发包人在合理期限内支付价款。发包人逾期不支付的，除根据建设工程的性质不宜折价、拍卖外，承包人可以与发包人协议将该工程折价，也可以请求人民法院将该工程依法拍卖。建设工程的价款就该工程折价或者拍卖的价款优先受偿。

2. 最高人民法院《关于审理建设工程施工合同纠纷案件适用法律问题的解释(一)》

第三十五条 与发包人订立建设工程施工合同的承包人，依据民法典第八百零七条的规定请求其承建工程的价款就工程折价或者拍卖的价款优先受偿的，人民法院应予支持。

第三十六条 承包人根据民法典第八百零七条规定享有的建设工程价款优先受偿权优于抵押权和其他债权。

第三十七条 装饰装修工程具备折价或者拍卖条件，装饰装修工程的承包人请求工程价款就该装饰装修工程折价或者拍卖的价款优先受偿的，人民法院应予支持。

第三十八条 建设工程质量合格，承包人请求其承建工程的价款就工程折价或者拍卖的价款优先受偿的，人民法院应予支持。

第三十九条 未竣工的建设工程质量合格，承包人请求其承建工程的价款就其承建工程部分折价或者拍卖的价款优先受偿的，人民法院应予支持。

第四十条 承包人建设工程价款优先受偿的范围依照国务院有关行政主管部门关于建设工程价款范围的规定确定。

承包人就逾期支付建设工程价款的利息、违约金、损害赔偿金等主张优先受偿的，人民法院不予支持。

第四十一条 承包人应当在合理期限内行使建设工程价款优先受偿权，但最长不得超过十八个月，自发包人应当给付建设工程价款之日起算。

第四十二条 发包人与承包人约定放弃或者限制建设工程价款优先受偿权，损害建筑工人利益，发包人根据该约定主张承包人不享有建设工程价款优先受偿权的，人民法院不予支持。

因工期延误导致建设工程合同纠纷的法律分析

编前语

建设工程案件的争议无外乎质量争议、工期争议及合同价款争议。同一案件中,三种争议往往交叉影响、相互纠缠,而其中又以工期延误责任认定最为复杂。现实中,引起工期延误的事件往往有多个,且可能交叉发生,既包含发包人事件,又包含承包人事件。

正因为工程施工是一个情势动态多变、权利义务关系错综复杂的价值博弈体系,对工期延误、顺延工期问题的责任分配,需要发承包双方积极发挥合同签订时双方对条款约定的主观能动性,同样也离不开法院结合双方履约情况、外界条件的变化以及工程延期等因素,对多事件交叉原因引起的工期延误责任认定作出的合理审判。

【案情概要】①

2011 年初,陕西省渭南市韩城市华晟钢铁炉料公司(以下简称华晟钢铁炉料公司)投资建设 2×60 万吨/年氧化球团一期工程项目。该项目已由韩城市经济发展局项目备案、韩城市国土资源局用地预审、韩城市住房和城乡建设局建设用地定点批复,但未办理建设用地规划许可证、建设工程规划许可证及施工许可证。为承揽该项工程,山东瑞拓球团工程技术有限公司(以下简称山东瑞拓公司)借用山西省冶金设计院资质证书号参与工程招投标。经招投标程序,2011 年 4 月 26 日,华晟钢铁炉料公司与山东瑞拓公司签订了 2×60 万吨/

---

① 山东瑞拓球团工程技术有限公司、陕西阳山庄钢铁炉料有限公司建设工程合同纠纷案,最高人民法院民事裁定书,(2021)最高法民申 2492 号。

年球团一期项目《工程总承包合同》。合同约定:华晟钢铁炉料公司为发包方,山东瑞拓公司为总承包方,工程总承包费1.03亿元,其中300万元为达产达标费;山东瑞拓公司总承包范围为工程设计及工程建设,包括工程设计、设备采购、监制运输、建筑工程(不含桩基)、安装工程、调试、试生产、达产达标、人员培训、技术服务等;总工期10个月,工程建设260天,自现场“三通一平”、桩基处理完成交付承包方日为工程建设开工日期,以热负荷联动试车验收通过为竣工日;在满足施工的前提下,工期每延期一天,山东瑞拓公司承担每天2万元迟延交工违约金。

合同签订后,华晟钢铁炉料公司根据合同约定进行桩基工程施工。2011年9月23日,双方就工程进度、时间节点、双方工程衔接、进度款等进行协商。由于村民阻挡施工,桩基工程延缓。2011年10月25日,华晟钢铁炉料公司将造球室地基交付山东瑞拓公司开始土建施工。2011年10月30日,华晟钢铁炉料公司变更为陕西阳山庄钢铁炉料有限公司(以下简称阳山庄钢铁炉料公司)。

施工期间,村民阻挡施工、人为停电,导致多次停工。同时,由于付款不及时、设备到场不及时、图纸设计变更、钢铁市场不景气等因素影响,整体工程进展缓慢。山东瑞拓公司虽多次承诺加快工程进度,并自愿承担较高的违约金,但仍未能在约定的260日内完工。2014年12月3日,阳山庄钢铁炉料公司、山东瑞拓公司进行主控室交接,2014年12月8日进行PLC图纸交接,2014年12月17日进行工程热负荷联动试车,生产线投产运行。双方未进行工程竣工验收,也未就生产线是否达产达标进行验收确认。

自2011年10月25日交付山东瑞拓公司土建施工至2014年12月17日生产线热负荷联动试车,山东瑞拓公司共计施工1149天,工程逾期交付821天,造成经济损失为1642万元。因村民阻挡施工、停电停工等原因,山东瑞拓公司误工3410个工日,施工机械停工,造成经济损失40万元。一审法院审理判决:阳山庄钢铁炉料公司与山东瑞拓公司2011年4月26日签订的《工程总承包合同》为无效合同;山东瑞拓公司赔偿阳山庄钢铁炉料公司经济损失821万元。后山东瑞拓公司不服,向陕西省高级人民法院提起上诉,经二审法院审理判决驳回上诉,维持原判。再后,山东瑞拓公司向最高人民法院提起再审。

【争议焦点】

工期起算点、终点和工期时长的认定。

【判决概要】

最高人民法院认为，首先，工程起算点根据最高人民法院《关于审理建设工程施工合同纠纷案件适用法律问题的解释（二）》（已失效）第5条第2款，当事人对建设工程开工日期有争议的，人民法院应当分别按照以下情形予以认定：承包人经发包人同意已经实际进场施工的，以实际进场施工时间为开工日期。因此原审法院以山东瑞拓公司实际进场施工日期为工期起算点，并无不当。

其次，关于工期终点，山东瑞拓公司主张，阳山庄钢铁炉料公司在一审的诉讼请求中主张工期违约的终点是2014年11月8日，原审法院却以2014年12月17日为终点，超出了阳山庄钢铁炉料公司的请求范围，且在2014年12月3日。双方就主控室进行了交接，阳山庄钢铁炉料公司实际控制案涉工程，却于2014年12月17日启动热负荷试车，责任不应由山东瑞拓公司承担。经查，阳山庄钢铁炉料公司在一审中提出的诉讼请求是判令山东瑞拓公司承担迟延交付工期的违约金16820000元，山东瑞拓公司依约应承担每天20000元违约金（从2012年7月17日至2014年11月8日，迟延工期841天）。从阳山庄钢铁炉料公司提起本案诉讼的目的来看，其意思表示是以案涉合同有效且山东瑞拓公司支付16820000元的违约金为前提的，由于一审、二审法院认定案涉合同因山东瑞拓公司未取得建筑施工企业资质、阳山庄钢铁炉料公司未办理建设用地规划许可证、建设工程规划许可证而无效，阳山庄钢铁炉料公司前述的意思表示即无基础，原审法院基于公平原则和诚实信用原则，认定工期延误损失的计算终点为热负荷试车成功之日，并在阳山庄钢铁炉料公司主张的数额范围之内作出判决，并未超出诉讼请求。原审法院对此认定正确，并无不当。

最后，关于工期时长，山东瑞拓公司主张根据合同第6条约定，合同签订生效后，总工期为10个月，其中工程建设260天。可见，工程建设结束后，合同规定了40天的试车期间，热负荷联动试车验收通过之日为工程竣工之日，而不是工程建设结束之日，原审法院以260天的工程建设期作为工期时长，显然是错误的。法院认为，工期10个月是预计划的框架范畴，其中包括260天的工程建设期以及40天试车期间，结合山东瑞拓公司于2012年11月22日出具的承诺书，原审法院以260天的工程建设期为工期时长，亦无不妥。

【案件分析】

一、开工日期的认定

涉及建设工程开工日期的有很多,比如,建设工程施工合同约定的开工日期;施工许可证上载明的开工日期;开工申请书中注明的开工日期;建设单位或者监理单位指令的开工日期;建筑施工企业实际进场的开工日期;等等。我们需要从上面的日期中确定实际的开工日期,并以此作为工期起算日期。

对于开工日期的确定,各省高级人民法院大部分都作出过规定,比如:

北京市高级人民法院《关于审理建设工程施工合同纠纷案件若干疑难问题的解答》第25条规定:建设工程施工合同实际开工日期的确定,一般以开工通知载明的开工时间为依据;因发包人原因导致开工通知发出时开工条件尚不具备的,以开工条件具备的时间确定开工日期;因承包方原因导致实际开工时间推迟的,以开工通知载明的时间为开工日期;承包人在开工通知发出前已经实际进场施工的,以实际开工时间为开工日期;既无开工通知也无其他相关证据能证明实际开工日期的,以施工合同约定的开工时间为开工日期。

广东省高级人民法院《关于审理建设工程合同纠纷案件疑难问题的解答》第19条对建设工程开工日期应如何认定作出解答:虽然发包人未取得施工许可证,但承包人已实际开工的,应以实际开工之日为开工日期,合同另有约定的除外。因未取得施工许可证而被行政主管部门责令停止施工的,停工日期可作为工期顺延的事由。

浙江省高级人民法院民事审判第一庭《关于审理建设工程施工合同纠纷案件若干疑难问题的解答》第5条规定:建设工程施工合同的开工时间以开工通知或开工报告为依据。开工通知或开工报告发出后,仍不具备开工条件的,应以开工条件成就时间确定。没有开工通知或开工报告的,应以实际开工时间确定。

安徽省高级人民法院《关于审理建设工程施工合同纠纷案件适用法律问题的指导意见(二)》第3条规定:建设工程的开工日期应依据开工令、开工报告记载的时间予以认定。当事人认为实际开工时间与开工令、开工报告记载的时间不符的,应当承担举证责任。因发包人原因导致延误开工的,以实际开工时间作为开工日期;因承包人原因导致延误开工的,以开工令、开工报告记载的时间作为开工日期。既无开工令、开工报告,又无法查明实际开工时间的,依据合同约定的开工日期予以认定。

后续,最高人民法院2019年颁布的《关于审理建设工程施工合同纠纷案件适用法律问题的解释(二)》(已失效)第5条则对开工日期系统地进行了规定:当事人对建设工程开工日期有争议的,人民法院应当分别按照以下情形予以认定:

1. 开工日期为发包人或者监理人发出的开工通知载明的开工日期;开工通知发出后,尚不具备开工条件的,以开工条件具备的时间为开工日期;因承包人原因导致开工时间推迟的,以开工通知载明的时间为开工日期。

2. 承包人经发包人同意已经实际进场施工的,以实际进场施工时间为开工日期。

3. 发包人或者监理人未发出开工通知,亦无相关证据证明实际开工日期,应当综合考虑开工报告、合同、施工许可证、竣工验收报告或者竣工验收备案表等载明的时间,并结合是否具备开工条件的事实,认定开工日期。

综合上述规定,可归纳为:

1. 一般而言,发包人或者监理人发出的开工通知是认定实际开工日期的首要证据。

2. 若承包人主张以开工条件具备的时间作为实际开工日期,应当举证证明开工通知发出后,工程尚不具备开工条件,比如发包人未完成场地的"三通一平",发包人未提供图纸、技术资料,甲方供材不到位等。但若发包人能够举证证明因承包人原因导致实际开工时间推迟,如承包人未能按期完成施工准备等,则应以开工通知载明的时间为实际开工日期。

3. 若发包人主张应以承包实际进场开工时间作为实际开工日期,应当举证证明开工通知发出前,承包人已经实际进场施工。

另外,需要注意的是,发包人未取得施工许可证能不能作为承包人主张开工条件不具备的理由,以主张发包人取得施工许可证后的时间起算呢?

《建筑法》第64条中规定:"未取得施工许可证或者开工报告未经批准擅自施工的,责令改正,对不符合开工条件的责令停止施工,可以处以罚款。"《建筑工程施工许可管理办法》第12条规定:"对于未取得施工许可证或者为规避办理施工许可证将工程项目分解后擅自施工的,由有管辖权的发证机关责令停止施工,限期改正,并对建设单位处工程合同价款1%以上2%以下罚款;对施工单位处3万元以下罚款。"

由此可以看出:发包人未取得施工许可证施工并不必然导致停工,只要符合开工条件,进行改正,即补办施工许可证即可,涉及的只是承担罚款等行政处罚责任。可以说未取得施工许可证的"主观形式"不能否定不具备开工条件的"客观事实",并且发包人未取得施工许可证,承包人完全有理由拒绝开工,承包人选择了开工,应视为放弃了违法施工的抗辩,并不能再来援引"未取得施工许可证的开工期限不能算在工期里来推迟工期的起算点"。

二、竣工时间的认定

相对开工日期,容易混淆的竣工日期较少,大多情况下双方能确认并记录在工程验收报告上。大多数省高级人民法院也并未对双方争议情况下如何判断作出规定,只有安徽省高级人民法院列举了一种情况:

安徽省高级人民法院《关于审理建设工程施工合同纠纷案件适用法律问题的指导意见(二)》第5条规定:承包人已经按照合同约定或者《建筑法》第61条规定,向发包人提交竣工验收报告、其承包部分完整的工程技术经济资料和经签署的工程保修书,发包人拖延验收的,以上述资料提交齐全之日为竣工日期。但工程质量不合格的除外。

不过,《关于审理建设工程施工合同纠纷案件适用法律问题的解释》(已失效)第14条规定:当事人对建设工程实际竣工日期有争议的,按照以下情形分别处理:

1. 建设工程经竣工验收合格的,以竣工验收合格之日为竣工日期。

2. 承包人已经提交竣工验收报告,发包人拖延验收的,以承包人提交验收报告之日为竣工日期。

3. 建设工程未经竣工验收,发包人擅自使用的,以转移占有建设工程之日为竣工日期。

当事人对建设工程实际竣工日期有争议的,应当根据不同情形分别予以举证及认定:

1. 建设工程经过竣工验收且合格的,才能视为建设工程最终完成。如双方就实际竣工日期发生争议,当事人应当提供竣工验收单以证明验收合格之日。

2. 承包人已经提交竣工验收报告,发包人拖延验收的,以承包人提交验收报告之日为竣工日期。参照《民法典》第159条的规定:当事人为自己的利益不正当地阻止条件成就的,视为条件已成就;不正当地促成条件成就的,视为条件不成就。实践中则需要排除发包人合理拒绝验收的情况,比如建设工程存在质量问题、承包人提交的验收报告不符合要求,尚不具备竣工验收条件等。因此,承包人主张以其提交验收报告之日为竣工日期的,应当提交其已经提交竣工验收报告,发包人拖延验收的证据,包括竣工验收资料、发包人或监理人签收竣工验收资料的证据、承包人催告发包人尽快履行验收义务的证据等。而发包人则需准备证据证明建设工程存在质量问题、承包人提交的验收资料不符合要求等尚不具备竣工验收的条件。

3.建设工程未经竣工验收,发包人擅自使用的,以转移占有建设工程之日为竣工日期。在实践中,经常出现发包人出于自身利益考虑,提前使用没有验收的竣工工程,发包人实际接手后,意味着承包人完成了其合同义务,从而开始享有请求支付工程价款的权利,同时也意味着工程的绝大部分风险由发包人承担。对此,最高人民法院《关于审理建设工程施工合同纠纷案件适用法律若干问题的解释》(已失效)第13条专门作出规定:"建设工程未经竣工验收,发包人擅自使用后,又以使用部分质量不符合约定为由主张权利的,不予支持;但是承包人应当在建设工程的合理使用寿命内对地基基础工程和主体结构质量承担民事责任。"

回到前述竣工日期怎样确定问题,承包人主张以转移占有建设工程之日为竣工日期的,需要提交建设工程未经竣工验收,发包人擅自使用的证据。另外需要说明的是"转移占用"怎么举证?如无正式的交接手续,"钥匙交接单"能否作为转移占有的证据?以"钥匙交接"和"擅自使用"为关键词检索裁判文书网中的建设工程施工合同,查询此类案件不多,不过在个别案件①中,两审法院均认为可以。

三、工期变更及工期延误

在实际施工过程中,由于不可抗力,发包人临时变更、增项等情况导致工期需要延长,如果双方能协商解决,达成补充合同等对工期进行更改确认,也就构成了工期变更。不过经过招投标的工程,如无正当理由,双方在补充合同中对工期的变更属于违反《招标投标法》实质性变更的内容,此种变更应属无效,工期还应当以招投标合同约定的工期为准。

工期延误是相对建设工程施工合同约定的工期而言的,是指工程建设的实际进度落后于计划进度。因承包人导致的工期延误,承包人应当支付工期延误的违约金或者赔偿损失;因发包人导致的工期延误,应当顺延工期,补偿承包人停工、窝工的损失,由承包人进行索赔。

如果合同、补充合同等协议中未约定工期或者工期约定不明确且双方对延误工期有争议的,则只能申请进行工期的司法鉴定,由鉴定机构结合具体工程内容、预算造价等内容确定合理的工期,从而衡量工期是否延误。另外,如果双方约定的工期明显低于合理工期,则违反了国务院《建设工程质量管理条例》等相关法规,可能归于无效,承包人可申请法院或仲裁机构依法予以调整。

---

① 四川省第四建筑工程公司与陕西日鑫置业有限公司建设工程施工合同纠纷案,陕西省高级人民法院民事判决书,(2016)陕民终47号。

四、司法实践

(一)工期鉴定

由于工期延误,造成当事人主张工期索赔,但往往受制于合同约定不明等问题,也就产生了工期鉴定问题。工期鉴定所针对的主要包括工期延误的原因和能否顺延工期及可顺延天数等,并不能对工期延误的责任主体和后果进行鉴定。在实践中,双方产生工期争议较为常见,但进行工期鉴定的案件却很少。

在裁判文书网中以“建设工程施工合同纠纷”为案由检索案件共756349件,但涉及“工期鉴定”的仅为171件;在无讼网中“建设工程施工合同纠纷”为案由检索案件共496802件,但涉及“工期鉴定”的仅为187件。

可见造成建设工程施工合同纠纷的案件真正涉及工期鉴定的极少,主要是因为工期鉴定所需材料过于繁杂,而实践中,往往是因为当事人在相关证据整理和留存上并不规范造成的,并且建设工程作为一个长时间履行的合同,其工期毫无避免地受多种因素影响,因此在工期争议中确定工期延误的原因及不同时间的影响程度往往十分复杂,除包括发包人、监理人和承包人履约行为的影响外,还包括物质、气候条件和不可抗力等客观因素的影响。工期延误除受单独事件影响外,还会受到多种责任主体不同的事件影响。

综上,如果要进行工期鉴定需要当事人准备大量的现场资料和数据进行支撑,比如完整的工程进度计划资料、实际进度记录和有关延误事件对工期影响的同期记录等,如果缺乏这些资料或者有关资料过于粗略,则可能导致无法进行鉴定。

(二)违约金上限

工期延误的违约金上限是实际损失的30%,根据工期延误违约金的规定违约金比例上限是实际损失的30%,在我国的各个省市,几乎每天都有工程在修建,工程的修建一般都是为了满足人们居住或者工作的需要,若是存在违约行为,难免使对方受到损失,故此需要支付违约金。

《民法典》第585条规定,当事人可以约定一方违约时应当根据违约情况向对方支付一定数额的违约金,也可以约定因违约产生的损失赔偿额的计算方法。约定的违约金低于造成的损失的,人民法院或者仲裁机构可以根据当事人的请求予以增加;约定的违约金过分高于造成的损失的,人民法院或者仲裁机构可以根据当事人的请求予以适当减少。当事人就迟延履行约定违约金的,违约方支付违约金后,还应当履行债务。

当代的社会建设工程施工合同是我们国家非常重要的一种合同种类,而现在关于建设工程方面的纠纷也是比较多的,经常是其中一方违约,另一方要求支付违约金,支付违约金的上限是实际损失的30%。

五、实务提示

在建设工程工期纠纷案件上,若发包人要求承包人支付工期延误违约金或赔偿金,一般按照下列步骤进行证据审查、举证责任分配。

(一)发包人的举证责任

发包人只需出示施工合同及竣工验收文件进行对照以证明实际工期天数、开工日期或竣工日期与施工合同约定不一致即可。

(二)承包人的举证责任

根据举证规则,发包人完成举证后,承包人需对自己的抗辩主张承担举证责任。承包人通常以工期延误不存在或工期延误非己方原因导致等予以抗辩,抗辩主张不同导致证明责任有所差异。

1. 关于工期延误不存在的举证责任问题

若承包人主张工期延误不存在,承包人可提供的证据包括工程开工报审表、开工令、开工报告、建设工程施工许可证、变更工期的补充协议、工期顺延的资料等。当发包人和承包人双方因工期计算与认定产生争议时,开工日期的确定有赖于此类材料。

另外,关于工期是否顺延也是直接决定工期是否延误的因素。通常在施工合同中有约定工期顺延情形和程序的,若承包人根据合同约定履行了工期顺延程序,那么竣工日期也相应顺延。因此,承包人可针对发包人的诉讼请求形成有力抗辩,减轻或免除自身的工期延误责任。

但是,存在一种现状,若承包人未按照合同约定的期限或程序要求工期顺延,承包人的工期索赔权是否因此丧失?对此,各方观点不一。笔者认为,若施工合同采用了2013年版《建设工程施工合同(示范文本)》中相同或类似的索赔逾期失权制度,裁判者应尊重合同双方的意思表示,请求工期顺延的权利因怠于行使而丧失。但如合同双方当事人在施工合同中约定了工期顺延程序,但没有约定逾期失权,则不能简单认定逾期失权。

2. 关于工期延误非承包人原因所致的举证责任问题

存在工期延误的,承包人可就工期延误并非其自身原因所致进行举证证明,主要有以下几点。

(1)承包人应证明工期延误属于发包方、第三方或不可控因素导致的延误

对此,承包方应分两层举证,一方面需证明工期延误事件的存在,且工期延误事件非承包人工期延误事件;另一方面要证明工期延误事件处于项目网络图的关键线路上。

①证明工期延误事件的存在

总的来说,工期延误可分为发包人原因引起的延误、承包人原因引起的延误、第三方原因引起的延误及不可控制因素导致的延误。

发包人原因主要包括:未及时取得合法证照或办理相关审批手续、未按合同约定提供图纸、施工条件准备不足、付款延迟、设计变更、设计错误等。

承包人原因主要包括:擅自变更工程内容、组织管理不当、因工程质量缺陷导致返工修复或拆除重建、未及时补充设备机械、人员不足、资源配置不足等。

第三方原因主要包括:公共事业部门拖延、政府部门要求停工等不可归责于承包人和发包人的意外事件等。

不可控制因素主要包括:不可抗力事件、特殊自然风险、不利的施工条件等。

但是,承包人可就发包人原因引起的工程延误提出工期顺延及经济补偿(如停工损失、窝工损失)请求。在第三方引起的延误和不可控制因素引起的延误中,承包人一般只可提出工期顺延的请求。在承包人原因引起的延误中,承包人不能就由此造成的工期延误提出工期顺延和经济补偿的请求,即承包人需自担责任和损失。

②证明工期延误时间处于项目网络图的关键线路上

工程建设过程中包括很多工序,并不是所有工序上的延误都对总工期产生影响。按照工期延误事件发生的时间分布,工期延误可分为关键线路延误和非关键线路延误。由于在关键线路上全部工序的总持续时间即为总工期,因而任何工序的延误都会造成总工期的延误;而非关键线路有一定的浮动时间,只要延误时间少于该浮动时间,就不会对总工期产生影响。如果非关键线路上的延误时间超过了浮动时间的范围,非关键线路就会转化为关键线路,此时延误事件会对总工期产生影响。

(2)承包人应证明工期延误事件对工期的影响程度

此环节需借助一定的工程管理知识,根据工程情况和证据资料选择适合的工期延误天数计算方法。鉴于文章篇幅所限,简括为工期延误评估技术、比例类推法和直接法。

3.举证责任转移至发包人

承包人在第二步中完成了自己的举证责任,证明了工期延误不存在或者工期延误责任不在己方,此时举证责任随即转移至发包人。针对承包人的抗辩,发包人应着重利用上文提到的关键线路分析法及工期延误天数计算方法,结合工程相关资料证明工期延误系承包人所致、发包人引起的工期延误为非关键线路延误、工期延误天数计算错误等。

结 语

工期延误案件的证据组织、案件准备和审理既具有司法审判的法律属性，又具有工程管理的技术属性，而隐藏在工期分析过程各种复杂精密的计算之下的，是其工期延误案件分析的规律性。但是，从裁判实践看，裁判文书对于工期延误的原因、延误天数及延误责任的分析尚处于“定性”阶段。而将工程工期的“定量”分析规律总结出来并科学地加以论述说明，是我国工期延误纠纷司法实务发展的主要方向。

相关法律规定

1.《民法典》

第五百八十五条　当事人可以约定一方违约时应当根据违约情况向对方支付一定数额的违约金，也可以约定因违约产生的损失赔偿额的计算方法。

约定的违约金低于造成的损失的，人民法院或者仲裁机构可以根据当事人的请求予以增加；约定的违约金过分高于造成的损失的，人民法院或者仲裁机构可以根据当事人的请求予以适当减少。

当事人就迟延履行约定违约金的，违约方支付违约金后，还应当履行债务。

2.《合同法》(已失效)

第四十五条第二款　当事人为自己的利益不正当地阻止条件成就的，视为条件已成就；不正当地促成条件成就的，视为条件不成就。

3.《建筑法》

第六十四条　违反本法规定，未取得施工许可证或者开工报告未经批准擅自施工的，责令改正，对不符合开工条件的责令停止施工，可以处以罚款。

4.最高人民法院《关于审理建设工程施工合同纠纷案件适用法律问题的解释》(已失效)

第十三条　建设工程未经竣工验收，发包人擅自使用后，又以使用部分质量不符合约定为由主张权利的，不予支持；但是承包人应当在建设工程的合理使用寿命内对地基基础工程和主体结构质量承担民事责任。

第十四条　当事人对建设工程实际竣工日期有争议的，按照以下情形分别处理：

(一)建设工程经竣工验收合格的，以竣工验收合格之日为竣工日期；

(二)承包人已经提交竣工验收报告，发包人拖延验收的，以承包人提交验收报告之日为竣工日期；

（三）建设工程未经竣工验收，发包人擅自使用的，以转移占有建设工程之日为竣工日期。

5. 最高人民法院《关于审理建设工程施工合同纠纷案件适用法律问题的解释（二）》（已失效）

第五条　当事人对建设工程开工日期有争议的，人民法院应当分别按照以下情形予以认定：

（一）开工日期为发包人或者监理人发出的开工通知载明的开工日期；开工通知发出后，尚不具备开工条件的，以开工条件具备的时间为开工日期；因承包人原因导致开工时间推迟的，以开工通知载明的时间为开工日期。

（二）承包人经发包人同意已经实际进场施工的，以实际进场施工时间为开工日期。

（三）发包人或者监理人未发出开工通知，亦无相关证据证明实际开工日期的，应当综合考虑开工报告、合同、施工许可证、竣工验收报告或者竣工验收备案表等载明的时间，并结合是否具备开工条件的事实，认定开工日期。

6.《建筑工程施工许可管理办法》

第十二条　对于未取得施工许可证或者为规避办理施工许可证将工程项目分解后擅自施工的，由有管辖权的发证机关责令停止施工，限期改正，并对建设单位处工程合同价款1%以上2%以下罚款；对施工单位处3万元以下罚款。

7. 北京市高级人民法院《关于审理建设工程施工合同纠纷案件若干疑难问题的解答》

25. 工程开竣工日期如何确定？

建设工程施工合同实际开工日期的确定，一般以开工通知载明的开工时间为依据；因发包人原因导致开工通知发出时开工条件尚不具备的，以开工条件具备的时间确定开工日期；因承包方原因导致实际开工时间推迟的，以开工通知载明的时间为开工日期；承包人在开工通知发出前已经实际进场施工的，以实际开工时间为开工日期；既无开工通知也无其他相关证据能证明实际开工日期的，以施工合同约定的开工时间为开工日期。

……

8. 广东省高级人民法院《关于审理建设工程合同纠纷案件疑难问题的解答》

19. 建设工程开工日期应如何认定

虽然发包人未取得施工许可证，但承包人已实际开工的，应以实际开工之日为开工日期，合同另有约定的除外。因未取得施工许可证而被行政主管部门责令停止施工的,停工日期可作为工期顺延的事由。

9. 浙江省高级人民法院民事审判第一庭《关于审理建设工程施工合同纠纷案件若干疑难问题的解答》

五、如何认定开工时间?

建设工程施工合同的开工时间以开工通知或开工报告为依据。开工通知或开工报告发出后,仍不具备开工条件的,应以开工条件成就时间确定。没有开工通知或开工报告的,应以实际开工时间确定。

10. 安徽省高级人民法院《关于审理建设工程施工合同纠纷案件适用法律问题的指导意见(二)》

第三条 建设工程的开工日期应依据开工令、开工报告记载的时间予以认定。当事人认为实际开工时间与开工令、开工报告记载的时间不符的,应当承担举证责任。

因发包人原因导致延误开工的,以实际开工时间作为开工日期;因承包人原因导致延误开工的,以开工令、开工报告记载的时间作为开工日期。

既无开工令、开工报告,又无法查明实际开工时间的,依据合同约定的开工日期予以认定。

第五条 承包人已经按照合同约定或者《建筑法》第六十一条规定,向发包人提交竣工验收报告、其承包部分完整的工程技术经济资料和经签署的工程保修书,发包人拖延验收的,以上述资料提交齐全之日为竣工日期。但工程质量不合格的除外。

建筑工程质量纠纷中"擅自使用"的法院认定、法律后果

编前语

建设工程质量关乎人民生命和财产安全，工程质量合格是建设工程投入使用的前提。但实务中，发包人（包括工程总包人）时常在追求经济效益的心理驱使下，在工程未经竣工验收或者验收不合格的情形下，擅自将建筑工程投入使用，而后工程出现质量问题，发包人与承包人（包括施工人员）因工程责任承担产生纠纷。

最高人民法院《关于审理建设工程施工合同纠纷案件适用法律问题的解释（一）》第 9 条第 3 项规定"建设工程未经竣工验收，发包人擅自使用的，以转移占有建设工程之日为竣工日期"；第 14 条规定："建设工程未经竣工验收，发包人擅自使用后，又以使用部分质量不符合约定为由主张权利的，人民法院不予支持；但是承包人应当在建设工程的合理使用寿命内对地基基础工程和主体结构质量承担民事责任。"

《关于审理建设工程施工合同纠纷案件适用法律问题的解释（一）》对发包人擅自使用未经验收的建设工程出现质量问题的责任进行了规定，在审判实务中，法院对"擅自使用"认定标准尚不统一，何种情形下发包人对建设工程的使用属于擅自使用，发包人对建设工程的擅自使用会导致什么样的法律后果尚存争议。本文将以许继集团与夜明珠公司建设工程施工合同纠纷案为引，试探究建设工程质量纠纷中发包人"擅自使用"的认定标准及法律后果。

【案情概要】①

2013 年 3 月 20 日，许继集团、夜明珠公司签订了《兰考县产业集聚区

① 许继集团与夜明珠公司建设工程施工合同纠纷案，河南省高级人民法院民事判决书，（2018）豫民终 666 号。

18MW(一期10MW)金太阳示范工程项目总承包合同》,约定夜明珠公司将兰考县产业集聚区18MW(一期10MW)金太阳示范工程发包给许继集团进行施工建设,之后双方签订多份《补充合同》,由许继集团向夜明珠公司提供增补设备。

2014年10月31日许继集团向夜明珠公司邮寄一份告知函和20把钥匙。案涉光伏电站于2014年2月并网。2014年2月至2016年1月27日共并网发电8588590度,2016年1月27日至12月28日共并网发电2846380度,发电量为10MW设计发电量的一半。国家太阳能光伏产品质量监督检验中心测试报告显示案涉工程中光伏组件存在被其他物体遮挡、组件碎裂、排布不合理、电缆接线不规范、电缆外露等问题。双方就案涉工程质量以及是否应当支付未付的工程款产生纠纷。

【争议焦点】

1. 兰考工程质量是否合格?
2. 发包人夜明珠公司使用案涉工程并网发电是否属于擅自使用?

【判决概要】

二审法院认为夜明珠公司提交的兰考县产业集聚区18MW(一期10MW)金太阳示范工程发电量清单载明,根据夜明珠公司的申请,案涉工程于2014年2月并网发电,依据《国家电网公司关于印发分布式电源并网相关意见和规范的通知》(国家电网办〔2013〕333号),申请并网验收及调试需提供并网前验收和调试报告。这些证据足以证明兰考工程通过了开封供电公司并网验收及调试并于2014年2月交付使用,故该工程视为已经竣工验收合格。

最高人民法院再审认为案涉工程的鉴定报告已显示工程存在严重的质量问题,且该等质量责任均归责于许继集团。关于许继集团在诉讼过程中直接向夜明珠公司邮寄一份告知函和20把钥匙以及案涉工程2014年2月并网发电是否符合"建设工程未经竣工验收,发包人擅自使用"的情形,最高人民法院认为值得商榷。

由此可见,对于"擅自使用"的认定,最高人民法院也没有明确标准。下面,笔者将分析"擅自使用"的构成要件,并介绍审判实务中不同的判决结果。

【案件分析】

一、“擅自使用”的构成要件

什么是擅自使用？发包人接受了建筑物钥匙房屋是否构成擅自使用，发包人将简易的办公用品搬进未竣工的建筑物是否构成擅自使用？这些情形司法解释均未作规定。德国著名法学家拉伦茨在《法学方法论》中提到“法律事实应涵摄到法律规定的构成要件下去考量”，对于擅自使用，笔者尝试拆分成“擅自”和“使用”两个构成要件进行解读。

关于“擅自”的理解，有观点认为发包方未经承包方同意提前使用建筑工程就认定为擅自使用，另有观点认为，擅自使用涉及法律的禁止性规定(《民法典》第 799 条第 2 款)以及公共利益，只要是在竣工之前使用了工程就构成“擅自使用”。从体系解释的角度，后者更为合理。笔者认为，“擅自”应指发包方本身有过错，而承包人无过错的情形。发包人在工程竣工之前有以使用的目的占有建筑工程，且没有与承包人之间事前约定使用的情况。

关于“使用”的理解，目前理论与实务中存在三种观点，第一种观点认为，发包人在物理上控制了建设工程即视为“使用”；第二种观点认为，发包方按照建设工程的通常用途进行使用就应认定为“使用”；第三种观点认为，只要发包方已完成建设工程转移占有就可以认为是“使用”。笔者认为“使用”应采取限缩解释，并非发包方临时占用或物理上的人员或物品临时进入建筑工程领域内就是“使用”，也不能局限地认为以合同约定用途使用才属于使用。审判实务中通常以建筑工程转移占有、实际控制工程为标准认定“使用”。笔者认同审判实务中的观点，这样不会产生以物理占有为标准太宽泛，或者以合同用途使用作为判断标准过于局限的问题。

二、审判实务认定或推定为“擅自使用”的类型

(一)发包人未竣工直接使用构成擅自使用

发包人未经过竣工验收就将建设工程直接投入使用是擅自使用的典型情形。这里牵涉到一个问题，即在建设工程提前投入使用之前发包人已经和承包人协商一致同意的工程使用是否构成“擅自使用”。笔者认为，建设工程涉及主体众多，同时事关公共利益，“擅自”针对的不仅仅是发包人，还包括法律规定的建设工程涉及的其他主体。《建设工程质量管理条例》第 16 条第 2 款第 4 项规定建设工程竣工验收应当具备有勘察、设计、施工、工程监理等单位分别签署的质量合格文件；《建设工程质量管理条例》第 49 条第 1 款同时规定“建设单位应当自建设工程竣工验收合格之日起 15 日内，将建设工程竣工验收报告和规划、

公安消防、环保等部门出具的认可文件或者准许使用文件报建设行政主管部门或者其他有关部门备案”。由此可见,建设工程的竣工不只需要得到发包方的认可,规划、公安消防、环保等部门同样参与其中,发包人对未竣工验收建筑物的使用仅得到承包人的认可并不能完全否定发包人的擅自使用。即使得到承包人的认可同意,也要综合工程的使用是否会破坏工程的质量、是否会破坏周边环境来判断构成擅自使用与否。

如果发包人违反法律规范在未竣工的情况下直接使用建设工程无疑构成擅自使用。在某建筑集团与某置业公司建设工程施工合同纠纷案中,终审法院阐述了对“擅自”的理解,法院认为司法解释所规范的“擅自”系指在建设工程未经过竣工验收或者验收未通过的情况下,发包人违反法律规定进行使用的行为。案涉工程已经实际交付使用,案涉未有证据证明有质量问题,置业公司(发包人)应当按照约定给付案涉工程款。

(二)发包人或总包人将建设工程给第三方使用构成擅自使用

发包人没有自己使用建设工程而是将建设工程交给他人使用也是一种擅自使用。上海东江建筑、郑某足建设工程施工合同纠纷案中,案涉工程由郑某足长期停工,郑某足所完成的工程虽未经过竣工验收,但实际上在停工之后,总包方兖矿东华建设有限公司已将该工程交由第三人施工,总包方的行为视为其对该部分已完成工程质量的认可,故对于郑某足要求总包方支付欠付工程款的诉讼请求,法院予以支持。

(三)发包人接受未竣工建筑物房屋钥匙并对外销售房屋构成擅自使用

在海源公司与武汉新创建设集团有限公司建设工程施工合同纠纷案中,虽然再审过程中发包方海源公司主张案涉工程质量是否合格尚未被确认,其不应判决支付工程款。但是法院认定海源公司在案涉工程尚未竣工的情况下,接收116套房屋的钥匙并对外销售房屋的行为已经构成擅自使用,海源公司应支付案涉工程的工程款。从擅自使用的构成要件来看,海源公司接收房屋钥匙的行为转移了房屋的占有,对外销售的行为已经是对未竣工房屋的使用。

(四)发包人允许购房人入住构成擅自使用

发包人由于种种原因,工程已逾期需要尽快让购房人入住以减少违约责任,会允许购房人提前进入建设工程房屋,如果购房人的提前进入确实是发包人将未竣工房屋交付使用的表现,那么这种行为也属于发包人的擅自使用。

中冶建设分公司与正亿公司等建设工程施工合同纠纷案中原告正亿公司(发包人)将开发的黑龙江嫩江宝宏家园住宅项目发包给被告中冶建设分公司(承包人)。工程接近尾声时,因交房逾期购房人上访,为减轻逾期交房的违约损失，发包人同意购房人陆续入住。因工程质量存在瑕疵，正亿公司未支付中冶建设分公司工程款。后期中冶建设分公司向法院提起诉讼，诉请发包人给付工程款，法院支持了承包人诉请。工程款经工程质量司法鉴定，确认除主体、基础之外存在工程质量瑕疵，又经司法鉴定修复费用，确认修复工程质量瑕疵需418万元费用。在二审中，法官阐明建设工程未经竣工验收而建设单位实际接受并交付使用构成擅自使用，应由建设单位自行承担基础、主体以外的一般工程质量责任。

（五）建设工程未竣工发包人将工程转让给他人的构成擅自使用

如果在工程未竣工的情况下发包人将未竣工的建设工程转让给第三人，在审判实务中被认定为擅自使用，甚至关于发包人擅自使用建设工程的规定不局限于发包人擅自使用，承包人和分包人之间也同样适用。在北方建筑公司与杨某君建设工程施工合同纠纷案中，北方建筑公司与韩国村公司签订了《建设工程施工合同》，约定由北方建筑公司承建韩国村公司开发的位于长春市前进大街88号的长春韩国（工业）村工程，北方建筑公司将该项工程中的104栋、106栋、107栋、109栋宿舍楼分包给了杨某君所率领的施工队进行施工。在杨某君以部分自有资金垫付施工至土建二层时，由于韩国村公司没有及时按合同约定拨付工程款，致使工程陷入停工状态。北方建筑公司于1996年10月21日向吉林省高级人民法院提起诉讼，请求判令韩国村公司承担违约责任，偿还北方建筑公司垫资款、借款并赔偿损失、给付违约金等。案涉工程经吉林省高级人民法院裁定归北方建筑公司所有。然而，北方建筑公司并未在获得案涉工程所有权后向杨某君支付工程款，而是将该建筑工程所有权转让与泓泰公司。

关于北方公司所称的案涉工程并未竣工的上诉理由，最高人民法院再审裁定认为北方建筑公司转让建设工程的行为属于擅自使用，推定为工程竣工验收合格。杨某君要求北方建筑公司支付工程价款，依法应当予以支持。

（六）发包人未竣工直接使用构成擅自使用

通常情况下，在建设工程正式投入使用之前，发包人会举行启动仪式（启用仪式）以表示自己对建设工程的认可。如果发包人未等到建设工程竣工就举办工程的启动或启用仪式会被认定为擅自使用。审判实务中，在兰州市西固区医院、甘肃正德工程建设集团有限公司建设工程施工合同纠纷案中，发包人西固区医院认为案涉工程是用于医疗的综合门诊大楼，除具备一般建筑物的框架与基础设施外，还需要安装专业医用设施、设备等，包括整体数字化洁净手术室、重症监护室及新生儿重症监护室系统装备、医用气体系统等设备后方才具备使用条件。对西固区医院而言，如果案涉工程在不具备使用条件之前就擅自使用,实际上是在增加自己的工作成本和工作风险,完全没有必要。

然而,法院没有采纳发包人的理由,认为“案涉主体工程2017年4月21日竣工验收,西固区医院已于2016年11月29日举行门诊医技综合楼启用仪式,属擅自使用并占有案涉工程”。实际上,举行启用仪式即发包人宣告对工程的控制,可以视为对工程质量的认可,举办启动仪式的日期即竣工日期。

(七)不属于验收条件的试车、试运行属于擅自使用建设工程

关于试运行是否属于建设工程使用的情形在审判实务中存在分歧,许多建设工程项目比如工厂、仓库、化工设施施工完毕后,发包人都需要对项目试运行以检验工程是否完全符合相关技术标准,是否符合合同要求,倘若发包人对工程项目的试运行是为了检查工程质量是否达到所需的质量标准而非实际使用,该行为应不属于擅自使用。

然而,如果发包人或第三人是以实际创造价值或收益为目的进行运行的,则此类行为属于使用行为。例如,在中国水利水电第十一局与西域建筑建设工程施工合同纠纷案中,法院判决中说明《河南日报》在2015年1月24日刊登的文章载明案涉工程于2015年1月26日全线通车。《河南日报》是当地具有公信力的报纸,且该文记载系郑州市市政工程建设中心发布消息,该文内容载明的通车日期应当视为案涉工程投入使用日期,因此,应当将2015年1月26日全线通车的日期视同竣工日期。最高人民法院在再审裁定中亦认可在2015年1月26日之前,案涉项目已经转移占有,将2015年1月26日试通车日期认定为竣工日期和利息起算日期并无不当。通过该案例可以看出最高人民法院关于试通车试运行是否属于擅自使用的判断标准在于案涉工程是否已经转移占有。发包人是否已经取得案涉工程的控制权。

(八)发包人接管后悬挂公司标志牌、存放物品构成擅自使用

在建设工程尚未竣工时,发包人使用工程建筑存放机械、材料等也是比较常见的情形,然而这种行为也是擅自使用的表现。最高人民法院(2017)最高法民申2188号裁定①中,认定“案涉工程未进行竣工验收,但建工集团(承包方)已经撤出施工场地,案涉工程作为整体处于隆达公司(发包方)的支配和控制下,隆达公司在接管案涉工程后即悬挂公司标志牌以及在厂房内存放物品的行为构成对案涉工程的使用,隆达公司主张应当按照规划用途使用才能视为使用无事实与法律依据”。

---

① 沈阳隆达环保节能集团有限公司建设工程施工合同纠纷案,最高人民法院(2017)最高法民申2188号民事裁定书。

近期的审判实务亦延续了最高人民法院的理解，德州中级人民法院在山东华运农机设备有限公司、山东坪建建设集团有限公司建设工程施工合同纠纷案中查明案涉4号车间进行现场勘验，该车间内存在机械、原材料、半成品等物品，勘验笔录经华运公司法定代表人张某龙现场确认，并认定华运公司（发包方）已经使用案涉4号车间工程。

上述案例不仅确认了发包方在没有承包人同意的情况下擅自利用未竣工的建筑存放物品是擅自使用行为，同时也否定了按照规划用途使用才属于“使用”的理解。发包人不能在工程尚未竣工时随意悬挂标志牌或存放器材设备，易被法院理解为已实际控制工程而被推定成擅自使用。

三、审判实务认为不属于“擅自使用”的类型

（一）因承包人原因导致工程无法竣工验收的，发包人使用工程一般不属于“擅自使用”

擅自使用只在承包方无过错的情形下才能成立，承包单位因施工能力、现场管理、资金管理等方面的问题，在没有竣工验收的情况下草草撤场造成发包单位不得不先行使用未完成竣工的工程，此时承包单位再以《关于审理建设工程施工合同纠纷案件适用法律问题的解释（一）》第14条的规定主张发包单位擅自使用在先，要求减免自身工程质量责任的，通常不会得到法院支持。

山东美达公司、正裕公司建设工程施工合同纠纷案中，法院查明由于山东美达公司（承包方）自身原因（施工能力、现场管理、资金能力、资金管理均存在问题），工程尚未完工时就擅离工地，造成该项目部分顶板、门窗等工程均由正裕公司自行组织施工完成。在合理协商期内长期逃避协商，致使正裕公司无法与其取得联系达二年之久。法院认为“山东美达公司存在严重违约的行为，不能认为正裕公司搬进库房是对工程的使用”。从此案例中我们可以看出，发包人的擅自使用是以承包人不存在过错为前提的，承包人不能把擅自使用作为自身过错的抗辩。

（二）不同行业建设项目有特别规定的，发包人“试用”行为不应视为“擅自使用”

笔者认为，在建设工程未竣工时的试运行只有带有使用而非试验工程质量的目的时才会被认定成“擅自使用”。很多情况下，发包单位在竣工验收之前部分使用行为实则带有“试用”性质，目的是及时发现承包单位工程建设中的漏洞，防止直接使用带来的风险。某些特定领域的建设工程中发包单位的试运行、试车行为甚至具有法律的明确授权。

《公路工程竣（交）工验收办法实施细则》中有规定，公路工程的竣工验收需要试车运营2年以上的条件。公路的通车试运营不是擅自使用，试运行是城市快速路需要时间和车辆荷载通行检验路基和路面的工程质量以及标识牌科学合理性的检验，这样才能保证路面不会出现压缩变形，从而保证行车的舒适与平稳。如在(2014)荣法民初字第00410号判决[①]中，法院认为："……原告承建的工程已通过交工验收，通车试运营2年以上，但尚未通过竣工验收。该工程虽已投入运营，系通车试运营，但并不属于擅自使用，该工程的使用属于合法使用。"

然而，法律规定公路竣工验收需要试通车2年以上并不是放任发包人拖延不竣工。该案中，虽然案涉工程保修期本应自竣工验收之日起算，但因案涉工程的竣工验收时间从通车试运营之日起算远超过2年，且亦非承包人原因造成，故法院认为工程保修期的起算时间应自通车之日起顺延2年后计算。

(三)双方约定供发包人存放物品不构成擅自使用

如果是发包方单方使用工程堆放物品会构成"擅自使用"，但是若双方已经约定发包人可以使用建筑物存放物品，则发包人堆放物品的行为就不构成擅自使用。龙元公司与海派公司建设工程施工合同纠纷案中，最高人民法院认为双方当事人在《承诺书》第2条载明："厂房先行交付甲方使用为设备存放性质，不影响乙方承担质量责任……"上述条款明确约定案涉工程可以作为"存放使用"，不能证明发包人系擅自使用案涉工程。

四、发包人擅自使用的法律后果

发包人的擅自使用无疑会对发包人的责任承担产生重大影响。

首先，一旦发包人的使用行为被认定为《关于审理建设工程施工合同纠纷案件适用法律问题的解释(一)》规定的"擅自使用"，那么该建设工程会被推定为质量合格，对于质量合格的工程，发包人承担支付工程款的义务。《民法典》第799条也规定了发包人在建设工程验收合格情况下的工程款支付义务；结合《关于审理建设工程施工合同纠纷案件适用法律问题的解释(一)》第9条第3项"建设工程未经竣工验收，发包人擅自使用的，以转移占有建设工程之日为竣工日期"的规定可以看出转移占用建设工程只是推定工程竣工，发包人应支付合同价款。在(2021)沪02民终2655号判决[②]中，法院认为案涉工程完工后于2019年12月已投入实际使用，发包人擅自使用的，以转移占有建设工程之日为

---

① 铜梁县宏立电器有限公司与河南省地矿建设工程(集团)有限公司、重庆德泰建设工程有限公司建设工程施工合同纠纷案，重庆市荣昌区人民法院民事判决书，(2014)荣法民初字第00410号。

② 上海世界你好文化产业发展有限公司与上海永飓装饰设计工程有限公司装饰装修合同纠纷案，上海市第二中级人民法院民事判决书，(2021)沪02民终2655号。

竣工日期,该案中,《建筑装饰施工工程结算合同》约定的付款条件已成就,发包人应按约付款。

其次,承包人的工程质量责任(除主体工程外)被免除,但保修责任不被免除,同时承包人的保修期开始起算。《建设工程质量管理条例》规定了建设工程实行质量保修制度,并区分不同类型的工程项目规定了不同的最低保修期,其中基础设施工程、房屋建筑的地基基础工程和主体结构工程的最低保修期限为设计文件中该工程的合理使用年限。建设工程的保修期自竣工验收合格之日起计算。

虽然,通常情况下,发包单位擅自使用未经竣工验收的建设工程,视为该工程质量合格,如果该工程在使用过程中发现质量问题,发包单位通常会丧失追究承包单位质量违约责任的请求权,但是承包单位仍然负有质量保修责任。在(2019)最高法民再166号判决[①]中,最高人民法院认为,施工方对建设工程应承担的质量责任,包括对工程施工中出现的质量问题及经验收不合格工程应承担的质量返修责任,以及对经验收合格的工程在使用过程中出现的质量问题应承担的保修责任。发包人未经竣工验收擅自使用,只是推定工程质量合格,并不能免除承包人对案涉工程的质量保修义务。

值得注意的是,承包人被免除的只是部分质量担保责任,并非全部的质量担保责任。由于地基基础工程和主体结构出现质量问题可能会严重威胁人身和财产安全,所以承包人在工程施工时必须确保地基基础工程和主体结构的质量,无论发包人是否擅自使用,只要建设工程在合理使用寿命内地基基础工程或主体结构发生了质量问题,承包人仍需要承担工程质量保证义务。《建筑法》中要求建筑物在合理使用寿命内,必须确保地基基础工程和主体结构的质量;《关于审理建设工程施工合同纠纷案件适用法律问题的解释(一)》中也明确了发包人擅自使用建设工程的,承包人不免除地基基础工程和主体结构的质量责任。

结　语

从发包人角度来看,发包人在很多情况下面临工程融资成本的压力,往往希望工程能够尽早使用以获得回款,房地产开发商也希望尽快交付房屋以避免可能的违约损失。在这些情形下,发包人在使用时应采取措施以免被认定为擅

---

① 青海临峰房地产开发有限公司、浙江中业建设集团有限公司建设工程施工合同纠纷案,最高人民法院民事判决书,(2019)最高法民再166号。

自使用,发包人可以:

1. 在建筑工程合同中约定提前使用工程的前提条件和免责事由。

2. 发包人甩项竣工,甩项竣工指按照施工图要求把还没有完成的某些扫尾工程、零星工程细目甩下,而对整个单位工程先行验收。进行甩项验收之前,发包人一定要和承包人签订甩项竣工协议,明确甩项竣工的验收范围,甩项工程的范围以及缺陷修补工作清单等。如果发包人确实需要在工程竣工前使用建设工程又无满足甩项竣工条件的,发包人应注意在使用前进行质量检验,区分质量责任,避免在使用后产生纠纷时使自己处于不利地位,发包人可以同时委托公证机构和工程咨询机构对工程进行工程现场勘查取证,确定质量责任不是由于发包人的使用造成的,同时也可以为之后可能发生的纠纷提前固定证据。无论在哪一阶段,笔者都建议发包人都能够聘请专业律师或法律顾问控制工程建设中的风险。

从承包人的角度分析,目前的审判实务多数倾向于保护承包方(包括实际施工人)的利益,所以承包人应善于利用现有的法律规定保护自身的合法权益,在发包方要求竣工之前使用时,可以邀请工程咨询机构对工程进行工程现场勘查取证,对地基基础工程和主体结构工程检验合格,以保证自身无风险并留存相关发包方要求交付使用的凭证。承包人也可以和发包人事先约定竣工前使用的责任免除条款以降低己方的违约风险。

相关法律规定

1.《民法典》

第七百九十九条　建设工程竣工后,发包人应当根据施工图纸及说明书、国家颁发的施工验收规范和质量检验标准及时进行验收。验收合格的,发包人应当按照约定支付价款,并接收该建设工程。

建设工程竣工经验收合格后,方可交付使用;未经验收或者验收不合格的,不得交付使用。

2.《建筑法》

第六十条第一款　建筑物在合理使用寿命内,必须确保地基基础工程和主体结构的质量。

3.《建设工程质量管理条例》

第十六条　建设单位收到建设工程竣工报告后,应当组织设计、施工、工程监理等有关单位进行竣工验收。

建设工程竣工验收应当具备下列条件:

（一）完成建设工程设计和合同约定的各项内容；

（二）有完整的技术档案和施工管理资料；

（三）有工程使用的主要建筑材料、建筑构配件和设备的进场试验报告；

（四）有勘察、设计、施工、工程监理等单位分别签署的质量合格文件；

（五）有施工单位签署的工程保修书。

建设工程经验收合格的，方可交付使用。

4. 最高人民法院《关于审理建设工程施工合同纠纷案件适用法律问题的解释（一）》

第九条　当事人对建设工程实际竣工日期有争议的，人民法院应当分别按照以下情形予以认定：

（一）建设工程经竣工验收合格的，以竣工验收合格之日为竣工日期；

（二）承包人已经提交竣工验收报告，发包人拖延验收的，以承包人提交验收报告之日为竣工日期；

（三）建设工程未经竣工验收，发包人擅自使用的，以转移占有建设工程之日为竣工日期。

第十四条　建设工程未经竣工验收，发包人擅自使用后，又以使用部分质量不符合约定为由主张权利的，人民法院不予支持；但是承包人应当在建设工程的合理使用寿命内对地基基础工程和主体结构质量承担民事责任。

建设工程纠纷中发包人对施工方强制清场的法律分析、风险提示及实务要点

编前语

在工程项目实际施工过程中，遇到施工方或承包人严重违约等情形招致施工合同纠纷无法妥善解决，最终导致项目搁置的情况比比皆是。考虑到实际通过诉讼等法律手段解决争议所耗费的漫长时间成本及所带来的经济利益损失，为防损失扩大，在诉诸法律途径前，发包人往往极力寻求工程项目继续建设，但如果发包人认为施工方没有能力保质保量完成工程项目，或者确实工程搁置过久导致损失过大，为确保所建工程的质量，避免进一步的损失，更换承包方是发包人不得不考虑的最终手段。

但从法律风险角度来看，由于建设过程中承包人的转包、内部承包、劳务分包等问题导致的法律主体复杂化，非法转包、违法分包等问题导致的合同效力不明朗，加上工期、工程量、工程质量、工程造价等争议多发，如果承包人拒绝退场，或作为直接合同方的总包方下落不明导致无法清场，业主单方强制清场往往会招致不小的法律风险，在厘清这些风险并作出权衡前，业主往往会陷入是否选择直接将施工方强制清退出场的两难境地。

本文对发包人在建设工程合同履行途中将施工方强制清退出场的情形展开剖析，并结合相关法律规定和审判案例进行研究，分析司法实践对于该特殊情形下的行为法律后果的认定，并对业主在该情形下选择强制清场的风险点、实务操作要点予以提示。

【案情概要】①

2008 年 4 月 4 日,原告(发包人)与被告(承包人)签订《合同协议书》,发包人将其开发的工程总体发包给承包人施工。2008 年 9 月 29 日,在承包人通过公开招标取得上述工程施工权后双方又签订《建设工程施工合同》。

《合同协议书》签订后,承包人于 5 月进场,在后续施工中承包人将工程划分分包给无资质的内部人员施工,承包方式为承包人提供施工设备、配备专业人员、管理人员配合及监督施工,供给施工材料等,内部人员负责全部项目施工。

实际履行中,发包人未按约定支付工程进度款,存在大量设计变更和工程量变更,承包人则存在工程质量不合格的问题,双方遂产生工程合同履行争议。

2009 年 9 月 20 日、27 日发包人两次就工程质量、逾期竣工、民工上访等问题向承包人发函,主张承包人不按约定履行,提出解除合同关系要求撤场。2009 年 10 月 5 日,发包人委派保安公司保安人员进驻,于 2009 年 10 月 8 日收回现场。在清场时,发包人垫付了工人遣散费款项 11600 元。

在清除承包人出施工现场后,监理方对承包人已施工工程进行检查,于 2009 年 11 月 11 日、2010 年 3 月 11 日出具了工程质量检查情况说明,指出该工程存在严重质量问题。

收回现场后,发包人将案涉工程被告遗留的工程发包给第三方东大公司和七建公司进行后续施工及工程修复。

因欠付工程款、工程质量等争议,发包人与承包人双方不能协商一致,发包人诉至法院,主张承包人工程质量、工期逾期违约,请求承包人承担赔偿责任,在一审中发包人申请法院委托进行工程质量鉴定。另案又申请委托进行工程造价鉴定。

【争议焦点】

1. 发包人单方强制清场下的施工合同是否解除。
2. 在强制清场遣返现场工人时发包人发放的款项是否可以向承包人主张。
3. 强制清场后续工期、工程量、工程质量的争议。

---

① 辽宁中海房地产开发有限公司、江苏省第一建筑安装股份有限公司建设工程施工合同纠纷案,辽宁省高级人民法院民事判决书,(2016)辽民终 812 号。

【判决概要】

就发包人强制清场定性问题，法院认为，发包人未按照合同约定足额支付工程进度款，拖欠承包人大量工程进度款未付，违反合同约定，且发包人未经双方协商同意遣返承包人及实际施工方员工、接收施工现场，单方解除合同，亦属违约行为，依法应当承担违约责任。而发包人两次书面致函承包人解除合同，承包人对发包人单方解除虽然存有异议，但并未按照最高人民法院《关于适用〈中华人民共和国合同法〉若干问题的解释(二)》(已失效)第24条之规定，在3个月内向人民法院起诉或申请仲裁，因此，施工合同关系已经解除。

就强制清场遣返现场工人时发放的款项问题，原告主张遣返现场工人时发放的款项11600元应当计入已付工程款总额。法院认为，发包人在遣返被告施工现场工人时，未经承包人委托为承包人工人支付路费，事后也未得到被告追认，其行为后果应自行承担，故该11600元不能计入原告已付被告款项中。

就工期问题，法院认为发包人未按照合同约定足额支付工程进度款，并存在大量设计变更、增加工程量等情形，依据合同约定及法律规定工期应当予以顺延；发包人违反合同约定单方解除合同，并在将被告强制清场后将后续工程发包给案外人东大公司和七建公司，对于后续施工所产生的工期延误，发包人要求承包人承担责任，缺乏事实和法律依据。

就工程量问题，法院认为原告在合同履行的过程中单方解除合同，在解除合同前未对施工界限进行固定，致使鉴定机构无法准确界定工程量，原告对此应当承担举证责任。对部分工程量原告未举证证明争议的工程量并非由被告完成，故相应工程量应当认定为由被告施工完成，所涉费用应当计入工程造价；部分工程如隐蔽工程，在进行下道工序施工前已经通过验收并已进行掩埋，原告主张使用了低价材料或未施工但未提供相应的证据，不予认可；部分工程内容因涉案工程已入住，无法确定具体的比例，依据公平原则，酌情按照50%计入工程造价。

就工程质量及后续维修问题，法院认为，鉴于双方合同已解除，就发包人提出的因工程质量不合格造成的工程返修费用损失要求承包人赔偿之事宜，承包人已撤出施工现场，无法继续修复，对于后发生的修复费用，承包人应当承担。发包人在一审期间通过一审法院委托机构进行的修复造价鉴定时，涉案工程已交付购房人使用，且鉴定报告出具前工程已经验收合格，在鉴定期间未有返工重建的事实发生，所以该阶段所做工程造价鉴定就质量及修复造价的结论缺乏事实依据，能作为证明工程质量存在问题的依据，但是不能作为维修造价认定的依据。又因发包人后续与第三方就遗留工程与修复工程签订了包死价施工合同,合同费用与前述工程造价鉴定意见相差巨大,因此法院最终按照后续与第三方的施工合同价格认定了对承包人工程质量问题的维修造价。

【案件分析】

发包人一般指工程施工承包合同中的甲方。在建设工程施工过程中,可能引起甲方清场的原因多种多样。比如承包人因为行业激烈的竞争,进场前对甲方要求万般答应,签约进场后通过各种手段变更结算价格乃至利用占据施工场地优势与发包人谈判;比如发包人在工程招标中,对付款承诺得很好,但承包人进场并已对工程前期投入后,发包人开始不守约定不能满足给付或拖延给付工程款,承包人只能被迫停工;又如在工程招投标后,市场材料费和人工费用均发生增长,而各方的《施工合同》又是包死价,施工方继续干下去必定赔钱,不干又是违约,结果导致停工。

以上种种究其根本,就是合同无法继续履行,各方又因争议对合同的继续履行不能达成一致意见,但发包人因工期及后续计划限制,为了避免工程搁置所造成的进一步损失,导致不得不强制清场。

一、发包人强制清场行为的定性及风险

发包人强制清场行为的定性及后果在本类纠纷中是一个基础问题。尽管工程实施过程中可能存在施工方与承包方不一致的情况,在最基本的发包人与承包人签署施工合同、承包人与施工单位签署分包合同的模式下,发包人单方对施工方的强制清场行为属于对发包人与承包人间合同单方解除的意思表示。

对于强制清场行为下构成的单方解除合同意思表示本身,须注意合同解除行为或意思表示并不一定当然产生合同解除的后果,还可能构成违约。本文认为,发包人单方强制清场的行为构成单方违约的风险极大。发包人仅在符合法律规定或符合合同约定的情况下进行的合同解除行为才会产生合同解除的后果,否则,发包人的清场行为将构成的只是单方面违约。

发包人解除的意思表示及行为造成合同解除后果的,根据法律规定,首要产生的效力便是尚未履行的合同义务终止履行;已履行的部分,根据履行情况和合同性质,当事人可以请求恢复原状或者采取其他补救措施,并有权请求赔偿损失,即承包人几乎不能再向发包人主张继续履行施工合同,因此也就难以就解除时间点之后未履行的合同义务部分向发包人进行任何进一步的权利主张。此外,即使承包人下另有分包,由于承包合同作为实际施工方入场施工依据分包合同的主合同,先合同效力已经解除失去了基础支撑,施工方对于施工现场的占据便构成无权占有，此时发包人理当有权对施工现场进行清场。

如果发包人解除的意思表示及行为构成了违约，则根据法律规定，发包人将不得不承担包括继续履行、采取补救措施或者赔偿损失等的违约责任。

判断清场行为是否构成单方违约，需要审查两个点：

1. 该单方解除行为是否符合合同约定及法律规定；

2. 该单方解除的意思表示是否产生合同解除的效力。

站在维护意思自治，维护交易稳定的角度来看，法律规定合同解除需要具有解除权。解除权一般分为法定解除权与约定解除权。约定解除权即《民法典》第562条规定的经双方协商一致的合同解除条件成就时的解除权，而法定解除权即《民法典》第563条规定的当事人可以解除合同的情形，包括：因不可抗力致使不能实现合同目的；在履行期限届满前，当事人一方明确表示或以自己的行为表明不履行主要债务；当事人一方迟延履行主要债务，经催告后在合理期限内仍未履行；当事人一方迟延履行债务或者有其他违约行为致使不能实现合同目的；等等。

如经发包人与承包人对工程量、工程价款等结算后清场的，该清场行为下的意思表示进一步属于经双方协商一致后达成的解除行为，会产生相应的合同解除后果。

如果双方没有在合同中事先明确约定具体的合同解除情形，那么发包人很难主张约定解除权，同时类似在本文案例中的情形，由于案件中承包人的违约并没有达到《民法典》第563条规定的不履行主要债务、不能实现合同目的情形，因此发包人的强制清场行为极有可能被法院认定为单方违约。

此外，在发包人强制清场前，极易被忽视的点便是《民法典》第565条规定的"解除通知"对于解除合同有形式上的要求：当事人依法行使解除权的，应当通知对方，合同自通知到达对方时解除。对方有异议的，可请求人民法院或者仲裁机构确认解除合同的效力。参照最高人民法院《关于适用〈中华人民共和国合同法〉若干问题的解释（二）》（已失效）第24条之规定，在合同双方无约定的情况下给予3个月的期间作为行使合同解除权异议期，如承包人未在发包人解除合同通知后3个月内提出诉讼或仲裁，则合同解除。因此不论从后续诉讼准备证据的角度，还是从尽量抑制强制清场行为本身强烈的单方性、违反约定的先入印象，发包人都必须在强制清场前通过书面形式向承包人作出解除合同的通知。

在本文案例中，尽管法院最终认定发包人属于逾期支付工程款违约，但是由于发包人在清场之前曾于2009年9月20日、27日先后二次发函承包人，提出要求解除合同，并限期在10月13日前全部撤场。承包人尽管提出异议，但并没有在收到解除通知之日起3个月内依法提起诉讼或仲裁，法院同意发包人系违法解除不具有解除权，但是该行为最终发生解除的效力。依据最高人民法院《关于适用〈中华人民共和国合同法〉若干问题的解释（二）》第24条规定在法定异议期限3个月内需要依法主张权利，承包人未在该期间内及时主张，导致了合同解除（本文案例适用原《合同法》）。

可以说该两份解除通知函为发包人争取到了相当大的主动权。但反过来说，如果承包人及时起诉或提起仲裁，发包人强制清场被判定为单方违约行为，又没有产生合同解除的法律后果，该清场行为所带来的法律责任将对发包人自身构成不利的风险极大。

另外需要注意，由于《民法典》实施，上述司法解释被废止，无法当然适用合同解除通知后3个月主张权利的除斥期间，对于发包人更为不利。

本文建议，发包人在执行强制清场的行为之前，尽可能充分利用与承包人的书面协商程序，确保发包人自身的工程款履行不违约。就施工合同，发包人与承包人能够协商一致地尽可能协商一致解除合同，实在无法协商一致，发包人务必以解除合同的名义反复向承包人发送明确的书面解除通知并同时抄送实际施工方，通过该种形式固定提出解除合同主张的事实、作出解除合同通知的事实、给与宽限期的事实以及最好能达到3个月除斥期间经过的效果。

同时，本文还建议，函要提早发，但清场视情况应尽可能在承包人收到解除通知函后经过上文提及的3个月异议期之后进行，并不是说在经过异议期后进行的清场不构成违约，而是很可能如本文案例中法院认定的一样，施工合同的效力已经解除，可以规避合同仍有效而有后续未履行事项所带来的更大的损失。

但综合而言，本文认为发包人强制清场构成违约的风险极大，没有必要的情况下，建议不要采取该手段。

二、发包人强制清场行为中的垫付施工方

在实践中我们发现，在很多情况下发包人与承包人并非协商一致解除合同清除出场，同时，实际在场地上的施工单位因挂靠、转包、分包等原因并非承包人本单位，所以在办理合同解除后续手续时施工单位往往不予配合，拒绝清场。如上文所述，在实际的工程施工项目中，实际施工方往往不是业主或发包人的直接合同相对人，通常实际施工方属于劳务分包形式下的施工队，如果承包人作为直接合同方不予以配合，或没有能力承担相应的法律责任，由此产生的问题便是发包人是否垫付工人工资、垫付后能否向承包人追偿等。

本文认为，站在发包人的角度，发包人可以根据最高人民法院《关于审理建设工程施工合同纠纷案件适用法律问题的解释》（已失效）第25条的规定，就向施工单位垫付的费用向承包人索赔。站在施工方的角度，就施工方与承包人的合同关系，施工方是否可以向发包人求偿，根据《关于审理建设工程施工合同纠纷案件适用法律问题的解释》（已失效）第26条的规定，人民法院可以追加转包人或者违法发包人为当事人，但发包人只在欠付工程价款范围内对实际施工人承担责任，即从法律角度来说，除非发包人欠付工程款，否则并无必要对实际施工人结算，也无相应合同关系作为结算依据。

从发包人强制清场操作的角度，本文认为基于民法不当得利或无因管理的原理，根据合同相对性的原则，发包人在清场时不需要向施工单位结算，实际垫付结算的，发包人理当能就先行向施工方垫付的结算款向承包人追偿，即使按照司法解释突破合同相对性的规定，发包人也仅以对承包人的欠付工程款为限承担责任。

但在实践中发包人强制清场的，如发包人不予以垫付或结算工人工资采取暴力强制手段将施工单位清除出场，很有可能造成工人聚众闹事、上访乃至发展成群体斗殴事件，为业主相关负责人带来刑事责任风险，造成恶劣的社会影响，可能导致后续其他工程停摆停滞。因此，本文认为，发包人应视情况，权衡风险后考虑垫付工人工资等费用。

需要注意的是，垫付的费用应当限于根据施工方与承包方合同应计付劳务性支出，而不包括遣散费。在本文案例中，由于农民工上访闹事等问题的存在，发包人委托保安公司采取强制手段，为推进清场，发包人对施工方的劳务费用、农民工工资进行了部分先行垫付。但在案件审理中，当发包人对承包人进行主张时，承包人提出主张该部分费用为遣散费、路费，并非承包人委托发包人支付，为发包人在违法单方解除合同的强制清场行为下自行支付。最终法院采纳了该观点，未判赔该部分金额。

在本文案例中，该笔款项未得到追偿的理由很大程度上是因为该费用并非依据施工方与承包人合同下的施工款，而是被定性为对施工方的遣散费，没有付款依据也未得到追认。本文认为，该部分费用发包人无须垫付，垫付后也应可以收回，但因发包人操作原因，未能明确该笔支付费用的性质，变成了在没有合同依据情况下自行支出的补贴和福利性质的遣散费，导致无法追偿。

站在实际处理纠纷角度，本文建议在强制清场时，如要先行垫付施工方报酬，应当对拖欠的工人工资及时清查造表进行确认，该部分工资如有清楚的合同依据则可以优先支付民工工资，而后此部分费用将直接从应得工程款中扣除，否则很有可能被认定为遣散费不予判赔。同时建议尽量采用和平冷静手段进行清场，如果确有采取强制清场的必要，考虑到可能发生突发事件的风险，应当事先前往当地公安机关、街道办提前备案，做好应对突发事件的准备。

三、发包人强制清场后的后续争议点

既然发包人选择强制清场，几乎可以肯定施工项目业已经存在工期、工程量、工程质量、工程造价的争议。而随着将施工方强制清除出场并更换施工方势必将该类争议进一步扩大。在发包人对承包人强制清场的情形下，施工单位被清场原因有极大概率涉及工期延误及工程质量不达标，在实际处理过程中几乎可以肯定就承包人已经完成的工程量、不合格的工程质量、相应的维修费用及相应的工程造价必然会成为纠纷争议焦点。

就工期问题，一般关注的要素包括停工的原因事件、停工的天数以及工期是否顺延，会涉及的问题有：

1. 逾期承包人是否在工期逾期问题上有抗辩情形，包括合同约定的工期顺延情形成就；

2. 承包人是否有合同约定或法律规定的单方停工权利；

3. 工期逾期认定的举证问题。

首先，工期抗辩问题即承包人主张工期没有逾期不存在违约。在工程施工过程中，中途进行的设计变更和相应工程量、工期的变更并非罕见。在司法实践中，设计变更指发包人对工程原设计方案及图纸的改变，根据《民法典》第803、804条规定，属于对于承包人构成工期逾期的合理性抗辩理由之一。

其次，在《民法典》第526条规定有先履行抗辩权，即在有先后履行顺序的合同中，给予在先一方未履行其义务（比如付款义务）时后履行义务一方抗辩对方提出违约的权利。承包人很有可能基于此主张发包人未按约定支付工程款或提供施工材料进场，工期应当顺延。

最后，在《民法典》第527条规定有不安抗辩权，即给予守约方对于明显不能继续履行或明显将违约的合同不先予履行的抗辩权。在发包人不能按计划支付工程款的情况下承包人可能基于此主张工期应当顺延。

而就停工权的问题则是承包人有权主张工期顺延的情况下，承包人是否有权选择直接停工并要求发包人赔偿停工损失。在《民法典》第803、804条直接规定在发包人违约的情况下，承包人可以相应顺延工期。承包人可以依据这些条款在发包人违约或预期违约时对工期提出抗辩，并可以要求发包人赔偿停工窝工的损失。依法停工的情形主要包括：

1. 因开工许可不完备；

2. 因图纸发生重大变更；

3. 因其他施工过程中行政许可不完备引起的停工，如环境影响评价、文物保护、扰民、建筑垃圾处理等。

依约停工则大致有：

1. 因发包人未履行主要合同义务。发包人未依约支付预付款、进度款。

2. 因发包人未履行协助等其他合同义务。如未履行“三通一平”、未提供地质资料和有关现场资料或该等资料不准确，发包人提供的原材料、设备不合格。

3. 因不可抗力引起的停工。

而就工期举证的问题，发包人主张工期延误的，需要举证原工期确定，实际未在该确定的工期内完工。如果承包人抗辩工期未延误，其应当提交施工合同约定申请确认工期延误的报告及工程签证等相关证据，该部分举证责任分配在承包人。

在本文案例中，发包人作为原告主张被告存在严重无故拖延、未能按约定工期完工严重违约，要求承包人承担工期违约的赔偿责任，同时主张承包人履行完毕的工程部分存在严重质量问题，要求就维修造价赔偿损失。对此，承包人辩称工期逾期是由于发包人存在大量的设计变更、增加工程量，同时还以发包人未按期支付工程款作出抗辩，不认可构成工期逾期违约的主张。

承包人还引述最高人民法院《关于审理建设工程施工合同纠纷案件适用法律问题的解释》(已失效)第 13 条“建设工程未经竣工验收，发包人擅自使用后，又以使用部分质量不符合约定为由主张权利的，不予支持；但是承包人应当在建设工程的合理使用寿命内对地基基础工程和主体结构质量承担民事责任”、第 14 条第 3 项“建设工程未经竣工验收，发包人擅自使用的，以转移占有建设工程之日为竣工日期”的规定，主张发包人在清场后另行与第三方承包的行为属于擅自使用未经验收建设工程的行为，应当以转移占有建设工程之日为竣工日期，且对发包人主张的质量问题范围提出异议，只对工程的地基基础和主体结构工程质量承担民事责任。最终法院采纳了承包人就设计变更的抗辩，未采纳承包人主张发包人擅自使用的抗辩。

从法律实践的角度出发，本文建议为避免争议，发包人应当与承包人及监理单位及时就已经完工的工程量和工期进行结算，并书面确认。如承包人不予配合必须强制清场的，建议发包人应当考虑对清场原因、工程量的证据固化进行公证，并同监理单位对工程量及时进行确认。

就工程量、工程质量和工程造价的认定主要涉及事实认定和证据固定问题。一旦发生争议，业主和施工单位的责任分担很大程度上将依赖证据的完整程度。根据民诉中“谁主张,谁举证”的原则,主张的当事人应提出相应证据,否则应当承担证明不利的后果。

实际生活中整个施工过程产生的工程资料非常庞杂,包括但不限于:往来函件及对方的签收凭证、会议纪要、各类通知指令、图纸及技术交底资料、材料验收单、质量验收表,以及政府部门介入处理事项的记录等。这些资料通常以传统的纸质文件形式出现,但有时也以电子邮件甚至录音、手机短信、聊天记录等体现。而在发生工程质量问题、工程形象进度远远落后于进度计划等情况下,还有可能通过拍照或摄像等方式记录。这些材料都会构成认定实际争议问题的基础。此外,监理方出具的文件具有相当的证明力,鉴定报告和公证书也是法院认定事实所依照的重要材料。

在本文案例中,发包人提出在清除承包人出施工现场后,监理对承包人已施工工程进行检查,于2009年11月11日、2010年3月11日出具了工程质量检查情况说明,指出该工程存在严重质量问题,并申请法院委托鉴定机构进行工程质量及工程造价的鉴定,但由于鉴定的时间点过晚,工程已经交付使用,鉴定结果的证明力打了折扣。同时发包人无法提出相应证据证明争议的部分工程量非由承包人履行,该部分的工程量被法院认定为由承包人完成。相对的承包人通过监理公司出具的钢筋、隐蔽工程检查验收记录证明项目工程部分隐蔽工程合格,被法院认可并认定为应当计入工程造价。可见在工程争议中,证据才是最终决定案件胜败的关键材料。

本文建议,业主和施工单位一定要在平时就注重工程资料的收集、保存、整理和完善,发现缺少的要及时补全。至少在强制清场之前,应当备妥已经施工完毕的工程情况的各种材料。如相关材料争议无法协商解决,为避免后续争议,避免承包人与发包人“扯皮”,本文建议发包人应当与承包人共同委托第三方鉴定机构进行工程质量鉴定与工程造价鉴定。

如承包人不予配合必须强制清场的,发包人在提出解除合同,收回施工现场后应当立即组织监理方对施工现场进行勘察并进行证据固定,鉴于单方委托鉴定机构鉴定的结果不被法院认可的风险较大,本文建议发包人应当考虑委托公证机构一同对施工现场的状况、承包方已经完成的工程量及不合格的工程量范围、不符合质量标准的工程段、具体违约状况等现场的证据情况进行公证予以固化,以备将来解决争议。

结　语

通过前文所进行的论述可知,发包人在建设工程合同履行途中将施工方强制清退出场条款本质上属于发包人单方解除施工合同的意思表示,其后果大概率会构成发包人的单方违约。

如同上文所述，强制清场所隐含的风险点和后续引起的纠纷也不少。因此，笔者提醒发包人要慎重选择采取强制清场手段，需要注意其中存在的法律风险。如无其他选择必须强制清场的，务必注意采取谨慎的事前如多次发函通知解除合同、公安备案、提前告知等措施避免后续损失进一步扩大的手段操作，同时注意证据固定，以避免在潜在的诉讼中处于不利地位。

相关法律规定

1.《民法典》

第五百二十六条　当事人互负债务，有先后履行顺序，应当先履行债务一方未履行的，后履行一方有权拒绝其履行请求。先履行一方履行债务不符合约定的，后履行一方有权拒绝其相应的履行请求。

第五百二十七条　应当先履行债务的当事人，有确切证据证明对方有下列情形之一的，可以中止履行：

(一)经营状况严重恶化；

(二)转移财产、抽逃资金，以逃避债务；

(三)丧失商业信誉；

(四)有丧失或者可能丧失履行债务能力的其他情形。

当事人没有确切证据中止履行的，应当承担违约责任。

第五百六十二条　当事人协商一致，可以解除合同。

当事人可以约定一方解除合同的事由。解除合同的事由发生时，解除权人可以解除合同。

第五百六十三条　有下列情形之一的，当事人可以解除合同：

(一)因不可抗力致使不能实现合同目的；

(二)在履行期限届满前，当事人一方明确表示或者以自己的行为表明不履行主要债务；

(三)当事人一方迟延履行主要债务，经催告后在合理期限内仍未履行；

(四)当事人一方迟延履行债务或者有其他违约行为致使不能实现合同目的；

(五)法律规定的其他情形。

以持续履行的债务为内容的不定期合同，当事人可以随时解除合同，但是应当在合理期限之前通知对方。

第五百六十五条　当事人一方依法主张解除合同的，应当通知对方。合同自通知到达对方时解除;通知载明债务人在一定期限内不履行债务则合同自动解除,债务人在该期限内未履行债务的,合同自通知载明的期限届满时解除。对方对解除合同有异议的,任何一方当事人均可以请求人民法院或者仲裁机构确认解除行为的效力。

当事人一方未通知对方,直接以提起诉讼或者申请仲裁的方式依法主张解除合同,人民法院或者仲裁机构确认该主张的,合同自起诉状副本或者仲裁申请书副本送达对方时解除。

第五百七十七条　当事人一方不履行合同义务或者履行合同义务不符合约定的,应当承担继续履行、采取补救措施或者赔偿损失等违约责任。

第五百七十八条　当事人一方明确表示或者以自己的行为表明不履行合同义务的,对方可以在履行期限届满前请求其承担违约责任。

第五百八十二条　履行不符合约定的,应当按照当事人的约定承担违约责任。对违约责任没有约定或者约定不明确,依据本法第五百一十条的规定仍不能确定的,受损害方根据标的的性质以及损失的大小,可以合理选择请求对方承担修理、重作、更换、退货、减少价款或者报酬等违约责任。

第五百八十三条　当事人一方不履行合同义务或者履行合同义务不符合约定的,在履行义务或者采取补救措施后,对方还有其他损失的,应当赔偿损失。

第八百零三条　发包人未按照约定的时间和要求提供原材料、设备、场地、资金、技术资料的,承包人可以顺延工程日期,并有权请求赔偿停工、窝工等损失。

第八百零四条　因发包人的原因致使工程中途停建、缓建的,发包人应当采取措施弥补或者减少损失,赔偿承包人因此造成的停工、窝工、倒运、机械设备调迁、材料和构件积压等损失和实际费用。

第八百零五条　因发包人变更计划,提供的资料不准确,或者未按照期限提供必需的勘察、设计工作条件而造成勘察、设计的返工、停工或者修改设计,发包人应当按照勘察人、设计人实际消耗的工作量增付费用。

2. 最高人民法院《关于适用〈中华人民共和国合同法〉若干问题的解释(二)》(已失效)

第二十四条　当事人对合同法第九十六条、第九十九条规定的合同解除或者债务抵销虽有异议,但在约定的异议期限届满后才提出异议并向人民法院起诉的,人民法院不予支持;当事人没有约定异议期间,在解除合同或者债务抵销通知到达之日起三个月以后才向人民法院起诉的,人民法院不予支持。

3. 最高人民法院《关于审理建设工程施工合同纠纷案件适用法律问题的解释》(已失效)

第一条　建设工程施工合同具有下列情形之一的,应当根据合同法第五十二条第(五)项的规定,认定无效:

(一)承包人未取得建筑施工企业资质或者超越资质等级的;

(二)没有资质的实际施工人借用有资质的建筑施工企业名义的;

(三)建设工程必须进行招标而未招标或者中标无效的。

第二条　建设工程施工合同无效,但建设工程经竣工验收合格,承包人请求参照合同约定支付工程价款的,应予支持。

第十一条　因承包人的过错造成建设工程质量不符合约定,承包人拒绝修理、返工或者改建,发包人请求减少支付工程价款的,应予支持。

第十二条　发包人具有下列情形之一,造成建设工程质量缺陷,应当承担过错责任:

(一)提供的设计有缺陷;

(二)提供或者指定购买的建筑材料、建筑构配件、设备不符合强制性标准;

(三)直接指定分包人分包专业工程。

承包人有过错的,也应当承担相应的过错责任。

第十三条　建设工程未经竣工验收,发包人擅自使用后,又以使用部分质量不符合约定为由主张权利的,不予支持;但是承包人应当在建设工程的合理使用寿命内对地基基础工程和主体结构质量承担民事责任。

第十四条第(三)项　(三)建设工程未经竣工验收,发包人擅自使用的,以转移占有建设工程之日为竣工日期。

第十九条　当事人对工程量有争议的,按照施工过程中形成的签证等书面文件确认。承包人能够证明发包人同意其施工,但未能提供签证文件证明工程量发生的,可以按照当事人提供的其他证据确认实际发生的工程量。

第二十五条　因建设工程质量发生争议的,发包人可以以总承包人、分包人和实际施工人为共同被告提起诉讼。

第二十六条　实际施工人以转包人、违法分包人为被告起诉的,人民法院应当依法受理。

实际施工人以发包人为被告主张权利的,人民法院可以追加转包人或者违法分包人为本案当事人。发包人只在欠付工程价款范围内对实际施工人承担责任。

工程转包案件的法律分析、司法实践及风险防范

编前语

建筑业是国民经济的支柱产业,但由于该领域系劳动密集型、资金密集型行业,且违法成本低,导致转包、违法分包、挂靠等违法行为层出不穷,严重扰乱市场秩序、影响工程质量。本文将以解读2019年出台的《建筑工程施工发包与承包违法行为认定查处管理办法》(以下简称《管理办法》)为核心,对工程转包行为的特征和表现形式展开分析,并结合相关法律规定和审判实务进行论述,向工程发包人、总承包人及实际施工人分别就违法转包的法律后果和风险作出提示。

【案情概要】①

2010年12月31日,南阳四友房地产开发有限公司(以下简称四友公司)与河南省合立建筑工程有限公司(以下简称合立公司)签订《工程承包合同补充协议(一)》,约定:合立公司承包建设四友公司"南阳商贸中心工程A座",A座工程造价约2.5亿元。2011年2月1日,合立公司与赵某某签订《内部承包协议》。合立公司将其承包的南阳商贸中心A座工程以内部承包的形式,由赵某某以2.5亿元全风险承包,即由赵某某实际进行投资、组织工人施工等活动,并独立核算、自负盈亏。南阳商贸中心A座工程于2014年5月和11月投入使用。

① 南阳四友房地产开发有限公司、河南省合立建筑工程有限公司建设工程施工合同纠纷案,最高人民法院民事裁定书,(2019)最高法民申943号。

【争议焦点】

1. 案涉工程是赵某某借用合立公司资质承建还是合立公司违法转包?

2. 四友公司是否应作为发包人在欠付工程价款范围内对赵某某承担责任?

【判决概要】

法院认为,认定一项工程系借用资质承建还是违法转包,应重点考虑实际施工人前期是否直接联系发包方、是否直接参与招投标和建设工程施工合同的订立。如果实际施工人并没有直接联系发包方,同时也没有直接参与招投标和建设工程施工合同的订立,则应认定为违法转包。本案中,四友公司虽主张赵某某系挂靠合立公司即借用合立公司资质承包工程,但并未提交相关证据予以证明。合立公司是在与四友公司签订《工程承包合同补充协议(一)》后,才与赵某某签订《内部承包协议》,将案涉工程以内部承包的形式交由赵某某全风险承包,由赵某某实际进行投资、组织工人施工,该行为应当认定为违法转包。法院适用最高人民法院《关于审理建设工程施工合同纠纷案件适用法律问题的解释》(已失效)第26条第2款关于"实际施工人以发包人为被告主张权利的,人民法院可以追加转包人或者违法分包人为本案当事人。发包人只在欠付工程价款范围内对实际施工人承担责任"的规定,认定四友公司作为发包人,应在欠付工程价款范围内对赵某某承担责任。

【案件分析】

一、转包的特征及表现形式

(一)转包的特征

《建筑法》第28条规定:"禁止承包单位将其承包的全部建筑工程转包给他人,禁止承包单位将其承包的全部建筑工程肢解以后以分包的名义分别转包给他人。"《管理办法》第7条增加了"不履行合同约定的责任和义务"的内容。根据《管理办法》第4条规定,任何形式的转包行为均是法律所禁止的。《管理办法》第7条规定:"本办法所称转包,是指承包单位承包工程后,不履行合同约定的责任和义务,将其承包的全部工程或者将其承包的全部工程肢解后以分包的名义分别转给其他单位或个人施工的行为。"该规定进一步解释了转包行为的特征是"承包单位自己不履行合同约定的责任和义务"。因此,上述案例中所述,合立公司将案涉工程交由赵某某"全风险承包",即合立公司不履行合同义务、不承担风险和责任,而将合同义务、风险及责任全部转移给赵某某,符合《管理办法》规定的转包特征，故被认定为违法转包。

（二）转包的表现形式

《管理办法》第 8 条第 1 款共罗列了 9 种违法转包的具体情形：

1. 承包单位将其承包的全部工程转给其他单位（包括母公司承接建筑工程后将所承接工程交由具有独立法人资格的子公司施工的情形）或个人施工的。

本项的重点在于将“母公司承接建筑工程后将所承接工程交由具有独立法人资格的子公司施工的情形”认定为转包情形，这秉承了全国人民代表大会常委会法制工作委员会《关于对建筑施工企业母公司承接工程后交由子公司实施是否属于转包以及行政处罚两年追溯期认定法律适用问题的意见》（法工办发〔2017〕223 号）的精神。增加上述情形的原因在于大型国有施工企业或集团制施工企业与大量子公司存在紧密的控股、行政管理关系。母公司凭借其优越的资质和条件顺利中标后，便将工程交由资质较低或不具有资质的子公司具体施工，该行为导致建筑市场的恶性竞争和低质量工程。将该情形列为违法转包既符合《公司法》法人人格独立的规定，也体现了《民法典》合同相对性的原则。母公司和子公司作为两个独立的法人主体，对内独立经营，自负盈亏，对外应独立承担各自所签订合同项下的权利和义务。母公司作为建设工程施工合同的当事人，应独立履行合同，发包人也有权向母公司主张相关权利、要求母公司履行相关义务、承担相关责任。

2. 承包单位肢解建设工程并以分包名义将肢解后的工程交由其他多个单位或个人施工的行为属于违法转包。

分包本身并不必然构成违法行为，总承包人可以将其承包建设工程的一部分依法发包给具有相应资质的其他主体，但在合法分包中总承包人并不退出承包关系。本项所描述的情形是总承包人假借合法分包之名，将其所承包建设工程的全部内容发包给其他多个主体，总承包人本质上不再参与履行建设工程合同义务、亦不承担合同责任，该行为违反了《民法典》第 146 条的强制性规定，属于以虚假的意思表示实施的民事法律行为。

3. 施工总承包单位或专业承包单位未派驻项目负责人、技术负责人、质量管理负责人、安全管理负责人等主要管理人员，或派驻的项目负责人、技术负责人、质量管理负责人、安全管理负责人中一人及以上与施工单位没有订立劳动合同且没有建立劳动工资和社会养老保险关系，或派驻的项目负责人未对该工程的施工活动进行组织管理，又不能进行合理解释并提供相应证明的。

本项旨在通过对建设工程中的核心工作人员进行身份界定，为司法实践和建设主管部门指明转包的判断标准。总承包人参与工程建设的过程中应派遣本单位员工履职,尤其是主要管理人员。查明项目工作人员的劳动关系可以避免总承包人向实际施工单位“借人”从而实现工程转包,但实践中更重要的是审查总承包人的上述人员参与施工的具体情况,避免总承包人的工作人员出现“挂职”现象。

4. 合同约定由承包单位负责采购的主要建筑材料、构配件及工程设备或租赁的施工机械设备,由其他单位或个人采购、租赁,或施工单位不能提供有关采购、租赁合同及发票等证明,又不能进行合理解释并提供相应证明的。

本项对转包的认定以“合同约定”为前提,如果建设工程合同允许总承包人将采购的部分分包给其他主体,而总承包人参与其他部分工程建设的,则不在此限。相反,若有关于采购义务的明确约定,总承包人则应依约完成工程所需的采购和租赁,并提供合同及发票等证明。在“甲供材”,即发包人自行供应材料或设备,或总承包人自行生产所需材料或设备,以及总承包人已有设备等情况下,若总承包人能就此作出“合理解释”,亦不被认定为违法转包。

5. 专业作业承包人承包的范围是承包单位承包的全部工程,专业作业承包人计取的是除上缴给承包单位“管理费”之外的全部工程价款的。

总承包人可以将建设工程的具体专项工程交由其他主体,即专业作业承包人具体施工,但该具体专项工程的范围不得覆盖建设工程的全部,因此专业作业承包人所获取的对价应是全部工程价款的一部分。现实中存在总承包人通过收取管理费的方式制造总承包人派驻相关人员参与建设工程的假象,实际上所有工程由专业作业承包人施工,在这种情况下,除“管理费外”,专业作业承包人获取了大部分工程价款,是名为分包实为转包。

6. 承包单位通过采取合作、联营、个人承包等形式或名义,直接或变相将其承包的全部工程转给其他单位或个人施工的。

本项是指总承包人为了避免被直接认定为违法转包,形式上采取合作、联营、个人承包等名义,其实质仍然是总承包人并未实际参与施工,此时,应根据前述第3、4、5项情形综合认定是否存在转包行为。

7. 专业工程的发包单位不是该工程的施工总承包或专业承包单位的,但建设单位依约作为发包单位的除外。

本项是通过倒推的方式来认定是否存在转包行为。通常而言,发包人将建设工程分发包给总承包人或专业承包单位后,总承包人或专业承包单位可以作为发包单位,将部分专业工程项目分包给其他实际施工人,但若出现实际施工人的发包单位并非总承包人或专业承包单位,则说明该项目经过多次转手,应认定为违法转包。本项但书所排除的情形则是指,发包人可以不经过总承包人,直接将专业工程项目发包给实际施工人,该行为不属于转包。

8. 专业作业的发包单位不是该工程承包单位的。

对于本项的理解与第7项的规定类同,即具体项目经多次转手,导致实际施工人的发包人并非总承包人或专业承包单位。但本项与第7项的区别在于“专业作业”与“专业工程”:专业工程可以由发包人直接发包给实际施工人,而专业作业必须由总承包人或专业承包单位承包后,再行发包给实际施工人,亦即,专业作业的发包单位应是总承包人或专业承包单位。

9. 施工合同主体之间没有工程款收付关系,或者承包单位收到款项后又将款项转拨给其他单位和个人,又不能进行合理解释并提供材料证明的。

总承包人将工程转包后便不再履行建设工程施工合同,自然也不会收取工程对价,虽然表面上依然由总承包人向发包人主张工程价款,但实际利益通过委托支付、代付及其他方式转移给实际施工人。

除上述九种情形外,《管理办法》第8条第2款规定:“两个以上的单位组成联合体承包工程,在联合体分工协议中约定或者在项目实际实施过程中,联合体一方不进行施工也未对施工活动进行组织管理的,并且向联合体其他方收取管理费或者其他类似费用的,视为联合体一方将承包的工程转包给联合体其他方。”联合体承包原应由各联合体分工协作,共同完成施工,但在本款所述情形中,联合体仅为提高中标概率之目的,各联合体在分工协议中或有收取管理费以及一方联合体不参与施工、管理的约定,应视为联合体之间的工程转包。

二、转包与挂靠、违法分包的区别

(一)转包与挂靠的区别

根据《管理办法》第9条的规定,挂靠是指单位或个人以其他有资质的施工单位的名义承揽工程的行为,包括参与投标、订立合同、办理有关施工手续、从事施工等活动。又根据《管理办法》第3条第3项规定,出现前文所述第8条第1款第3~9项规定的情形,有证据证明属于挂靠的,属于挂靠。鉴于转包与挂靠在认定情形上存在较多重合,可以从以下几个方面入手区分、认定转包与挂靠:

1. 违法行为的发生时间及主体身份

挂靠人参与了投标和签订合同等磋商阶段,更有甚者是以被挂靠人代理人的名义与发包人签订建设工程施工合同,本质上是建设工程施工合同的当事人。而转包中的实际施工人则是在总承包人签订建设工程施工合同后才加入,是总承包人的相对人,与发包人并无直接的合同关系。最高人民法院在(2019)

最高法民申729号案[1]中也对此区分方式作出了肯定:"一般而言,区分转包和挂靠主要应从实际施工人(挂靠人)有没有参与投标和合同订立等缔约磋商阶段的活动加以判断。"

2.工程范围

转包可能是工程整体转包,也可能是将工程肢解后分包。不论是整体转包还是以分包的形式变相转包,一旦转包,便不存在挂靠的可能。挂靠人只能以被挂靠人的名义承包整体工程,不存在部分承包,但挂靠人承包工程后仍可将工程转包。

(二)转包与分包的区别

《民法典》第791条第3款将违法分包归纳为三类,第一类分包人不具有主体资质,第二类分包人再分包,第三类建筑工程的主体结构被分包。

转包和分包的区别在于:首先,任何形式的转包都是违法的,而对合法的分包行为,应当依法予以保护。其次,总承包人转包的,一般只收取管理费,对建设工程不提供任何技术和管理;而总承包人违法分包的,总承包人仍会独立完成部分工程的建设,并对分包工程进行管理。

三、转包中相关合同的有效性

(一)上游合同的有效性

转包的违法行为发生在发包人和总承包人签订建设工程施工合同后,故转包合同的无效并不当然妨碍原建设工程施工合同之效力认定,无其他违法情形的情况下,建设工程施工合同为有效合同。总承包人不履行建设工程施工合同中约定的义务并不代表退出该合同关系,总承包人仍然是该合同一方当事人,发包人一方面有权要求总承包人继续履行原合同约定的内容,另一方面也可以以总承包人违反了不得转包的法律禁止性规定,且违反了合同中关于不得转包的约定为由解除合同,并追究总承包人的违约责任。

(二)下游合同的有效性

总承包人向实际施工人转包工程系违法行为,根据《民法典》第153条第1款的规定,"违反法律、行政法规的强制性规定的民事法律行为无效"。最高人民法院《关于审理建设工程施工合同纠纷案件适用法律问题的解释(一)》第1条也明确了承包人因转包与他人签订的建设工程施工合同应认定为无效。

---

① 重庆瑞昌房地产有限公司、白某强建设工程施工合同纠纷案,最高人民法院民事裁定书,(2019)最高法民申729号。

四、工程款的结算

(一)实际施工人对总承包人的工程价款请求权

根据《民法典》第157条的规定,“民事法律行为无效、被撤销或者确定不发生效力后,行为人因该行为取得的财产,应当予以返还;不能返还或者没有必要返还的,应当折价补偿。有过错的一方应当赔偿对方由此所受到的损失;各方都有过错的,应当各自承担相应的责任。法律另有规定的,依照其规定”。第793条第1款规定:“建设工程施工合同无效,但是建设工程经验收合格的,可以参照合同关于工程价款的约定折价补偿承包人。”可见,实际施工人的工程价款请求权并不会因转包合同的无效而丧失,转包合同中对于工程价款的约定符合双方的真实意思,实际施工人就有权根据转包合同向总承包人主张工程价款。

实务操作中,总承包人可能提出其与发包人之间的工程款尚未结算,鉴于建设工程施工合同和转包合同具有牵连关系,为避免两合同的结算价款存在出入,因而拒绝向实际施工人支付工程价款。对此,否定意见如下:建设工程施工合同和转包合同具有事实上的牵连关系而非法律上的牵连关系,分属于独立合同,后者价款应定额结算,而非以前者结算为前提。即便总承包人可能承担一定的损失,亦应视为其应当承担的商业风险,不能作为其拒绝向实际施工人支付工程价款的理由。从某种程度而言,若总承包人发生损失,也是对其违法行为的惩戒。

(二)实际施工人对发包人的工程价款请求权

考虑到转包情形中的实际施工人往往处于弱势地位,为了保护施工工人(尤其是农民工)的合法利益,《关于审理建设工程施工合同纠纷案件适用法律问题的解释(一)》第43条规定:“实际施工人以转包人、违法分包人为被告起诉的,人民法院应当依法受理。实际施工人以发包人为被告主张权利的,人民法院应当追加转包人或者违法分包人为本案第三人,在查明发包人欠付转包人或者违法分包人建设工程价款的数额后,判决发包人在欠付建设工程价款范围内对实际施工人承担责任。”上述规定突破了合同相对性,实际施工人虽然与发包人无合同关系,但仍可以在总承包人欠付的建设工程款范围内直接向发包人主张权利。

发包人承担支付工程价款责任的,可能会出现发包人和总承包人对工程价款金额认定不一致的情况,例如建设工程施工合同中发包人与总承包人约定按一级资质标准结算,而转包合同中总承包人与实际施工人约定按三级资质标准结算。对此,最高人民法院认为,应依照实际施工人的资质,即实际施工人的施工三级资质据实结算工程款,其理由是:总承包人没有进行任何施工,因此总承包人提出按合同约定的一级资质结算工程款无任何事实依据。工程是实际施工人建设的，且作为无过错的发包人应当根据其实际接收的工程支付工程价款，因此按实际施工人资质结算工程款是合乎情理的。按三级资质结算也是总承包人违反合同约定及违反法律规定所应承担的民事责任。以上认定也避免了总承包人通过非法转包渔利，牟取工程差价。

需要注意的是，上述请求权均以建设工程质量合格为前提，这是因为建设工程质量安全关系到公共利益及第三人利益，在价值选择方面应始终优先予以考虑。若实际施工人完成的建设工程质量不合格且其拒绝修复，或者经修复仍不合格，那实际施工人不论是对转包人，抑或对发包人的建设工程价款请求权都将丧失合法性和合理性基础。

五、违约及赔偿责任

（一）违法转包人及实际施工人对发包人的违约及赔偿责任

根据《民法典》第577条的规定，实施转包的总承包人作为建设工程施工合同的当事人，应向发包人承担约定的违约责任及损失赔偿责任，这是不言而喻的。除此之外，根据《建筑法》第67条第2款的规定，承包单位有前款规定的转包、违法分包等违法行为的，对因转包工程或者违法分包的工程不符合规定的质量标准造成的损失，与接受转包或者分包的单位承担连带赔偿责任。因此，若建设工程质量不达标，对发包人造成损失的，实际施工人及总承包人应承担连带赔偿责任。

（二）违法转包人对实际施工人的违约及赔偿责任

根据上文分析，实际施工人虽然可以基于法律保护，在总承包人违约的情况下，向发包人主张转包合同中约定的工程款项，但这种保护是有限度的，根据最高人民法院《关于审理建设工程施工合同纠纷案件适用法律问题的解释（一）》第43条的规定，违约金、损害赔偿金均不属于可突破合同相对性原则向发包人追溯的工程款范围。在司法实践中，尽管转包合同无效，但法院通常会参考转包合同的约定，在衡量双方的过错程度后，判决总承包人向实际施工人承担全部或部分的违约责任及损害赔偿责任。

六、法律风险防范

（一）发包人的法律风险防范

1. 强化合同管理

虽然法律明确规定禁止转包，但发包人仍应在建设工程施工合同中通过约定的方式强调总承包人不得将工程转包给其他单位或个人，并通过约定违约金条款、解除合同条款等方式提高总承包人的违法成本。

2. 加强对工程施工过程的监督

发包人应重点关注现场管理人员与总承包人的劳动关系和社保关系，建立对管理人员实际到岗的监查机制；核查施工材料、施工设备等买卖合同、租赁合同及付款凭证的主体名称；检查工程进度和工程质量等。上述方式有利于发包人及时发现潜在的转包行为并对总承包人进行制裁，防止损失进一步扩大。

（二）总承包人的法律风险防范

1. 将工程交由分公司而非子公司施工

鉴于分公司并不具有独立的法人人格地位，分公司施工，应以总承包人名义承担法律责任。总承包人可以新组建分公司或通过将子公司改制为分公司，将项目交由分公司以总承包人的名义施工，巧用公司经营策略，避免被认定为转包。此模式属于合法内部承包，所引发的工程费、劳务分包等纠纷可以以普通债务纠纷处理，简化诉讼。

2. 以联合体方式承包工程的，通过签订工程管理咨询服务合同的模式避免被认定为转包

通过这种方式，各总承包人之间建立了咨询服务关系，其中之一的关联公司提供技术服务和管理咨询服务，其他关联公司进行具体施工。但需要注意建设工程施工合同中是否对此有限制约定，否则会构成违约。

3. 加强对履约过程的监督

总承包人应派驻与其有真实劳动关系的管理人员参与工程施工管理，一方面可以最大限度地避免被认定为工程转包；另一方面，通过对实际施工人的施工情况、工程款进度、工程质量进行监督检查，降低总承包人与实际施工人之间产生纠纷以及工程质量不合格导致赔偿责任的可能性。

4. 明确与实际施工人的责任约定

尽管转包合同因违法被认定为无效，但总承包人与实际施工人出现纠纷时也可以参照无效合同中相应的条款内容解决纠纷，因此应在转包合同中明确实际施工人应承担的责任，包括但不限于因质量纠纷、工期延误、工伤事故等带来的损害赔偿。此外，总承包单位也要建立实际施工人的信用、资质评级制度和担保金制度，尽可能保证工程质量，避免产生纠纷或提高纠纷解决效率。

（三）实际施工人的法律风险防范

1. 直接将发包人、总承包人列为共同被告

实际施工人只起诉发包人的，法院将依职权将总承包人列为共同被告，在此不赘。但实际施工人只起诉总承包人，未起诉发包人的，则视为对其权利的处分，即实际施工人放弃要求发包人承担欠付责任的权利，这是不利于实际施

工人的。通常实际施工人起诉总承包人,是因为其向总承包人要求支付工程款项无果,此时总承包人的经营状况和偿付能力都存疑,为避免诉讼后仍不能受偿,建议实际施工人直接将发包人、总承包人列为共同被告,提高受偿的可能性和诉讼效率。

2. 及时行使代位诉讼权主张工程款

若总承包人不能对实际施工人支付工程价款、违约及赔偿费用,却怠于向发包人行使到期债权,实际施工人可以根据最高人民法院《关于审理建设工程施工合同纠纷案件适用法律问题的解释(一)》第 44 条的规定,行使代位诉讼权。

结 语

随着建设主管部门就工程质量治理问题密集出台多项文件,法律法规对转包的认定逐渐完善,可见查处、整治力度加大,与此同时,法律法规也平衡了公共安全和对施工人的权利保护。从发包人的角度,可以通过事先合同管理和事中持续监督的方式,防止转包的出现及其带来的工程质量等问题;从总承包人的角度,可以通过内部体制调整和项目管理等方式避免被认定为转包,或及时纠正转包行为;从实际施工人的角度,在保证工程质量的基础上,可以积极行使诉讼权利,避免自身权利受损。

希望本文对转包各层面、各角度的分析能帮助建筑企业更深入地理解转包违法行为的特征、表现形式及产生的法律后果,完善管理制度,规范合同文本及履约行为,防范风险,提高工程建设的质量和效益,促进建筑行业健康发展。

相关法律规定

1.《民法典》

第一百四十六条　行为人与相对人以虚假的意思表示实施的民事法律行为无效。

以虚假的意思表示隐藏的民事法律行为的效力,依照有关法律规定处理。

第一百五十三条第一款　违反法律、行政法规的强制性规定的民事法律行为无效。但是,该强制性规定不导致该民事法律行为无效的除外。

第一百五十七条　民事法律行为无效、被撤销或者确定不发生效力后,行为人因该行为取得的财产,应当予以返还;不能返还或者没有必要返还的,应当折价补偿。有过错的一方应当赔偿对方由此所受到的损失;各方都有过错的,应当各自承担相应的责任。法律另有规定的,依照其规定。

第五百七十七条　当事人一方不履行合同义务或者履行合同义务不符合

约定的，应当承担继续履行、采取补救措施或者赔偿损失等违约责任。

第七百九十一条第三款　禁止承包人将工程分包给不具备相应资质条件的单位。禁止分包单位将其承包的工程再分包。建设工程主体结构的施工必须由承包人自行完成。

第七百九十三条　建设工程施工合同无效，但是建设工程经验收合格的，可以参照合同关于工程价款的约定折价补偿承包人。

建设工程施工合同无效，且建设工程经验收不合格的，按照以下情形处理：

（一）修复后的建设工程经验收合格的，发包人可以请求承包人承担修复费用；

（二）修复后的建设工程经验收不合格的，承包人无权请求参照合同关于工程价款的约定折价补偿。

发包人对因建设工程不合格造成的损失有过错的，应当承担相应的责任。

2.《建筑法》

第二十八条　禁止承包单位将其承包的全部建筑工程转包给他人，禁止承包单位将其承包的全部建筑工程肢解以后以分包的名义分别转包给他人。

第六十七条第二款　承包单位有前款规定的违法行为的，对因转包工程或者违法分包的工程不符合规定的质量标准造成的损失，与接受转包或者分包的单位承担连带赔偿责任。

3.《招标投标法》

第四十八条第一款　中标人应当按照合同约定履行义务，完成中标项目。中标人不得向他人转让中标项目，也不得将中标项目肢解后分别向他人转让。

4.最高人民法院《关于审理建设工程施工合同纠纷案件适用法律问题的解释（一）》

第一条第二款　承包人因转包、违法分包建设工程与他人签订的建设工程施工合同，应当依据民法典第一百五十三条第一款及第七百九十一条第二款、第三款的规定，认定无效。

第四十三条　实际施工人以转包人、违法分包人为被告起诉的，人民法院应当依法受理。

实际施工人以发包人为被告主张权利的，人民法院应当追加转包人或者违法分包人为本案第三人，在查明发包人欠付转包人或者违法分包人建设工程价款的数额后，判决发包人在欠付建设工程价款范围内对实际施工人承担责任。

第四十四条　实际施工人依据民法典第五百三十五条规定，以转包人或者违法分包人怠于向发包人行使到期债权或者与该债权有关的从权利，影响其到期债权实现，提起代位权诉讼的，人民法院应予支持。

5.《建筑工程施工发包与承包违法行为认定查处管理办法》

第四条　建设单位与承包单位应严格依法签订合同，明确双方权利、义务、责任，严禁违法发包、转包、违法分包和挂靠，确保工程质量和施工安全。

第七条　本办法所称转包，是指承包单位承包工程后，不履行合同约定的责任和义务，将其承包的全部工程或者将其承包的全部工程肢解后以分包的名义分别转给其他单位或个人施工的行为。

第八条　存在下列情形之一的，应当认定为转包，但有证据证明属于挂靠或者其他违法行为的除外：

（一）承包单位将其承包的全部工程转给其他单位（包括母公司承接建筑工程后将所承接工程交由具有独立法人资格的子公司施工的情形）或个人施工的；

（二）承包单位将其承包的全部工程肢解以后，以分包的名义分别转给其他单位或个人施工的；

（三）施工总承包单位或专业承包单位未派驻项目负责人、技术负责人、质量管理负责人、安全管理负责人等主要管理人员，或派驻的项目负责人、技术负责人、质量管理负责人、安全管理负责人中一人及以上与施工单位没有订立劳动合同且没有建立劳动工资和社会养老保险关系，或派驻的项目负责人未对该工程的施工活动进行组织管理，又不能进行合理解释并提供相应证明的；

（四）合同约定由承包单位负责采购的主要建筑材料、构配件及工程设备或租赁的施工机械设备，由其他单位或个人采购、租赁，或施工单位不能提供有关采购、租赁合同及发票等证明，又不能进行合理解释并提供相应证明的；

（五）专业作业承包人承包的范围是承包单位承包的全部工程，专业作业承包人计取的是除上缴给承包单位“管理费”之外的全部工程价款的；

（六）承包单位通过采取合作、联营、个人承包等形式或名义，直接或变相将其承包的全部工程转给其他单位或个人施工的；

（七）专业工程的发包单位不是该工程的施工总承包或专业承包单位的，但建设单位依约作为发包单位的除外；

（八）专业作业的发包单位不是该工程承包单位的；

（九）施工合同主体之间没有工程款收付关系，或者承包单位收到款项后又将款项转拨给其他单位和个人，又不能进行合理解释并提供材料证明的。

两个以上的单位组成联合体承包工程，在联合体分工协议中约定或者在项目实际实施过程中，联合体一方不进行施工也未对施工活动进行组织管理的，并且向联合体其他方收取管理费或者其他类似费用的,视为联合体一方将承包的工程转包给联合体其他方。

第九条 本办法所称挂靠,是指单位或个人以其他有资质的施工单位的名义承揽工程的行为。

前款所称承揽工程,包括参与投标、订立合同、办理有关施工手续、从事施工等活动。

第十条 存在下列情形之一的,属于挂靠:

……

(三)本办法第八条第一款第(三)至(九)项规定的情形,有证据证明属于挂靠的。

非因承包人原因导致建设工程停工时承包人的法律救济

编前语

在宏观经济下行和大宗材料价格上涨的背景下，工程发包人违约也较以往更为频发，加之政府城市规划方案的调整，上层政策的不断迭代更新，这些不同原因导致停工的“半拉子工程”，日渐成为不少建设工程企业最为头疼的问题。

虽然发包人可能有自己的苦衷和难处，但是在实务中，承包人已然在事实上完成了合同约定的工程，但工程三四年无限期停工下去，发包人迟迟不进行工程验收，工程款支付条件迟迟无法成就，如此看来，对于无辜的承包人来说显然是缺失公平正义的。那么在双方协商无果的情况下，针对非因承包人原因导致工程停工下的工程款追索诉讼，承包人究竟应该如何应对呢？

【案情概要】①

2014年12月15日，A公司与B公司签订《幕墙分包合同》，分包工程计划开工日期2014年12月20日，计划竣工日期2015年10月20日。2015年1月9日，系争工程取得北京市建设工程施工项目交易备案登记证书，最终确定开工日期为2015年1月20日，竣工日期为2016年9月25日。2017年12月18日，A公司与B公司签订《补充协议》，对工程进度以及相关工程款支付时间节点进行进一步约定。《补充协议》签订后，B公司进行了施工，但因A公司原因导致停工，B公司未完成《补充协议》约定的施工内容，A公司亦未支付《补充协议》约定的款项，后A公司于2018年1月向当地区建委申请自2018年1月31日起

---

① 北京西飞世纪门窗幕墙工程有限责任公司与北京东方博特科技发展有限公司建设工程分包合同纠纷案，北京市门头沟区人民法院民事判决书，(2019)京0109民初1488号。

停工,此后A公司一直未办理复工手续,系争工程持续停工。2020年11月,B公司向法院起诉A公司。

【争议焦点】

1. 承包人是否可以主张解除合同?
2. 工程未验收的情况下是否可以起诉追索欠付工程款?
3. 停工情形下承包人是否可以享有优先受偿权?

【判决概要】

1. 法院判决确认B公司与A公司所签订的《幕墙分包合同》及《补充协议》于A公司收到起诉书副本、知晓B公司解除合同诉求之日解除。

2. 法院认为系争工程停工长达2年,系争工程不可能再满足竣工验收合格这一条件,故最终判决A公司应当向B公司支付剩余拖欠工程款。

3. 因前期完工工程存在部分质量瑕疵,法院认定在承包人将质量问题修复之前,承包人无法对发包人欠付的工程款享有优先受偿权。

【案件分析】

一、非承包人原因导致工程停工首先应当主张解除合同

(一)法律基础

1. 法定解除权

在此类案件中,在发包人原因导致的停工情况下,尤其是"半拉子"工程长期停工状态下,法定合同解除事由往往是可以成就的,承包人完全可以起诉要求解除合同。

我国《民法典》第563条第1款中所规定的法定解除合同事由有以下几种:

(1)因不可抗力致使不能实现合同目的;

(2)在履行期限届满前,当事人一方明确表示或者以自己的行为表明不履行主要债务;

(3)当事人一方迟延履行主要债务,经催告后在合理期限内仍未履行;

(4)当事人一方迟延履行债务或者有其他违约行为致使不能实现合同目的;

(5)法律规定的其他情形。

《民法典》第806条第2款中就明确规定了相应的法定解除情形:发包人提供的主要建筑材料、建筑构配件和设备不符合强制性标准或者不履行协助义

务,致使承包人无法施工,经催告后在合理期限内仍未履行相应义务的,承包人可以解除合同。

因此,若发生符合上述法定解除合同事由,如发包人不支付工程价款、不履行协助义务,经催告后在合理期间仍未履行的,承包人可基于法定解除权请求解除合同。

在前述案例中,工程于2018年1月停工,至2019年2月B公司起诉时,已经停工一年多,至2020年8月4日法庭辩论终结时距离停工伊始已过去两年有余,然而系争工程仍不能复工,双方在合同项下的权利义务显然已经无法实际履行,合同目的无法实现,故法院最终确认以A公司收到起诉书副本知晓B公司解除合同诉求之日为合同解除时间,并确认B公司与A公司所签订的《幕墙分包合同》于上述时间解除。

无独有偶,在新疆华诚安居房地产开发有限公司、中国铁建大桥工程局集团有限公司建设工程施工合同纠纷案①中也得到了法院类似的支持,发包人未按约足额支付工程款的行为构成违约,案涉工程停工已有将近四年时间。虽然发包人抗辩不同意解除合同,但从发包人在合同履行过程中的付款情况来看,其资金紧缺状况已经持续了几年时间,且短期内无缓解可能。当事人依据约定或法定解除权主张解除合同的,应当通知对方,合同自通知到达对方时解除,而诉讼也可以被认为解除合同诉求的一种表达方式,故最终法院判决该合同于发包人收到起诉状副本之日解除。

2. 约定解除权

在符合双方合意的相关工程建设合同中,如果合同中约定了承包人有权解除合同的情形,那么在合同有效的大前提下,如果合同约定符合双方的意思自治,合同中所约定的相关解除合同条件合法有效同时也不损害国家和社会公共利益的,那么在前述情形触发时,承包人完全可以根据约定解除权请求解除合同。

在山东港湾建设集团有限公司(以下简称港湾公司)与海南如意岛旅游度假投资有限公司(以下简称如意岛公司)、中弘控股股份有限公司(以下简称中弘股份)建设工程施工合同纠纷案②中,如意岛公司多次逾期支付工程进度款且长期、大金额拖欠工程进度款。港湾公司在2017年8月停工至2019年1月24日发出解除合同通知期间,多次通过会商甚至起诉方式向两被告催要工程进度

---

① 最高人民法院民事判决书,(2019)最高法民终347号。

② 海口海事法院民事判决书,(2019)琼72民初126号。

款,但二被告至今未能支付。在港湾公司于2019年1月24日向如意岛公司发出解除合同通知之时,整个如意岛填岛项目施工已全部停止,如意岛公司及其独资股东中弘股份面临多个诉讼,中弘股份已从深交所退市,二被告履约能力大为降低。前述情形已达到《通用条款》第16.2条(b)(e)(f)项约定的解除条件,港湾公司主张解除前述合同,符合法律规定。同时,港湾公司也尽到了催告义务,故最终法院认定《总承包合同》及其补充协议于2019年1月28日解除。

(二)承包人行使解除权需切实行使前置催告程序

需要注意的是,无论是行使法定解除权或约定解除权,承包人切实行使前置催告程序,即发送解除合同意向通知,也是实务操作中必不可少的程序环节。意向通知中应明确写明请求发包人于合理期间,如n日内履行义务,否则将解除合同。以《工程总承包合同》通用合同条件第16.2.1为例,其约定了"承包人根据第16.2.1条解除合同的,应在发出正式解除合同通知14天前告知发包人其解除合同意向通知"。由此可见,《工程总承包合同》约定了14天作为催告后的合理期间,当然双方合意后,也可在合同中另行约定催告后的合理期间。在承包人发出解除合同意向通知后14天内或双方根据合同自行约定的合理期间后,若发包人还是未采取补救措施或解除合同意向通知中承包人要求的其他行为(如支付工程款),此时承包人就可以向发包人发出正式的书面解除合同通知立即解除合同。

实务中还需特别注意的是,若承包人仅仅发出停工通知却未在其中明确表示解除合同的意思表示,则不可视为合同解除。在宏胜建设有限公司、兴义市威鲁公路投资建设有限责任公司建设工程施工合同纠纷案①中,监理公司发出了关于威鲁公路全线停工的通知,要求宏胜建设有限公司于2014年8月1日起停工,但整个通知中并无明确的解除《施工合同书》的内容。因此,承包人主张发出上述停工通知后,《施工合同书》已经解除,理由不能成立,法院不予支持。

(三)合同解除后可依规请求发包人赔偿损失

1. 停工损失赔偿

在合同得以解除后,工程款的追索以及相应赔偿就迎刃而解了。根据《民法典》第566条第1款规定,合同解除后,尚未履行的应当终止履行;已经履行的,根据履行情况和合同性质,当事人可以要求恢复原状、采取其他补救措施,并有权要求赔偿损失。

---

① 最高人民法院民事判决书,(2018)最高法民终373号。

根据《民法典》第 806 条第 3 款的规定,合同解除后,已经完成的建设工程质量合格的,发包人应当按照约定支付相应的工程价款。由此可见,工程质量合格是承包人主张工程款的前提条件,然而工程停工后,发包人往往不会配合进行工程验收等义务,那么工程质量是否合格以及工程量进度的确认也就成为困扰承包人的另一大难题。

实际上,如若在工程款追索的同时已经主张解除合同并获得法庭支持,系争工程就已经不可能再满足合同正常履行情况下的工程竣工验收合格条件了,再结合最高人民法院《关于审理建设工程施工合同纠纷案件适用法律问题的解释(一)》第 9 条的规定,如若满足以下条件也可达到工程质量合格确认的目的:承包人已经提交竣工验收报告,发包人拖延验收的,以承包人提交验收报告之日为竣工日期;建设工程未经竣工验收,发包人擅自使用的,以转移占有建设工程之日为竣工日期。在民乐县荣昌房地产开发有限责任公司与张掖市兴鼎建筑工程有限责任公司建设工程施工合同纠纷案①中,承包人兴鼎公司主张发包人荣昌公司未能按约支付工程款(进度款)而停工,导致该工程一直未办理竣工验收。经法院查明,发包人于 2010 年 10 月 19 日与案外人陈某龙签订一份《加工承揽合同》,约定发包人将有关零星工程发包给陈某龙施工,并擅自使用工程而自行销售部分房屋。因此,应认定发包人擅自使用、占有工程之日即 2010 年 10 月 19 日为兴鼎公司实施工程竣工日期,发包人应支付工程价款。

有关于停工损失部分,虽然在上述指引案例中并未提及,但笔者认为,停工损失的主旨在于损失弥补,因此工程款的利息也可以作为损失弥补的一部分,A 公司已按《幕墙分包合同》的约定支付部分工程进度款,在分包合同解除前 A 公司无须给付逾期付款利息。而在法院认定的合同解除之日后 A 公司应给付 B 公司已完工工程款,A 公司逾期给付,应承担逾期付款责任。故 A 公司应以欠付工程款为基数,自 2019 年 3 月 21 日起至 8 月 19 日止按照中国人民银行同期贷款利率标准,自 2019 年 8 月 20 日起至实际支付之日止,按照全国银行间同业拆借中心公布的贷款市场报价利率标准向 B 公司支付逾期付款利息。

2. 违约金

另外,如不选择要求对方承担停工损失,也可以从违约金条款入手要求对方承担相应的违约金,笔者认为违约金条款与合同解除权是可以并存的:根据最高人民法院《关于审理买卖合同纠纷案件适用法律问题的解释》第 20 条的相

---

① 最高人民法院民事判决书,(2015)民申字第 92 号。

关规定,买卖合同因违约而解除后,守约方主张继续适用违约金条款的,人民法院应予支持;但约定的违约金过分高于造成的损失的,人民法院可以参照《民法典》第585条第2款的规定处理。而根据《民法典》第646条的相关规定,法律对其他有偿合同没有特别规定的应当参照适用买卖合同的有关规定。这也就意味着若违约金在合理范围内,在解除合同的情况下也可以向对方主张违约金。另外,2017年版《建设工程施工合同(示范文本)》中对发包人和承包人违约解除合同的后果均规定了应支付违约金,在专用条款没有特别规定的情形下,两者可以并存。这也更印证了笔者观点。

3.停工损失赔偿追讨方式

针对停工损失赔偿,通过研究众多案例,笔者总结在发包人导致的停工情况下,承包人可以考虑从以下几方面入手追讨停工损失:

(1)原则上,若认定停工系发包人所致,应由发包人承担停工损失。

《民法典》第803条规定"发包人未按照约定的时间和要求提供原材料、设备、场地、资金、技术资料的,承包人可以顺延工程日期,并有权请求赔偿停工、窝工等损失";第804条规定"因发包人的原因致使工程中途停建、缓建的,发包人应当采取措施弥补或者减少损失,赔偿承包人因此造成的停工、窝工、倒运、机械设备调迁、材料和构件积压等损失和实际费用"。除此之外,以《建设工程施工合同(示范文本)》(GF-2017-0201)为例,通用条款第7.8.1条约定:因发包人原因引起的暂停施工,发包人应承担由此增加的费用和(或)延误的工期,并支付承包人合理的利润。

在天津滨海名苑投资有限公司、大庆建筑安装集团有限责任公司建设工程施工合同纠纷案①中,双方合同约定发包人应当在开工前提供图纸并在开工后7天内组织各单位进行图纸会审及设计交接。实际施工过程中,发包人多次变更设计图纸、调整装修方案导致项目停工,一审、二审法院均认可依照天津市工程取费标准,计算人工费、材料费调差以及窝工损失费等,上述损失由发包人承担。

(2)在发包人违约的基础上,若承包方也存在履约不当情形,其应根据过错程度承担相应损失。

河南省偃师市鑫龙建安工程有限公司与洛阳理工学院、河南省第六建筑工程公司索赔及工程欠款纠纷案②中,发包人洛阳理工学院没有勘察资质,与他人

① 最高人民法院民事判决书,(2019)最高法民终126号。

② 最高人民法院民事判决书,(2011)民提字第292号。

作出错误的岩土工程勘察报告，导致成教楼裂缝造成停工。在具体停工损失的承担中，法院认为，发包人、承包人和施工单位三方均有责任，应依其原因力大小承担相应的责任。其中，发包人洛阳理工学院作为业主，应向施工单位提供准确无误的施工图纸和地质报告。然而，发包人出具的地质报告有误导致地质不均匀沉降，经设计院提醒仍未采取措施，应承担主要责任（50%）。承包人六建公司作为项目部的质量管理、监督并对工程全面负责的部门，对在成教楼出现裂缝之后，在分析认定施工单位鑫龙公司是否还应当继续施工等问题的解决上组织协调不力，并对停工后如何避免分包施工单位的损失没有采取有效措施，导致施工单位人员设备长期停滞在施工现场，由此应承担相应的责任（20%）。施工单位鑫龙公司在施工中存在部分质量问题，虽然该质量问题不是导致成教楼裂缝的原因，但工程停工有其不安成分在内，故鑫龙公司对停工亦应承担一定责任（30%）。

（3）即使承包人无履约不当，也不应盲目等待而放任停工状态的持续以及停工损失的扩大，否则应承担相应责任。

因发包方违约导致停工损害赔偿的范围受到减损规则的限制。《民法典》第 591 条第 1 款规定，当事人一方违约后，对方应当采取适当措施防止损失的扩大；没有采取适当措施致使损失扩大的，不得就扩大的损失要求赔偿。因此，根据个案情况不同，停工后，承包人可以采取停止工作、及时组织安排、及时撤场等适当措施，未尽减损义务而放任停工状态持续至损失扩大的，应承担相应责任。

在黑龙江泽龙粮食加工技术开发股份有限公司、江苏帝都建设工程有限公司建设工程合同纠纷案①中，虽然发包人泽龙公司应给付承包人帝都公司合理的停工损失与看护费用，但帝都公司也不应盲目地、无限期地等待而放任损失的扩大，亦应采取适当措施，自行做好人员和机械的撤离，及时止损。退一步说，即使机械续租、工人再雇佣的事实存在，也属不具备复工条件下，承包人自身过错导致随意放任损失扩大的行为，产生的损失应由其自行承担。故法院对于停工损失的合理部分予以支持，而对于承包人原因扩大损失部分由其自行承担。

（4）承包人无证据证明系发包方原因导致的停工，停工损失将自行承担。

在中国二十冶集团有限公司、济宁如意四季花城房地产有限公司建设工程

---

① 黑龙江省高级人民法院民事判决书，（2018）黑民终 724 号。

施工合同纠纷案①中，鉴于承包人未提供其于 2019 年 2 月 28 日停工系发包人原因的有利证明，且双方经过多次发函、磋商未对复工事宜达成一致意见，承包人主张发包人承担部分人员和相关施工机械设备滞留现场造成的损失，缺乏事实和法律依据，法院不予支持。

(5)承包人需提供有利证据证明停工损失发生的事实和具体数额。

在吴川市建筑安装工程公司与广东粤禽育种有限公司建设工程施工合同纠纷案②中，工程停工并产生工人窝工损失，承包人吴川公司提供其自行制作的工人工资表以佐证该损失的情况，但发包人粤禽公司对此不予确认。法院认为，该工资表上虽有自然人手写签名字样，但承包人未提供转账凭证等其他证据佐证，工资表系承包人单方制作，仅凭该表格及表上的签字无法核查款项的真实性，因此应当由承包人承担举证不能的不利后果。但是，鉴于发包人确认停工后资料员林某、炊事员古某在现场，法院酌情支持工资表中对该两人的工资损失共计 102000 元。

在中铁建设集团有限公司、天津辉信房地产开发有限公司建设工程施工合同纠纷案③中，同样因发包人辉信公司资金问题导致停工，承包人中铁公司针对停工损失虽提供了结算协议及对账单，但缺乏具体的计算依据及给付标准，也没有提供实际支付该部分费用的证据；其主张的留守人员工资及正常费用，没有提供实际发生及支付的证据。故对其主张的停工损失法院未予以支持。

在中铁上海工程局集团北方工程有限公司、府谷煤业集团有限公司建设工程施工合同纠纷案④中，承包人中铁北方主张的停工损失所依据的索赔报告系其单方制作形成，发包人府谷煤业及监理单位均未签章确认。且承包人提交的现场剩余物资设备等损失的统计表系其单方形成，发包人及监理并未签章确认，因停工损失的具体项目组成和金额缺乏证据证明，故承包人应承担举证不能之法律后果，法院不予支持。

在重庆新禹投资(集团)有限公司、重庆市黔江区泰来水利电力开发有限公司、重庆市黔江区水务局、重庆市黔江区人民政府与中国水利水电第六工程局有限公司建设工程施工合同纠纷案⑤中，承包人未就停工补偿问题与合同其他方达成一致，其单方提交的报告，发包人新禹公司不予认可，且在该案一审、二

---

① 最高人民法院民事判决书，(2020)最高法民终 1287 号。

② 广东省广州市中级人民法院民事判决书，(2017)粤 01 民终 2527 号。

③ 最高人民法院民事判决书，(2019)最高法民终 412 号。

④ 最高人民法院民事判决书，(2019)最高法民终 209 号。

⑤ 最高人民法院民事判决书，(2014)民提字第 97 号。

审期间,承包人均未申请对其停工损失进行鉴定,故法院未支持其关于赔偿停工损失的请求。

(四)承包人在未经验收的停工工程中也可享有优先受偿权

在优先受偿权方面,诸如此类未经验收的工程,承包人是否可以按照最高人民法院相关解释享有优先受偿权呢?在指引案例的审判中,根据最高人民法院《关于审理建设工程施工合同纠纷案件适用法律问题的解释(一)》第39条的相关规定,未竣工的建设工程质量合格,承包人请求其承建工程的价款就其承建工程部分折价或者拍卖的价款优先受偿的,人民法院应予以支持。可见,对于未竣工的工程,承包人享有优先受偿权的前提是建设工程质量合格。该解释第41条也未排除在建工程的进度款优先受偿权。但在本文开篇指引案例中,B公司所安装的玻璃存在质量问题,且B公司也同意进行修复,在这样的情况下,法庭便认为在工程质量问题修复之前,B公司请求优先受偿权的条件尚不具备,故并未支持B公司请求享有优先受偿权的诉讼请求。换言之,如果没有出现诸如该指引案例这样已完工部分工程有质量瑕疵等情况,在因发包人违约导致的合同解除情形下,承包人对发包人所欠付的工程款也应当是享有优先受偿权的,这样也更符合保障承包人合法权益的立法目的。

二、合同不宜解除情形下,继续履行合同也可主张剩余工程款

本文开篇指引案例中体现的是最为常见的涉及停工工程采用解除合同的诉讼策略,然而在实践中,如若无法满足解除合同法定事由或合同中约定的解除合同条款,承包人主张解除合同,而发包人却坚持继续履行合同,那么法院很有可能会因解除合同法定或约定条件未成就、已定作完成的设备具个性化无法用于他处以及避免浪费等原因,判决要求双方继续履行合同,不予解除合同。那在此情况下,承包人该如何主张剩余款项呢?

(一)确认支付条件是否成就

《民法典》第159条规定:"附条件的民事法律行为当事人为自己的利益不正当地阻止条件成就的,视为条件已经成就;不正当地促成条件成就的,视为条件不成就。"若因对方原因长期停工,导致对方一拖再拖迟迟不满足工程款支付条件,那么就可以认为对方不正当地阻止了工程款支付条件的成就。

在实务中,此观点得到了法院的确认。在潍坊鑫源电梯有限公司与山东汇德国际物流有限公司买卖合同纠纷案①中,被告的土建工程未完工导致电梯公司无法完成电梯安装,法院认为:付款条件是否成就取决于被告,依据原《合同

① 山东省潍坊市中级人民法院民事判决书,(2015)潍商终字第743号。

法》第45条第2款(现《民法典》第159条)的规定,当事人为自己的利益不正当地阻止条件成就的,视为条件已成就;不正当地促成条件成就的,视为条件不成就。诉讼中被告未提交证据证明其积极履行义务以促成付款条件的成就,因此,原告要求被告支付货款,应当予以支持。根据约定,原告对电梯进行安装调试,被告应提供必要条件。现因被告的土建工程尚未完工导致原告无法对电梯进行调试,因此,电梯未验收的责任不能归咎于原告,被告以此为由拒绝付款,不应予以支持。

(二)明确停工责任归属

即使合同得不到解除,承包人依旧有权利在继续履行合同的情况下要求对方支付工程剩余款项及违约金。但在此诉讼路径下,承包人仍需有力证明停工责任归责于对方。

在上海某电梯有限公司诉台州某置业有限公司定作合同、建设工程施工合同纠纷案中,法院认为原告已经按照约定完成了合同所涉及的电梯设备的生产,该批设备属于定制设备无法用于他处,被告也坚持继续履行合同,故法院认为继续履行合同可使涉案电梯发挥最大功能,避免浪费,更符合社会价值,最终未支持原告解除合同的诉讼请求。该批58台电梯中有12台已经验收合格,被告理应付清这12台设备款及安装款,而剩余46台已交付未验收设备的款项,被告是否需要承担呢?此时法院的裁判依据便是,造成工程停工设备未验收的责任该归于何方。在该案中,虽然合同约定待政府验收合格后被告付款,但合同同时约定被告在安装施工时需提供双方共同确认的符合电梯土建要求的机房、井道和层站,法庭也确认了确实是被告的土建原因致使原告无法正常完成安装,被告也未能举证证明其已经积极履行义务促成付款条件成就,故法院最终认定电梯未验收或未安装完毕的责任不能归于原告,被告理应支付剩余46台已交付未验收设备的款项、安装费及违约金。

三、发包人如何做好诉前准备

在诉讼中,除了法律法规之外,如何向法庭出示有力的证据以及对自己有利的合同条款显得尤为重要。为了应对因项目停工所产生的诉讼,在诉讼开始之前,承包人应该在证据和合同约定方面做何种准备呢?

(一)关于合同约定

1. 建议在合同中约定如遇到停工等状况合同项下设备、安装的处理

建议在后续与客户签订的合同中对于相应停工情况下的工程款支付进一步细化约定:如非因承包人原因导致项目停工的,如停工时设备已安装完成或处于安装阶段的,视为其已完成全部设备交付、安装义务;如停工时已届设备交

付期限或设备已由承包人生产完成，但尚未安装的，需方同样应当支付相应设备款。

2. 建议在合同中约定项目停工的告知义务

建议在后续与客户签订的合同中约定：如项目非因承包人原因停工（包括暂时停工、工期顺延或项目无法进行），需方应当于上述事实发生之日起 3 日内书面告知承包人，同时对于承包人询问、确认项目停工原因发函、邮件业主方应当于 3 日内书面回复，否则视为需方的原因导致项目停工。

（二）关于固定证据

1. 建议尽快书面催告对方履约并留存证据

建议善用书面催告对方履行合同义务，例如竣工验收、接收函、解约意向通知、解除合同通知等。同时在催告文书中提及要求对方在收到函件 7 日内回函明确告知怠于履约、停工的原因（或开具提供证明、停工令），如未在 7 日内按上述要求回函则视为对方原因无理由停工。

书面催告方式包括电子邮件、微信沟通、邮寄文书、现场送达，建议电子与纸质的送达方式双管齐下，并留存送达记录。

2. 注意留存其他相关证据

（1）施工计划、监理月报：记录工程进度，停工，审价材料，统计人工、材料和机械设备等；

（2）工程备忘录、施工日志、隐蔽工程记录，定期记录施工进度；

（3）留存签证单、移交、签收记录；

（4）对安装现场录像、拍照（拍照注意如需要可辅以卷尺作为度量参照、配检验仪器等，建议用电子设备拍照以确定照片产生日期，同时注意保存原始载体）；

（5）与项目负责人或项目主要人员的聊天记录、录音；

（6）对建设工程现状进行保全证据公证，此证据的证明效力大，能有效证明项目的停工状态，但较为烦琐。

备注：最高人民法院《关于民事诉讼证据的若干规定》第 10 条与最高人民法院《关于适用〈中华人民共和国民事诉讼法〉的解释》第 93 条将有效公证文书所证明的事实列为当事人无须举证的项目，只有在对方当事人提出反证成立的情况下，法院才不会将公证文书作为认定事实的依据。但工程现状的保全证据公证作出后，对方当事人一般很难有相反证据足以推翻该公证。

四、停工工程责任承担不能背离法律原则

无论法条及相关司法解释如何规定，在民商事诉讼案件处理中始终无法也不可能背离的就是法律原则。如果停工是不可抗力导致,双方可以依据《民法典》的相关法条来承担并调整工程价款。如果不是不可抗力导致停工,那么停工的原因一定是可以进行归责的,谁的责任就由谁来承担后果,这也符合法理。

试想承包人兢兢业业排除万难完成了约定的工程量,甚至已经交付,但两三年过去,承包人频频发函催促发包人支付欠付工程款,而发包人却以项目停工为由,迟迟不配合进行项目验收,至此就导致了承包人项目成本已经支出,却多年无法收账的尴尬境地。发包人和承包人终究是两个独立的个体,承包人没有理由为非因承包人原因所导致的停工所产生的损失全部买单。如若发包人仅因工程未验收,工程款支付条件未成就为由拒绝支付欠付工程款,必然违背了我国民法的诚信原则和公平原则。

结 语

以上是以开篇指引案例为导线,辅以相关判例,对于非因承包人原因所导致的项目停工诉讼进行的对策指引。承包人在遇到停工工程的工程款诉讼争议时,究竟该如何选择诉讼策略?笔者在此总结如下:

1. 在符合法定解除合同事由,如存在发包人不支付工程价款,不履行协助义务,提供的主要建筑材料、建筑构配件和设备不符合强制性标准等情形的,经催告后在合理期间仍未履行或符合施工合同中解除合同的相应条款,同时也已经尽到解除合同前置催告程序的,承包人应当首选解除合同诉讼对策。

2. 若在工程项目个性明显(如工程中包含定作设备等),不符合解除合同法定事由或施工合同中约定的解除合同条件无法成就,且解除合同可能不符合社会价值的情况下,承包人往往不能执念于走解除合同路径,而应当综合实际情况选择要求继续履行合同的诉讼路径。在合同继续履行的情况下,如何有力证明停工责任非归因于承包人就是最值得关注的重点,发包人在诉前也应当对停工原因和停工责任进行深挖,争取挖掘到更多停工责任非归因于承包人甚至是直接指向停工原因由对方造成的有力证据。

正如前文所述,一切的裁判都不能背离法律公平正义的原则,在遇到非归责于承包人的原因导致的停工工程时,最大的受害人莫过于承包人本身,承包人更应该勇敢运用法律手段维护自身的合法权益,挽回损失。就像罗尔斯所说,法律应当与正义保持一致。

相关法律规定

1.《民法典》

第六条 民事主体从事民事活动,应当遵循公平原则,合理确定各方的权利和义务。

第七条 民事主体从事民事活动，应当遵循诚信原则，秉持诚实，恪守承诺。

第一百五十九条 附条件的民事法律行为，当事人为自己的利益不正当地阻止条件成就的，视为条件已经成就；不正当地促成条件成就的，视为条件不成就。

第五百六十三条 有下列情形之一的，当事人可以解除合同：

（一）因不可抗力致使不能实现合同目的；

（二）在履行期限届满前，当事人一方明确表示或者以自己的行为表明不履行主要债务；

（三）当事人一方迟延履行主要债务，经催告后在合理期限内仍未履行；

（四）当事人一方迟延履行债务或者有其他违约行为致使不能实现合同目的；

（五）法律规定的其他情形。

以持续履行的债务为内容的不定期合同，当事人可以随时解除合同，但是应当在合理期限之前通知对方。

第五百六十六条 合同解除后，尚未履行的，终止履行；已经履行的，根据履行情况和合同性质，当事人可以请求恢复原状或者采取其他补救措施，并有权请求赔偿损失。

合同因违约解除的，解除权人可以请求违约方承担违约责任，但是当事人另有约定的除外。

主合同解除后，担保人对债务人应当承担的民事责任仍应当承担担保责任，但是担保合同另有约定的除外。

第五百六十七条 合同的权利义务关系终止，不影响合同中结算和清理条款的效力。

第六百四十六条 法律对其他有偿合同有规定的，依照其规定；没有规定的，参照适用买卖合同的有关规定。

第八百零三条 发包人未按照约定的时间和要求提供原材料、设备、场地、资金、技术资料的，承包人可以顺延工程日期，并有权请求赔偿停工、窝工等损失。

第八百零四条 因发包人的原因致使工程中途停建、缓建的，发包人应当采取措施弥补或者减少损失，赔偿承包人因此造成的停工、窝工、倒运、机械设备调迁、材料和构件积压等损失和实际费用。

第八百零六条第二、三款 发包人提供的主要建筑材料、建筑构配件和设备不符合强制性标准或者不履行协助义务,致使承包人无法施工,经催告后在合理期限内仍未履行相应义务的,承包人可以解除合同。

合同解除后,已经完成的建设工程质量合格的,发包人应当按照约定支付相应的工程价款;已经完成的建设工程质量不合格的,参照本法第七百九十三条的规定处理。

2. 最高人民法院《关于民事诉讼证据的若干规定》

第十条　下列事实,当事人无须举证证明:

(一)自然规律以及定理、定律;

(二)众所周知的事实;

(三)根据法律规定推定的事实;

(四)根据已知的事实和日常生活经验法则推定出的另一事实;

(五)已为仲裁机构的生效裁决所确认的事实;

(六)已为人民法院发生法律效力的裁判所确认的基本事实;

(七)已为有效公证文书所证明的事实。

前款第二项至第五项事实,当事人有相反证据足以反驳的除外;第六项、第七项事实,当事人有相反证据足以推翻的除外。

3. 最高人民法院《关于审理建设工程施工合同纠纷案件适用法律问题的解释(一)》

第九条　当事人对建设工程实际竣工日期有争议的,人民法院应当分别按照以下情形予以认定:

(一)建设工程经竣工验收合格的,以竣工验收合格之日为竣工日期;

(二)承包人已经提交竣工验收报告,发包人拖延验收的,以承包人提交验收报告之日为竣工日期;

(三)建设工程未经竣工验收,发包人擅自使用的,以转移占有建设工程之日为竣工日期。

第三十九条　未竣工的建设工程质量合格,承包人请求其承建工程的价款就其承建工程部分折价或者拍卖的价款优先受偿的,人民法院应予支持。

第四十一条　承包人应当在合理期限内行使建设工程价款优先受偿权,但最长不得超过十八个月,自发包人应当给付建设工程价款之日起算。

4. 最高人民法院《关于适用〈中华人民共和国民事诉讼法〉的解释》

第九十三条　下列事实,当事人无须举证证明:

(一)自然规律以及定理、定律;

(二)众所周知的事实;

（三）根据法律规定推定的事实；

（四）根据已知的事实和日常生活经验法则推定出的另一事实；

（五）已为人民法院发生法律效力的裁判所确认的事实；

（六）已为仲裁机构生效裁决所确认的事实；

（七）已为有效公证文书所证明的事实。

前款第二项至第四项规定的事实，当事人有相反证据足以反驳的除外；第五项至第七项规定的事实，当事人有相反证据足以推翻的除外。

5. 最高人民法院《关于审理买卖合同纠纷案件适用法律问题的解释》

第二十条　买卖合同因违约而解除后，守约方主张继续适用违约金条款的，人民法院应予支持；但约定的违约金过分高于造成的损失的，人民法院可以参照民法典第五百八十五条第二款的规定处理。

建筑工程领域挂靠问题的理论分析、法院认定及风险提示

编前语

我国现行法律法规以及规章中均明确规定禁止挂靠行为，但在建设工程领域，没有施工资质的个人或单位借用其他单位的施工资质承包工程作为实际施工人的“挂靠”现象仍屡见不鲜。我国目前的法律体系对“挂靠”的规定较为简单，且缺乏对挂靠行为的具体认定标准，导致实践中建设行政主管部门在查处“挂靠”行为时缺乏明确的法律依据。同时，挂靠情形下的挂靠人、被挂靠人以及发包方极易在工程款支付、工程质量责任等问题上产生巨大法律纠纷。因此，本文将对挂靠的定义和性质展开剖析，归纳实践和理论中的主要争议点，并结合相关法律规定和审判案例进行研究，展示司法实践中对于挂靠行为的认定以及对相关法律后果的判定，提示发包人如何在发包工程时识别挂靠行为，做好前期调查和资料收集工作以保障自身利益。

【案情概要】①

武汉万通投资有限公司汉川分公司（以下简称万通汉川公司）发包人为闻友工业园一期A、B型服务楼工程项目的发包单位。陈某通挂靠人为了承包该建筑工程，于2007年5月6日与汕头市潮阳建筑工程总公司武汉分公司（以下简称潮阳武汉分部）被挂靠人签订《借用资质协议》，协议约定：被挂靠人出借其注册资质证及营业执照供挂靠人承接上述建设工程，并提供银行账号代收代付工程款；挂靠人按与发包人所签《施工合同》条款保质保量按期完成建设工程，

① 武汉万通投资有限公司汉川分公司、武汉万通投资有限公司、陈某通与汕头市潮阳第一建安总公司武汉分部建设工程施工合同纠纷案，湖北省高级人民法院民事判决书，（2013）鄂民一终字第00013号。

并负责支付该项目所发生的民工工资、材料款，被挂靠人不收取挂靠人任何借用资质费用(包括劳务费和管理费)。2007 年 5 月 11 日，挂靠人借用被挂靠人的营业执照、注册登记证、税务登记证及组织机构代码证等证件，并以被挂靠人名义与发包人签订了《施工合同》，约定发包人将闻友工业园 A、B 型服务楼发包给被挂靠人承建，并对承包范围、承包方式、合同价款、施工工期及违约责任等作了约定。

合同签订后，由挂靠人组织施工、管理和技术等工作人员，并由挂靠人自己出资，于 2007 年 6 月 5 日进场施工，至 2008 年 1 月房屋施工至四层即主体工程完工时，因建筑材料价格、人工工资费用上涨，发包人未按进度足额支付工程款，挂靠人遂以被挂靠人名义要求发包人按进度支付工程款并调增工程价款，未果后停工。2009 年 1 月，发包人将挂靠人未完工的工程交由案外人施工。

在挂靠人实际施工期间，发包人向被挂靠人通过银行汇款和直接支付现金等方式总付工程款 1580880 元，2007 年 11 月 23 日，挂靠人直接收取发包人支付的银行承兑汇票 239067.33 元；被挂靠人依据与挂靠人签订的《借用资质协议》，通过银行汇款方式及时全额向挂靠人支付工程款 1575880 元，现金支付工程款 5000 元，共计向挂靠人支付工程款 1580880 元；本案诉讼过程中，发包人、被挂靠人及民工达成协议，由发包人垫付 30 万元支付挂靠人所欠付的民工工资，该款项在工程款结算时抵扣发包人应付工程款。

因工程价款数额、施工合同效力及违约责任等争议，发包人与被挂靠人不能达成一致，发包人遂以被挂靠人为被告提起诉讼。

【争议焦点】

1. 发包人与被挂靠人签订的《施工合同》是否有效？被挂靠人是否要向发包人承担迟延交付工程的违约责任。

2. 被挂靠人要求发包人按已完工工程成本价对其支付下欠工程款的反诉请求应否支持。

3. 发包人及发包人总公司应否按已完工工程成本价对挂靠人支付下欠工程款并赔偿其所诉经济损失。

【判决概要】

就发包人与被挂靠人签订的《施工合同》效力以及被挂靠人的违约责任问题，一审法院在对各方签订施工合同的情况、实际施工情况以及各方支付情况进行梳理后，将该情形认定为挂靠，而后根据《建筑法》第 26 条第 2 款以及最高人民法院《关于审理建设工程纠纷案件适用法律问题的解释》(已失效)第4条的规定将案涉《施工合同》认定为自始无效,不产生法律约束力。因此,发包人要求判令解除《施工合同》、被挂靠人向发包人按实际迟延天数支付迟延交付工程违约金的诉讼请求无法律依据,一审法院不予支持。二审法院针对发包人提出的挂靠人实施的是职务行为,实际施工人仍为潮阳武汉分部,因而《施工合同》有效这一主张进行了查证,由于发包人未能提供有关证据以证明挂靠人与被挂靠人之间存在劳动关系,因此,法院不予采信。故二审法院采信了一审法院的相关判决,认定挂靠人以被挂靠人的名义与发包人签订《施工合同》的行为无效,合同自始不产生法律效力。同时,发包人亦未提交相关证据证明该公司因迟延交付工程受到实际损失,故发包人要求被挂靠人按照合同约定承担迟延交付工程违约责任的上诉请求缺乏事实和法律依据,不予支持。

就被挂靠人要求发包人按已完工工程成本价对其支付下欠工程款的请求,一审法院认为:被挂靠人虽然名义上与发包人签订了《施工合同》,但既未实际施工,也未实际出资,因此,对该无效《施工合同》项下已完工的建筑工程利益不应享有请求权。

就发包人及发包人总公司应否按已完工工程成本价对挂靠人支付下欠工程款问题,一审法院认为:挂靠人借用被挂靠人的资质并以其名义与万通汉川公司发包人签订了案涉《施工合同》,并自己出资对该合同项下的部分建筑工程进行实际施工,该《施工合同》因违反我国法律强制性规定而无效,自始无法律约束力,发包人取得了挂靠人出资建设的已完工工程(包括合同约定工程和变更增加工程)利益,且占有使用了临时办公室,根据原《合同法》第58条的规定,发包人应向挂靠人按定额(成本)价支付已完工工程的工程款以及变更增加工程和临时办公室工程的工程款,并赔偿因其迟延支付上述款项给挂靠人造成的经济损失。二审法院认为,由于挂靠人以被挂靠人名义与发包人签订的《施工合同》自始无效,而挂靠人个人出资对合同约定的讼争工程项目进行了实际施工,发包人亦占有和使用讼争工程而获益,根据原《合同法》第58条规定的无效合同处理原则和建筑施工行为的特殊性,挂靠人实际施工的费用应当采取折价补偿的方式予以处理。由于挂靠人在讼争工程施工过程中停工,未实际完成合同项下的全部工程,一审法院对挂靠人已完成的工程量按照建设成本价格对工程造价进行鉴定,并据此认定发包人应向挂靠人支付工程欠款,并无不当。

【案件分析】

一、挂靠的定义与背景

“挂靠”是典型的行业术语，属于实践中约定俗成的行话，并非严谨的法律概念。我国在2004年出台的“建筑工程施工合同纠纷”相关案件的司法解释草案中曾明确提出过“挂靠”一词，但最终使用“实际施工人借用资质”代替。笔者对实践中关于挂靠纠纷的案件进行总结后发现，所谓的“挂靠”是指没有建筑施工资质的企业或个人以其他建筑施工企业的名义，资质等级低的建筑施工企业以资质等级高的建筑施工企业名义，没有施工总承包资质的建筑施工企业以具有施工总承包资质的建筑施工企业名义承揽工程的行为，或者有资质的建筑施工企业通过名义上的联营、合作、内部承包等其他违法方式允许他人以本企业的名义承揽工程的行为。从内涵上看，挂靠行为并不复杂，但实践中挂靠行为却十分隐秘，难以识别。

虽然我国立法对于“挂靠”现象持一以贯之的明文禁止态度，但建设工程领域的“挂靠”现象却屡禁不止，在建筑行业挂靠现象无法杜绝的现状下，发包人有必要了解有关挂靠的法律纠纷，提前做好风险防范，避免在实际的工程建设过程中处于被动地位。

二、挂靠的类型与表现

在审判实践中，施工人借用法定资质建筑施工企业名义承揽工程的形式很多，出现的形式有无资质的施工人挂靠具有资质的施工企业，无资质的施工人变相作为具有资质施工企业的内部承包单位，无资质施工人与具有资质施工企业名义上联营等多种形式。对这些形式进行比较，可以将“挂靠”现象具体归纳为以下两种类型：

1.“内部承包”形式的工程挂靠施工。

此种形式在司法实践中比较常见，多为不具备建筑施工资质的个人借用被挂靠人资质并以被挂靠人名义与发包人订立合同，而个人由被挂靠人聘为员工或被任命为项目经理、施工负责人。个人与被挂靠人之间又签订一份所谓的“内部承包协议”或“内部经济责任制合同”等形式的协议，对双方的权利义务进行约定，并约定一定数额的管理费。

2.“借用资质”形式的工程挂靠。

低资质等级的建筑施工企业有能力有手段或者有社会关系去承建工程，但因为资质所限需要寻找符合建设项目要求的高资质建筑施工企业合作，并以该高资质建筑企业名义进行招标。中标后，与发包人签订合同，然后实际上由低资质的建筑施工企业进行实际施工建设。此种形式下,又会出现“联营”或者“分包”名义的挂靠形式,但是其实质就是低资质建筑企业借用高资质建筑企业的资质进行施工建设。

三、挂靠情形下施工合同的效力问题

在挂靠情形下,通常是挂靠人以被挂靠人名义与发包人签订施工合同,从表面上看,施工合同的主体符合法律规定,不存在无效事由,似乎是合法有效的,但实质上合同是由被挂靠人出借单位公章、资质证明等给挂靠人所签,合同的实际履行由挂靠人完成。施工合同的效力认定一般会影响后续的工程价款计算标准以及被挂靠人的违约责任承担问题。如果施工合同被认定有效,则发包人可以主张按照合同约定的工程价款进行结算,同时发包人可以向被挂靠人主张违约责任;反之,发包人则需要按照工程的成本价进行结算,且由于没有有效合同的约束,发包人要求被挂靠人承担违约责任的主张很难得到支持。

司法实践中,早期各地法院对于此类施工合同效力的认定有所不同,形成了三种不同的观点,即“具体对待说”“有效说”“无效说”。但随着最高人民法院《关于审理建设工程施工合同纠纷案件适用法律问题的解释(一)》的出台,这类合同统一被认定为无效。

《关于审理建设工程施工合同纠纷案件适用法律问题的解释(一)》第1条第1款规定:“建设工程施工合同具有下列情形之一的,应当依据民法典第一百五十三条第一款的规定,认定无效:(一)承包人未取得建筑业企业资质或者超越资质等级的;(二)没有资质的实际施工人借用有资质的建筑施工企业名义的;(三)建设工程必须进行招标而未招标或者中标无效的。”

《关于审理建设工程施工合同纠纷案件适用法律问题的解释(一)》第4条规定:“承包人超越资质等级许可的业务范围签订建设工程施工合同,在建设工程竣工前取得相应资质等级,当事人请求按照无效合同处理的,人民法院不予支持。”

因此,只要法院根据原被告双方的举证能够确定挂靠情形的存在,则由被挂靠人和发包人所签订的施工合同均会被认定为无效。在上述案例中,挂靠人借用被挂靠人的营业执照、注册登记证、税务登记证及组织机构代码证等证件,并以被挂靠人名义与发包人签订《施工合同》,由挂靠人自己进行实际施工,符合挂靠的特征,因此法院将该情形认定为挂靠,而后根据《建筑法》第26条第2款、最高人民法院《关于审理建设工程施工合同纠纷案件适用法律问题的解释》(现已废止)第4条判定案涉施工合同无效,由于施工合同无效,被挂靠人和发包人之间不存在合同关系,所以法院否定了发包人要求被挂靠人承担迟延交付工程违约责任的诉求。

四、挂靠情形下工程价款结算问题

(一)工程价款的计算标准问题

工程价款的结算问题一直是建设工程合同纠纷的重点,在挂靠情形下有关工程价款的问题主要包括两方面,一方面是工程价款的计算标准问题,另一方面则是谁向发包人主张工程价款。

就工程价款的计算标准问题,在挂靠合同纠纷中,相关当事人主张案涉施工合同有效进而要求按照合同约定的标准计算工程价款,或者主张施工合同无效、按照成本价支付,有时按照这两种计算标准算出的价款数额可能相差很大,因此,挂靠关系中的三方主体会出于自身利益考量而产生激烈争论。在上文中已经提及,现行司法解释已经明确否定挂靠情形下的施工合同效力,因此,就案涉工程价款的结算标准因发包人是否明知挂靠情形的存在而有所不同。如果发包人明知挂靠的存在,则根据《民法典》第 793 条第 1 款的规定,可以参照合同约定的价款折价补偿;如果发包人不明知挂靠的存在,则根据《关于审理建设工程施工合同纠纷案件适用法律问题的解释(一)》第 43 条的规定,按照工程成本价计算工程价款。

在本文案例中,发包人与挂靠人同样就工程价款的数额问题发生争议,发包人要求按照合同约定价款进行结算,而挂靠人则主张按工程成本来结算。一审法院未对发包人是否明知挂靠进行查明,而是在认定案涉施工合同无效的前提下,根据原《合同法》第 58 条规定的无效合同处理原则,同时考虑到建筑施工行为的特殊性,认定挂靠人实际施工的费用应当采取折价补偿的方式予以处理。对挂靠人已完成的工程量按照建设成本价格对工程造价进行鉴定,并据此认定发包人应向挂靠人支付工程欠款。二审法院也支持了一审法院的这一处理。

(二)工程价款的主张主体问题

在挂靠情形下,究竟谁能够向发包人主张工程价款也是重大争议点。根据现有裁判规则、裁判实践以及理论分析,本文认为挂靠人可直接向发包人主张工程价款,而被挂靠人则不得向发包人主张工程价款。

1. 挂靠人可直接向发包人主张工程价款

从最高人民法院目前的审判实践来看,发包人是否明知挂靠情形的存在是影响挂靠人是否享有直接求偿权的重要影响因素。在处理发包人明知挂靠情形下实际施工人向发包人主张权利的案件时,最高人民法院的裁判基本达成一致意见。如果发包人明知挂靠情形的存在,挂靠人与发包人之间构成事实上的建设工程施工合同关系，挂靠型的实际施工人有权依据事实上的建设工程施工合同关系直接向发包人主张工程价款。最高人民法院在(2019)最高法民申2722号民事裁定书以及(2021)最高法民申3528号中都体现了这一观点。最高人民法院民一庭在《最高人民法院新建设工程施工合同司法解释(一)理解与适用》一书中提道："实际施工人借用有资质的施工企业名义与发包人签订建设工程施工合同，实际上存在两种法律行为：一是虚假的意思表示事实的法律行为，即出借资质的施工企业与发包人签订的施工合同；二是以虚假意思表示隐藏的民事法律行为，即借用资质的实际施工人与发包人之间就建设工程施工合同之标的产生的建设工程施工合同关系。发包人在订立建设工程施工合同时知道或应当知道实际施工人借用资质的，上述建设工程合同无效，发包人与实际施工人事实上围绕订立、履行建设工程施工合同而形成一系列法律关系，双方当事人之间会基于这些法律关系产生债法上的请求权。也就是说，在建设工程施工合同无效，但建设工程经竣工验收合格情形下，实际施工人可直接向发包人请求参照合同关于工程价款的约定支付工程价款。"这一论述同样阐明了挂靠人与发包人之间形成事实合同的观点。而在发包人不明知挂靠存在的情形下，最高人民法院层面也尚未形成统一的裁判口径，本文通过检索最新的最高人民法院有关挂靠纠纷的裁判文书发现，其倾向于将挂靠人认定为《关于审理建设工程施工合同纠纷案件适用法律问题的解释(一)》第43条中的"实际施工人"，认为挂靠人可以突破合同相对性向发包人主张权利。(2021)最高法民申6481号、(2021)最高法民申3528号、(2021)民申3311号裁判文书中均持此种观点。

而从理论层面分析挂靠人的直接求偿权问题，则需要分析挂靠人和发包人之间的法律关系。根据大陆法系传统的合同相对性理论，债只能在债权人和债务人之间产生法律拘束力。债权债务关系发生在特定的享有权利的债权人和承担义务的债务人之间。由于建设施工合同是在发包人和被挂靠人之间签订，发包人和挂靠人之间并无合同关系，挂靠人并不享有任何权利义务。但鉴于建设工程的重大性和涉及主体的复杂性与特殊性，应当肯定挂靠人属于《关于审理建设工程施工合同纠纷案件适用法律问题的解释(一)》第43条中的"实际施工人"，可以突破合同相对性向发包人主张权利。以下是两点理由：

第一，根据《民法典》第985、987条规定可知，虽然发包人和挂靠人之间不成立合同关系，但挂靠人的人工、机械以及资金已经投入建设施工工程中，挂靠人已经实际履行了施工合同项下的义务，并且在建设工程验收合格后，发包人取得了合同项下的实际利益，因此双方构成不当得利的法定之债关系。因此，挂靠人可以基于不当得利要求发包人返还其获得的利益,由于工程已经完工,无法原物返还,因此,应当允许挂靠人要求发包人支付工程价款,达到双方利益的平衡。

第二,基于社会层面的考量,由于涉及"挂靠"的建设工程施工合同纠纷往往是大型工程项目在施工过程中产生矛盾造成的,建设工程质量本身就关系民生安全与社会财产安全,且该类纠纷不单是发包人与承包人之间的纠纷,其背后往往涉及房屋业主、建设民工等社会群体,牵涉层面较广,一旦处理不当容易引发各种社会不稳定因素。工程质量是否符合建筑安全的认定、涉及施工单位拖欠农民工工资的工程款纠纷,这些问题如果不能得到妥善处理,极易引发重大的社会动荡。因此,从维护社会稳定的角度考虑,也应当赋予挂靠人向发包人主张工程价款的权利,尤其是在被挂靠人怠于向发包人主张工程款时,赋予挂靠人直接向发包人主张权利将大大增加挂靠人及时获得工程价款的机会,最大限度地保护挂靠人以及其带领的广大农民工的利益,从而有助于社会稳定。

因此,无论是从法理层面还是社会现实层面,都应当突破合同相对性理论,赋予挂靠人直接向发包人主张工程价款的诉权,将其作为相关司法解释中"实际施工人"对待。

在本文所涉案例中,一审法院承认挂靠人对讼争工程项目享有的独立请求权,肯定了挂靠人作为第三人的诉讼主体资格。同时一审法院和二审法院均认可挂靠人直接向发包人主张工程款的权利,认为虽然案涉施工合同被认定为无效,但发包人取得了挂靠人出资建设的已完工工程(包括合同约定工程和变更增加工程)利益,且因占有和使用讼争工程而获益,因此根据无效合同的处理原则,挂靠人实际施工的费用应当采取折价补偿的方式予以处理。同时,由于未实际完成合同项下的全部工程,所以一审法院对挂靠人已完成的工程量按照建设成本价格对工程造价进行鉴定,并据此认定发包人应向挂靠人支付工程欠款。从这一裁判说理和处理方式可以看出,一审和二审法院更多是从不当得利的角度来肯定挂靠人的工程款直接求偿权的。

2. 被挂靠人不得主张工程价款

被挂靠人作为施工合同中的名义施工人,通常会在诉讼中向发包人主张工程价款,但是无论是从司法实践还是理论层面看,被挂靠人都不得向发包人主张工程价款。

前述已经提及,被挂靠人与发包人签订的施工合同是无效的,同时,被挂靠人没有进行施工建设,不是施工合同真正的权利义务人,挂靠人与被挂靠人的行为对象仅仅是被挂靠人的资质证书和挂靠人交纳的管理费。双方的行为对象不是工程施工本身,因此,被挂靠人不能向发包人主张工程款。此外,从实践层面出发,也没有必要赋予被挂靠人作为原告起诉的权利。因为在有关建筑施工企业向发包人主张工程款的建设工程施工合同纠纷案件中,如果双方当事人均没有主张工程存在挂靠施工情形,则法院无须主动审查是否存在挂靠情形,此时被挂靠人是适格原告,法院可以判决由发包人(建设单位)向被挂靠人(建筑施工单位)支付工程款。但如果双方当事人认可存在挂靠情形或者一方当事人提供的证据足以认定存在挂靠施工情形的,则法院应当追加挂靠人作为具有独立请求权的第三人参加诉讼,根据查明的案件事实和理由,结合工程款的实际支付情况,判决由发包人、被挂靠人承担支付责任。

在本文所引用的案例中,被挂靠人针对发包人的起诉,提出发包人按已完工工程成本价对其支付下欠工程款的反诉请求。但是一审法院认为:被挂靠人虽然名义上与发包人签订了《施工合同》,但既未实际施工,也未实际出资,因此,认定被挂靠人对该无效《施工合同》项下已完工的建筑工程利益不应享有请求权。结合目前的审判实践来看,这一裁判很合理。

五、其他争议点:工程质量违约责任问题

由于挂靠存在名义施工人与实际施工主体不一致的情形,在工程质量出现问题时,发包人可向何者主张责任承担也是挂靠中的重大争议点,本文认为:挂靠人与被挂靠人需要对工程质量问题承担连带责任,但仅限于由出借资质造成的建设工程质量不合格情形。

首先,在法律法规层面,《关于审理建设工程施工合同纠纷案件适用法律问题的解释(一)》第7条明确规定,缺乏资质的单位或者个人借用有资质的建筑施工企业名义签订建设工程施工合同,发包人请求出借方与借用方对建设工程质量不合格等因出借资质造成的损失承担连带赔偿责任的,人民法院应予支持。这一条明确规定了挂靠人与被挂靠人的连带责任。

其次,从法理上分析,要求挂靠人与被挂靠人承担连带责任也是合理的。第一,工程施工是由挂靠人实际完成的,工程出现质量问题,挂靠人的施工行为是首要原因,因此由挂靠人对质量问题承担责任并无不当。第二,挂靠人和被挂靠人违背诚实信用原则实行工程挂靠,当工程出现质量问题时,由挂靠人和被挂靠人向发包人承担连带责任,也符合合同法理论中有关缔约过失责任的规定。此外,让被挂靠人承担连带责任也体现了法律对挂靠行为的否定性评价,对规范市场秩序有着积极引导意义。被挂靠人既然接受了他人的挂靠,相应地就必须承担这种风险,不能只行使收取挂靠利益的权利,而不承担挂靠风险的义务。但是这种连带赔偿责任大大加重了相关人的负担,因此应当严格限制,将针对工程质量的连带赔偿责任限定在仅针对出借资质造成的建设工程质量不合格等损失的范围内。这里的建设工程质量不合格既包括达不到法定标准，也包括达不到约定标准。

六、发包人的风险防控

在涉及挂靠的施工合同纠纷案件的审理过程中，相关法院基本上都是从承包人的项目经理或项目负责人（可能构成"实际施工人"的相关人员）与承包人之间是否存在合法的劳动人事关系这些更为直观、更具有可操作性的角度来认定是否存在挂靠（借用资质）情形的。根据民事诉讼中"谁主张，谁举证"的举证责任规则，当事人对自己提出的主张所依据的事实或者反驳对方主张所依据的事实有责任提供证据加以证明。因此，如果承包人和实际施工人想要主张挂靠，需要实际施工人和承包人提供挂靠（借用资质）协议、内部承包合同等书面材料或实际施工人与承包人之间不存在劳动人事关系的材料，这些材料的举证对于承包人和实际施工人而言并不难，但这些材料对于发包人而言却很难取得。因此，在发包人与承包人和实际施工人的举证能力严重不对称的情况下，法院是否认定构成挂靠（借用资质）通常取决于实际施工人和承包人的主观意愿，而实际施工人和承包人主观上是否主张存在挂靠（借用资质）情形则取决于施工合同有效对其更有利，还是施工合同无效对其更有利，发包人则处于非常被动的状态。

因此，发包人在发包工程、签订及履行施工合同过程中应当加强对承包人项目经理或项目负责人身份的审查，如可要求承包人提交其与拟派项目经理或项目负责人之间存在劳动人事关系的材料（包括书面劳动合同、承包人为项目经理或项目负责人缴纳社会保险的凭证等），在合同履行过程中严禁承包人更换其项目经理或项目负责人，如承包人确需更换项目经理或项目负责人，应要求承包人提交其与拟换项目经理或项目负责人之间存在劳动人事关系的材料，并保存好相关材料。采取该措施，当承包人或实际施工人在发生纠纷后主张存在挂靠（借用资质）情形时，发包人可以提供反驳的证据，能在一定程度上弥补发包人对存在挂靠（借用资质）情形方面举证能力的不足，有效应对和防范承包人和实际施工人之间因相互串通给发包人造成相应的风险。

实践中，被挂靠人或者挂靠人主张存在挂靠情形使施工合同被认定为无效通常都是为了主张据定额标准按实结算，以获得比参照合同约定结算更高的工程价款。如前文所述，在承包人或实际施工人主张存在挂靠（借用资质）情形，施工合同已经被认定为无效之后，虽然大多数情形下法官都会如本文案例中的法官一样，按照建设成本价格对工程造价进行鉴定进而确定工程价款，但实践中最高人民法院也有支持发包人请求参照合同约定价款结算的案例。因此,发包人可以充分利用在工程发包之前的主动地位,在签订施工合同时把工程价款压得很低,在发生纠纷时,发包人要尽力主张按照有利于自己的结算方式来结算工程价款。如果发包人主张参照合同约定结算工程价款成功,将会对发包人有利,避免了发包人在挂靠情形下的利益损害。

结 语

虽然我国法律法规明令禁止挂靠行为,但挂靠现象的产生和盛行有着深厚的历史因素和现实因素,在建筑工程资质管理体系和相关法律法规的监管没有进一步完善之前,短时间内挂靠现象很难从我国建筑工程市场中消失。在这种大环境之下,发包人只能在发包工程、签订及履行施工合同过程中加强对承包人和实际施工人的资质审查和关联关系审查,保存好相关证据,避免在其后的纠纷中陷入举证的弱势地位。同时,在已经发生挂靠纠纷,施工合同被认定无效后,发包人也要尽力主张按照有利于自己的结算方式来结算工程价款。

相关法律规定

1.《民法典》

第一百五十三条第一款 违反法律、行政法规的强制性规定的民事法律行为无效。但是,该强制性规定不导致该民事法律行为无效的除外。

第七百九十三条 建设工程施工合同无效,但是建设工程经验收合格的,可以参照合同关于工程价款的约定折价补偿承包人。

建设工程施工合同无效,且建设工程经验收不合格的,按照以下情形处理:

(一)修复后的建设工程经验收合格的,发包人可以请求承包人承担修复费用;

(二)修复后的建设工程经验收不合格的,承包人无权请求参照合同关于工程价款的约定折价补偿。

发包人对因建设工程不合格造成的损失有过错的,应当承担相应的责任。

第九百八十五条 得利人没有法律根据取得不当利益的,受损失的人可以请求得利人返还取得的利益,但是有下列情形之一的除外:

(一)为履行道德义务进行的给付;

(二)债务到期之前的清偿;

(三)明知无给付义务而进行的债务清偿。

第九百八十七条 得利人知道或者应当知道取得的利益没有法律根据的,受损失的人可以请求得利人返还其取得的利益并依法赔偿损失。

2.《建筑法》

第二十六条　承包建筑工程的单位应当持有依法取得的资质证书，并在其资质等级许可的业务范围内承揽工程。

禁止建筑施工企业超越本企业资质等级许可的业务范围或者以任何形式用其他建筑施工企业的名义承揽工程。禁止建筑施工企业以任何形式允许其他单位或者个人使用本企业的资质证书、营业执照，以本企业的名义承揽工程。

第六十六条　建筑施工企业转让、出借资质证书或者以其他方式允许他人以本企业的名义承揽工程的，责令改正，没收违法所得，并处罚款，可以责令停业整顿，降低资质等级；情节严重的，吊销资质证书。对因该项承揽工程不符合规定的质量标准造成的损失，建筑施工企业与使用本企业名义的单位或者个人承担连带赔偿责任。

3.《建设工程质量管理条例》

第二十五条　施工单位应当依法取得相应等级的资质证书，并在其资质等级许可的范围内承揽工程。

禁止施工单位超越本单位资质等级许可的业务范围或者以其他施工单位的名义承揽工程。禁止施工单位允许其他单位或者个人以本单位的名义承揽工程。

施工单位不得转包或者违法分包工程。

4.最高人民法院《关于审理建设工程施工合同纠纷案件适用法律问题的解释(一)》

第一条　建设工程施工合同具有下列情形之一的，应当依据民法典第一百五十三条第一款的规定，认定无效：

(一)承包人未取得建筑业企业资质或者超越资质等级的；

(二)没有资质的实际施工人借用有资质的建筑施工企业名义的；

(三)建设工程必须进行招标而未招标或者中标无效的。

承包人因转包、违法分包建设工程与他人签订的建设工程施工合同，应当依据民法典第一百五十三条第一款及第七百九十一条第二款、第三款的规定，认定无效。

第四条　承包人超越资质等级许可的业务范围签订建设工程施工合同，在建设工程竣工前取得相应资质等级，当事人请求按照无效合同处理的，人民法院不予支持。

第十五条　因建设工程质量发生争议的，发包人可以以总承包人、分包人和实际施工人为共同被告提起诉讼。

第四十三条 实际施工人以转包人、违法分包人为被告起诉的，人民法院应当依法受理。

实际施工人以发包人为被告主张权利的，人民法院应当追加转包人或者违法分包人为本案第三人，在查明发包人欠付转包人或者违法分包人建设工程价款的数额后，判决发包人在欠付建设工程价款范围内对实际施工人承担责任。

建设工程赶工费法律探讨、风险提示及建议

编前语

随着行业发展,建设工程领域的行业竞争愈演愈烈,“赶工”这一词汇的出现频率逐渐上升。在特殊时期,经济制裁等其他不确定性事件逐渐扩大影响,国内乃至国外工程项目的工期都或多或少地受到影响,工期违约成显著问题。对于发包人及承包人来说,项目是否要赶工,如果项目采取赶工措施相应产生的成本、费用由哪一方来承担就成了不得不考虑的问题。

我国在法律法规层面并不鼓励赶工行为,没有明文制定相应的法律法规。在法律实践中,中国司法部门也秉持不鼓励赶工的态度,但是基于尊重私法自治且从公平原则角度将赶工费视为一种可竞争的费用,依事前合同约定或事后签证认定,无约定时由原被告当庭竞争。裁判实践中,我们能发现由承包人自行决定赶工的赶工费由承包人自己承担的趋势。

实际纠纷中,由于没有明确法律条文予以指导,赶工费本身在本就复杂的工程施工争议过程中只是一项附属费用,实际还有工期争议与质量争议问题,所以赶工问题并不容易处理,且往往由于承包方或施工方并未在施工过程中重视权利主张与证据留存,在事后丧失相应赶工措施费索赔的可能性很高。

本文对于承包人在建设工程合同履行过程中因非自身原因导致赶工的情形展开剖析,并结合相关的审判案例进行研究,探讨司法实践对于赶工费这一特殊情况下法律后果的认定,并对发包人或承包人在实务中选择赶工这一情形下的风险应对作出一定的提示与建议。

【案情概要】

2013年6月,被告、发包人哈尔滨市佟二堡皮草有限公司作为阿城区政府

引进重点企业，在开发区投资建设哈尔滨市佟二堡国际皮草城一期工程，该工程共分四个标段，其中第四标段由原告、承包人哈尔滨众志建筑工程有限公司负责承建。[①] 承包人、发包人之间没有签订书面建筑工程施工合同，承包人2013年6月进场施工，2014年6月交工，工程未经验收，双方口头协商认可工程竣工后进行结算。发包人于2014年8月开业投入使用，未提出有质量问题。

该标段工程完工后，承包人、发包人及第二标段施工方（案外人）三方就工程款结算问题共同委托造价咨询公司新翔公司（以下简称咨询公司A）进行工程造价审计，于2015年3月10日签订《建设工程造价咨询合同》。该合同第八条约定："咨询人按三委托人的委托对施工工程总造价进行审计，咨询人对审计出的总工程造价结果对三委托人均有约束力，该审计结果是三委托人进行工程价款结算的依据，任何一方委托人都应严格执行，不得提出任何异议，也不得要求重新审计。"

2015年11月27日咨询公司A出具审核报告审核结算总造价21910382.28元，在审核说明中就赶工措施模板增加费、赶工人工增加费审核中认为，根据实际施工工期与国家定额推测的工期比较，赶工情况确实存在，发包人不同意支付此项费用，承包人又不能举示有效证据，故最终报告中咨询公司A审减为0。发包人、承包人与造价咨询公司在建设工程结算审核定案表上盖章确认，发包人已向承包人支付工程款19854152.10元。

【争议焦点】

1. 发包人与承包人之间无合同情况下形成何种法律关系。
2. 凭案件证据情况能否认定案涉工程是否发生赶工。
3. 发包人是否应支付承包人赶工费。
4. 赶工费用数额如何确认。

【判决概要】

就无书面合同下双方的法律关系，一审法院认为，双方虽然未签订书面的建设工程施工合同，但双方均承认有口头协议，承包人作为施工方也具备相应的建筑资质。承包人也基于双方达成口头协议，实际施工了佟二堡国际皮草城一期B四标段工程。通过双方的自认以及后续的《建设工程造价咨询合同》，双

---

① 哈尔滨众志建筑工程有限公司与哈尔滨市佟二堡皮草有限公司建设工程施工合同纠纷案，黑龙江省高级人民法院民事判决书，（2017）黑民终152号。

方之间形成事实上的建设工程施工合同关系，发包人应当支付承包人工程价款。二审法院对该认定予以确认。

关于案涉工程是否发生赶工的问题。首先，案涉工程技术资料中关于模板安装及拆除的验收记录，能够体现出施工过程中存在增加模板材料的投入。其次，咨询公司 A 的初审报告，认定“该工程在几个月内完成，客观上存在赶工、抢工情况，从现有资料中没有查到任何关于双方赶工的文件资料，但是从施工内业及多方洞察，该工程在几个月内完成，赶工是事实”。最后，案涉佟二堡国际皮草城工程系政府重点项目、形象工程，政府有关部门要求建设单位尽快完成施工。一审法院判决认定“该工期缩短有工程项目核减，工程标准降低因素，也有工程成本增加因素”缺乏事实依据。二审法院予以纠正，判定存在赶工事实。

关于发包人是否应支付承包人赶工费的问题。一方面，该案中，虽双方未签订施工合同，承包人亦未能提供经对方认可的赶工措施方案，但根据一审诉讼中的证人证言，证实在施工过程中，发包人工程负责人多次召集各标段施工单位开会，要求进行赶工，并承诺支付相关费用。另一方面，承包人作为施工单位为了赶工额外支付人工费和增加模板周转等相关费用，如无发包方对其承诺支付赶工费用，自行增加成本支付赶工费用有违常理。由于承包人对工程实际施工的工期与定额工期相比明显缩短，发包人于交工当年开始营业，从中受益。二审法院认为一审法院以双方未约定赶工费，即便赶工客观存在，也属其自愿承担增加成本的观点有违民事活动应遵循的公平原则，二审法院予以纠正，认为应当由发包方支付赶工费。

关于工程价款是否已结算完毕的问题。虽然《建设工程造价咨询合同》第 8 条约定，对于审计出的总工程造价结果委托人不得提出异议，但在第一份结算意见中已对赶工费问题作出明确说明，认可存在赶工事实，确认了赶工费用，仅以甲方不同意，乙方又不能举示有效证据为由，对于赶工费用核减为“零”。对于该自相矛盾的结算意见，咨询公司 A 证人出庭证实，当地政府主管领导曾在咨询公司 A 作出结算报告前后对于赶工费问题组织三方进行过协调但协商未果。结算报告中涉及的赶工费不是真的为零，而是双方对此有争议。对于审核定案表，也仅是对 2000 多万元正常额的确定，并不包含赶工费用。据此，发包人以工程结算完毕，不应重复结算的意见缺乏事实依据，二审法院不予采信。

关于赶工费数额的确认问题。该案中，承包人举示第二份鉴定意见作为主张赶工费数额的依据，其中包括人工费、周转材增加费、施工机械增加费。但该份证据系承包人单方委托形成，且发包人亦对此不认可，故该份证据所确定的数额不能作为定案依据。而在诉讼前双方共同委托的咨询公司 A 作出了案涉工程的结算初审报告,对因赶工导致人工费上浮的增加费以及一次投入不同层数模板增加费用分别作出了明确的审核价。法院认为,案涉工程的赶工费数额可参照该结算初审报告予以认定。其中人工费上浮后的增加费为2290933.37元,模板增加费应结合工程技术资料中记载的各楼层模板安装及拆除情况,以及结算初审报告中依最低"一次投入模板1.5层"予以确定,该模板增加费为3047230.87元。综合上述两项总和以及再结合咨询公司B(见下文)中可下浮20%的意见,法院最终认定佟二堡公司应付的赶工费为4270531.39元[(2290933.37元+3047230.87元)×80%]。

【案件分析】

赶工费一般理解为承包人为了加速施工抢工期完成施工任务所采取措施的相应费用。在建筑行业的竞争越来越趋于激烈同时又有国际冲突等情况带来停工降效影响的时代背景下,依原定计划无法按照原合同约定工期完成施工任务时,避免工期延误考虑赶工已经成为普遍现实情况,且是发包方与承包方都不得不考虑的问题。

从立法趋势来看,国家站在稳定建筑工程质量角度对赶工仍采取保留规制的态度。在《建设工程质量管理条例》第10条有明确规定建设工程发包单位不得任意压缩合理工期。2019年7月1日正式实施的《政府投资条例》第24条也对政府投资项目的工期管理提出了更为严格的管理要求。

然而,随着市场的不确定性不断扩大,工程施工项目工期所受影响与停工风险也在不断扩大。当停工或降效的损失已经实际产生,并且极大影响原定工期时,发包人及承包人为避免产生更大的损失,赶工期确保按期完工成了必要手段之一。

本文预期,因不可抗力因素,赶工与赶工措施费的焦点将呈上升趋势。

2016年4月13日,承包人单方委托第二家造价咨询公司哈工大公司(以下简称咨询公司B)并出具鉴定意见,鉴定意见认为案涉工程存在赶工情形,根据工程实际发生和相关理论规定计算得出赶工费为12268559.57元。

在庭审过程中,承包人主张咨询公司A的初审报告与最终报告存在差异应不予确认,以咨询公司B的鉴定意见为依据并提交仅承包人盖章的赶工措施方案主张案涉工程中存在赶工的事实。承包方申请证人出庭作证,证言主张在施工过程中,发包人工程负责人多次召集各标段施工单位开会,要求进行赶工,并承诺支付相关费用。

发包人主张其没有要求承包人赶工,承包人也无法提供证据证明发包人要求承包人赶工,承包人从未向发包人申报过具体的赶工措施方案,承包人所谓的赶工费数额没有计算依据,因此拒绝支付赶工费。

一、赶工费简述

(一)定义

赶工费,又称赶工措施费。在(2021)苏09民终3290号案[①]中,法院引述定义为:"指在建设单位将定额工期压缩后,按照常规施工已不能满足施工要求,施工单位为了能在建设单位规定的工期内完成施工任务所采取的赶工措施费用,赶工措施费包括:为了抢工期额外投入的人工费、为加快进度施工进度采取的技术措施所发生的材料、机械等费用。"本文提示,法院采用的上述定义收窄了赶工费范畴,仅将赶工的原因限定在由于"建设单位"即发包人要求将工期压缩的情况下,而因承包人原因产生的赶工、抢工的费用被排除出了上述范围,且仅将赶工费与定额工期相比压缩工期情况挂钩,一定程度上体现了司法对于赶工费的态度。

(二)立法及裁判趋势

就立法而言,各地多以地方法规或规定的形式提及赶工工期缩短问题。比如,江苏省住房城乡建设厅发布的《关于新冠肺炎疫情影响下房屋建筑与市政基础设施工程施工合同履约及工程价款调整的指导意见》(苏建价〔2020〕20号),相关条款要求在工期受疫情影响的情况下首先应适用不可抗力条款相关规定合理顺延工期,只有在"工程复工后发包人确因特殊原因需要赶工的"情形下,在满足"必须确保工程质量和安全。赶工天数超出剩余工期10%的必须编制专项施工方案,明确相关人员、经费、机械和安全等保障措施,并经专家论证后方可实施"的条件后才可赶工,"严禁盲目赶工期、抢进度。相应的赶工费用由发包人承担"。

全国层面的文件目前暂仅观察到《建设工程工程量清单计价规范》(GB 50500—2013)第9.10.2条则写明"不可抗力解除后复工的,若不能按期竣工,应合理延长工期,发包人要求赶工的,赶工费用由发包人承担"。《建设工程施工合同(示范文本)》(GF-2017-0201)第17.3.2条写明:"……(5)因不可抗力引起或将引起工期延误,发包人要求赶工的,由此增加的赶工费用由发包人承担……"

就司法裁判趋势而言,法院目前将赶工措施费认定为一种可竞争费用,如

① 天颂集团有限公司、大丰宏安房地产有限公司建设工程施工合同纠纷案,江苏省盐城市中级人民法院民事判决书,(2021)苏09民终3290号。

要计取应有合同依据或者签证。如(2014)苏民初字第27号等案件中法院指出,"赶工措施费作为可竞争费用,若无合同约定或合同明确约定不计取赶工费的,则法院对于赶工费的诉讼请求一般不予支持"。另外,在作出相应判决时,法院也缺乏可直接引用的法律或司法解释条文作为法律依据。

本文认为,目前从立法及司法裁判趋势来看,我国对于赶工费仍持保守态度,其在后续举证、主张等层面都会面临更为严格的审查,需要去证明及论述。

二、赶工费的承担

从法律性质上来说,合同效力其实是建筑工程合同纠纷中重要的元素。本文认为赶工费用属于在原定工程承包合同约定之外的费用,如双方有约定,属于对于原合同的变更,最终其引致的纠纷实质上是工程量纠纷以及工程造价纠纷,在实际争议中也常常与工程量纠纷及工程造价纠纷一同出现。

需提示,工程项目合同尤其是固定总价的合同,一般不会允许后续通过变更合同的形式增加造价。尤其是经过招投标的工程项目,还会产生补充协议或结算的工程价款与招投标文件内容不一致的问题,极易引发工程量计量和工程造价纠纷。

但本文认为,不同于一般意义上工程合同的变更,赶工措施问题应当属于最高人民法院《关于审理建设工程施工合同纠纷案件适用法律问题的解释(一)》第23条"发包人与承包人因客观情况发生了在招标投标时难以预见的变化而另行订立建设工程施工合同"的情况,属于客观情况发生重大变化的情势变更原则。承包人应当在举证过程中证明赶工的因果关系及赶工的合理性,依据情势变更及公平原则来论证赶工费用的主张。

但需指出,法律、法规、司法解释其实并没有关于赶工费的规定,在类案分析中,也极少观察到法院就赶工费问题对于情势变更原则进行论述,多数情况下法院判决将赶工费归于可竞争费用,原工程合同有约定的就依照原约定,原合同没有约定,在赶工事由产生后约定且赶工为发包人提出,则将其视为独立可竞争的费用由双方争辩法院酌定,很大程度上依赖意思自治原则与民事行为的公平原则。

本文总结赶工费承担审查顺序如下:

1. 特殊情形是否适用。

就赶工费如何承担的问题,本文认为首先应判断是否属于工程施工受到不可抗力的影响导致的工期问题,如属于"不能预见、不能避免、不能克服"不可抗力影响的,承包人首先可以尝试主张《建设工程工程量清单计价规范》(GB 50500—2013)第9.10.2条要求合理延长工期,如果发包人要求赶工的,则由发包人承担赶工费。

另外，在无法构成不可抗力的情况下，如前文所述，本文认为承包人可以根据客观情况发生重大变化提出情势变更原则的抗辩。

2. 有约定从约定。

如果无法套用前述"不可抗力"条款，其次应当分析在赶工之前发包人与承包人是否有相关的书面约定，如约定内容判定为双方真实意思表示，内容不违背法律禁止性规定且约定合理不违背民事公平原则的情形下，应按约定处理。

如果双方在原施工合同内有约定赶工费的计算标准，则应当按照原合同约定的内容予以计算。

比如，发包人与承包人双方在签订工程项目的合同中约定了赶工费用的承担模式，或采用了《建设工程施工合同（示范文本）》（GF－2017－0201）包括第17.3.2条赶工相关的条款，那么在满足合同约定的条件下，赶工费由发包人承担。

如果原合同没有约定，但双方在赶工前另行就赶工问题进行约定的，因为在双方达成一致合意，可以认为双方就赶工的工程项目施工内容达成了独立的合同约定，应当予以遵守。

比如，在停工或工期延误的情形发生后，为赶工事宜双方签署了赶工合同或补充协议，又或者承包人编制并向发包人发出了赶工措施报告或相类似的文件，而发包人予以书面认可，该种情形下，发包人应按照相应的约定予以承担。

需要注意的是，即使双方在合同中予以约定赶工费用，如果实际上承包人没有按原定期限完成工程项目，无法满足发包人的赶工目的，那么法院基本不会支持在此情形下承包人提出的赶工费请求。

3. 无明确约定根据赶工原因判断。

相对上文以书面材料构成合同约定的情形，实际容易产生争议的情形在于双方事前或事中并没有达成书面赶工约定或协议材料，而承包人又实际进行了赶工，并由此主张发包人应承担赶工措施费，比如本文开篇介绍案例的情况。

目前主流观点认为，鉴于工程项目中赶工期的行为将产生成本的大幅提高与工程质量降低，如无发包人要求承包人赶工，同时对承包人承诺支付赶工费用，除有合理理由外，承包人自行赶工增加成本支付赶工费用有违常理。如无约定或者虽有约定但是并非由发包人提出的赶工，司法趋势认为发包人不承担赶工费。

如果确实属于承包人自行赶工，因其并没有主张工期合理顺延或者无法主张工期合理顺延，一般认为赶工系承包人原因造成，此时按照合同约定工期完工是承包人的主要义务，对于为了如期完工而增加的赶工费用，除非发包人与承包人双方明确约定由发包人承担，否则该笔费用就应当由承包人承担，不论其避免违约还是追求提前完工的利益，均属于承包人自愿行为，无权向发包人主张赶工费。

在一审判决中，由于双方并未签署书面的建设工程施工合同，没有事前约定赶工费用，同时在建设施工过程中原告承包人因与发包人达成书面形式的约定，所以无法以合同作为请求权依据，则在庭审过程中，承包人必须证明赶工的事实以及赶工是由发包人的原因产生。

在本文开篇案例中，即使双方共同委托鉴定或审计机构鉴定审计，各方签署的工程造价咨询协议及报告并无法直接证明赶工是由于发包人的要求而作出，即便经审理认定了赶工客观存在，一审法院认为其也属承包人自愿承担增加成本造成，因此判决不支持承包人的主张。

而在二审判决中，法院通过间接证据推理，由证人证言、鉴定报告等诸多材料推论该案件中有发包人通过开会要求承包人及其他工程施工方赶工期，并且承诺支付赶工费事实的存在，因此法院认定是由发包人提出的赶工要求，最终判定由发包人承担赶工费。

此外，在本文开篇案例中，本文认为比较重要的论证在于，二审法院采用公平原则予以论述，认为由于承包人实施了赶工行为，发包人能从赶工行为中受益，根据公平原则，发包人应当承担赶工费用，二审法院认为一审法院认为承包人系自行决定赶工损害自身利益的行为有违常理，为赶工费的法律基础拓展了新的可能。

但仍需提示，在实际纠纷中，如果没有书面约定，承包人赶工费的主张较难得到支持。

为了保证工程质量，建议承包人首先选择合理工期顺延，发包人的确要求承包人赶工的，本着“工期顺延，赶工加钱”的原则，在可能的情况下建议发包人与承包人在赶工之前达成书面的一致，确认赶工合意，并在这样留存书面材料的情况下，有效避免后期争议。书面的形式可以是由承包人编制赶工措施方案由发包人批准，也可以是双方签署补充协议就赶工的内容进行约定，还可以是双方签署独立结算的赶工合同，双方签署的会议纪要等。

三、赶工事实的证明

最高人民法院《关于审理建设工程施工合同纠纷案件适用法律问题的解释（一）》第20条规定：“当事人对工程量有争议的，按照施工过程中形成的签证等书面文件确认。承包人能够证明发包人同意其施工，但未能提供签证文件证明工程量发生的,可以按照当事人提供的其他证据确认实际发生的工程量。”

如果说赶工费的承担问题在后续争议解决中部分转化为赶工因果关系的问题,那么承包人向发包人主张赶工费的基本要素,也是首要的举证责任问题就是证明赶工的事实以及赶工采取措施的事实存在。但很多案件中承包人会遇到问题在于未注重留存证据,往往属于客观进行了赶工行为,但是因为工程提前完工或按期完工,所耗费的材料、人工、机械、设备、管理等已经转化为工程项目的一部分,无法证明是赶工措施。

本文认为,正如如果没有原定施工计划或定额工期的对比就无法体现赶工导致的工期缩短一样,就赶工事实及赶工措施的证明另一侧面其实也是赶工因果关系的证明,即承包人需要证明为何将该施工措施划定为赶工措施,证明赶工措施主张的合理性。因此承包人需要提交相应的单证,相应可以准备的书面材料可以包括在赶工前提交并经发包人认可的赶工措施方案,赶工中由双方签认的工程签证和单据,双方签订的补充协议、会议纪要等。

如果未注重赶工中留存证据,在赶工后双方也可共同委托进行鉴定或审计确实是解决争议的一种有效手段,审计或鉴定意见可以作为中立第三方的意见及解决争议的抓手,以及后续作为证据提交。但相对由法院指派的司法鉴定机构,由争议双方共同委托第三方机构,其委托费用由双方共同负担,则该机构势必需要综合考虑争议双方的主张及观点,在操作中难免有失独立客观,也肯定会对承包人主张的金额打折扣。但这相比单方委托鉴定仍具有证据效力,单方委托形成的鉴定意见法院一般不作为证据采纳,同时双方委托的报告结果如经双方签章确认,第三方的鉴定意见将具有代替合同约定的效力。

在本文案例中,承包人与发包人因赶工事实问题产生了争议,在争议前期,双方达成合意同案外人共同委托造价咨询公司对于完工的工程项目进行造价审计,同时各方约定该审计结果具有约束力。初审报告编制完成后,由于发包人不认可赶工费金额,在最终报告中变更记载为零处理,但从届时的现有资料中没有查到任何关于双方赶工的文件资料,在一审过程中该记载给承包人带来了相当大的不利。

在二审中,经询问证人法院认定审计报告零元赶工费的记载是由于双方未达成一致才暂记为零,结合该工程在几个月内完成,客观上存在赶工、抢工情况。结合案涉工程系政府重点项目、形象工程,政府有关部门要求建设单位尽快完成施工的证言,最终确认了赶工事实的存在。

从实践角度出发,本文提示不论是发包人还是承包人都应当注意在未注意留存书面证据的情况下,工程赶工的,将有巨大的争议风险。本文建议,无论是发包人还是承包人，都应当注意对于工程项目的书面证据进行留存，如有可能尽量形成经双方签字盖章的合意文件。实在无法通过前期协商解决的，建议承包人尽量通过现场签证的形式对于赶工的工程量和工程造价会同监理单位予以固定。

四、赶工费的记取

赶工费也属于工程造价的一环，结算确应计入工程造价。而承包人如果在诉讼程序中提出赶工费的主张，需满足的举证责任就包括赶工费的数额。

对于产生争议的赶工费记取问题，目前可行的方法有三种。

（一）协商法

顾名思义，就是由双方协商一致计算赶工费标准的做法。基于意思自治原则，如果双方对赶工费承担做了明确约定，不管是原施工合同、赶工协议还是补充协议，都应从约定记取。通过双方协商达成的合意记取赶工费既可以避免事后争议，也可以确保主张赶工费的法律基础。

比如在江苏省华建建设股份有限公司与海南博鳌亚洲风情广场有限公司建设工程施工合同纠纷案①中，对于赶工费的争议由于双方在工程施工合同中约定了赶工费相关条款，承包人主张其已按约定的施工进度节点完成施工，发包人在支付进度款时已对案涉赶工费用予以确认。发包人以虽然在支付进度款时已确认要支付赶工措施费1615000元，但承包人材料不能证明其按照进度表计划节点完成进度为由拒绝支付。法院认为，依照发包人提交的反诉证据，承包人申请支付工程进度款时亦申请支付赶工措施费，当时发包人既未对是否存在赶工的事实提出异议，也未对赶工费的数额提出异议，就此法院认定存在赶工事实，因此判定发包人应依合同约定承担赶工费。

（二）定额法

定额法理论上是将赶工后缩减的进度与定额规定的工程进度进行对比，以确定赶工需要增加的费用明细，从而参照合同单价或定额指导单价来确定赶工费用的方法，一般公式为（提前天数/定额工期天数）×赶工费率。

从性质上来说定额法属于一种折算法，以定额文件取赶工费费率，因此依赖官方发布定额文件。然而，定额文件基于“政府宏观调控、企业自主报价、竞争形成价格、监管行之有效”的精神，只属于指引性文件，并不具有法律强制力，除非有地方规章明确规定并引用，在纠纷中仍依赖法院酌定采纳或是双方协定。

---

① 海南省第一中级人民法院民事判决书，（2017）琼96民初24号。

同时，存在部分地区的定额文件并未及时更新或不根据最新文件适用的情况。比如，东部战区陆军保障部、金亿鼎盛建设集团有限公司建设工程施工合同纠纷案[①]中，双方在2016年的工程争议在2021年审理，承包人引用的定额文件是《福建省建筑安装工程费用定额》(2003年版)。判决书引述"缩短工期超过30%，赶工费率为5%～10%，赶工措施费=分部分项工程人工费、机械费之和×费率"。暂不论数值，考虑到现有工程技术的发展，很难说2003年版标准对现在的项目与目前的状况适用仍然存在合理性。

由于定额文件的更新及公开对于建筑行业专业背景要求较高，本文建议，在实际遇到需要采取定额法记取赶工措施费问题时，应及时向工程所在的建筑工程造价鉴定机构咨询定额文件的情况。

(三)据实计算法

据实计算法即根据承包人在原施工计划的基础上为缩短工期而实际增加措施的费用计算的方法。据实计算法的核心在于承包人需要提供如建设工程项目的工程签证单、费用明细等证据材料来认定赶工费。

目前主流观点认可的赶工费项目有新增人员进退场费、新增机械设备进退场费、夜间施工增加费、材料增加费、因赶工产生新增项目费用(设施、能源费等)、管理增加费用(安全文明措施、现场管理、企业管理)、税金、激励费用等。

由于据实计算大概率意味着没有书面约定，则其索赔的逻辑实质上是基于承包人采取赶工后发包人实际获利。该逻辑下证明责任中也存在因果关系的证明问题，即如果以实际消耗的损失记取赶工费，那么承包人就需要证明为何该部分费用划入赶工费用计入工程造价以及该赶工原因具有合理性。

而该部分的举证其实同工程造价及工程量纠纷一样，依赖在工程前的合同及项目方案、工程施工过程中形成的包括签证单、会议纪要、验收报告等书面证据材料。尽管有鉴定这一最终手法，但毕竟一旦项目完工，施工的材料、设备、人工、措施等付出都会整合进项目成果之中难以体现，因此应当从项目一开始便要注重各种情况的书面证据留存。

在本文案例中，由于发包人与承包人没有留下书面材料约定赶工费的计算方式，甚至没有签订工程施工合同，就工程计价产生严重争议，因此双方共同委托咨询公司A对于工程项目进行审计，出具了初审报告，双方对赶工费部分不予认可，导致修改后初审报告和终审报告就赶工问题产生矛盾，后承包人单方委托咨询公司B出具报告。审理中，法院没有采纳就单方委托审计得出的报告

① 福建省福州市鼓楼区人民法院民事判决书，(2021)闽0102民初1412号。

事实,但依据双方委托的报告也无法认定赶工事实。

在二审法院凭借间接证据认定赶工事实,并认为初审报告对因赶工导致人工费上浮的增加费以及一次投入不同层数模板增加费用分别作出了明确的审核价,应予以参考采纳,同时,尽管第三份报告系承包人单方委托形成,发包人亦对此不认可,该份报告所确定的数额不能作为定案依据,但法院仍参考其中提出的部分意见对于赶工费用进行酌定。

综上,本文认为,在可能的情况下,由双方共同委托具有相应资质的第三方专业机构进行鉴定与评估,争取在产生争议的前期阶段尽快化解争议也为可选途径之一,并且根据相关司法解释,建议双方提前在委托协议中约定该鉴定结果对于双方均有约束力,以维持公平效率,避免产生后续不必要的司法程序。

需要注意的是,根据最高人民法院《关于审理建设工程施工合同纠纷案件适用法律问题的解释(一)》第30条,"当事人在诉讼前共同委托有关机构、人员对建设工程造价出具咨询意见,诉讼中一方当事人不认可该咨询意见申请鉴定的,人民法院应予准许,但双方当事人明确表示受该咨询意见约束的除外"。在共同委托的审计合同中,建议在审计前双方就在共同委托协议中明确表示受咨询意见约束,以免后续拖延纠纷。

从实践角度,本文建议在确保工程质量的基础上,发包人与承包人尽力在赶工前以补充协议、赶工措施方案等形式达成协商一致,形成书面材料以确定赶工费的记取。协商过程困难的,承包人应当在赶工过程中尽力确保通过工程签证单、现场记录、会议纪要的形式确保证据留存。在分歧严重时,还可以以双方共同委托第三方鉴定机构的形式予以鉴定审计确认工程量和金额。

五、建议

在确定了赶工费由发包人承担后,赶工费的支付逻辑主要有两种方式,有约定的,按约定主张;没有约定的,以损失来主张。以约定为法律基础主张即以双方的约定作为赶工费主张的依据,如与工程进度款同比例支付或计入工程结算总造价,与结算款一并支付等。在双方并无明确约定的情形下,则是将赶工费作为承包人的损失,向发包人进行索赔。

前者依据约定履行即可,但若按后者索赔,则承包人需要注重证据留存,主要有:收集留存因果关系的证据,包括导致工程停工或工期延误的具体证据,比如当地政府要求停工的文件、发包人要求停工的指令等;收集留存发包人要求赶工的具体证据,包括但不限于文书(如会议纪要、工地指令、信函)、照片、录音、录像等;收集留存赶工实际产生的相关材料,包括但不限于交监理日志、会议纪要、施工日志中现场施工劳务人员考勤表及工资发放表等可以证明其所主张的赶工、完工事实存在的其他初步证据材料。

其次,赶工完成后,承包人应当及时向发包人提出赶工费的结算主张、索赔主张或是索赔报告。应注意的是,该类主张的内容一定要明确清晰,将赶工事由、费用金额、人员数量、设备数量、材料清单等描述具体。通过邮寄方式提交索赔报告的,应当留存邮寄记录,现场提交的,则应留存发包人的签收记录。合同对于索赔程序有明确要求的,比如《建设工程施工合(同示范文本)》中有关于索赔期限的限制,还有按照合理时间间隔提出索赔通知的要求等,承包人应当予以遵守。发包人应当对于递交的主张及相关材料及时审核、回复,并相应存证。

结 语

本文认为,赶工从性质上属于对于原定工程合同的变更,如在司法程序中进行主张,法院会将其认定为可竞争费用,如无不可抗力等特殊情形、无地方法规规定,一般赶工费主张的权利基础依赖双方事前或事中有效的约定。如果双方并未达成一致约定,承包人自行决定赶工的,目前司法趋势倾向于由承包人承担。

对于施工项目的工期问题,本文建议承包人尽可能优先工期顺延,如果发包人强烈要求赶工,在基于保证工程项目质量的基础上作出决定,并在赶工前签署赶工措施方案、补充协议等书面文件对于赶工工程量和工程造价予以确定。

相关法律规定

1.《民法典》

第五百四十三条　当事人协商一致,可以变更合同。

第五百七十七条　当事人一方不履行合同义务或者履行合同义务不符合约定的,应当承担继续履行、采取补救措施或者赔偿损失等违约责任。

第七百七十七条　定作人中途变更承揽工作的要求,造成承揽人损失的,应当赔偿损失。

第八百零一条　因施工人的原因致使建设工程质量不符合约定的,发包人有权请求施工人在合理期限内无偿修理或者返工、改建。经过修理或者返工、改建后,造成逾期交付的,施工人应当承担违约责任。

第八百零三条　发包人未按照约定的时间和要求提供原材料、设备、场地、资金、技术资料的,承包人可以顺延工程日期,并有权请求赔偿停工、窝工等损失。

第八百零四条 因发包人的原因致使工程中途停建、缓建的，发包人应当采取措施弥补或者减少损失，赔偿承包人因此造成的停工、窝工、倒运、机械设备调迁、材料和构件积压等损失和实际费用。

第八百零五条 因发包人变更计划，提供的资料不准确，或者未按照期限提供必需的勘察、设计工作条件而造成勘察、设计的返工、停工或者修改设计，发包人应当按照勘察人、设计人实际消耗的工作量增付费用。

第八百零七条 发包人未按照约定支付价款的，承包人可以催告发包人在合理期限内支付价款。发包人逾期不支付的，除根据建设工程的性质不宜折价、拍卖外，承包人可以与发包人协议将该工程折价，也可以请求人民法院将该工程依法拍卖。建设工程的价款就该工程折价或者拍卖的价款优先受偿。

2. 最高人民法院《关于审理建设工程施工合同纠纷案件适用法律问题的解释(一)》

第十九条 当事人对建设工程的计价标准或者计价方法有约定的，按照约定结算工程价款。

因设计变更导致建设工程的工程量或者质量标准发生变化，当事人对该部分工程价款不能协商一致的，可以参照签订建设工程施工合同时当地建设行政主管部门发布的计价方法或者计价标准结算工程价款。

建设工程施工合同有效，但建设工程经竣工验收不合格的，依照民法典第五百七十七条规定处理。

第二十条 当事人对工程量有争议的，按照施工过程中形成的签证等书面文件确认。承包人能够证明发包人同意其施工，但未能提供签证文件证明工程量发生的，可以按照当事人提供的其他证据确认实际发生的工程量。

第二十一条 当事人约定，发包人收到竣工结算文件后，在约定期限内不予答复，视为认可竣工结算文件的，按照约定处理。承包人请求按照竣工结算文件结算工程价款的，人民法院应予支持。

第二十二条 当事人签订的建设工程施工合同与招标文件、投标文件、中标通知书载明的工程范围、建设工期、工程质量、工程价款不一致，一方当事人请求将招标文件、投标文件、中标通知书作为结算工程价款的依据的，人民法院应予支持。

第二十三条 发包人将依法不属于必须招标的建设工程进行招标后，与承包人另行订立的建设工程施工合同背离中标合同的实质性内容，当事人请求以中标合同作为结算建设工程价款依据的，人民法院应予支持，但发包人与承包人因客观情况发生了在招标投标时难以预见的变化而另行订立建设工程施工合同的除外。

第二十四条　当事人就同一建设工程订立的数份建设工程施工合同均无效,但建设工程质量合格,一方当事人请求参照实际履行的合同关于工程价款的约定折价补偿承包人的,人民法院应予支持。

实际履行的合同难以确定,当事人请求参照最后签订的合同关于工程价款的约定折价补偿承包人的,人民法院应予支持。

第二十九条　当事人在诉讼前已经对建设工程价款结算达成协议,诉讼中一方当事人申请对工程造价进行鉴定的,人民法院不予准许。

第三十条　当事人在诉讼前共同委托有关机构、人员对建设工程造价出具咨询意见,诉讼中一方当事人不认可该咨询意见申请鉴定的,人民法院应予准许,但双方当事人明确表示受该咨询意见约束的除外。

建设工程项目中标通知书发出后未签订工程合同法律责任判定

编前语

在我国目前的工程项目招投标中时常出现一种不合理的现象，一些工程项目在发出中标通知书以后，招标人拒绝与中标人签订合同；还有一些中标人由于各种原因放弃中标项目，但《招标投标法》相关规定并不完善，仅对中标人不签约作了规定，没有对招标人不签约作出明确规制，因此受损失一方当事人往往找不到合适的法律依据来维护自身的合法权益。

笔者以北京正合公司、中国石油东北分公司合同纠纷案为例探讨工程项目中标通知书的性质，探究中标未签约的法律后果，并给利益受损方一些实务建议。

【案情概要】①

2015年12月31日，中国石油东北分公司因长岭供应站外包业务油管修复工作，进行招标，北京正合公司知悉后进行投标。经开标、评标，北京正合公司成为该标段的中标人，中标价为192.885万元，且中国石油东北分公司进行了中标公示。2016年1月30日，中国石油东北分公司的下属单位松原采油厂向北京正合公司发出中标通知书。公布中标人为北京正合公司，北京正合公司多次向中国石油东北分公司表示尽快签订合同的意愿，但双方始终未签订合同。北京正和公司向法院提起诉讼请求判令招标人中国石油东北分公司赔偿其投标损失。

① 北京正合海德石油工程技术有限公司与中国石油化工股份有限公司东北油气分公司合同纠纷案，吉林省长春市中级人民法院民事判决书，(2020)吉01民终733号。

【争议焦点】

1. 北京正合公司中标后,中国石油东北分公司一直未与其签订合同应承担违约责任还是缔约过失责任?

2. 北京正合公司诉请中国石油东北分公司赔偿经济损失是否有事实及法律依据?

【判决概要】

二审法院判决中认为招标文件和招标公告是要约邀请,且文件中提议内容亦有别于合同条款的明确具体,北京正合公司中标后,因中国石油东北分公司单方原因,双方未能最终订立合同。产生在缔约过程中的责任为缔约过失责任,其赔偿范围为因合同未有效成立而导致的相对人信赖利益损失,主要指直接损失,具体包括缔约费用、为签订合同所做准备而支出的费用等。由于北京正合公司各项生产准备工作已达到生产要求,生产线及设备保养、调试已完成并请求签订合同,为签订合同支出了必要的费用,同时鉴于完全系中国石油东北分公司的缔约过失破坏了缔约关系,二审法院认同了一审法院酌定以中标价格的10%补偿中标人损失的判决。

通过判决可以看出,该案法院认为被告中标后拒绝签约的行为构成缔约过失,并判决被告承担相应的缔约过失责任。而在理论界与实务界,由于对中标通知书的法律性质尚无定论,故对中标后拒绝签约的责任承担亦存在较大争议,下文将逐步展开分析。

【案件分析】

一、中标通知书的法律性质及法律效果

(一)理解为承诺

法律性质:根据《民法典》的相关规定,"当事人订立合同,可以采取要约、承诺方式或者其他方式""要约邀请是希望他人向自己发出要约的表示""要约是希望与他人订立合同的意思表示""承诺是受要约人同意要约的意思表示"。有部分学者观点认为建设工程中标人收到的中标通知书构成承诺。该理论认为,招标公告属于要约邀请,投标人的投标文件是要约,中标通知书属于对投标文件的承诺,其理由源于中标通知书满足承诺的几个要件:首先,招标人向中标人发出中标通知书的行为即构成欲订立合同的意思表示,符合《民法典》第480条关于"承诺应当以通知的方式作出"的相关规定。其次,承诺需要对要约的全部内容表示同意,即要求中标通知书中确定的价格、内容与中标人的报价保持一致。最后,承诺需要适时送达要约人。

基于此种理解,招标人根据投标文件中的内容向中标人发送中标通知书的行为,表示双方就投标文件中的内容达成合意,投标文件中的内容就成立合同,双方应受到投标文件中权利义务的约束。

法律效果:在中标通知书被理解为对投标文件承诺的情形下,中标通知书到达中标人时即宣告基于投标文件的合同成立生效。只要双方没有明确将签订书面合同作为合同的生效要件,那么投标文件及中标通知书是否采用书面形式不影响合同的成立生效。最高人民法院在(2019)最高法民申2241号判决①中说明,招投标活动是招标人与投标人为缔结合同而进行的活动。招标人发出招标通告或投标邀请书是一种要约邀请,投标人进行投标是一种要约,而招标人确定中标人的行为则是承诺。承诺生效时合同成立,因此,在招标活动中,当中标人确定,中标通知书到达中标人时,招标人与中标人之间以招标文件和中标人的投标文件为内容的合同已经成立并生效。

(二)理解为预约合同

法律性质:建设工程中标人收到的中标通知书中往往会约定在将来一定期限内双方应签订书面的工程合同,所以有观点认为中标通知书应属于预约合同。

《民法典》的合同编总则中加入了预约合同的内容,第495条第1款规定:"当事人约定在将来一定期限内订立合同的认购书、订购书、预订书等,构成预约合同。"

预约合同是双方约定在将来一定期限内订立合同的一种合意。也就是说,虽然预约合同是为了将来订立本约合同而签订,但其本身具有独立性,是当事人以未来订立合同为内容的合意,该合同旨在保障本约合同的订立。

在《民法典》生效前,原《合同法》中并不存在预约合同的概念,尔后2012年最高人民法院《关于审理买卖合同纠纷案件适用法律问题的解释》第2条创设了预约合同解释规则。但该司法解释仅限于买卖合同纠纷,除了工程采购涉及之外,对于工程投标问题并无法直接适用。

从审判实务来看,由于《民法典》施行后的同类案件数量有限,而原《合同法》及司法解释中没有工程合同纠纷中预约合同的规定,因此大多数法院均将

① 中国石化集团资产经营管理有限公司长岭分公司、中国石化集团资产经营管理有限公司合同纠纷案,最高人民法院民事裁定书,(2019)最高法民申2241号。

工程合同签订之前的阶段视为缔约阶段而非合同履行阶段,认定双方之间不承担合同责任。

某工程合同纠纷案中,法院认为当事人一方不履行预约合同约定的订立合同义务的,对方可以请求其承担预约合同的违约责任。中标通知书表明招标人确认向中标人购买商品或服务的意向,并作出将来签订书面合同的承诺,与认购书、订购书、意向书等在内容和性质上并无不同。

随着《民法典》进一步实施,预期审判实务中将更多地认定中标通知书为预约合同。

法律效力:预约合同的效力是预约问题的核心,根据《民法典》的规定,预约合同有自己独立的法律约束力,双方承担在确定的时间订立本约的义务,同时其他的内容会构成本约的一部分。违反预约规定的缔结本约的义务需要承担预约合同的违约责任。

(三)理解为确认通知书

《招标投标法》规定中标通知书的发出是对中标人报价及其他投标条件的确定,具有对双方的法律约束力。因此也有观点认为中标通知书是对双方招投标文件中条件的确认。此种观点的基础在于将招标公告视为要约而非要约邀请,如果招标人已经在招标公告中表明将与报价最优者缔结合同,那么这种意思表示就具有要约的性质,此时投标人的投标文件就相当于承诺,中标通知书作为对招标文件和投标文件构成合同内容的确认补充。

中标通知书也有仅被作为磋商过程中确认通知书的可能。根据《民法典》规定,建设工程合同需要以书面形式订立,《招标投标法》亦要求招标人和中标人应当自中标通知书发出之日起 30 日内,按照招标文件和中标人的投标文件订立书面合同。司法实践中,因为工程项目关系复杂、金额庞大等因素,招投标模式下的工程合同通常被认定为需以书面方式订立的合同,若尚未订立书面的合同,往往认为工程合同并未成立,如果认为双方之间的招标投标文件并不成立合同,也可将中标通知书理解为确认通知书,但这种情况下中标通知书只是在本约工程合同成立之前双方磋商过程中形成的确认文件。

二、中标后未签约的责任认定

中标通知书发出后,由于如前所述对中标通知书性质认定和效果的不同,会在法律实务中存在两种状态,以及两种不同的法律后果,即缔约过失责任和违约责任的竞合。如果认同中标通知书是一种承诺或是有效的预约合同,那么不按约签约一方需要承担的是预约合同或工程合同的违约责任;若认为工程合同签订之前不成立合同的话,不按规定签约的一方就需要承担缔约过失责任。

那么缔约过失责任和违约责任有什么差异？

两者产生的前提不同，缔约过失责任是基于合同不成立、合同无效、合同被撤销而产生的民事责任，违反的是属于法定义务的先合同义务，违约则是违反合同约定的义务；两者归责原则也不同，缔约过失责任以行为人的主观过错为要件，而违约责任则实行严格责任原则；在责任方式上两者也不同，缔约过失责任只有赔偿损失一种，而违约责任有赔偿损失、支付违约金，强制履行等方式。缔约过失责任范围限于信赖利益损失，违约责任则可覆盖合同的可期待利益。

（一）工程合同不成立时的缔约过失责任

缔约过失责任是指在合同缔结过程中，缔约人故意或过失地违反依据诚实信用原则所应负的先合同义务，致使另一方的信赖利益受损而应承担的民事责任。承担缔约过失责任的依据为《民法典》第500条：当事人应就对方存在的相应过失情形进行举证。而且，《全国法院民商事审判工作会议纪要》第32条明确了"合同不成立、无效或者被撤销情况下，当事人所承担的缔约过失责任不应超过合同履行利益"，即合同未成立，当事人可主张缔约过失责任，责任范围不超过合同履行利益。

在本文案例中，法院理解招标文件的约定并没有像合同条款那样明确具体，双方之间不成立合同，鉴于是中国石油东北分公司的过失破坏了缔约关系，其应当承担缔约过失责任。

（二）预约合同的违约责任

预约合同的违约责任依据是《民法典》第495条第2款，即"当事人一方不履行预约合同约定的订立合同义务的，对方可以请求其承担预约合同的违约责任"。在《民法典》生效之前，预约合同的法律责任一直是争议的焦点，有诸如王利明教授理解预约合同可以像一般合同一样强制履行，如果预约的一方当事人不履行其订立本约的义务，则另一方有权请求法院强制其履行义务及承担责任。也有不赞同的学者认为，实际履行不能作为违约责任的基本形式。按照实际履行的要求，当事人必须按照预约约定成立本约。但如果这样，预约最终将产生与本约相同的结果，违背法律创设此类合同的初衷。

司法实务中，例如新疆能源（集团）有限责任公司（以下简称新疆能源公司）、中煤建筑安装工程集团有限公司（以下简称中煤公司）等合同纠纷案①，法院审判认为新疆能源公司向中煤公司发出中标通知书即应视为其与中煤公司构成预约合同关系。新疆能源公司于2019年10月28日向中煤公司发出中标

---

① 新疆维吾尔自治区高级人民法院民事判决书，(2021)新民终293号。

通知书,但随后新疆能源公司单方废标,未与中煤公司实际签订后续合同,已构成违约。

(三)招标合同或工程合同成立的违约责任

承担违约责任的依据为最高人民法院《关于审理建设工程施工合同纠纷案件适用法律问题的解释(一)》第19条、《民法典》第577条以及第584条:"当事人一方不履行合同义务或者履行合同义务不符合约定,造成对方损失的,损失赔偿额应当相当于因违约所造成的损失,包括合同履行后可以获得的利益;但是,不得超过违约一方订立合同时预见到或者应当预见到的因违约可能造成的损失。"

可见,违约责任承担的前提首先是合同成立并且生效。也就是说,只有认为中标通知书是承诺,即中标通知书到达中标人时工程合同已成立才会产生违约责任。相比缔约过失责任,违约责任的赔偿范围可以覆盖合同履行后可以获得的利益,但是不得超过订约时可预见的范围。

(2019)最高法民申2241号中国石化集团资产经营管理有限公司长岭分公司、中国石化集团资产经营管理有限公司合资、合作开发房地产合同纠纷再审审查与审判监督民事裁定书、(2017)渝民终221号[①]河北建设集团安装工程有限公司与重庆云计算投资运营有限公司等建设工程施工合同纠纷二审民事判决书,均持观点认为书面合同已成立,在(2017)渝民终221号判决中法院对双方未签订书面合同,故合同尚未成立的辩解意见不予认可,肯定了工程合同的成立。

三、中标未签约的责任范围

在确认了责任的类型后,随之而来的问题便是,如何界定中标通知书发出后导致未能签约过错方的责任范围。

如前文所述,中标后未签约存在两种责任的认定,一种是缔约过失责任,另一种是违约责任。违约责任中又需要区分以招投标文件为内容的招标合同或工程合同的违约责任及预约合同的违约责任以确定赔偿的范围。

(一)工程合同未成立的缔约过失责任范围

经研究表明缔约过失责任的范畴一般仅限于信赖利益损失的补偿。范围通常包括缔约费用、履约费用以及支出上述费用所失去的利息,但不能超出合同履行利益,目的是使当事人达到合同未曾发生时的状态。

---

① 河北建设集团安装工程有限公司与重庆云计算投资运营有限公司等建设工程施工合同纠纷案,重庆市高级人民法院民事判决书,(2017)渝民终221号。

缔约过失责任的范围为信赖利益损失,主要是缔约费用的损失。信赖利益损失限于直接损失,一般包括:因信赖对方要约邀请或要约而与对方联系、赴实地考察等支出的合理费用;为缔约做各种准备时支出的合理费用;为谈判而支出的合理费用。信赖利益损失一般不包括因此而错失的机会损失等间接损失。

在本文引用案例中,二审法院确认了过错方的责任为缔约过失责任,赔偿范围为因合同未有效成立而导致的相对人信赖利益损失,主要指直接损失,具体包括缔约费用、为签订合同所做准备而支出的费用等。法院同时指出,虽然北京正合公司并没有提供证据证明除保证金外直接损失的金额,但是北京正合公司已经以1928850元的价格中标,北京正合公司多次向中国石油东北分公司表示各项生产准备工作已达到生产要求,生产线及设备保养、调试已完成并请求签订合同,为签订合同作出了必要的费用支出,同时鉴于完全系中国石油东北分公司缔约过失破坏了缔约关系,基于诚信交易原则,一审法院酌情判决过错方支付1928850元并无不妥。

缔约过失责任赔偿的缔约费用,大都主张包括投标保证金的退还、人员费用、仓储费用、机器设备的前期准备支出等。其中,投标保证金是缔约费用中无法避开的话题,根据相关法律规定,若是中标人拒不与招标人签订合同,招标人有权没收中标人支付的投标保证金;如果招标人拒不与中标人签订合同,那么招标人也应当退还中标人支付的投标保证金。在中国水利水电第十六工程局有限公司与厦门海沧投资集团有限公司合同纠纷案中,由于招标人厦门海沧集团未能与中标人中国水利水电第十六工程局签订建设合同,中标人主张自己支付的投标保证金属于定金,应当适用定金罚则双倍退还。一审法院认为招标人存在过错应该双倍返还保证金,但是厦门中级人民法院在二审判决中否定了一审法院要求投标人返还双倍保证金的请求,并说明“原审法院在未对投标保证金的法律性质予以明确的情况下,判决双倍返还投标保证金无法律依据。投标保证金和定金同为金钱担保,但两者存在明显区别,不能适用双倍的定金罚则”。

中标人交纳的投标保证金不同于定金,也不同于其他保证,其既是竞标者取得竞标资格条件的证明,也是竞标者履约能力的体现,又是招投标中一种特殊的督促投标人履行义务的措施。

(二)预约合同的违约责任范围

鉴于缔约过失责任的赔偿范围有限,如能将违反中标通知书约定的签约义务认定为构成预约合同的违约,那么将有力地保障受损失一方的利益。预约制度与缔约过失责任制度有着不同的功能。其中最为重要的是,缔约过失责任中并不存在当事人意思自治问题,而在预约中,当事人可以通过招标、投标文件中的定金条款、违约条款或者免责条款等改变其承担违约责任的范围和程度。若预约合同(招投标文件)中没有约定违约条款,那么参考《中华人民共和国民法典合同编理解与适用》:“对于简单预约、典型预约,原则上赔偿范围应当以信赖利益为限,一般而言包括为订立合同所支付的各项费用、准备为签订合同所支付的费用、已付款项的法定孳息等。”预约合同的违约赔偿范围和本约缔约过失责任的赔偿范围大体一致。

审判实务中也有法院认为预约合同违约亦有权主张可得利益损失,即同意主张预约合同违约的,将预约合同和一般合同同等看待,认为根据《民法典》生效之前的《合同法》的规定,违约方需承担赔偿损失的责任,《民法典》亦有相同规定,且《民法典》中关于预约合同的违约责任未排除预约合同可以适用该规定。因此,预约合同本身并非赔偿可得利益损失的障碍。

(三)构成招标合同或工程合同的违约责任范围

当中标通知书被理解为承诺时,招标人与中标人之间形成招投标文件项下的招标合同或工程合同权利义务关系。根据《民法典》,法律、行政法规规定或者当事人约定合同应当采用书面形式订立,当事人未采用书面形式但是一方已经履行主要义务,且为对方接受时,该合同成立。如果被认定为招标合同或工程合同违约,则赔偿范围可以包含合同履行后的可得利益损失。

可得利益损失的依据是原《合同法》第113条(现为《民法典》第584条):当事人一方不履行合同义务或者履行合同义务不符合约定,给对方造成损失的,损失赔偿额应当相当于因违约所造成的损失,包括合同履行后可以获得的利益,但不得超过违反合同一方订立合同时预见到或者应当预见到的因违反合同可能造成的损失。根据法律规定,可得利益损失的赔偿的内涵主要包括四个规则:可预见规则,即违约方的赔偿范围不得超过违约方订立合同时预见到或者应当预见到的因违反合同可能造成的损失;减损规则,当事人一方违约后,对方应当采取适当措施防止损失的扩大,没有采取适当措施致使损失扩大的,不得就扩大的损失要求赔偿;损益相抵规则,即无过错一方所能够获得的赔偿需要扣减其因违约获得的利益;过失相抵规则,即双方均有违约的,应对可得利益损失金额酌情扣减。

(2021)新民申726号约翰芬雷公司与和翔公司缔约过失责任及纠纷案①中,投标人约翰芬雷公司获得了招标人和翔公司EPC总承包模式的建设工程项目的中标通知书,且中标后约翰芬雷公司已经为和翔公司完成了部分设计工作,同时,约翰芬雷公司为建设单位组织了合同约定的设备招标,建设单位也派人参加。新疆高级人民法院在再审过程中根据最高人民法院《关于审理建设工程施工合同纠纷案件适用法律问题的解释(二)》(已失效)第10条规定认为,和翔公司与约翰芬雷公司最终虽未签订书面合同并继续履行合同,但应当依照招标文件、投标文件、中标通知书及相关证据认定双方当事人的权利义务。最后,法院基于违约责任的赔偿范围和赔偿规则,以约翰雷芬公司的中标价格设计费120万元作为赔偿金额。

综上,本文得出结论,被认定为缔约过失责任或预约合同违约责任的情况下守约一方面临只能以信赖利益损失为范围获得赔偿的窘境,但是如果中标通知书被认定为承诺,招标合同或工程合同成立,不履行招标文件中确定的义务或工程合同中的义务将导致招标人合同违约,则中标人要求赔偿范围可以包含合同履行后的可得利益损失。

四、实务建议

中标通知书已发出但一方不签约给双方当事人都造成了困扰,尤其是无过错方,受损失更大,无过错一方若希望在发生纠纷时更好地保护自己的权益,可以采取如下措施:

1. 注意收集证据,对于投标人而言,应留存其为投标及投标工程项目开展所支出费用的证明。中标后,应收集投标保证金支付凭证、设备采购、前期进场准备等费用的凭证;对于招标人而言,应收集工期延误、停工误工、重新选聘供应商支出的证明。

2. 鉴于违约责任的可赔偿范围一般大于缔约过失责任范围,所以无过错一方建议按照合同约定和法律规定,向过错方主张预约或本约的违约责任。

3. 招标人在招标文件发布之前,业务部门应当与法律部门做好衔接,完成招标文件的前期审核工作,避免后期向中标单位发放中标通知书和准备工程合同时,可能发生对合同的内容进行实质性修改的情形。

4. 中标通知书生效后,招标人应当尽快与中标单位完成工程合同(本约)的签订工作以对招投标文件的内容进行固定与细化(避免实质性修改),尤其是工

---

① 山西约翰芬雷设计工程有限公司与哈密市和翔工贸有限责任公司缔约过失责任纠纷案,新疆维吾尔自治区高级人民法院民事裁定书,(2021)新民申726号。

程类项目应当尽快完成合同的签订工作,减少纠纷发生的可能性。

结 语

在《民法典》生效之后,虽然根据溯及力的相关规定,许多类似纠纷因发生在《民法典》生效之前而不能直接适用预约合同的规定,然而笔者检索了近期司法实践中的最新判例,发现绝大多数法院已经采纳民法典预约合同的观点进行裁判,并要求不签约方承担预约合同的违约责任。可见,对中标未签约情形下受损害一方的保护正在逐步完善,也体现了法制的进步。

相关法律规定

1.《民法典》

第四百七十三条第一款　要约邀请是希望他人向自己发出要约的表示。拍卖公告、招标公告、招股说明书、债券募集办法、基金招募说明书、商业广告和宣传、寄送的价目表等为要约邀请。

第四百八十条　承诺应当以通知的方式作出;但是,根据交易习惯或者要约表明可以通过行为作出承诺的除外。

第五百条　当事人在订立合同过程中有下列情形之一,造成对方损失的,应当承担赔偿责任:

(一)假借订立合同,恶意进行磋商;

(二)故意隐瞒与订立合同有关的重要事实或者提供虚假情况;

(三)有其他违背诚信原则的行为。

第七百八十九条　建设工程合同应当采用书面形式。

2.《招标投标法》

第四十六条第一款　招标人和中标人应当自中标通知书发出之日起三十日内,按照招标文件和中标人的投标文件订立书面合同。招标人和中标人不得再行订立背离合同实质性内容的其他协议。

3. 最高人民法院《关于审理建设工程施工合同纠纷案件适用法律问题的解释(一)》

第十九条第三款　建设工程施工合同有效,但建设工程经竣工验收不合格的,依照民法典第五百七十七条规定处理。

第二十二条　当事人签订的建设工程施工合同与招标文件、投标文件、中标通知书载明的工程范围、建设工期、工程质量、工程价款不一致,一方当事人请求将招标文件、投标文件、中标通知书作为结算工程价款的依据的,人民法院应予支持。

4.《中华人民共和国招标投标法实施条例》

第七十四条 中标人无正当理由不与招标人订立合同，在签订合同时向招标人提出附加条件，或者不按照招标文件要求提交履约保证金的，取消其中标资格，投标保证金不予退还。对依法必须进行招标的项目的中标人，由有关行政监督部门责令改正，可以处中标项目金额10‰以下的罚款。

5.《全国法院民商事审判工作会议纪要》

32.【合同不成立、无效或者被撤销的法律后果】《合同法》第58条就合同无效或者被撤销时的财产返还责任和损害赔偿责任作了规定，但未规定合同不成立的法律后果。考虑到合同不成立时也可能发生财产返还和损害赔偿责任问题，故应当参照适用该条的规定。

在确定合同不成立、无效或者被撤销后财产返还或者折价补偿范围时，要根据诚实信用原则的要求，在当事人之间合理分配，不能使不诚信的当事人因合同不成立、无效或者被撤销而获益。合同不成立、无效或者被撤销情况下，当事人所承担的缔约过失责任不应超过合同履行利益。比如，依据《最高人民法院关于审理建设工程施工合同纠纷案件适用法律问题的解释》第2条规定，建设工程施工合同无效，在建设工程经竣工验收合格情况下，可以参照合同约定支付工程款，但除非增加了合同约定之外新的工程项目，一般不应超出合同约定支付工程款。

建设工程纠纷中诉讼时效问题研究

编前语

法谚云，法律不保护在权利上睡眠的人。《民法典》第 188 条规定，向人民法院请求保护民事权利的诉讼时效期间为 3 年。诉讼时效自权利人知道或应当知道权利受到损害以及义务人之日起计算。建设工程施工合同纠纷存在周期长、款项种类复杂、应付款时间点难以确定等因素，不同情形下诉讼时效的适用、起算时间问题均存在较大争议，本文结合具体案例从诉讼时效的起算、中断、中止三个方面进行讨论建设工程纠纷中的诉讼时效问题。

【案情概要】①

2013 年 5 月 7 日，热力公司作为发包人，与承包人苏华公司签订《建设工程施工合同》，双方在合同中约定：合同生效后的 10 个工作日内，承包人向发包人电汇 2000 万元作为合同履约保证金，该履约保证金期限为以电汇之日起计至 90 日历天止，履约保证金到期之日前发包人须全额返还承包人。2013 年 5 月 22 日，苏华公司按照合同之约定向热力公司支付履约保证金 2000 万元。

嗣后，苏华公司起诉热力公司未支付工程款及返还履约保证金。

黑龙江省高级人民法院在本案一审审理过程中，发现案涉建设工程是关系社会公共利益的项目，属于必须招投标的范围，而各方并未进行招投标程序，故而认定案涉合同因违反法律的强制性规定而无效。一审判决被告应支付原告工程款及履约保证金等，其中，履约保证金的利息自 2013 年 8 月 21 日起算。

被告热力公司不服判决，向最高人民法院上诉，其中一条上诉理由称：苏华公司未提交任何证据证明《建设工程施工合同》约定的履约保证金返还时间之

---

① 苏华建设集团有限公司、黑龙江鸿基米兰热力有限责任公司等建设工程施工合同纠纷案，最高人民法院民事判决书，(2021) 最高法民终 1075 号。

后,其曾向热力公司主张返还该款,苏华公司请求返还履约保证金已过诉讼时效期间,一审法院支持苏华公司的返还主张,并且支持按照合同约定的返还时间起算利息,认定事实及适用法律错误。一审法院判令热力公司自 2013 年 8 月 21 日起支付履约保证金的利息,可见一审法院亦认为热力公司应当在 2013 年 8 月 20 日之前返还该款,该日期后未返还侵害了苏华公司的权益,因此诉讼时效期间的起算点应为该日期。一审判决认定该日期未返还侵害了苏华公司的权益,却拒不认定该日是诉讼时效期间的起算点,自相矛盾。

【争议焦点】

苏华公司主张热力公司返还履约保证金是否超出诉讼时效?

【判决概要】

关于热力公司应否返还苏华公司履约保证金的问题。原《合同法》第 58 条规定:"合同无效或者被撤销后,因该合同取得的财产,应当予以返还;不能返还或者没有必要返还的,应当折价补偿。有过错的一方应当赔偿对方因此所受到的损失,双方都有过错的,应当各自承担相应的责任。"案涉《建设工程施工合同》无效,热力公司因此取得的苏华公司履约保证金依法应予返还。原审法院基于认定合同无效而非合同有效继续履行作为返还履约保证金的基础,有所依据,热力公司关于苏华公司请求返还履约保证金超过诉讼时效期间的上诉理由,不符合法律规定,法院不予支持。

【案件分析】

一、诉讼时效的起算

《民法典》第 188 条规定,向人民法院请求保护民事权利的诉讼时效期间为 3 年。法律另有规定的,依照其规定。诉讼时效期间自权利人知道或者应当知道权利受到损害以及义务人之日起计算。法律另有规定的,依照其规定。但是,自权利受到损害之日起超过 20 年的,人民法院不予保护,有特殊情况的,人民法院可以根据权利人的申请决定延长。建设工程案件根据涉及的款项种类不同、合同状态不同,诉讼时效的起算时间也不同。

(一)不同种类工程款诉讼时效的起算

1. 履约保证金诉讼时效的起算

履约保证金是履约担保的一种,是工程发包人为防止承包人在合同执行过程中违反合同规定或违约,起到担保作用的一种保证方式。履约保证金,应在应退而未退之日起计算诉讼时效。如在龙岩亿力电力工程有限公司、龙岩新鸿基地产开发有限公司等招标投标买卖合同纠纷案①中，福建省龙岩市中级人民法院认为，“根据《龙岩市商会大厦配电工程采购及安装调试竞争性谈判文件》第二部分第24.1条‘中标供应商的投标保证金在中标后自动转为履约保证金，中标供应商供货后，安装、调试、验收完成后，将凭合同（原件）、验收报告退还履约保证金（不计利息）’，亿力公司于商会大厦配电工程验收合格之日即2011年12月26日起即取得请求龙岩市工商联退还履约保证金的权利，该权利不能无限期地长期存在下去，应当受到法律有关诉讼时效规定的限制。自2011年12月26日起至2020年11月止，亿力公司从未向新鸿基公司、章某深或龙岩市工商联主张过权利，亿力公司也未就是否存在诉讼时效中断或其他情形提供证据予以证明，故亿力公司请求退还履约保证金的诉讼时效已经超过，亿力公司丧失胜诉权”。

2. 分期支付进度款诉讼时效的起算

分期支付的进度款，属于对同一债务分期履行的情况。根据《民法典》第189条之规定，当事人约定同一债务分期履行的，诉讼时效期间自最后一期履行期限届满之日起计算。因此分期支付的进度款，应自最后一期履行期限届满之日起计算。但最后一期债务指的是竣工结算款还是质量保证金存在一定的争议，笔者认为对于扣留部分工程款作为质量保证金的情形，最后一期债务应当指的是质量保证金，分期支付进度款的诉讼时效应从质量保证金履行期限届满之日起计算。

3. 竣工结算款诉讼时效的起算

竣工结算款，应根据合同约定的应付未付款之日起计算。如住房和城乡建设部发布的《建设项目工程总承包合同（示范文本）》（GF－2020－0216）第二部分通用条款条件中约定“14.5.2 竣工结算审核 （2）除专用合同条件另有约定外，发包人应在签发竣工付款证书后的14天内，完成对承包人的竣工付款。发包人逾期支付的，按照贷款市场报价利率（LPR）支付违约金；逾期支付超过56天的，按照贷款市场报价利率（LPR）的两倍支付违约金”。在此种约定下，如专用条款部分没有特殊约定，结算款的应付款时间为发包人签发竣工付款证书后的14天内，结算款的诉讼时效应从发包人在签发竣工付款证书后的14天的次日起算。

---

① 福建省龙岩市中级人民法院民事判决书，（2021）闽08民终1272号。

4. 质量保证金诉讼时效的起算

质量保证金的返还，当事人有约定的，应当根据双方约定的应返未返还款项之日起计算诉讼时效。如住房和城乡建设部发布的《建设项目工程总承包合同(示范文本)》(GF-2020-0216)第二部分通用条款条件中约定“14.6.3 质量保证金的返还缺陷责任期内，承包人认真履行合同约定的责任，缺陷责任期满，发包人根据第11.6款[缺陷责任期终止证书]向承包人颁发缺陷责任期终止证书后，承包人可向发包人申请返还质量保证金。发包人在接到承包人返还质量保证金申请后，应于7天内将质量保证金返还承包人，逾期未返还的，应承担违约责任。发包人在接到承包人返还质量保证金申请后7天内不予答复，视同认可承包人的返还质量保证金申请”。在此种约定下，应在发包人在接到承包人返还质量保证金申请的7日后的次日开始起算诉讼时效。

实践中也存在当事人未明确约定质量保证金返还期限的情形，为了敦促当事人积极行使权利，最高人民法院《关于审理建设工程施工合同纠纷案件适用法律问题的解释(一)》第17条第1款第2项规定，当事人未约定工程质量保证金返还期限的，自建设工程通过竣工验收之日起满2年，承包人可以请求返还工程质量保证金。此种情形下，工程质量保证金的诉讼时效应自建设工程竣工通过验收之日起满2年后的次日起计算。

(二)《建设工程施工合同》被认定为无效后，工程款项诉讼时效的起算

根据《民法典》及建设工程司法解释的相关规定，建设工程施工合同存在承包人无相应资质、应进行招投标但未招投标或中标无效、转包、违法分包等情形时，合同作无效处理。建设工程施工合同被认定无效后，承包人仍可根据合同履行情况主张工程款项。而《建设工程施工合同》被确认无效后，承包人主张工程款等费用的请求诉讼时效从何时起算，理论界一直存在较大争议。

1. 最高人民法院的观点

2010年11月，最高人民法院发布《关于无效合同所涉诉讼时效问题的规定(征求意见稿)》，在第2条对返还财产、赔偿损失请求权诉讼时效期间的起算问题提出了三个方案：方案一，合同无效，当事人一方请求另一方返还财产、赔偿损失的，诉讼时效期间从合同被确认无效之日起计算，但自合同履行期限届满之日起超过20年，当事人一方提出诉讼时效抗辩的，人民法院不予支持。方案二，合同无效，一方当事人请求另一方当事人返还财产、赔偿损失的，诉讼时效期间从合同履行期限届满之日起计算。方案三，合同履行期限届满，合同尚未履行或者未完全履行的，合同法律关系中的一方当事人请求另一方当事人返还财产、赔偿损失的，诉讼时效期间从履行期限届满之日起计算。前款之外其他

情形,诉讼时效期间从合同被确认无效之日起计算,但自合同履行期限届满之日起超过20年的,人民法院不予保护。但该征求意见稿公布后存在较大争议,未能颁布施行。根据最高人民法院的判例(如本文开篇案例),可以看出最高人民法院倾向于方案一,诉讼中建设工程施工合同被认定为无效,承包人主张工程款等费用的诉讼请求即使经过合同履行的诉讼时效也能被法院所支持。

2. 实践中的争议

目前,实践中主要存在以下两种观点。一种观点认为,合同被认定无效后,承包人主张工程款等费用应当自合同履行期限届满之日起计算诉讼时效。因为,承包人对于合同目的实现的合理预期为合同履行期限届满之日,在履行期限届满后,承包人知道或者应当知道其权利受到了损害,且知晓侵权人是谁。无论合同事后被认定为有效还是无效,当事人都早已在履行期限届满后知晓其权利受到了侵害。[①] 根据诉讼时效的立法意义——法律不保护在权利上睡眠的人,因此诉讼时效应当自合同履行期限届满之日起计算诉讼时效。另一种观点认为,合同被确认无效后,承包人主张工程款等费用应当自合同被确认无效之日起计算诉讼时效。因为合同无效只能由法院或者仲裁机构才能予以确认,只有在法院判决或者裁决确认合同无效后,才产生返还财产及赔偿损失等义务,承包人才知道或者才应当知道其权利受到了侵害,因此诉讼时效应当自合同被确认无效后才能起算。

笔者认同第二种观点。理由如下:根据《民法典》第793条之规定,"建设工程施工合同无效,但是建设工程经验收合格的,可以参照合同关于工程价款的约定折价补偿承包人。建设工程施工合同无效,且建设工程经验收不合格的,按照以下情形处理:(一)修复后的建设工程经验收合格的,发包人可以请求承包人承担修复费用;(二)修复后的建设工程经验收不合格的,承包人无权请求参照合同关于工程价款的约定折价补偿。发包人对因建设工程不合格造成的损失有过错的,应当承担相应的责任"。本条表述为"折价补偿",而非要求被告按照合同约定支付工程款项。折价补偿通常指的是合同无效或解除后,因无法恢复原状,而以金钱的形式予以补偿。合同被确认无效后,承包人主张工程款、返还履约保证金等请求是基于返还财产、赔偿损失请求权,而非合同价款支付请求权。《民法典》第793条的法理依据应当是《民法典》第157条规定的民事法律无效后的处理规则,而非《民法典》第579条的请求支付合同价款的处理规

① 王晓梅:《无效建设工程施工合同价款给付请求权诉讼时效起算点的确定》,载今日头条2022年4月7日,https://www.toutiao.com/article/7083703609711395339/。

则。因此，建设工程施工合同被法院或仲裁机构认定为无效后，对于承包人支付工程款、返还履约保证金等诉讼请求其不应当适用原合同履行期限的诉讼时效，而应当自合同被确认无效后起算。

（三）工程未完成竣工结算下，诉讼时效的起算

实践中，经常出现工程完成但发包人拖延交付、竣工验收、结算的情况。工程未完成竣工结算，工程价款的金额尚未确定，权利人尚未确定工程价款支付请求权的内容，不具备请求权基础，因此工程未完成竣工结算，其诉讼时效不能起算。

例如，在福建省二建建设集团有限公司、广西金桂浆纸业有限公司建设工程施工合同纠纷案①中，最高人民法院认为“金桂公司称二建公司该项诉请已超过诉讼时效，因本案双方当事人对工程款结算尚存在争议，其他相应的债权债务也未确定，诉讼时效的起算点亦未能确定，因此不存在超过诉讼时效的问题，金桂公司的诉讼时效抗辩不能成立”。

又如，在天津大港油田集团工程建设有限责任公司、山东军辉建设集团有限公司等建设工程合同纠纷案②中，新疆维吾尔自治区和田地区中级人民法院认为“工程结算后，双方的权利义务已明确，债权人对自己的权利是否受到侵犯可以做出明确的判断，本案中工程款未经结算，而且案涉工程存在工程增加部分，债权债务关系并没有最终确认，说明双方的权利义务还未确定，行使请求权的条件还不具备，因此诉讼时效还没有开始起算”。

二、诉讼时效的中断

《民法典》第 195 条规定了诉讼时效中断的法定事由，包括以下四种情形：（1）权利人向义务人提出履行请求；（2）义务人同意履行义务；（3）权利人提起诉讼或者申请仲裁；（4）与提起诉讼或者申请仲裁具有同等效力的其他情形。诉讼时效中断达到的效果是从中断、有关程序终结时起，诉讼时效期间重新计算。

（一）承包人向发包人提出履行请求

承包人在发包人未按时支付工程款项时，往往都会向发包人提出履行请求，这是实践中建设工程领域最常见的一种诉讼时效中断事由，但诉讼实践中也经常出现因承包人无法举证其向发包人提出过履行请求，而被法院认定为诉讼时效经过的情况。因此，承包人一定要注意在催款过程中留存相关催款证

---

① 最高人民法院民事判决书，（2019）最高法民终 754 号。

② 新疆维吾尔自治区和田地区中级人民法院民事判决书，（2022）新 32 民终 157 号。

据，该证据的形式不限于电话录音、微信邮件等往来沟通、发函等。

此外，根据最高人民法院《关于适用〈中华人民共和国民法典〉总则编若干问题的解释》第38条第2款之规定，权利人向义务人的代理人、财产代管人或者遗产管理人等提出履行请求的，可以认定为《民法典》第195条规定的诉讼时效中断。实践中常见的如发包人破产，承包人向发包人的破产管理人提出履行请求也能够起到诉讼时效中断的效果。

（二）发包人同意履行义务

义务人同意履行义务，包括默示的同意和明示的同意。其中，默示同意一般要通过义务人的行为推定。根据最高人民法院《关于审理民事案件适用诉讼时效制度若干问题的规定》第14条之规定，义务人作出分期履行、部分履行、提供担保、请求延期履行、制定清偿债务计划等承诺或者行为的，应当认定为《民法典》第195条规定的“义务人同意履行义务”。

在建设工程领域，还有其他可以推定发包人同意履行义务的情形，如发包人向承包人发函要求对账、发包人向承包人发送公司往来款项询证函、应收账款询证函等书面文件，往往也可以视为其同意履行义务，而起到诉讼时效中断的效果。

（三）承包人提起诉讼或者申请仲裁

根据最高人民法院《关于审理民事案件适用诉讼时效制度若干问题的规定》第10条之规定，当事人一方向人民法院提交起诉状或者口头起诉的，诉讼时效从提交起诉状或者口头起诉之日起中断。

实践中，对于原告提起诉讼又撤诉且起诉状副本没有送达被告的，能不能达到诉讼时效中断的效果存在一定争议。一种观点认为：根据“诉的撤回，视为未起诉”之法理，起诉因撤回起诉而引起的所有法律关系应全部恢复至起诉之前的状态。原告起诉又撤诉且起诉状副本没有送达被告的，不能产生诉讼时效中断的效果。另一种观点认为：根据最高人民法院《关于审理民事案件适用诉讼时效制度若干问题的规定》第10条之规定，只要原告向法院起诉，就能够发生诉讼时效中断的效果，这也符合诉讼时效的立法意义——敦促当事人积极行使权利，原告起诉可以认为其在积极维护法律权利。

（四）与提起诉讼或者申请仲裁具有同等效力的其他情形

最高人民法院《关于审理民事案件适用诉讼时效制度若干问题的规定》第11条列举了与提起诉讼或者仲裁具有同等效力的其他情形，包括：申请支付令；申请破产、申报破产债权；为主张权利而申请宣告义务人失踪或死亡；申请诉前财产保全、诉前临时禁令等诉前措施；申请强制执行；申请追加当事人或者被通知参加诉讼;在诉讼中主张抵销。除此之外,还有兜底情形,即其他与提起诉讼具有同等诉讼时效中断效力的事项。其中,“申请追加当事人或者被通知参加诉讼”指的是当事人申请将自己或者债务人追加为诉讼当事人,或者被法院通知以诉讼当事人身份参加诉讼,这些情形与起诉行为具有相同的效力,因此构成时效中断。诉讼时效自当事人提出申请时或者通知依法送达之日中断。①

三、诉讼时效的中止

《民法典》第194条规定了诉讼时效中止的适用规则,即在诉讼时效期间的最后6个月内,因一些障碍因素,不能行使请求权的,诉讼时效能够“暂停”计算。适用诉讼时效中止制度应满足以下几个条件:

1. 时间条件:中止时效的原因发生于诉讼时效期间的最后6个月内。

2. 事由条件:《民法典》第194条第1款列举了中止时效的法定事由:(1)不可抗力;(2)无民事行为能力人或者限制民事行为能力人没有法定代理人,或者法定代理人死亡、丧失民事行为能力、丧失代理权;(3)继承开始后未确定继承人或者遗产管理人;(4)权利人被义务人或者其他人控制;(5)其他导致权利人不能行使请求权的障碍。

根据《民法典》第194条第2款之规定,诉讼时效中止达到的法律效果是,在中止时效的原因消除之日起满6个月,诉讼时效才届满。需要注意的是,这里的诉讼时效并非延续中止前的时效计算,而是自中止时效的原因消除之日起,重新计算6个月。

四、其他

(一)诉讼时效中止事由、范围、效果能否自由约定

《民法典》第197条规定,诉讼时效的期间、计算方法以及中止、中断的事由由法律规定,当事人约定无效。当事人对诉讼时效利益的预先放弃无效。因此,权利人虽然可以自行选择是否主张诉讼时效中止,但不得在合同签订时对中止的事由、适用条件、法律效力与相对人另行约定。

(二)职权禁用规则

依据《民法典》第193条之规定,人民法院不得主动适用时效中止规则,即使在案件中已经具备了时效中止的适用条件,这便是“职权禁用规则”。

当事人(一般为权利人)是否主张时效中止,依其意思自行决定。权利人主张时效中止的,通常是以此否定义务人援引时效抗辩权的主张。权利人能够主

① 杨巍:《〈民法典〉第195条评注之二(起诉、其他中断事由)》,载《法学家》2021年第5期。

张时效中止而不主张的，构成放弃诉讼时效利益的行为。①

结　语

建设工程施工合同纠纷案件中，常出现施工单位因工程款催收超过诉讼时效而承担败诉结果的案例。建设工程纠纷的案涉金额比较大，一旦超过法律规定的诉讼时效，发包方往往会提出诉讼时效抗辩，施工方则将面临严重的损失。因此，在工程款项的催收、留证方面应格外注意，必要时应聘请专业律师规范催款过程中证据的留存。

相关法律规定

1.《民法典》

第一百五十七条　民事法律行为无效、被撤销或者确定不发生效力后，行为人因该行为取得的财产，应当予以返还；不能返还或者没有必要返还的，应当折价补偿。有过错的一方应当赔偿对方由此所受到的损失；各方都有过错的，应当各自承担相应的责任。法律另有规定的，依照其规定。

第一百八十八条　向人民法院请求保护民事权利的诉讼时效期间为三年。法律另有规定的，依照其规定。

诉讼时效期间自权利人知道或者应当知道权利受到损害以及义务人之日起计算。法律另有规定的，依照其规定。但是，自权利受到损害之日起超过二十年的，人民法院不予保护，有特殊情况的，人民法院可以根据权利人的申请决定延长。

第一百九十四条　在诉讼时效期间的最后六个月内，因下列障碍，不能行使请求权的，诉讼时效中止：

（一）不可抗力；

（二）无民事行为能力人或者限制民事行为能力人没有法定代理人，或者法定代理人死亡、丧失民事行为能力、丧失代理权；

（三）继承开始后未确定继承人或者遗产管理人；

（四）权利人被义务人或者其他人控制；

（五）其他导致权利人不能行使请求权的障碍。

自中止时效的原因消除之日起满六个月，诉讼时效期间届满。

第一百九十五条　有下列情形之一的，诉讼时效中断，从中断、有关程序终结时起，诉讼时效期间重新计算：

---

①　杨巍：《〈民法典〉第195条评注之二（起诉、其他中断事由）》，载《法学家》2021年第5期。

(一)权利人向义务人提出履行请求;

(二)义务人同意履行义务;

(三)权利人提起诉讼或者申请仲裁;

(四)与提起诉讼或者申请仲裁具有同等效力的其他情形。

第一百九十七条　诉讼时效的期间、计算方法以及中止、中断的事由由法律规定,当事人约定无效。

当事人对诉讼时效利益的预先放弃无效。

第一百九十八条　法律对仲裁时效有规定的,依照其规定;没有规定的,适用诉讼时效的规定。

第五百七十九条　当事人一方未支付价款、报酬、租金、利息,或者不履行其他金钱债务的,对方可以请求其支付。

第七百九十三条　建设工程施工合同无效,但是建设工程经验收合格的,可以参照合同关于工程价款的约定折价补偿承包人。

建设工程施工合同无效,且建设工程经验收不合格的,按照以下情形处理:

(一)修复后的建设工程经验收合格的,发包人可以请求承包人承担修复费用;

(二)修复后的建设工程经验收不合格的,承包人无权请求参照合同关于工程价款的约定折价补偿。

发包人对因建设工程不合格造成的损失有过错的,应当承担相应的责任。

2. 最高人民法院《关于适用〈中华人民共和国民法典〉总则编若干问题的解释》

第三十八条　诉讼时效依据民法典第一百九十五条的规定中断后,在新的诉讼时效期间内,再次出现第一百九十五条规定的中断事由,可以认定为诉讼时效再次中断。

权利人向义务人的代理人、财产代管人或者遗产管理人等提出履行请求的,可以认定为民法典第一百九十五条规定的诉讼时效中断。

3. 最高人民法院《关于审理建设工程施工合同纠纷案件适用法律问题的解释(一)》

第一条　建设工程施工合同具有下列情形之一的,应当依据民法典第一百五十三条第一款的规定,认定无效:

(一)承包人未取得建筑业企业资质或者超越资质等级的;

(二)没有资质的实际施工人借用有资质的建筑施工企业名义的;

(三)建设工程必须进行招标而未招标或者中标无效的。

承包人因转包、违法分包建设工程与他人签订的建设工程施工合同，应当依据民法典第一百五十三条第一款及第七百九十一条第二款、第三款的规定，认定无效。

第六条 建设工程施工合同无效，一方当事人请求对方赔偿损失的，应当就对方过错、损失大小、过错与损失之间的因果关系承担举证责任。

损失大小无法确定，一方当事人请求参照合同约定的质量标准、建设工期、工程价款支付时间等内容确定损失大小的，人民法院可以结合双方过错程度、过错与损失之间的因果关系等因素作出裁判。

第十七条 有下列情形之一，承包人请求发包人返还工程质量保证金的，人民法院应予支持：

（一）当事人约定的工程质量保证金返还期限届满；

（二）当事人未约定工程质量保证金返还期限的，自建设工程通过竣工验收之日起满二年；

（三）因发包人原因建设工程未按约定期限进行竣工验收的，自承包人提交工程竣工验收报告九十日后当事人约定的工程质量保证金返还期限届满；当事人未约定工程质量保证金返还期限的，自承包人提交工程竣工验收报告九十日后起满二年。

发包人返还工程质量保证金后，不影响承包人根据合同约定或者法律规定履行工程保修义务。

第二十四条 当事人就同一建设工程订立的数份建设工程施工合同均无效，但建设工程质量合格，一方当事人请求参照实际履行的合同关于工程价款的约定折价补偿承包人的，人民法院应予支持。

实际履行的合同难以确定，当事人请求参照最后签订的合同关于工程价款的约定折价补偿承包人的，人民法院应予支持。

建设工程纠纷中质保金返还问题研究

编前语

质保金,在建设工程中往往是一个容易被忽视但又十分重要的部分。在建设工程实务中,对于"质保金"一词的理解往往也会有分歧,一种理解为质量保修金,一种理解为质量保证金。而本文旨在以后种理解为基准,将质保金理解为施工方就所承建的工程质量向对方所作的一种承诺。鉴于实践中因质保金产生的建设工程法律纠纷层出不穷,故笔者在此结合实务案例,对工程质保金相关法律问题进行详细说理分析。

【案情概要】①

2006 年 7 月 1 日,原告、被告签订某多层住宅楼工程《建筑工程施工合同》(备案合同),被告将其开发的多层住宅楼工程发包给原告施工,该施工合同价款采用协议一次性包死,价款为 4544 万余元,合同中约定质保期土建工程为 50 年,屋面防水为 5 年,电气管线、上下水管线安装为 3 年,供热及供冷为 3 个采暖期及供冷期,屋外上下水和小区道路等市政公用工程为 3 年。工程质保金为合同价款的 5%,金额为 227 万余元,发包人在质量保修期满后 14 天内将剩余质保金和利息返还承包人。

2006 年 7 月 15 日,原告、被告又就此工程签订一份补充协议,将工程结算方式变更为按照每平方米 830 元一次性包死,同时在补充协议中明确:工程质量保修期按照国家规定执行,待质保期届满后,全额返还;工程全部完工经甲方及政府有关部门验收合格后,乙方在 2007 年 6 月 30 日前把商品房及钥匙交给甲方,在 2007 年 7 月 10 日前向甲方办理全部移交手续(包括档案归档),扣除

① 东港市前阳建筑安装工程总公司与辽宁特莱维置业发展有限公司建设工程施工合同纠纷案,辽宁省高级人民法院民事判决书,(2017)辽民终 52 号。

按规定应向政府缴纳的维修金及留给甲方的维修保证金5%以外，甲方向乙方结清工程款。合同签订后原告按照备案合同和补充协议的约定进行施工，2007年6月30日工程竣工，经原告、被告，监理单位、设计单位验收合格。

2008年6月8日，由于非由原告承建部分楼栋因相关施工单位在基础工程施工过程中不慎造成部分相邻网点移位，经相关质检部门指示要求拆除部分工程。故原、被告再次签订补充协议一份，约定依据2006年7月15日的施工合同，原告继续履行合同施工义务，拆除主体相关费用（按原合同建筑面积每平方米335元），暂由原告承担，待被告与施工单位协商再做处理。新建按原合同每平方米加120元材料差。2008年8月6日，案涉工程办理了竣工验收备案手续。原告因被告未按合同约定结算工程款，故就工程款支付相关事宜起诉被告，同时起诉要求被告返还210万元质保金，而被告抗辩依据《建设工程施工合同》附件三工程质量保修书约定，应从工程款中扣留210万元质保金。

【争议焦点】

1. 质保金所对应的是质量保修期还是缺陷责任期？
2. 缺陷责任期是否可以由原、被告双方自行约定？
3. 工程存在质量问题时是否可以扣留质保金？

【判决概要】

1. 缺陷责任期和质量保修期是两个不同的法律概念，质量保证金是为缺陷责任期的担保，而不是为法定质量保修期的担保。在缺陷责任期内出现施工原因导致的质量缺陷，承包人应按合同约定给予免费维修，如不维修发包人可按合同约定扣除质量保证金。

2. 本案中，双方在合同中对主体工程质量保修期做了与法定期限同样的约定，但对缺陷责任期并没有作出明确的约定，只是约定质量保证金在质量保修期满14天内返还，应视为双方对缺陷责任期约定不明，应从公平和诚实信用原则出发，酌定合理的缺陷责任期。根据原《合同法》第61、62条之规定，参照《建设工程质量保证金管理暂行办法》（已失效）的相关规定，缺陷责任期应适用最长不超过24个月。涉案工程于2007年6月30日全部竣工验收，本案所涉工程缺陷责任期已经于2009年7月1日届满，质保金应在质保期满14天后予以返还，即质保金在2009年7月16日应予返还。

3. 法院认为，被告将涉案工程的塑钢门窗外委发包给营口经济开发区××装饰公司的刘某，被告提出的质量问题系其外委工程造成窗户及周围墙体出现渗漏,并非原告施工质量不合格,故本案的质保金支付条件已经成就,被告要求扣减质保金210万元,依据不足,法院不予支持。

【案件分析】

一、概念明晰

想要厘清质保金真正的法律概念和法律基础,首先需要对建设工程领域的两个期限进行深入理解和分析,即"质量保修期"与"缺陷责任期"。两个期限从命名上看似屯毛不辨,但从法条和相关条例入手,就会发现两个期限之间的显著区别。

(一)质量保修期

早在1997年我国颁布的《建筑法》第62条就明确了我国的建筑工程实行质量保修制度,该条法律规定中也明确了,法定质量保修的范围包括:地基基础工程、主体结构工程、屋面防水工程和其他土建工程,以及电气管线、上下水管线的安装工程,供热、供冷系统工程等项目。该条款最后还明确了具体的保修范围和最低保修期限由国务院规定。

在2000年1月30日我国颁布的《建设工程质量管理条例》中就明确了建设工程的最低保修期限:(1)基础设施工程、房屋建筑的地基基础工程和主体结构工程,为设计文件规定的该工程的合理使用年限;(2)屋面防水工程、有防水要求的卫生间、房间和外墙面的防渗漏,为5年;(3)供热与供冷系统,为2个采暖期、供冷期;(4)电气管线、给排水管道、设备安装和装修工程,为2年。其他项目的保修期限由发包方与承包方约定。以上保修期按规定从竣工验收合格之日起算。

如果建设工程双方对于工程质量保修期的约定小于上述所规定的最低保修期限,根据2019年修订的《建设工程质量管理条例》(国务院令第714号)第66条相关规定,如施工单位不履行或拖延履行保修义务的,会被处10万元以上20万元以下的罚款,并对在保修期内因质量缺陷造成的损失承担赔偿责任。此外,根据住房和城乡建设部2018年修正的《建筑业企业资质管理规定》相关规定,未尽到保修法定义务还可能影响企业申请建筑业企业资质升级、资质增项等。结合以上制度规定及处罚条款,笔者认为对于工程质量保修的约束限制原则上不属于双方签订的工程施工合同所能意定的范围,工程质量保修义务实际上是施工单位所必须承担的法定义务。

(二)缺陷责任期

缺陷责任期是本文所关注的重点。在《建设工程质量保证金管理办法》中对于缺陷责任期有着最为原则性的解释,该办法中第2条明确了:“本办法所称建设工程质量保证金(以下简称保证金)是指发包人与承包人在建设工程承包合同中约定,从应付的工程款中预留,用以保证承包人在缺陷责任期内对建设工程出现的缺陷进行维修的资金。缺陷是指建设工程质量不符合工程建设强制性标准、设计文件,以及承包合同的约定。缺陷责任期一般为1年,最长不超过2年,由发、承包双方在合同中约定。”

虽然质量保修是施工单位需要承担的法定义务,但是在实践中保修范围的细化认定、保修责任的具体归责等问题往往使得法定的质量保修义务无法得到很好的落实。因此,在法定的质量保修义务之外,建设工程双方往往也会选择在施工合同中约定责任缺陷期,从而弥补施工单位质量保修义务在实践中落实不到位之不足的问题,而从上述《建设工程质量保证金管理办法》第2条中所用到的“一般”“最长”“约定”等词也可以解读出,缺陷责任期并非法定期限,而是工程双方在施工合同中经常会载明的一种约定期限,在这一属性上就可以意识到质量保修期与缺陷责任期之间的显著区别。同时,从上述该办法的具体条文中,我们也可以看到责任缺陷期与工程质量保证金之间密不可分的联系,《最高人民法院建设工程施工合同司法解释(二)的理解与适用》中也提到缺陷责任期就是扣留工程质量保证金的期限,因此从某种意义上来说,所谓工程质量保证金其实就是为了落实好缺陷责任期这一质保约定期限而产生的。

(三)工程质量保证金

与前述缺陷责任期相对应的工程质量保证金,也是本文所述的几个法律概念中最容易被混淆的一个。在建设工程领域,无论是实践中还是理论上都存在很多类似质量保证金的概念,比如“质保金”“保修金”“文明施工保证金”“人员到位保证金”“安全生产保证金”等十余种,站在发包方的角度,为了建设工程按时按约完工,发包方设置各式各样的保证金也有其必要性,但转从承包方角度来看,无穷尽无节制的保证金或多或少会使得承包方承担过多的资金压力,对于承包方的公平性也无法得到很好的保障。

然而,国务院办公厅在2016年6月23日颁布的《关于清理规范工程建设领域保证金的通知》很好地解决了这一困境,其明确:“对建筑业企业在工程建设中需缴纳的保证金,除依法依规设立的投标保证金、履约保证金、工程质量保证金、农民工工资保证金外,其他保证金一律取消。”自此之后,建设工程领域的保证金约束管理有了相应的政策基础,也成为建设工程双方签订施工合同时在保证金约定方面的参照依据,繁重的保证金乱象也得到了抑制。

对于受到有关部门承认的“工程质量保证金”,我国也有相应的规定对其定义和收取方式进行了明确。最为直观的便是《建设工程质量保证金管理办法》第2条第1款中规定:“建设工程质量保证金(以下简称保证金)是指发包人与承包人在建设工程承包合同中约定,从应付的工程款中预留,用以保证承包人在缺陷责任期内对建设工程出现的缺陷进行维修的资金。”从该条文的文本中可以获知,质量保证金实际性质上属于工程款,只不过为了更好地对工程缺陷进行维修,事先从工程款中预留。由于这笔质量保证金的用途在于保障工程质量并保障后续的缺陷维修顺利进行,故笔者认为这笔质量保证金从法律性质上来说更偏向是一种担保,在《建设工程质量保证金管理办法》以及《关于清理规范工程建设领域保证金的通知》中也均提及对于质量保证金推行银行保函制度,这也从侧面证明工程质量保证金的担保属性。

对于质量保证金的金额,我国有着十分明确的规定,根据《建设工程质量保证金管理办法》第7条所述,保证金或保函的总额不得高于工程价款结算总额的3%。

(四)质量保证金扣抵方式

关于质量保证金的扣抵方式,《建设工程质量保证金管理办法》第9条给出了明确规定,印证了保证金的担保性质:“缺陷责任期内,由承包人原因造成的缺陷,承包人应负责维修,并承担鉴定及维修费用。如承包人不维修也不承担费用,发包人可按合同约定从保证金或银行保函中扣除,费用超出保证金额的,发包人可按合同约定向承包人进行索赔。承包人维修并承担相应费用后,不免除对工程的损失赔偿责任。由他人原因造成的缺陷,发包人负责组织维修,承包人不承担费用,且发包人不得从保证金中扣除费用。”

通俗来说,其实对于缺陷责任期内所产生的归责于承包人原因的维修事宜,原则上应当是由承包人负责维修或是承担相应的维修费用,而非直接抵扣所预留的质量保证金,只有在承包人不维修也不承担费用之时,发包人才可以退而处置保证金部分的预留工程款,若维修费用超出保证金金额,发包人也可以对超出部分进行索赔以弥补损失并要求损失赔偿。

通过分析质保金的抵扣方式,我们不难发现质保金本身所附有的担保属性,其存在的意义实际就是在施工单位承担自己应尽的工程质量保修法定义务的基础上,督促施工单位进一步做好对工程缺陷的责任承担和完善保修。因此,鉴于质保金这一特殊的担保属性,笔者认为质保金的金额以及扣留时间不应过长,如此也可以更好地发挥质保金之效用。

二、质保金的期限

正如前文所述,《建设工程质量保证金管理办法》中提到,缺陷责任期最长不得超过2年,但鉴于该办法属于住建部与财政部共同发布的管理办法,其效力并不及法律,所以在实务中,发包人为了尽可能落实承包人的责任,往往会发生将质量保修期和缺陷责任期混为一谈的情况,例如直接约定发包人所预留的质量保证金在保修期届满后支付,甚至是约定在质量保修期届满后才起算缺陷责任期,然而某些工程的质量保修期可能长达十余年,如此下来可能会发生十余年过去承包人都无法收回保证金的情况,这对于处于弱势地位的承包人来说徒增了资金回笼的风险,由此产生的法律纠纷也是层出不穷。那么诸如此类在双方实际约定的缺陷责任期超出2年或者约定在质量保修期届满后才起算缺陷责任期的情况下,如若承包人坚持按照上述管理办法的规定,要求发包人在工程通过竣工验收之日起2年期限届满时返还质保金,此时法院会如何裁判呢?

(一)不得在质量保修期届满后才起算缺陷责任期

根据《建设工程质量管理条例》、《建设工程质量保证金管理办法》及最高人民法院《关于审理建设工程施工合同纠纷案件适用法律问题的解释》(已失效)等相关法律法规的规定,质量保修期和缺陷责任期的期限认定可以作如下区分:

1. 质量保修期与缺陷责任期是两端完全独立的时间期限,但质量保修期与缺陷责任期的起算时间一致,均为工程通过竣工验收之日,鉴于通过竣工验收之日原则上以实际竣工日期为准,如合同双方对竣工日期发生争议时,则建设工程经竣工验收合格的,以实际竣工验收合格之日为竣工日期;

2. 承包人已经提交竣工验收报告,发包人拖延验收的,以承包人提交验收报告之日为竣工日期;

3. 建设工程未经竣工验收,发包人擅自使用的,以转移占有建设工程之日为竣工日期。

但是缺陷责任期的起算日有其特殊之处需提请注意,根据《建设工程质量保证金管理办法》第8条以及最高人民法院《关于审理建设工程施工合同纠纷案件适用法律问题的解释(二)》(已失效)第8条相关规定,如发包人未在承包人提交竣工验收报告之日起90日内进行竣工验收,则合同约定的缺陷责任期在该90日满之日提前到期,发包人应当向承包人返还质量保证金,如合同未约定缺陷责任期,则自该90日期满后,工程自动进入缺陷责任期,且该缺陷责任期为2年。若合同约定了缺陷责任期,如发包人未在承包人提交竣工验收报告后及时竣工验收但在90日内竣工验收的,那么缺陷责任期仍应自实际竣工验收之日起算。

笔者认为,基于以上法律法规条例的相关规定,可以认定缺陷责任期其实是包含在质量保修期内的。辽宁富莱斯普房地产开发有限公司、辽宁建工集团有限公司建设工程施工合同纠纷二审案①也印证了笔者之观点,上诉人辽宁富莱斯普认为原审返还质保金的起始时间认定错误,上诉人认为建设工程施工经验收后质量保证期限为 5 年,该案的预验收日期为 2016 年 6 月 30 日,就算没有质量问题纠纷,质保金的返还时间也应从 2021 年 6 月 30 日起计算。二审法院最终认定,根据《沈阳市建设工程质量保证金管理实施细则》第 2 条"缺陷责任期一般为 1 年,最长不超过 2 年,由发、承包双方在合同中约定"及第 11 条"缺陷责任期从工程通过竣工验收之日起计"的规定,该案所有工程的最后竣工验收日期为 2016 年 6 月 30 日,且缺陷责任期最长不超过 2 年即质量保证金返还日期为 2018 年 6 月 30 日,故认定一审法院判决返还质保金的起始时间并无不当,二审予以维持。

实际上,在缺陷责任期这一期限发挥作用之前,建设方必须履行自己的法定义务,在法定质量保修期内对建设工程项目提供质量保修,由于法律法规并未对承包人在缺陷责任期内规定相应的责任或义务,故可以合理认为发包人设置缺陷责任期的目的主要是通过扣留部分工程款作为质保金从而督促施工单位履行维修义务,同时鉴于质量保证金属于部分工程款,因此在缺陷责任期届满时不返还保证金很有可能还会涉及拖欠工程款等逾期付款问题。

(二)不得直接将过长的质量保修期拟作缺陷责任期

在《最高人民法院建设工程施工合同司法解释(二)的理解与适用》中其实对此问题有着相应的明确阐述:如当事人约定工程质量保证金自工程通过竣工验收之日起满 3 年后返还,则当事人该约定违反了《建设工程质量保证金管理办法》缺陷责任期最长不超过 2 年的规定,超过 2 年的期限不能认定为缺陷责任期;或者当事人约定主体工程质量保证金竣工 3 年后返还,其他部分工程指令保证金竣工 1 年后返还,则因关于主体工程缺陷责任期的约定超过 2 年,超过 2 年的期限不能认定为缺陷责任期。

在本文的指引案例中,发包人只在合同中约定了质量保证金在质量保修期满 14 天内返还,对于工程的缺陷责任期并未进行约定,故可以合理推测,发包人的原本意图就是将工程的法定质量保修期直接拟作缺陷责任期,然而案涉工程的土建工程质保期高达 50 年,屋面防水的质保期为 5 年,其余部分的质保期也至少为 3 年。如若真的遵从双方的合同约定,那么发包人可能真的要在工程

---

① 辽宁省沈阳市中级人民法院民事判决书,(2022)辽 01 民终 4378 号。

竣工验收后50年才返还承包人质保金,50年过去物是人非,我们很难保证这笔跨越了半个世纪的质保金是否真的能最终返还承包人,这不仅对承包人来说严重不公,也不符合质保金作为督促承包人保证施工质量的担保属性。最终,法院认定发包人将质量保修期拟作缺陷责任期的合同约定无效,并视为合同对双方缺陷责任期的约定不明,根据相关管理办法和条例的规定,酌定该系争工程的缺陷责任期为顶格的2年期限。

三、质保金的比例

我国《建设工程质量保证金管理办法》第7条对于质保金的基准有着具体规定,即顶格不得超过工程价款结算总额的3%。但是实践中,占据强势地位的发包人往往为了后续工程质保顺利推进,可能会将合同约定的质保金比例调高至3%以上,或是参照该管理办法2017年修订之前的相关规定,将质保金比例仍约定为5%。鉴于上述管理办法作为部门规章的法律效力问题,工程质保金金额比例也容易产生较多法律争议,针对超过3%部分的质保金,法院的认定也存在较大差异,一般可以总结为以下几种处理方式:

1. 认定超出3%部分的质保金约定有效。

新疆祥源昊能送变电工程有限公司、合盛硅业(鄯善)有限公司合同纠纷案[①]中,系争《电气试验、电缆头制作、电缆铺设合同》的结算价793890.4元认可,合同约定的质保金为合同结算价的5%。原告依据《建设工程质量保证金管理办法》第7条"发包人应按照合同约定方式预留保证金,保证金总预留比例不得高于工程价款结算总额的3%"的规定,认为原告、被告双方约定5%的质保金无效,主张应当按照约定支付剩余部分的工程款,法院对原告退款理由不予支持,原因是:该条款是关于保证金的管理性规定,不是效力性规定。法院最终对被告应当向原告退还合同结算价5%的质保金依法予以确认。

在成都兴露合能置业有限公司、四川鸿程消防工程有限公司建设工程施工合同纠纷案[②]中,法院裁判中对于超出3%部分质保金有效的理由阐述更加充分。鸿程消防公司认为《消防合同》虽然约定质保金是5%,但《建设工程质量保证金管理办法》第7条规定质保金不得超过结算金额的3%,故质保金只能扣留合同价款的3%。法院认为,《建设工程质量保证金管理办法》第7条规定:"发包人应按照合同约定方式预留保证金,保证金总预留比例不得高于工程价款结算总额的3%。"但《建设工程质量保证金管理办法》是住房和城乡建设部

---

① 新疆维吾尔自治区鄯善县人民法院民事判决书,(2022)新2122民初201号。

② 四川省成都市中级人民法院民事判决书,(2020)川01民终13327号。

与财政部共同制定的,性质上属于部门规章。最高人民法院《关于适用〈中华人民共和国合同法〉若干问题的解释(一)》(已失效)第4条规定:"合同法实施以后,人民法院确认合同无效,应当以全国人大及其常委会制定的法律和国务院制定的行政法规为依据,不得以地方性法规、行政规章为依据。"故鸿程消防公司以《建设工程质量保证金管理办法》第7条主张超过3%的质保金无效不符合司法解释的规定,法院不予支持。但兴露合能公司预留超过3%质保金的行为,违反了《建设工程质量保证金管理办法》第7条,鸿程消防公司可向相关行政部门举报,追究其行政责任。

2. 认定超过3%的质保金约定无效。

部分法院会直接认定超过3%比例的质保金合同约定无效,故在法院认定质保金合同条款无效的情况下,该施工合同就成为一份没有对质保金进行约定的合同。此时,为了保障承包人对后续可能发生工程质保问题的顺利推进,同时平衡好发包人承包人之间的利益平衡,法院往往会参考《建设工程质量保证金管理办法》第7条规定的质保金比例,酌情认定按工程价款结算总额的3%计算预留工程质保金。

在广东润宇幕墙装饰工程有限公司与被告珠海市蓝海之略医疗股份有限公司装饰装修合同纠纷案①中,法院认为双方对于工程质保金为合同总价款5%的约定违反了住房城乡建设部、财政部《建设工程质量保证金管理办法》第7条3%质保金限额的规定,因此,双方所签订的合同中关于预留合同总价款5%的工程质保金的内容无效。按照上述规定,法院确定涉案工程按工程价款结算总额的3%计算预留工程质保金。

当然,经过案例检索,类似将超出5%的质保金合同约定直接认定无效的情况仅为少数。

3. 认定超出3%部分的质保金为工程欠款。

在笔者前文所述的质量保证金性质中已经提及,质量保证金实际上是将工程价款的一部分进行预留,鉴于其内在本质属于工程款,因此绝大部分法院在质保金比例认定的案件中,往往也会根据质保金这一特性,将约定的质保金中超出3%的部分认定为工程欠款。

在兴润建设集团有限公司与晨烁天易新能源开发有限公司建设工程施工合同纠纷案②中,系争锅炉改造工程合同价款共计900万元,质保金根据合同约

① 湖南省芷江侗族自治县人民法院民事判决书,(2018)湘1228民初1054号。

② 内蒙古自治区奈曼旗人民法院民事判决书,(2019)内0525民初91号。

定高达90万元(合同价款的10%),发包人拒绝在工程质保期届满之前支付90万元质保金。法院最终认为,双方合同中约定质保金的比例超过法律法规规定的不得高于工程价款结算总额3%的规定,即该案质保金应为27万元,超过部分应视为到期的工程款。质保金应按合同约定在质保期期满后返回。

四、施工合同无效时,是否必须返还质保金

由于建设工程的专业性和特殊性,实践中双方签订的施工合同可能由于承包人未取得建筑施工企业资质或者超越资质等级、没有资质的实际施工人借用有资质建筑施工企业的名义、建设工程必须招标而未招标或中标无效的、违法分包、非法转包等情况的存在而导致合同无效。那么,在施工合同被认定为无效的前提下,发包人是否可以扣留原本合同中所约定的质保金呢?在实务中,法院对于该问题的处理方式也不尽相同。

(一)认定质保金条款随施工合同的无效而无效

在帮泰达公司诉二十二冶施工合同纠纷案①中,由于案涉工程中标无效,故双方所签订的施工合同属于无效合同,法院便同时认为合同中约定的质保金条款对双方不具有约束力。但质保金并非完全由合同双方意定,而是具有一定的法定属性。法律不认可意定质保金效力后,应当从法定。故合同无效后,应当根据《建设工程质量保证金管理办法》关于质保金返还时间之规定处理。笔者也认同这一处理方式,在主合同无效时,除争议解决条款之外的其他条款均应认定无效,质保金条款当然也应当认定无效。但由于质保金关系到建设工程的质量保障,关系到国民的生命安全,因此施工合同中对于质保金相关合同的约定具有一定的法定属性,并非完全的意思自治,因此在质保金条款随着施工合同的无效而被认定为无效时,遵循《建设工程质量保证金管理办法》对于质保金的相关规定进行处理也更为合理,更符合质保金的设立意义。

(二)在认定施工合同无效的情况下认同双方约定的质保金

在青岛北斗星空电子科技有限公司与中启公司建设工程施工合同纠纷案②中,法院就作出了与前者截然相反的认定。由于中启公司在项目中标以前就已进场施工,故双方签订的合同因违反法律强制性规定而无效。系争工程的基础、主体结构工程已经过组织验收为合格工程,但由于基础及主体结构之外工程存在质量问题,且涉案工程缺陷责任期尚未届满,法院最终认定北斗公司可以按照合同约定在工程款中预留质量保证金,并明确北斗公司可在缺陷责任期

---

① 河北省唐山市中级人民法院民事判决书,(2019)冀02民终5581号。

② 最高人民法院民事裁定书,(2018)最高法民申4916号。

内要求中启公司履行保修义务,如质量保修金不足以弥补因质量缺陷而产生的修复费用北斗公司可向中启公司另行主张权利并无不当。

五、工程存在质量问题时,发包人是否可以当然扣留质保金

由于质保金的设立目的就是保障建设工程的质量安全,督促承包人尽力保障工程质量并负责好工程的质保维修,故如果有明确充足的证据指向工程的质量问题是由承包人一方导致,那么发包人完全有理由有依据对质保金进行扣留,如若承包人不配合承担工程质保维修责任,发包人也完全有理由将质保金直接抵用维修费用。但许多建设工程项目具有一定的复杂性,工程质量问题或瑕疵是难以明确认定责任归属的,在这样的情况下,发包人当然地扣留质保金就是缺乏依据的。

在廖某与某水电公司施工合同纠纷案①中,由于种种原因廖某与水电公司协商退场,水电公司对廖某扣除了工程进度款与阶段质保金,双方同时签订了《退场协议书》,约定:水电公司结清原告退场前的工程款后,廖某自愿退场,所扣质保金等三级站管道线工程施工完毕,试水后一个月,工程无质量问题即退还廖某。随后,案涉工程水电站经竣工验收合格并投入使用,但水电公司却认为廖某的承建工程不合格,拒绝将质量保证金退还廖某。法院最终审理认为,廖某所承包的工程仅仅是案涉水电站压力管道镇、支墩工程中的一段工程,水电站并网确实有延迟,但并网发电需要的是整体工程合格,而水电公司提交的证据并不能证明延迟并网是廖某施工的部分不合格所导致的。因此,对水电公司的诉讼请求不予支持。最终,法院裁判水电公司限期支付廖某扣留的质保金及利息。

六、实务建议

根据上述分析及实操经验,笔者作出如下建议:

1. 施工合同中对于质保金的约定应尽可能遵循《建设工程质量保证金管理办法》中的相关规定,不建议将质保金的比例约定过高,超出3%部分的质保金在诉讼中一般也很难得到支持。

2. 由于“质保金”这一词是为了缩略用词,在实践中也很容易被写作“保修金”“保证金”等,故为避免歧义,在施工合同中的质保金条款部分应当对于质保金的法律概念及属性进行一定解释,并明确其对应的期限为缺陷责任期而非质量保修期。另外,对于缺陷责任期的起算时间也应当在合同中进行进一步明确。

---

① 浙江省宁海县人民法院民事判决书,(2021)浙0226民初83号。

3. 在工程出现质量问题时,承包人应尽量证明工程质量问题并非承包人承建部分导致或直接导致的,或是主张发包人无证据证明工程质量问题是由承包人承建部分导致,这一证明的关键证据包括:发包人是否后续寻求他人对工程进行维修,其他承包人承建部分对于工程质量问题产生的关联性,工程相关设备设施是否本身存在问题从而间接导致工程出现质量问题。

结 语

质保金虽然在施工合同总结算价款中的占比并不高,但由于国内不少建设工程的体量达到千万级以上,故即使是3%的质保金,对于相较处于弱势地位的承包人来说,都是一笔不小的数目。鉴于质保金这一概念具有较多类似概念,容易产生混淆,故笔者对于其与其他近似概念进行了理论和实践角度的辨析,希望能对工程双方有所帮助与启发。

相关法律规定

1.《建筑法》

第六十二条　建筑工程实行质量保修制度。

建筑工程的保修范围应当包括地基基础工程、主体结构工程、屋面防水工程和其他土建工程,以及电气管线、上下水管线的安装工程,供热、供冷系统工程等项目;保修的期限应当按照保证建筑物合理寿命年限内正常使用,维护使用者合法权益的原则确定。具体的保修范围和最低保修期限由国务院规定。

2.《房屋建筑工程质量保修办法》

第三条　本办法所称房屋建筑工程质量保修,是指对房屋建筑工程竣工验收后在保修期限内出现的质量缺陷,予以修复。

本办法所称质量缺陷,是指房屋建筑工程的质量不符合工程建设强制性标准以及合同的约定。

3.《建设工程质量管理条例》

第三十九条　建设工程实行质量保修制度。

建设工程承包单位在向建设单位提交工程竣工验收报告时,应当向建设单位出具质量保修书。质量保修书中应当明确建设工程的保修范围、保修期限和保修责任等。

第四十条　在正常使用条件下,建设工程的最低保修期限为:

(一)基础设施工程、房屋建筑的地基基础工程和主体结构工程,为设计文件规定的该工程的合理使用年限;

(二)屋面防水工程、有防水要求的卫生间、房间和外墙面的防渗漏,为

5年；

（三）供热与供冷系统，为2个采暖期、供冷期；

（四）电气管线、给排水管道、设备安装和装修工程，为2年。

其他项目的保修期限由发包方与承包方约定。

建设工程的保修期，自竣工验收合格之日起计算。

第六十二条第一款　违反本条例规定，承包单位将承包的工程转包或者违法分包的，责令改正，没收违法所得，对勘察、设计单位处合同约定的勘察费、设计费25%以上50%以下的罚款；对施工单位处工程合同价款0.5%以上1%以下的罚款；可以责令停业整顿，降低资质等级；情节严重的，吊销资质证书。

第六十六条　违反本条例规定，施工单位不履行保修义务或者拖延履行保修义务的，责令改正，处10万元以上20万元以下的罚款，并对在保修期内因质量缺陷造成的损失承担赔偿责任。

4.《建筑业企业资质管理规定》（已修改）

第二十三条　企业申请建筑业企业资质升级、资质增项，在申请之日起前一年至资质许可决定作出前，有下列情形之一的，资质许可机关不予批准其建筑业企业资质升级申请和增项申请：

……

（九）未依法履行工程质量保修义务或拖延履行保修义务的；

……

5.《建设工程质量保证金管理办法》

第二条　本办法所称建设工程质量保证金（以下简称保证金）是指发包人与承包人在建设工程承包合同中约定，从应付的工程款中预留，用以保证承包人在缺陷责任期内对建设工程出现的缺陷进行维修的资金。

缺陷是指建设工程质量不符合工程建设强制性标准、设计文件，以及承包合同的约定。

缺陷责任期一般为1年，最长不超过2年，由发、承包双方在合同中约定。

第七条　发包人应按照合同约定方式预留保证金，保证金总预留比例不得高于工程价款结算总额的3%。合同约定由承包人以银行保函替代预留保证金的，保函金额不得高于工程价款结算总额的3%。

第八条　缺陷责任期从工程通过竣工验收之日起计。由于承包人原因导致工程无法按规定期限进行竣工验收的，缺陷责任期从实际通过竣工验收之日起计。由于发包人原因导致工程无法按规定期限进行竣工验收的，在承包人提交竣工验收报告90天后，工程自动进入缺陷责任期。

6. 国务院办公厅《关于清理规范工程建设领域保证金的通知》

一、全面清理各类保证金。对建筑业企业在工程建设中需缴纳的保证金，除依法依规设立的投标保证金、履约保证金、工程质量保证金、农民工工资保证金外，其他保证金一律取消。对取消的保证金，自本通知印发之日起，一律停止收取。

7. 最高人民法院《关于审理建设工程施工合同纠纷案件适用法律问题的解释》(已失效)

第十四条　当事人对建设工程实际竣工日期有争议的，按照以下情形分别处理：

(一)建设工程经竣工验收合格的，以竣工验收合格之日为竣工日期；

(二)承包人已经提交竣工验收报告，发包人拖延验收的，以承包人提交验收报告之日为竣工日期；

(三)建设工程未经竣工验收，发包人擅自使用的，以转移占有建设工程之日为竣工日期。

8. 最高人民法院《关于审理建设工程施工合同纠纷案件适用法律问题的解释(二)》(已失效)

第八条第一款第(三)项　因发包人原因建设工程未按约定期限进行竣工验收的，自承包人提交工程竣工验收报告九十日后起当事人约定的工程质量保证金返还期限届满；当事人未约定工程质量保证金返还期限的，自承包人提交工程竣工验收报告九十日后起满二年。

建筑工程领域中强制性标准的效力及责任问题的分析

编前语

对于建筑工程领域的纠纷来说，施工合同的效力属于最为基础且最为重要的争议焦点，因为其将直接影响工程的结算。而建筑工程企业在施工合同订立、履行过程中会涉及许多各式各样的标准，其中强制性国家标准作为经济社会运行的技术底线要求，在保障人身健康安全、财产安全、国家安全等方面扮演着重要角色。因此，建筑工程企业在施工合同订立、履行中能够正确地识别、理解和遵守强制性标准，既有助于降低企业经营中可能产生的法律风险，减少违约成本，促使企业合法合规经营；也有助于促进市场经济更有序地发展，使强制性国家标准在经济社会运行中发挥积极的作用。

【案情概要】

一、辜某胜、虞某琼、辜某桃、张某明与自贡宏图建筑工程有限责任公司建设工程施工合同纠纷案①

2013年11月，原告方与被告方订立《修建工程建房协议》，约定由被告方为原告方修建案涉工程。2014年7月案涉工程修建完毕，2014年10月原告、被告双方收到了当地建设工程质量安全监督站的审查意见，该审查意见指出：

1. 工程未竣工验收合格，业主已投入使用；
2. 未按设计图纸实施建筑节能保温，违反强制性标准；
3. 施工单位对部分现浇板裂缝未处理到位；
4. 屋面防水、背立面楼梯及立面造型等未按图施工，擅自改变设计；

① 四川省自贡市中级人民法院民事判决书，(2019)川03民终1555号。

5. 房屋部分框架柱混凝土抗压强度不能满足设计要求，柱箍筋间距偏大，不能满足设计和施工验收规范要求，部分基础被擅自改变设计……

2018 年 9 月，经原告单方委托，四川远建建筑工程设计有限公司作出建筑结构构件现状调查的安全性鉴定报告（报告编号：2018 房鉴 -045 号），鉴定意见为：房屋建筑构件施工不满足设计图纸及国家建筑工程相关设计规范、施工验收规范的要求，施工存在严重缺陷，建筑结构构件现状存在问题对房屋安全性已经产生影响，鉴定房屋不能满足安全使用要求，须全面进行检测、加固补强，并建议对房屋进行加固以彻底消除各种安全隐患。

原告以被告应当承担整改维修费用为由起诉至法院，引发本案诉讼。

二、云南弥渡庞威有限公司与弥渡五华建筑有限责任公司、罗某等建设工程施工合同纠纷案①

2012 年 7 月原被告订立《建设工程施工合同》，约定由被告承建原告的水泥磨机房技改工程。2012 年 10 月，案涉工程在进行顶层板面浇灌封顶时发生坍塌事故，造成 5 人死亡，7 人受伤，直接损失为 352 万元的重大安全责任事故。

事故的直接原因为：

一是水泥磨房技改工程高大模板支撑体系搭设违反强制性标准和规范；

二是水泥磨房技改工程在建设施工中，柱、梁、板同时浇筑，施工方案不当，违反《建筑施工模板安全技术规范》。

【争议焦点】

1. 建设工程施工合同约定违反强制性国家标准的合同条款是否有效？

2. 施工过程中违反强制性国家标准造成损失的，损失如何承担？

【判决概要】

一、辜某胜、虞某琼、辜某桃、张某明与自贡宏图建筑工程有限责任公司建设工程施工合同纠纷案

建筑工程施工应当按照建设施工图纸进行施工。原告作为案涉工程业主，在案涉工程施工文件上签名确认工程进度、相关工程验收，足以确认原告参与了案涉工程施工的相关工作，对案涉工程施工、材料的使用、工程验收是知情的，同时，被告也按照建筑施工操作规程将建筑施工材料进行送检并将工程进度进行了相关报批手续，建筑主管单位也对建设施工过程进行了监督检查。鉴

---

① 云南省高级人民法院民事判决书，（2016）云民终 637 号。

于被告方已按照原告方要求完成施工任务，现该建设工程已实际由被告方使用，应视为交付，因此，实际施工未按建设施工图进行并非原告单方行为。

最高人民法院《关于审理建设工程施工合同纠纷案件适用法律问题的解释》(已失效)第13条中规定："建设工程未经竣工验收，发包人擅自使用后，又以使用部分质量不符合约定为由主张权利的，不予支持。"原告在未经竣工验收合格的情况下擅自使用、出售案涉房屋，也未按照建设工程质量安全监督站《关于度佳镇张某明等四户改建房屋工程督查意见》指出的问题对案涉房屋进行加固整改，也未实际产生加固、整改费用，因此原告主张赔偿整改费用的损失不能成立。

二、云南弥渡庞威有限公司与弥渡五华建筑有限责任公司、罗某等建设工程施工合同纠纷案

一审法院认为，根据原《合同法》第120条的规定，"当事人双方都违反合同的，应当各自承担相应的责任"，该案中，虽然双方当事人均存在违约行为，但综合考量双方过错，由原告方自行承担30%的责任，被告方承担70%的责任即1930952.59元较为恰当。

二审判决也维持了上述责任承担比例。

【案件分析】

站在建筑行业角度，《国家标准管理办法》规定，就社会公共利益的角度而言，工程建设的质量、安全、卫生国家标准及国家需要控制的其他工程建设国家标准应当订立强制性国家标准，因此，在建筑工程行业对于标准的把控与管理十分严格。例如建设工程施工领域《建筑设计防火规范》《建筑施工模板安全技术规范》，存在大量的强制性国家标准。建工领域对于标准面临最直接的问题在于，在工程项目竣工验收时，必然将按照相应的国家标准予以验收。因此，对于标准的认知与把控对于企业运营便格外重要。

上述案例中涉及的损害赔偿责任纠纷产生的主要原因可以归结为以下两点：

1. 建设单位和施工单位订立的建设工程施工合同中的部分约定违反了强制性国家标准；

2. 建设工程施工合同履行过程中违反了强制性国家标准。

然而，合同约定违反了强制性国家标准是否必然导致该约定无效？以及合同履行中如发生违反强制性国家标准的行为，造成的损失如何承担？责任如何认定？上述问题需要根据标准规定、合同约定、实际履行的情形具体问题具体分析。

一、我国标准制度概述

本文之标准,指由主管机构批准,以特定形式发布作为共同遵守的准则和依据之标准制度体系。我国执行的标准体系并非像国外以立法形式呈现,而是独立的标准文件。根据《标准化法》的规定,我国的标准包括:国家标准、行业标准、地方标准和团体标准、企业标准。其中,国家标准又可分为强制性标准、推荐性标准;而行业标准、地方标准是推荐性标准。

(一)国家标准

国家标准分为强制性国家标准和推荐性国家标准。根据《标准化法》第10、11条的规定,强制性国家标准由国务院批准发布或者授权批准发布。

1. 强制性国家标准

根据《标准化法》第10条第1款的规定,对保障人身健康和生命财产安全、国家安全、生态环境安全以及满足经济社会管理基本需要的技术要求,应当制定强制性国家标准。国家强制性标准系对所涉产品、技术等的法定标准,所有人均应当遵守。

2. 推荐性国家标准

根据《标准化法》第11条的规定,对满足基础通用、与强制性国家标准配套、对各有关行业起引领作用等需要的技术要求,可以制定推荐性国家标准。推荐性国家标准由国务院标准化行政主管部门制定,并且推荐性标准的技术要求不得低于强制性国家标准的相关技术要求。

(二)行业标准、地方标准、团体标准、企业标准

1. 行业标准

根据《标准化法》第12条的规定,对没有推荐性国家标准但需要在全国某个行业范围内统一的技术要求,可以制定行业标准。行业标准由国务院有关行政主管部门制定,报国务院标准化行政主管部门备案。同时,根据《标准化法》第21条,行业标准的技术要求不得低于强制性国家标准的相关技术要求。

2. 地方标准

根据《标准化法》第13条规定,为满足地方自然条件、风俗习惯等特殊技术要求,可以制定地方标准。地方标准由省、自治区、直辖市人民政府标准化行政主管部门制定;设区的市级人民政府标准化行政主管部门根据本行政区域的特殊需要,经所在地省、自治区、直辖市人民政府标准化行政主管部门批准,可以制定本行政区域的地方标准。地方标准由省、自治区、直辖市人民政府标准化行政主管部门报国务院标准化行政主管部门备案,由国务院标准化行政主管部

门通报国务院有关行政主管部门。同时,根据《标准化法》第21条,地方标准的技术要求不得低于强制性国家标准的相关技术要求。

3. 团体标准

根据《标准化法》第18条的规定,国家鼓励学会、协会、商会、联合会、产业技术联盟等社会团体协调相关市场主体共同制定满足市场和创新需要的团体标准,由本团体成员约定采用或者按照本团体的规定供社会自愿采用。制定团体标准,应当遵循开放、透明、公平的原则,保证各参与主体获取相关信息,反映各参与主体的共同需求,并应当组织对标准相关事项进行调查分析、实验、论证。国务院标准化行政主管部门会同国务院有关行政主管部门对团体标准的制定进行规范、引导和监督。同时,根据《标准化法》第21条,团体标准的技术要求不得低于强制性国家标准的相关技术要求。

4. 企业标准

根据《标准化法》第19条的规定,企业可以根据需要自行制定企业标准,或者与其他企业联合制定企业标准。同时,根据《标准化法》第21条,企业标准的技术要求不得低于强制性国家标准的相关技术要求。

二、如何识别强制性国家标准

根据《标准化法》第2条第3款,"强制性标准必须执行。国家鼓励采用推荐性标准"。国家鼓励企业采用推荐性标准,而非强制企业采用,因此,对于企业来说,判别国家标准是否具有强制性对于执行标准时的成本将产生极大的影响。

(一)涉及人身安全、财产安全的标准应为强制性标准

《国家标准管理办法》明确规定了部分行业中涉及人身安全、财产安全的国家标准应当属于强制性国家标准。例如,药品行业、食品行业、兽药行业、农药行业、工程建设行业,产品生产、储运使用中的安全、卫生标准,劳动安全、卫生标准,环境保护、环境质量与污染物排放标准等。

(二)涉及通用技术、技术衔接的标准

《国家标准管理办法》还规定了涉及通用技术、技术衔接等的标准应为强制性标准,例如:重要的涉及技术衔接的通用技术术语、符号、代号(含代码)、文件格式和制图方法的标准,国家需要控制的通用试验、检验方法国家标准,互换配合国家标准等。

(三)通过标准代号判别强制性国家标准

国家标准的代号由大写汉语拼音字母构成。强制性国家标准的代号为"GB",推荐性国家标准的代号为"GB/T"。

（四）国家标准序言、制定部门公告中确定的强制性条文

实践中，在颁布强制性国家标准的同时，负责制定该标准的部门往往会同步公告该标准中具体哪些条文系强制性条文，并且作为标准的附件之一与标准一同颁布。除了上述条文以外，国家强制性标准中的其他条文则为非强制性条文。

（五）非强制性条文可能包含强制性标准的技术要求

实践中，存在部分条文本身是非强制性条文，然而其规定的技术标准实际上已包含其他强制性标准中相关条文的技术标准，即非强制性条文的技术标准高于强制性国家标准的情况。在这样的情况下，即便该条文是非强制性条文，但其规定的技术标准本身在其他强制性国家标准中有强制性条文规定的，仍然需要符合强制性条文的技术标准，并非简单依据非强制性条文就认为可以完全不遵守相应的技术标准。

三、强制性国家标准是否属于效力性强制性规定

本文认为，在探讨违反国家标准对于民事法律行为本身的影响之时，应当区分强制性国家标准与效力性强制性规定。

（一）对《民法典》第143、153条的解读

根据《民法典》第143条的规定可知，民事法律行为若要有效，需符合不违反法律、行政法规的强制性规定，不违背公序良俗的要求。同时《民法典》第153条第1款中又提到"但是，该强制性规定不导致该民事法律行为无效的除外"。由此可见，对于民事法律行为（例如合同）的效力问题，《民法典》的规定较为谨慎、严谨。

对于《民法典》第143、153条的理解，法学理论和司法实践中通常从三个方面进行解读：

1. 不违反法律、行政法规的规定；

2. 不违反法律、行政法规的效力性强制性规定；

3. 不违背公序良俗。

首先，对于第一项不违反法律、行政法规的规定，从法律文件的层级来讲，所谓法律、行政法规，指的是全国人民代表大会及其常委会制定的法律以及国务院制定的行政法规，除此之外的地方性法规、部门规章、地方政府规章以及其他规范性文件均不属于"法律、行政法规"的范畴。因此本文认为，须是全国人民代表大会及其常务委员会制定的法律以及国务院制定的行政法规才可能影响民事法律行为的效力。

其次，关于"效力性强制性规定"，《民法典》并未直接采用该表述，而是通

过反向解释的方式规定“该强制性规定不导致该民事法律行为无效的除外”。由此可见即便是法律、行政法规的强制性规定，也区分是否会导致民事法律行为无效的两种不同情形。对此，最高人民法院于 2019 年 11 月 8 日发布的《全国法院民商事审判工作会议纪要》中曾对“效力性强制性规定”进行过解释，笔者认为也可以适用于解释《民法典》的规定。

《全国法院民商事审判工作会议纪要》提道：对于强制性规定的识别，在考量强制性规定所保护的法益类型、违法行为的法律后果以及交易安全保护等因素的基础上认定其性质。同时提道：强制性规定涉及金融安全、市场秩序、国家宏观政策等公序良俗，交易标的禁止买卖，违反特许经营规定，交易方式严重违法，交易场所违法等情形的，应当认定为“效力性强制性规定”。

最后，关于不违背公序良俗，传统民法上认为公序良俗属于法律原则，并将其解释为“公共秩序 + 善良风俗”，其中公共秩序又包括市场秩序。但司法实践中一般来说涉及人身安全、重大财产安全、经济秩序、社会秩序等法益的都与公序良俗有关。

（二）强制性国家标准的法律地位

站在《民法典》的基础上，目前强制性标准的法律地位便存在一定的问题需要厘清——强制性标准属于什么效力等级？

1. 认为强制性国家标准属于效力性强制性规定的观点

一种观点认为，强制性标准属于效力性强制性规定。首先，顾名思义，强制性标准即法律规定应当符合的技术标准。结合前文所述，设立强制性国家标准的技术往往是涉及食品、药品、农药；产品生产、运输、使用中的安全、卫生，劳动安全卫生；工程建设的质量、安全、卫生等；污染物和环境保护；重要的涉及技术衔接的通用技术术语、符号、代号（含代码）、文件格式和制图方法；国家需要控制的通用的试验、检验方法等领域的。

不难发现，上述领域都是涉及国计民生、对社会经济秩序起着重要作用的领域，而国家设立强制性国家标准的目的就在于通过立法的方式规范社会经济运行。因此通过将强制性标准的效力上升至强制性规定则更有利于社会经济的稳定发展。

2. 认为强制性标准不属于效力性强制性规定的观点

同时，也有部分反对的观点认为不应将强制性标准认定为效力性强制性规定。根据《民法典》第 143、153 条的规定及相关司法解释，只有法律或行政法规才有可能成为效力性强制性规定。然而，强制性标准的制定机关往往只是国务院的一个或数个部门。根据《立法法》的规定，国务院部门颁布的规范性文件效力级别属于部门规章，而不属于法律、行政法规的范畴，而根据《民法典》第143、153条的规定，成为效力性强制性规定的前提需要是法律或行政法规。然而，鉴于部门规章本身并不属于法律、行政法规，并且强制性国家标准的效力级别也不可能高于部门规章，因此也就不可能成为法律、行政法规的强制性规定，更不可能成为效力性强制性规定。

3. 本文观点

本文观点认为，强制性标准原则上不属于效力性强制性规定，但部分涉及人身、财产安全、社会秩序、经济秩序稳定等的强制性标准也可能会用作认定合同等法律文件效力的依据。

强制性标准通常由标准化行政部门立项、组织起草，最终由国务院批准、授权发布，不属于法律、行政法规的范畴，原则上不属于《民法典》规定的效力性强制性规定。例如，建设工程领域的《建设工程工程量清单计价规范》《建设工程造价鉴定规范》《住宅建筑规范》《公共建筑节能设计标准》等，虽然是强制性国家标准，但是制定的主体仅仅是一个或数个国务院部门。对此上文已有论述，此处不再赘述。

然而，司法实践中目前也有部分对于"法律、行政法规才能规定效力性强制性规定"观点的突破，《全国法院民商事审判工作会议纪要》中就提到"规章的内容涉及金融安全、市场秩序、国家宏观政策等公序良俗的，应当认定合同无效"，同时提到"人民法院在认定规章是否涉及公序良俗时，要在考察规范对象基础上，兼顾监管强度、交易安全保护以及社会影响等方面进行慎重考量，并在裁判文书中进行充分说理"。由此可见，对于规章是否必然不属于效力性强制性规定，在法学理论和司法实践中是存在争议且值得商榷的。并且已有包括最高人民法院在内的不少法院认为违反规章的合同也存在被认定无效的可能性。

因此，部分强制性国家标准中如有涉及公序良俗或有可能涉及人身安全、重大财产安全、社会秩序、经济秩序稳定运行的，如建设工程施工领域《建筑设计防火规范》《建筑施工模板安全技术规范》中的部分关于施工安全、防火、防撞等级等相关的强制性条文，可能会被认定为效力性强制性规定。

此外，根据《民法典》第143、153条的规定，如双方的约定违反公序良俗将被认定为无效。司法实践中，对于上述"施工安全、防火、防撞等级"等类似的涉及人身安全、重大财产安全社会秩序、经济秩序稳定运行的强制性标准也可能被认定为公序良俗的一部分，因此即便该条技术标准未被认定为效力性强制性规定，同样有可能因为属于公序良俗的范畴而被用来作为认定施工合同约定是否有效、施工企业是否对工程质量承担责任等的依据。

四、违反强制性标准的法律后果

1. 原则上不属于违反法律、行政法规效力性强制性规定的情形。

如前所述,当前司法实践中对于合同约定违反强制性规定是否导致合同无效、不能履行等仍采取较审慎的口径,即原则上是只有违反法律、行政法规的效力性强制性规定,才可能会导致合同无效。而强制性国家标准本身并不属于法律、行政法规,原则上不会导致合同无效。

同时,在合同履行过程中,如经建设单位和施工单位协商一致、由双方确认对原施工合同的约定进行变更,并且工程已实际交付、完成竣工验收、建设单位实际使用,原则上法院倾向于认定属于合同双方的意思自治。

并且,根据最高人民法院《关于审理建设工程施工合同纠纷案件适用法律问题的解释》(已失效)第 13 条规定,建设工程未经竣工验收,发包人擅自使用后,又以使用部分质量不符合约定为由主张权利的,不予支持,同样是认为发包人擅自使用的行为系对于工程履行、工程质量的认可。

2. 危及人身安全、重大财产安全、社会秩序、经济秩序稳定运行的相关条款可能会被认定为无效。

如双方在施工合同中约定的技术标准已违反强制性国家标准的规定,并且存在危及人身安全、重大财产安全、社会秩序、经济秩序稳定运行,根据《民法典》第 143、153 条民事法律行为应当不违背公序良俗的规定,存在被认定为无效条款的可能。如该条款属于合同约定的核心条款影响工程能否竣工、能否符合使用标准等,甚至存在最终合同目的不能实现的可能。

3. 在实际施工中存在危及人身安全、重大财产安全、社会秩序、经济秩序稳定运行情形的,施工方可能将承担主要责任。

在实际施工过程中违反了可能危及人身安全、重大财产安全、社会秩序、经济秩序稳定运行情形的强制性标准的,司法实践中,根据已生效的法院案例,法院倾向于认定施工方存在责任;如对于该约定或者施工行为建设单位予以认可,则可能会认定双方均存在过错,但仍然倾向于认定施工方存在主要责任。

4. 工程经相关技术部门、监督部门认定为存在质量、安全隐患的,施工方存在承担行政责任的可能,后果严重的甚至承担刑事责任。

如前所述,如案涉的产品或技术存在违反强制性国家标准的重大漏洞,进而导致合同部分条款或整个合同被认定为无效。承担质量责任的一方不排除承担产品质量责任、民事侵权责任产生的相关民事赔偿责任、受到行政处罚,后果严重的或许可能承担刑事责任。

五、律师对施工企业经营合规的建议

1. 对于涉及危及人身安全、重大财产安全、可能影响工程竣工验收的强制性标准建议明确约定并且在施工中予以遵守。

在施工过程中符合强制性标准的规定系施工企业的法定义务。

如前所述,司法实践中部分法院认为部分强制性标准属于公序良俗,即对于人身安全、重大财产安全、经济秩序、社会秩序具有重大影响。对于该类具有公序良俗属性的强制性标准,如施工合同的约定与上述标准的规定不一致,存在被认定为无效的可能;而实际施工中如因此产生安全隐患、质量违约、行政处罚等,施工方可能会被认定存在主要责任,甚至可能因此认定合同目的不能实现。

因此,建议施工企业在订立及履行施工合同时,对于涉及危及人身安全、重大财产安全、可能影响工程竣工验收的强制性标准应当明确约定并且在施工中予以遵守,以免事后被追究合同约定无效的过错责任,以及因违反合同约定而产生的损害赔偿责任。

2. 施工过程中,尽可能通过书面形式与建设单位沟通双方在实际履行中对原合同的补充、变更,并由建设单位确认。

在施工合同的履行过程中,往往会涉及实际施工与合同约定、设计图不一致的情形,在这样的情况下,施工单位应当通过书面形式与建设单位沟通,并提供订立补充协议、签证、会议纪要、通知、函件等的方式与建设单位沟通,以确保双方就施工中的实际变更已达成一致,避免被认定为单方变更。

此外,司法实践中部分法院会以施工方单方的送审文件、产品质量说明书所载内容来推定双方关于产品、设施质量的约定。对此,建议施工方在对外报送文件时进行审查,报送的文件内容应当与合同、补充协议文件所载内容一致,避免误送、理解错误等情形导致在诉讼中产生争议。

此外,需要注意的是,如双方在合同、补充协议等文件中约定使用非强制性标准的,产品、设施等的质量需同时符合强制性标准的规定以及双方约定标准的规定。

结 语

经过对本文所引用的案例论述,笔者认为不应直接将强制性标准认定为法律、行政法规的效力性强制性规定,因此也不能仅根据违反强制性标准就认定合同效力。因此,当前需要讨论的是在没有违反法律、行政法规强制性规定的情况下,违反强制性标准是否会导致合同无效,以及是基于何种原因导致合同无效的。

然而,根据《标准化法》《标准化法实施条例》《国家标准管理办法》等规定,强制性标准的目的在于保障人体健康,人身、财产安全以及其他重要的社会公共利益。因此,虽然强制性标准的法律地位尚未明确,但违反强制性标准仍有可能被认定为违背公序良俗、损害社会公共利益的行为,进而依据《民法典》第143条关于公序良俗的规定认定合同条款无效。

同时,鉴于建设工程施工过程中往往涉及主体众多,所涉及的强制性标准也较多,而不同的强制性标准与社会公共利益的联系紧密程度也有差异,因此在签订施工合同以及实际施工中,需要严格遵守涉及人身安全、重大财产安全、社会秩序、经济秩序稳定运行的强制性标准,避免因约定违背公序良俗被认定为无效或是实际履行中由此导致根本违约、承担赔偿责任的情形。

相关法律规定

1.《民法典》

第一百四十三条　具备下列条件的民事法律行为有效:

(一)行为人具有相应的民事行为能力;

(二)意思表示真实;

(三)不违反法律、行政法规的强制性规定,不违背公序良俗。

第一百五十三条　违反法律、行政法规的强制性规定的民事法律行为无效。但是,该强制性规定不导致该民事法律行为无效的除外。违背公序良俗的民事法律行为无效。

2.《标准化法》

第十条　对保障人身健康和生命财产安全、国家安全、生态环境安全以及满足经济社会管理基本需要的技术要求,应当制定强制性国家标准。

国务院有关行政主管部门依据职责负责强制性国家标准的项目提出、组织起草、征求意见和技术审查。国务院标准化行政主管部门负责强制性国家标准的立项、编号和对外通报。国务院标准化行政主管部门应当对拟制定的强制性国家标准是否符合前款规定进行立项审查,对符合前款规定的予以立项。

省、自治区、直辖市人民政府标准化行政主管部门可以向国务院标准化行政主管部门提出强制性国家标准的立项建议,由国务院标准化行政主管部门会同国务院有关行政主管部门决定。社会团体、企业事业组织以及公民可以向国务院标准化行政主管部门提出强制性国家标准的立项建议,国务院标准化行政主管部门认为需要立项的,会同国务院有关行政主管部门决定。

强制性国家标准由国务院批准发布或者授权批准发布。

法律、行政法规和国务院决定对强制性标准的制定另有规定的，从其规定。

第二十五条 不符合强制性标准的产品、服务，不得生产、销售、进口或者提供。

3.《标准化法实施条例》(2024 年修订)

第十一条 对需要在全国范围内统一的下列技术要求，应当制定国家标准（含标准样品的制作）：

（一）互换配合、通用技术语言要求；

（二）保障人体健康和人身、财产安全的技术要求；

（三）基本原料、燃料、材料的技术要求；

（四）通用基础件的技术要求；

（五）通用的试验、检验方法；

（六）通用的管理技术要求；

（七）工程建设的重要技术要求；

（八）国家需要控制的其他重要产品的技术要求。

第十八条 国家标准、行业标准分为强制性标准和推荐性标准。

下列标准属于强制性标准：

（一）药品标准，食品卫生标准，兽药标准；

（二）产品及产品生产、储运和使用中的安全、卫生标准，劳动安全、卫生标准，运输安全标准；

（三）工程建设的质量、安全、卫生标准及国家需要控制的其他工程建设标准；

（四）环境保护的污染物排放标准和环境质量标准；

（五）重要的通用技术术语、符号、代号和制图方法；

（六）通用的试验、检验方法标准；

（七）互换配合标准；

（八）国家需要控制的重要产品质量标准。

国家需要控制的重要产品目录由国务院标准化行政主管部门会同国务院有关行政主管部门确定。

强制性标准以外的标准是推荐性标准。

省、自治区、直辖市人民政府标准化行政主管部门制定的工业产品的安全、卫生要求的地方标准，在本行政区域内是强制性标准。

建设工程中关于承包人超越资质等级签订施工合同的效力及相关争议

编前语

《建筑法》第3条明确规定，建筑活动应当确保建筑工程质量和安全，符合国家的建筑工程安全标准，这意味着我国建筑施工企业实行的是资质强制管理制度。因此建设工程发包人在选择工程项目的承包人时，除了着重考量工程价款、工期等因素外，往往还需要注意根据建设工程的建设面积、楼层、规模等要素审查承包人是否具备相应的施工资质标准。从某种意义上来说，发包人对于承包人施工资质的考察就是在帮助自身于合同磋商阶段提前做好风险把控，从而尽可能防止后续合同履行过程中产生隐患。然而，实践中也不乏一些发包人由于种种原因导致风险把控不利，在建设工程竣工完成后才发现承包人存在超越资质等级签订施工合同的情况，进而产生法律纠纷。鉴于建设工程的专业性及其特殊性，建设工程中承包人超越资质等级签订施工合同的效力认定以及相关争议究竟该如何解决，值得我们深入探讨。

【案情概要】①

2011年5月23日，案外人林凯公司作为陈杨新界项目发包人，与承包人、原告三建公司签订工程合同（以下简称合同一），合同约定工程总建筑面积约40万平方米，合同价款暂定6亿元。

2012年11月15日，因林凯公司将合同一的债权债务概括转让给被告凯创公司，使三建公司无法继续履行合同，经双方协商同意解除合同，同时凯创公司

---

① 浙江省三建建设集团有限公司、咸阳凯创置业有限责任公司建设工程施工合同纠纷案，最高人民法院民事判决书，（2020）最高法民终483号。

作为发包人就案涉工程与三建公司重新签订《建筑工程施工合同》。

2015 年 4 月 6 日,凯创公司向三建公司发函,主张因为三建公司未依照合同约定的竣工日期完成竣工,故要求解除案涉工程合同并要求三建公司尽速离场。

2015 年 4 月 14 日,三建公司向凯创公司回函,称关于工期延误的问题是因凯创公司未按合同约定支付工程进度款导致。

双方经多次协商,凯创公司同意宽限至 2014 年 4 月 30 日交工,但 2014 年 11 月三建公司已经无人在现场,项目自此处于停工状态。

2015 年 4 月 7 日三建公司离场,案涉工程中涉及的部分大楼已经交付使用,其余尚未交付的大楼,凯创公司也于 2015 年 4 月 7 日后将临建活动板房强制拆除并占有了施工场地。

原告、承包人三建公司在承建案涉工程时系建筑工程施工总承包一级资质,2017 年 8 月 15 日取得建筑工程施工总承包特级资质。三建公司与凯创公司因工程价款数额、施工合同效力及违约责任等争议不能达成一致,三建公司遂以凯创公司为被告提起诉讼。一审法院认定三建公司超资质承揽,案涉合同无效。后三建公司认为一审判决错误认定三建公司超资质承揽是案涉合同无效的原因,故提起上诉。

【争议焦点】

1. 凯创公司是否超越资质等级签订施工合同?

2. 超越资质签订的施工合同效力如何?

3. 承包人超越资质等级承建工程,可否请求发包人参照合同约定支付工程价款?

【判决概要】

1. 是否超越资质等级签订施工合同。二审法院认为,该案中,三建公司在离场前具有房屋建筑工程施工总承包一级资质,依法只能承建建筑面积 20 万平方米以下的住宅小区或建筑群体。案涉工程总建筑面积约 40 万平方米,远超三建公司依资质所能承建的范围。

2. 超越资质签订的施工合同效力。二审法院认为,最高人民法院《关于审理建设工程施工合同纠纷案件适用法律问题的解释》(已失效)第 1 条第 1 项规定,承包人未取得建筑施工企业资质或者超越资质等级的建设工程施工合同,应当根据原《合同法》第 52 条第 5 项的规定认定无效。一审判决认定三建公司超越资质等级承包工程致合同无效,具有事实和法律依据,二审予以维持。三建公司上诉称,三建公司于2017年8月15日取得了建筑工程施工总承包特级资质,根据《关于审理建设工程施工合同纠纷案件适用法律问题的解释》第5条的规定,承包人在建设工程竣工前取得相应资质等级,合同应认定为有效,三建公司的资质不影响合同效力。法院认为,对合同效力的评判应建立在合同订立和履行的基础之上。三建公司在订立合同及其后施工的全过程中均不具备相应资质。该公司于2015年4月7日离场时,尚不具备相应承建资质,于离场后2年取得相应资质的事实,不符合《关于审理建设工程施工合同纠纷案件适用法律问题的解释》第5条规定的情形,对合同效力不产生影响。

3. 超越资质等级时工程价款支付。一审法院根据《关于审理建设工程施工合同纠纷案件适用法律问题的解释》第14条第3项规定,建设工程未经竣工验收,发包人擅自使用的,以转移占有建设工程之日为竣工日期。《关于审理建设工程施工合同纠纷案件适用法律问题的解释》第2条规定:"建设工程施工合同无效,但建设工程经竣工验收合格,承包人请求参照合同约定支付工程价款的,应予支持。"该案中,虽然合同无效且涉案工程未经竣工验收,但是凯创公司已于2015年4月7日占有使用案涉工程,根据前述规定,应视为凯创公司已认可三建公司施工工程质量合格,所以三建公司请求参照合同约定支付工程价款有法律依据。另外,虽然凯创公司主张因为三建公司延误工期所以其已于2015年4月6日发函解除案涉工程合同,但是一审法院认定案涉工程工期的延误双方均有过错,凯创公司亦须负部分责任。至于应付工程款金额的计算,一审中双方同意针对2015年4月7日前三建公司已完成的施工工程量造价进行鉴定,一审及二审法院最终也依据鉴定报告结果计算凯创公司的应付工程款。

【案件分析】

一、建筑工程资质等级的概念及由来

建设工程质量涉及人民居住的重大安全问题,国家对建设工程的施工企业实行资质等级制度,不同资质等级的企业,对建设工程的承建能力不一样,为了加强对建筑活动的监督管理,维护建筑市场秩序,保证建筑工程的质量和安全,《建筑法》对于我国境内从事的建筑活动实施监督管理,确保建筑工程质量符合国家的建筑工程安全标准,保障人民生命安全。

《建筑法》第13条规定:"从事建筑活动的建筑施工企业、勘察单位、设计单位和工程监理单位,按照其拥有的注册资本、专业技术人员、技术装备和已完成的建筑工程业绩等资质条件,划分为不同的资质等级,经资质审查合格,取得相应等级的资质证书后,方可在其资质等级许可的范围内从事建筑活动。”

《建筑业企业资质管理规定》第3条规定:“企业应当按照其拥有的资产、主要人员、已完成的工程业绩和技术装备等条件申请建筑业企业资质,经审查合格,取得建筑业企业资质证书后,方可在资质许可的范围内从事建筑施工活动。”由此可见,我国采取的是依照承包人资质条件划分的方式,对其承建的建筑工程进行监督管理。

现行的《建筑业企业资质标准》于2015年1月1日实施,主要分成三个序列:施工总承包企业、专业承包企业以及劳务分包企业。其中,施工总承包企业资质等级标准包括建筑工程施工总承包资质标准、公路工程施工总承包资质标准等12个类别,原则上分为四个等级(特级、一级、二级、三级);专业承包企业资质等级标准包括地基基础工程专业承包资质标准、起重设备安装工程专业承包资质标准等36个类别,原则上分为三个等级(一级、二级、三级);劳务分包企业资质则不分类别与等级,而各个不同资质标准需要企业满足对应的资质条件。

值得注意的是,2022年2月23日国家住房和城乡建设部官网发布了《建筑业企业资质标准(征求意见稿)》,与过去施工总承包的资质标准分为特级、一级、二级、三级共四个等级的方式不同,意见稿针对施工总承包资质仅分为两个等级,即甲级、乙级。另外,意见稿对于建筑业企业的要求整体有所提升,主要体现在增加了企业缴纳增值税须达到一定门槛以及注册建筑师人数门槛,并且对于企业工程业绩的要求亦有增加。当然,由于本文撰写时该意见稿仍处征求意见阶段,不能确定最终版本与现版本是否会产生差异。虽然正式的资质标准尚未确定,但依照目前建筑工程改制的方向,未来势必对于建筑业企业的资质要求更加提升且更严格落实各类资质的管控。

在本文指引案例中,三建公司在离场前(2015年4月7日)所具有的资质等级为房屋建筑工程施工总承包一级资质,而根据当时施行的《建筑业企业资质等级标准》,取得房屋建筑工程施工总承包一级资质的企业可承担单项建安合同额不超过企业注册资本金5倍的下列房屋建筑工程的施工:(1)40层及以下、各类跨度的房屋建筑工程;(2)高度240米及以下的构筑物;(3)建筑面积20万平方米及以下的住宅小区或建筑群体。然而,系争的陈杨新界项目工程总建筑面积高达40万平方米,远远超过一级资质企业可承建的“建筑面积20万平方米及以下的住宅小区或建筑群体”这一范围,故法院认定三建公司确实存在超越资质等级承建工程的事实。

二、承包人资质对建设工程施工合同效力的影响

《建筑法》第26条第1款规定:"承包建筑工程的单位应当持有依法取得的资质证书,并在其资质等级许可的业务范围内承揽工程。"从法律目的角度对该法条进行解释,由于建设工程质量是密切关乎民生的重大安全问题,国家对建设工程的施工企业实行资质等级制度且不同资质等级的企业对各种建设工程的承建能力不一样,该条款应当解释为强制性规定,明确要求签署相关建设工程施工合同的当事人必须具备相应的建筑施工企业资质,而不具备相应资质的当事人签署的建设工程施工合同,性质上等同于缺乏合同生效的必备要件。

《关于审理建设工程施工合同纠纷案件适用法律问题的解释(一)》第1条规定:"建设工程施工合同具有下列情形之一的,应当根据民法典第一百五十三条第一款的规定,认定无效:(一)承包人未取得建筑业企业资质或者超越资质等级的……"由此可见,关于承包人的资质影响建设工程施工合同效力导致无效的类型主要为两种,第一种是承包人超越资质等级签订合同,第二种则是承包人未取得建筑业企业资质签订合同。

(一)承包人超越资质等级签订合同

承包人在签订建设工程施工合同时超越资质等级许可的范围,违反建筑法等相关法律的强制性规定,建设工程施工合同原则上应为无效。但建设工程施工企业在工程竣工前取得相应的资质等级时,合同效力可补正为有效。

《关于审理建设工程施工合同纠纷案件适用法律问题的解释(一)》第4条的规定:"承包人超越资质等级许可的业务范围签订建设工程施工合同,在建设工程竣工前取得相应资质等级,当事人请求按照无效合同处理的,人民法院不予支持。"这也就意味着即使承包人在施工合同签订时并不具备相应资质,但只要在工程竣工前取得相应资质等级,合同效力即可补正为有效。

实践中,资质等级申报审批用时往往较长,因此承包方为了能拓展业务,往往会基于上述法条之规定,采取先承建开工再同时进行资质等级申请审批的方式。只要承包人在建设工程竣工前取得相应的资质等级,因建设工程合同违反法律的禁止性规定已不存在,此时即可认定该建设工程合同有效。这种规定来源于合同效力补正理论,指虽然当事人所签订的合同因违反法律禁止性规定而无效,但当事人可以通过在一定期限内补正,来满足合同的生效条件促使合同有效。笔者认为这种规定主要考虑到我国建筑行业的现况,若严格要求承包人于签订合同时就须符合相应的资质等级,则将导致大量建设工程合同无效,长此以往不利于市场稳定,故在结合实际的情况下采取折中做法,在建设工程竣工前采取适当补正,这样既保证了工程建设的质量,又能兼顾建筑市场主体准

入制度，同时，也维护了交易自由与稳定，是实质公平与效率的兼顾，更是基于对司法解释进行合法性控制下的一种平衡与选择。

在本文案例中，三建公司于2015年4月7日离场前依法只能承建建筑面积20万平方米及以下的住宅小区或建筑群体，而案涉工程总建筑面积约40万平方米，已超过承包人可以承建建筑的最大面积范围，由于三建公司超越其资质等级签订建筑工程合同，因此法院依据《关于审理建设工程施工合同纠纷案件适用法律问题的解释（一）》第1条的规定认定案涉工程合同无效。

当然，对于超越资质签订施工合同的效力补正需关注时间节点问题，笔者在后文将着重论述。

（二）承包人无资质等级签订的施工合同效力

值得提醒的是，超越资质等级与无资质等级虽然均为承包人在承建工程时基于资质产生的争议问题，但笔者认为两者对于合同效力的影响有着本质区别。

在承包人超越资质等级签订施工合同之情况下，只要承包人在建设工程竣工前取得相应资质等级即可补正合同效力，但是在承包人根本无资质等级签订施工合同的情况下，承包人在建设工程竣工前取得相应资质等级的，是否仍可适用上述的补正理论，实务上对此大多持否定态度。即主流观点认为此种情况下无法补正合同效力，此时应根据《关于审理建设工程施工合同纠纷案件适用法律问题的解释（一）》第1条第1项规定认定合同无效。

在吉化第六中学校与吉林市时庆塑胶材料有限公司建设工程施工合同纠纷案①中，法院就指出，《关于审理建设工程施工合同纠纷案件适用法律问题的解释（一）》第4条的规定仅限于“超越”资质等级的情形，而且时间限于“建设工程竣工前”取得相应资质等级，承包人一方面属于“无”资质的情形，并非“超越”资质等级，对此种情形下的建设工程施工合同的效力补正没有法律依据。

笔者同意上述观点，因为“未取得法定资质”和“超越资质等级”在本质上是截然不同的。通俗理解来说，“未取得法定资质”相当于未达到行业门槛，而“超越资质等级”则相当于具备一定的建设能力但能力尚有欠缺或是能力足够但尚未得到行政主管部门的官方认可，考虑到建筑产品本身具有的公共安全性，其直接涉及众多百姓的生命和财产权利，基于这些建设工程的重要特性，法律对建筑施工企业规定了非常严格的市场准入条件，所以在承包人在签订合同时“未取得法定资质”的情况，即使承包人在竣工前取得相应资质等级也不应当

① 吉林省吉林市中级人民法院民事判决书，（2018）吉02民终2466号。

适用补正理论来认定为合同有效。

三、承包人超越资质等级签订的施工合同效力补正时间节点

根据现行《关于审理建设工程施工合同纠纷案件适用法律问题的解释(一)》第4条的规定,承包人超越资质等级许可的业务范围签订建设工程施工合同,若想要补正合同效力,需要在建设工程竣工前取得相应资质等级。因此,承包人取得相应资质等级的时间节点在此类争议中就显得尤为重要。

鉴于司法实践中对于超越资质等级签订施工合同的合同效力补正的把控和裁判没有完全统一的标准,法院往往会基于《关于审理建设工程施工合同纠纷案件适用法律问题的解释(一)》第4条以及工程施工的实际情况综合判断,因此笔者在检索大量案例后,对于合同效力补正所需三要件罗列如下:

第一,进行合同效力补正的范围只限于超越资质等级签订的施工合同;

第二,承包人在签订施工合同时已经具备与承接项目相匹配的施工能力且已经向有关行政主管部门申报相应的资质等级;

第三,在工程竣工前承包人取得了相应的资质等级。

(一)工程正常竣工

对于正常竣工的工程来说,上述法条中所明确的"工程竣工"这一时间节点,往往会以工程验收时间或者相关工程质量认证书上记载的工程竣工时间为基准。

在贵州贵新煤业有限公司诉贵州汇源建筑工程有限公司建设工程施工合同纠纷案①中,汇源公司迟于2013年7月5日取得房屋建筑工程施工总承包二级资质,而案涉工程竣工时间在2013年10月31日(见单位工程质量认证书)。根据最高人民法院《关于审理建设工程施工合同纠纷案件适用法律问题的解释》(已失效)第5条"承包人超越资质等级许可的业务范围签订建设工程施工合同,在建设工程竣工前取得相应资质等级,当事人请求按照无效合同处理的,不予支持"之规定,贵新煤业以汇源公司不具备资质为由主张施工合同无效,二审法院不予支持。再审中,最高人民法院也支持了二审法院判决。

在华信信托股份有限公司、大连富有机电安装工程有限公司等建设工程施工合同纠纷案②中,法院认为原告的资质证书载明其资质是建筑机电安装工程专业三级,虽然原告资质证书落款时间是2019年3月20日,但双方于2019年

① 贵州省六盘水市水城区人民法院(原贵州省水城县人民法院)民事判决书,(2018)黔0221民初4566号。

② 辽宁省大连市中级人民法院民事判决书,(2021)辽02民终9472号。

11 月 17 日进行竣工验收，结合案涉合同等施工内容及合同价款，原告在案涉工程竣工前取得案涉合同涉及的资质；关于原告、被告相关施工约定属于主体工程部分，考虑到建筑机电安装工程也包括相应约定的施工内容，故一审法院认为原告亦有施工资质，则依照最高人民法院《关于审理建设工程施工合同纠纷案件适用法律问题的解释》（已失效）第 5 条，一审法院认定案涉施工合同及相关施工约定系原告、被告真实意思表示，无违反法律法规强制性规定内容，合法有效，双方均应依约履行。

（二）工程未正常竣工

而针对未正常竣工验收的相关工程，此处合同效力补正的时间节点便往往以工程实际施工完毕的时间为基准，即承包人工程施工完毕后将建设工程实际交付发包人的时间，而非建设、勘察、设计、监理、施工单位共同验收工程的时间。

在本文指引案例中，法院认为三建公司虽于 2015 年 11 月 3 日已取得建筑工程施工总承包特级资质，但对于未完工程，一般应以承包人停止建设，将工程实际交付发包人前是否取得与承揽工程相适应的资质等级作为认定合同效力的事实基础，三建公司的资质等级要求应以 2015 年 4 月 7 日三建公司离场时点做认定，纵使三建公司起诉时已经取得相应的资质，法院仍不采纳三建公司的主张，认定合同不适用《关于审理建设工程施工合同纠纷案件适用法律问题的解释（一）》第 4 条补正的情形。

（三）特别情形

笔者必须提请注意，在实践中也不乏法庭结合实际施工情况以及双方争议，对合同补正时间节点更加严格把控的相关案例。在上海一岛建筑灯光设计有限公司与山西仙龙房地产开发集团有限公司合同纠纷案[①]中，再审法院认为对建设工程施工合同效力的认定标准是建立在合同效力补正理论和实践中建设行政主管部门对建筑企业的资质实行动态管理的基础之上。对已经具备一定建设能力、正在申报相应资质等级而尚未获得批准的建筑企业，由于其承揽的建设工程质量能够得到相应保证，对其取得资质之前签订的建设合同予以认可也不会违背建筑法的立法本意。故而根据上述司法解释，对此类合同在裁判时应依据该标准认定有效，但在司法实践中要严格限定补正时间。

该案中一岛公司取得建筑企业“城市及道路照明工程专业承包三级”资质是 2016 年 9 月 18 日，处于整个施工的中间阶段，虽然符合全部竣工之前的时间

① 山西省高级人民法院民事裁定书，(2019)晋民申 384 号。

要求，但远远超过了第一份合同的约定结束时间即2016年6月20日。综合宏观角度以及施工实际情况等多方面的考量，再审法院最终认定该案第二、三份合同无效。

（四）常见错误主张

另外需要注意的是，合同效力的补正时间节点是在“工程竣工前”，以起诉前或一审法庭辩论终结前作为补正时间节点是无法获得支持的。许多大型工程项目的施工合同相关方往往优先考虑通过双方协商方式解决争议，因此双方在进入司法程序前通常会花费较长时间，据笔者实务经历而言，工程施工完毕后间隔2～3年及以上才进入司法程序的情况比比皆是，然而鉴于我国司法资源不足以及建设工程相关诉讼之复杂性，在双方进入司法程序后，法院审理过程通常也需要花费半年至一年以上，因此建设施工企业若以起诉前或一审法庭辩论终结前取得了相应资质来作为合同效力补正的时间节点，从常理角度来看，此时取得的资质已经与工程的建设没有技术上的联系，无法证明其在工程施工时已经具备了相应的建设资质，无法证明其在工程施工时具备了够格的相应施工能力，更无法保障该工程建设的质量。因此笔者也认同合同效力补正的时间节点不应过于延长，以免失去有关部门设置合同效力补正规定真正的法律目的，使之流于形式。

四、因资质原因合同无效后工程款如何追索

虽然承包人超越资质等级签订了施工合同，如在工程竣工前该承包人也仍未获得相应资质，那么合同效力自然无法根据笔者前文论述进行补正，但承包人毕竟为承建工程花费了大量的人力、物力成本，因此在司法实践中为了维护社会秩序稳定，也并不会让超越资质承包工程的承包人落得血本无归的下场。在施工合同被认定无效时，关于后续双方应如何解决争议，工程款项该如何给付、认定，实务上主要采取折价补偿原则和损害赔偿原则两种做法。

（一）折价补偿原则

根据《民法典》第793条及《关于审理建设工程施工合同纠纷案件适用法律问题的解释（一）》第24条规定，建设工程施工合同被认定无效后可以按照以下方式折价补偿：

1. 建设工程验收合格的，可以参照实际履行或者最后签订合同关于工程价款的约定折价补偿承包人；

2. 建设工程验收不合格，但修复后经验收合格的，可以参照实际履行或者最后签订的合同关于工程价款的约定折价补偿承包人，发包人可以请求承包人承担修复费用；

3. 建设工程验收不合格,且修复后仍未验收合格的,无权请求参照合同关于工程价款的约定折价补偿承包人。

在本文指引案例中,法院就认为根据《关于审理建设工程施工合同纠纷案件适用法律问题的解释》(已失效)第 14 条第 3 项规定,建设工程未经竣工验收,发包人擅自使用的,以转移占有建设工程之日为竣工日期。该解释第 2 条规定:“建设工程施工合同无效,但建设工程经竣工验收合格,承包人请求参照合同约定支付工程价款的,应予支持。”该案工程未经竣工验收,凯创公司已于 2015 年 4 月 7 日占有使用案涉工程,根据前述规定,应视为凯创公司已认可三建公司施工工程质量合格。三建公司请求参照合同约定支付工程价款具有事实及法律依据。

(二)损害赔偿原则

根据《关于审理建设工程施工合同纠纷案件适用法律问题的解释(一)》第 6 条第 1 款的规定:“建设工程施工合同无效,一方当事人请求对方赔偿损失的,应当就对方过错、损失大小、过错与损失之间的因果关系承担举证责任。”合同无效后的损害赔偿责任属于缔约过失责任,而缔约过失责任的损害赔偿范围原则上仅包括实际损失,不包括可得利益损失。因此,建设工程施工合同无效的赔偿责任所补偿的范围仅包括实际发生的损失,实际发生的损失主要包括因订立及履行合同支出的费用,停工、窝工、工期延误损失,工程质量导致的损失等,对于尚未确定或发生的损失,笔者建议可在损失确定或发生后再另行主张。

在本文指引案例中,凯创公司主张未使用的甲供材应从工程造价中扣减,一审法院未予支持,告知该公司另行主张。凯创公司就此提出上诉,二审法院最终认为,甲供材未使用到案涉工程中,仍属于凯创公司的财产,且部分材料在双方争抢工程的过程中损坏、丢失,一审法院告知凯创公司另行主张,不影响凯创公司权利救济,不违反法律规定。对凯创公司此项上诉理由,二审法院并没有予以支持。

《关于审理建设工程施工合同纠纷案件适用法律问题的解释(一)》第 6 条第 2 款规定:“损失大小无法确定,一方当事人请求参照合同约定的质量标准、建设工期、工程价款支付时间等内容确定损失大小的,人民法院可以结合双方过错程度、过错与损失之间的因果关系等因素作出裁判。”因此,合同无效损失赔偿的认定标准应是一方当事人有过错、另一方当事人受到损害,并且该损害与该过错之间有因果关系,请求损害赔偿一方应对上述要件加以证明。

另外,实践中双方经常会对总包管理费、保函手续费等费用作出约定,但在合同无效情况下,依照《民法典》第 793 条规定仅有建设工程款可比照合同约定请求，故关于管理费等其他费用的约定，不能类推适用工程款请求的规定，此时只能按照合同无效的后果将该部分费用返还原权利人。

结　语

本文以最高人民法院相关案例为引，深入探讨了建设工程中关于承包人超越资质等级签订施工合同效力的相关问题，并结合司法实践及法理剖析了合同效力补正、效力补正时间以及工程款如何追索等相关重点争议。

笔者在此也建议各位发包人，为避免日后累诉造成不便，发包人应从风险管控的角度出发，在工程合同订立前就对于承包方的资质做好严实把控，当然承包方也应于工程合同订立前与发包方沟通确认建筑工程的规模以及所需的资质等级，避免建筑工程开工或竣工后产生争议。发包人或者分包人审核承包人资质的时候，宜注意审核承包人是否取得建筑施工企业资质，已经取得建筑施工企业资质证书的，需要注意审核资质证书上批准的承接项目内容是否与实际承包工程的项目内容一致，以及资质证书上批准的资质等级是否符合实际承包工程项目的规模。同时，承包人也应当注意审核发包人的用地规划许可证、工程规划许可证、施工许可证等开发建设手续是否齐全。双方唯有做好事前防范，才能更好地避免后续因承包人资质问题产生争议。

相关法律规定

1.《民法典》

第一百五十三条　违反法律、行政法规的强制性规定的民事法律行为无效。但是，该强制性规定不导致该民事法律行为无效的除外。违背公序良俗的民事法律行为无效。

第七百九十三条　建设工程施工合同无效，但是建设工程经验收合格的，可以参照合同关于工程价款的约定折价补偿承包人。建设工程施工合同无效，且建设工程经验收不合格的，按照以下情形处理：

（一）修复后的建设工程经验收合格的，发包人可以请求承包人承担修复费用；

（二）修复后的建设工程经验收不合格的，承包人无权请求参照合同关于工程价款的约定折价补偿。

发包人对因建设工程不合格造成的损失有过错的，应当承担相应的责任。

2.《合同法》（已失效）

第五十二条　有下列情形之一的，合同无效：

（一）一方以欺诈、胁迫的手段订立合同，损害国家利益；

（二）恶意串通，损害国家、集体或者第三人利益；

（三）以合法形式掩盖非法目的；

（四）损害社会公共利益；

（五）违反法律、行政法规的强制性规定。

第五十八条　合同无效或者被撤销后，因该合同取得的财产，应当予以返还；不能返还或者没有必要返还的，应当折价补偿。有过错的一方应当赔偿对方因此所受到的损失，双方都有过错的，应当各自承担相应的责任。

3.《建筑法》

第三条　建筑活动应当确保建筑工程质量和安全，符合国家的建筑工程安全标准。

第十三条　从事建筑活动的建筑施工企业、勘察单位、设计单位和工程监理单位，按照其拥有的注册资本、专业技术人员、技术装备和已完成的建筑工程业绩等资质条件，划分为不同的资质等级，经资质审查合格，取得相应等级的资质证书后，方可在其资质等级许可的范围内从事建筑活动。

4.《建筑业企业资质管理规定》（已修改）

第三条　企业应当按照其拥有的资产、主要人员、已完成的工程业绩和技术装备等条件申请建筑业企业资质，经审查合格，取得建筑业企业资质证书后，方可在资质许可的范围内从事建筑施工活动。

5. 最高人民法院《关于审理建设工程施工合同纠纷案件适用法律问题的解释（一）》

第一条第一款　建设工程施工合同具有下列情形之一的，应当依据民法典第一百五十三条第一款的规定，认定无效：

（一）承包人未取得建筑业企业资质或者超越资质等级的；

（二）没有资质的实际施工人借用有资质的建筑施工企业名义的；

（三）建设工程必须进行招标而未招标或者中标无效的。

第四条　承包人超越资质等级许可的业务范围签订建设工程施工合同，在建设工程竣工前取得相应资质等级，当事人请求按照无效合同处理的，人民法院不予支持。

第六条　建设工程施工合同无效，一方当事人请求对方赔偿损失的，应当就对方过错、损失大小、过错与损失之间的因果关系承担举证责任。

损失大小无法确定，一方当事人请求参照合同约定的质量标准、建设工期、工程价款支付时间等内容确定损失大小的，人民法院可以结合双方过错程度、过错与损失之间的因果关系等因素作出裁判。

第二十四条　当事人就同一建设工程订立的数份建设工程施工合同均无效，但建设工程质量合格，一方当事人请求参照实际履行的合同关于工程价款的约定折价补偿承包人的，人民法院应予支持。

实际履行的合同难以确定，当事人请求参照最后签订的合同关于工程价款的约定折价补偿承包人的，人民法院应予支持。

6. 最高人民法院《关于审理建设工程施工合同纠纷案件适用法律问题的解释》（已失效）

第二条　建设工程施工合同无效，但建设工程经竣工验收合格，承包人请求参照合同约定支付工程价款的，应予支持。

第三条第一款　建设工程施工合同无效，且建设工程经竣工验收不合格的，按照以下情形分别处理：

（一）修复后的建设工程经竣工验收合格，发包人请求承包人承担修复费用的，应予支持；

（二）修复后的建设工程经竣工验收不合格，承包人请求支付工程价款的，不予支持。

工程分包案件的法律分析、司法实践及风险防范

编前语

建筑业在中国经济发展进程中一直扮演着重要角色。建设工程的工程量通常都比较大,工期相对较长,工程承包、发包是一种商业行为,双方签订承包合同,明确双方各自的权利与义务,承包商为业主完成工程项目的全部或部分项目建设任务,并从项目业主处获取相应的报酬。采用分包的形式将有利于提高某些承包人在设备、资金等方面的不足或有利于加快工程的进度,但是"多层分包""私自分包""整体转包"等一系列的违规操作是被法律所禁止的。住房和城乡建设部办公厅每年亦在其官网上对建筑工程施工转包、违法分包等违规现象进行通报。本文将对建筑工程领域的分包问题进行探讨,并结合法院最新裁判观点探讨发包人与分包人的权责边界。

【案情概要】①

本文引导案例系建设工程分包合同纠纷,分包人葛某(原告、上诉人)诉承包人海天公司(被告、上诉人)要求支付工程款。

2012 年 6 月,瑞昌公司(第三人)作为招标人,就江西省瑞昌市大唐新区建设三项工程进行公开招标,海天公司中标。2012 年 7 月 28 日,瑞昌公司作为发包人、海天公司作为承包人,双方签订《施工合同》,约定三个活动中心于 2013 年 10 月底前竣工。2012 年 11 月 26 日,海天公司大唐新区项目部(以下简称承包人项目部)作为甲方,葛某作为乙方,双方签订《经营责任书》,双方约定:"承

① 葛某、海天建设集团有限公司建设工程分包合同纠纷案,最高人民法院民事判决书,(2020)最高法民终 1165 号。

包人项目部委派葛某作为三个活动中心项目的经营负责人对工程实施经营承包;结构类型及层数为框架、地下一层、地上五层;建筑面积为31726.37平方米;合同造价约1亿元(最终以审定决算为准)。"《经营责任书》第4条第2款另约定,经营负责人葛某应上交公司的利润为工程总造价的5.1%。随后葛某组织施工班组进场施工。2015年8月30日,案涉工程竣工。2015年11月18日,案涉工程通过竣工验收备案,并于2015年11月24日正式向工程使用方瑞昌市大唐新区管委会移交案涉工程。

【争议焦点】

1. 承包人项目部与葛某签订的《经营责任书》的性质及效力、是否属于违法分包?

2. 承包人应付工程款数额应当如何确定?

3. 葛某应否向承包人支付按工程总造价5.1%计算的利润(管理费)?

4. 承包人应支付工程款的具体数额;是否应支付欠付工程款利息,如支付,具体如何计算(包括起算时间、计算标准)?

5. 承包人应否支付逾期付款的损失?如支付,具体如何计算(包括起算时间、计算标准)?

【判决概要】

就《经营责任书》性质的问题:一审江西省高级人民法院认为,发包人与承包人签订的《施工合同》系双方真实意思表示,不违反法律强制性规定,应属合法有效合同。葛某与承包人项目部于2012年11月26日签订了《经营责任书》,因承包人项目部系承包人设立的临时部门,不具备法人资格,不能对外独立承担民事责任,且承包人对承包人项目部与葛某签订的《经营责任书》予以认可,故《经营责任书》中的权利义务应由承包人承担。《经营责任书》的约定内容表明,承包人将其承包的三个活动中心约31726.37平方米的框架、地下一层地上五层以包工包料的方式交由葛某施工(总造价约1亿元,最后以结算为准),实为分包合同。但因葛某并不具备相应的施工资质,根据《合同法》(已失效)第272条第3款关于"禁止承包人将工程分包给不具备相应资质条件的单位"、《建筑法》第29条第3款关于"禁止总承包单位将工程分包给不具备相应资质条件的单位"之规定,葛某与承包人项目部之间的《经营责任书》,违反法律、行政法规的强制性规定,应属无效合同。二审最高人民法院认为,原审判决认定承包人海天公司与葛某之间形成建设工程分包合同关系,葛某可以向承包人主张本案工程款,有事实依据,并无不当。

就承包人应付工程款数额应当如何确定问题:一审江西省高级人民法院认为,案涉工程于2015年11月18日通过竣工验收备案,并于同年11月24日正式向工程使用方瑞昌市大唐新区管委会移交案涉工程,根据最高人民法院《关于审理建设工程施工合同纠纷案件适用法律问题的解释》(已失效)第2条"建设工程施工合同无效,但建设工程经竣工验收合格,承包人请求参照合同约定支付工程价款的,应予支持"的规定,本案可参照葛某与承包人项目部之间签订的《经营责任书》及承包人与发包人签订的《施工合同》约定计算诉争工程价款。经葛某、承包人海天公司、瑞昌公司三方就鉴定机构协商一致,对案涉工程造价委托人和造价公司进行鉴定。二审最高人民法院认为,原审法院依据人和造价公司出具的鉴定意见确定本案工程总造价为117435748.50元,并无不当,承包人已向葛某支付工程款为66610717.46元,葛某应承担的工程税费、利润及风险金为16410205.6元。因此,承包人尚欠葛某工程款为34414825.44元(117435748.5元-66610717.46元-16410205.6元=34414825.44元)。

就葛某应否向承包人支付管理费问题:一审江西省高级人民法院认为,根据《经营责任书》第4条第2款的约定,经营负责人葛某应上交公司利润为工程总造价的5.1%(3.6%+1.5%)。据此,葛某应向承包人缴纳的利润(管理费)金额为117435748.5元×5.1%≈5989223.17元。

二审最高人民法院认为,葛某与承包人签订的《经营责任书》因违反法律的强制性规定而无效,合同中有关利润的约定亦无效。承包人依据无效合同主张葛某应向其支付利润不符合法律规定,原审判决认定葛某应按《经营责任书》的约定向承包人支付利润不当,二审予以纠正。

二审最高人民法院认为,鉴于案涉工程施工过程中,承包人的金华分公司向葛某支付了工程进度款并代扣代缴了工程税金,工程竣工后,亦办理了工程资料的交接等,二审酌定葛某向承包人支付300万元实际劳务成本。

就承包人应否支付欠付工程款利息:二审最高人民法院认为,根据本案事实,案涉工程于2015年11月18日竣工验收后,承包人尚欠葛某工程款未付清,故原审判决参照《施工合同》约定,确定承包人应自案涉工程竣工验收备案一年后即2016年11月18日起,按中国人民银行同期同类贷款利率标准向葛某支付未付工程款的利息,并无不当。

就承包人应否支付逾期付款的损失问题:一审江西高级人民法院认为,结合业已查明的事实来看,案涉工程合同约定的竣工日期为2013年10月底,实际通过竣工验收备案日为2015年11月18日,按照上述"第二年全部付清"的约定,本应自 2016 年 11 月 18 日开始计算逾期付款损失,但因葛某施工的工程实际竣工日期比合同约定的延后了 2 年,按照公平原则,逾期付款的损失起算点也应相应延后两年即调整至 2018 年 11 月 18 日。

二审最高人民法院认为,最高人民法院《关于审理建设工程施工合同纠纷案件适用法律问题的解释(二)》(已失效)第 3 条规定:“建设工程施工合同无效,一方当事人请求对方赔偿损失的,应当就对方过错、损失大小、过错与损失之间的因果关系承担举证责任。损失大小无法确定,一方当事人请求参照合同约定的质量标准、建设工期、工程价款支付时间等内容确定损失大小的,人民法院可以结合双方过错程度、过错与损失之间的因果关系等因素作出裁判。”本案中,葛某未提交证据证明承包人迟延支付工程款给其造成了除工程款利息之外的损失。在此情形下,原审判决确定承包人自 2018 年 11 月 18 日起按日万分之二的标准向葛某支付欠付工程款的损失不当,二审予以纠正。最终二审判决变更为承包人自 2016 年 11 月 18 日起至该款付清之日止的利息(2019 年 8 月 19 日之前按中国人民银行公布的同期一年期贷款基准利率计付;2019 年 8 月 20 日起按全国银行间同业拆借中心公布的同期一年期贷款市场报价利率计付)。

【案件分析】

一、分包的界限

所谓建筑工程的分包,是指对建筑工程实行总承包的单位,将其总承包的工程项目的某一部分或某几部分,再发包给其他的承包单位,与其签订总承包合同项下的分包合同。此时,总承包合同的承包人即成为分包合同的发包人。[①]显然,分包是被允许的,但需要符合法律法规的相关规定。

《建筑法》第 29 条规定:“建筑工程总承包单位可以将承包工程中的部分工程发包给具有相应资质条件的分包单位;但是,除总承包合同中约定的分包外,必须经建设单位认可。施工总承包的,建筑工程主体结构的施工必须由总承包单位自行完成。”

依据《招标投标法》第 30 条,投标人拟在中标后将中标项目的部分非主体、非关键性工程进行分包的,应在投标文件中予以载明。

《招标投标法》第 48 条第 2 款规定:“中标人按照合同约定或者经招标人同意,可以将中标项目的部分非主体、非关键性工作分包给他人完成。接受分包的人应当具备相应的资格条件,并不得再次分包。”

根据上述法条,我们总结出工程分包具有如下界限:

1. 总承包人已经与发包人签订了承包合同;

2. 分包人应当具有承担相应分包工程建设的资质;

3. 分包工程必须经过发包人的同意;

4. 工程建设项目只能实行一次分包,分包单位不得将其承包的工程再分包;

5. 建筑工程主体结构的施工必须由总承包人自行完成,不得进行分包。

二、违法分包的概念、表现形式及与转包的区别

(一)违法分包的概念

虽然合法的分包是被允许的,但是实际操作中往往出现了许多违规操作的违法分包行为。

根据住房和城乡建设部发布的《建筑工程施工发包与承包违法行为认定查处管理办法》(以下简称建市规〔2019〕1 号)第 11 条规定:“本办法所称违法分包,是指承包单位承包工程后违反法律法规规定,把单位工程或分部分项工程分包给其他单位或个人施工的行为。”

因此,实践过程中的“多层分包”“私自分包”,如未经发包人的同意,或分包单位将其承包的工程再分包的,或建筑工程主体结构的施工非由总承包人亲自完成的,皆属违法分包的情形。

(二)违法分包的表现形式

建市规〔2019〕1 号第 12 条对违法分包的表现形式进行了进一步的列举:“存在下列情形之一的,属于违法分包:(一)承包单位将其承包的工程分包给个人的;(二)施工总承包单位或专业承包单位将工程分包给不具备相应资质单位的;(三)施工总承包单位将施工总承包合同范围内工程主体结构的施工分包给其他单位的,钢结构工程除外;(四)专业分包单位将其承包的专业工程中非劳务作业部分再分包的;(五)专业作业承包人将其承包的劳务再分包的;(六)专业作业承包人除计取劳务作业费用外,还计取主要建筑材料款和大中型施工机械设备、主要周转材料费用的。”

总结而言,是否涉及违法分包主要涉及考虑点为:

(1)分包人的资质(个人不得承包);

(2)分包的工程结构部分必须是非主体工程以外的部分(钢结构工程除外);

(3)劳务部分可以再分包,但作为专业作业承包人不得将其劳务部分进行再分包;

(4)专业作业承包人仅可计取劳务作业费用,不得另行计取主要建筑材料款、大中型施工机械设备、主要周转材料费用。

(三)分包与转包的区别

所谓"转包",是指建筑工程的承包方将其承包的建筑工程倒手转让给他人,使他人实际上成为该建筑工程新的承包方的行为。

依据国务院发布的《建设工程质量管理条例》第 78 条和住房和城乡建设部发布的《建筑工程施工发包与承包违法行为认定查处管理办法》第 7 条的规定,"转包"是指承包单位承包工程后,不履行合同约定的责任和义务,将其承包的全部工程或者将其承包的全部工程肢解后以分包的名义分别转给其他单位或施工的行为。

在《建设工程质量管理条例》第 78 条对肢解进行了进一步解释,即"本条例所称肢解发包,是指建设单位将应当由一个承包单位完成的建设工程分解成若干部分发包给不同的承包单位的行为"。

综上,本文总结分包与转包二者的区别如下。

1. 二者发生的时间不同

转包行为通常发生在转包人取得承包权之后,可能本身取得的就是总承包权,也可能是基于总承包手中合法获得的分包。分包系基于总承包单位将承包工程中的部分工程发包给具有相应资质条件的分包单位。

2. 二者涉及的工程范围不同

转包既可能是将工程整体转包,也可能是肢解后另行分包;分包只能是总承包工程中的部分工程(工程主体建筑结构除外)。

不难看出,转包是承包人实际退出了工程施工关系,不再参与工程技术经济实质性活动,将承包工程全部转手倒卖给了他人;肢解发包是转包的其中一种形式,是指该部分的工程,应当由总承包人进行施工,而总承包人将禁止再次分包的工程部分,分割为若干部分,并对外进行再分包的行为。而分包系指具有相应资质的承包商,经过发包人的同意,对建筑工程主体结构以外的工程部分进行承包施工。至于是否涉及违法分包,分包人的资质及分包人是否将其承包的工程进行再分包将成为关键区分点。

三、分包与挂靠的区别

(一)挂靠的概念

"挂靠"是指无资质的施工人借用有资质的建筑施工企业名义进行工程建设的行为,系被法律所禁止的违法行为。

(二)挂靠的表现形式

建市规〔2019〕1 号第 10 条对挂靠的情形已进行了列举,此处不做赘述。

(三)“分包”与“挂靠”的区别点

1. 合法性角度

“分包”系合法的,“违法分包”才是被法律所禁止的,且“违法分包”系指有资质的分包承包人将工程再分包给无相应资质的单位或个人或出现其他法规所禁止的情形,而“挂靠”本身就系违法的行为。

2. 实际施工人

分包情形下,承包人通常即实际施工人。而在挂靠情形下,实际施工人与名义上的承包人非同一人,若发生事故,将对责任承担问题产生争议。

四、违法分包下合同效力的问题

在总包与分包相结合的承包形式中,通常存在两份合同关系。其一,建筑工程的发包单位与总承包单位订立的施工合同(总承包合同);其二,由承包人与分包人签订相应承包合同(分包合同)。

倘若出现违法分包的情形,承包人与分包人所签订合同的效力性质如何进行认定,以及对应效力所产生的后果是值得重点关注的问题。

《民法典》第143条规定有效的民事法律行为应当具备下列条件:(1)行为人具有相应的民事行为能力;(2)意思表示真实;(3)不违反法律、行政法规的强制性规定,不违背公序良俗。

《民法典》中提到的“法律、行政法规的强制性规定”是指依照由全国人大及其常委会制定的法律和由国务院制定的行政法规。在建筑工程领域,《建筑法》第26条明确规定:“承包建筑工程的单位应当持有依法取得的资质证书,并在其资质等级许可的业务范围内承揽工程。”

因此,构成建筑工程承包合同有效的要件系:

(1)建筑工程承包合同的主体资格要合法;

(2)合同须采用书面的订立形式;

(3)双方订立合同前已经过充分协商,意思表示真实;

(4)合同中对发包方和承包方的权利义务作出明确约定。

(一)违法分包的建设工程合同无效

最高人民法院《关于审理建设工程施工合同纠纷案件适用法律问题的解释(一)》第1条规定:“建设工程施工合同具有下列情形之一的,应当依据民法典第一百五十三条第一款的规定,认定无效:(一)承包人未取得建筑业企业资质或者超越资质等级的;(二)没有资质的实际施工人借用有资质的建筑施工企业名义的;(三)建设工程必须进行招标而未招标或者中标无效的。承包人因转包、违法分包建设工程与他人签订的建设工程施工合同,应当依据民法典第一百五十三条第一款及第七百九十一条第二款、第三款的规定,认定无效。”

同时,在《建筑法》第29条第3款、《建设工程质量管理条例》第25条第3款及最高人民法院《关于审理建设工程施工合同纠纷案件适用法律问题的解释(一)》第4条都对违法分包合同效力的问题作出了规定。承包人非法转包、违法分包建设工程或者没有资质的实际施工人借用有资质的建筑施工企业名义与他人签订建设工程施工合同的行为无效。

(二)将劳务部分向具有劳务作业资质的单位再分包有效

住房和城乡建设部出台的《建筑业企业资质管理规定》第5条规定:“建筑业企业资质分为施工总承包资质、专业承包资质、施工劳务资质三个序列……施工劳务资质不分类别与等级。”

分包人虽不能将分包工程进行二次分包,但是因劳务资质不分类别与等级,将非专业承包人部分的劳务工程进行再分包系被允许的,劳务分包人应按合同约定,向劳务作业的发包人负责。

五、违法分包下工程款的结算

违法分包行为将会导致建设工程合同无效,在合同无效的情况下,承包人可否突破合同相对性的原则向发包人主张工程款是此前一直系有争议的话题,但是《民法典》首次以法律规定的形式对此合同无效后的法律后果作出了正式回应。

(一)合同无效但工程验收合格

合同无效,验收合格,参照工程价款的约定折价补偿。

《民法典》第793条第1款规定:“建设工程施工合同无效,但是建设工程经验收合格的,可以参照合同关于工程价款的约定折价补偿承包人。”

该条系民法的新增条文,其吸收了最高人民法院《关于审理建设工程施工合同纠纷案件适用法律问题的解释》(已失效)第2条、第3条的规定,但是对司法解释中的表述进行了更合理的修改:一是将建设工程“经竣工验收合格”修改为“经验收合格”;二是将可以请求参照工程价款的约定折价补偿的主体为“承包人”的表述予以删除,三是将“参照合同约定支付工程价款”修改为“参照合同关于工程价款的约定折价补偿承包人”。

建筑工程施工合同的履行实际上是承包人利用建筑材料经过一系列的劳务加工,将其成果转化为建设工程的一个过程。基于这一特殊性,即使建设工程施工合同无效,但是发包人所取得的建筑成果是实际存在的,在合同无效的情况下,去否定经验收合格的工程成果,要求恢复原状,势必会造成资源浪费。原先司法解释中的“参照合同约定支付工程价款”造成了部分法院将无效合同按有效处理的误区，从合同理论上来看，合同无效，承包人应当无权请求发包人支付工程价款，而《民法典》中采用“折价补偿”的表述，在逻辑上更符合《民法典》关于合同无效的法律后果，明确了参照合同的约定而支付工程价款的行为系对承包人的补偿，而非将无效合同按有效处理。

（二）合同无效且工程验收不合格

合同无效，验收不合格，发包人可请求承包人承担修复费用。

《民法典》第793条第2款规定：“建设工程施工合同无效，且建设工程经验收不合格的，按照以下情形处理：（一）修复后的建设工程经验收合格的，发包人可以请求承包人承担修复费用；（二）修复后的建设工程经验收不合格的，承包人无权请求参照合同关于工程价款的约定折价补偿。”

从上述法律规定可以得出，在合同无效且建设工程经验收不合格的情况下，承包人应当承担返修义务，且因该返修而造成的费用应当由承包人自行承担；倘若承包人拒绝承担返修义务或修复后的建设工程经验收不合格的，承包人无权请求参照合同关于工程价款的约定折价补偿；若修复后，经验收合格的，发包人可请求承包人承担修复费用。

（三）违法分包中的发包人过错与责任承担

发包人对因建设工程不合格造成的损失有过错的，应当承担相应的责任。

《民法典》第793条第3款规定：“发包人对因建设工程不合格造成的损失有过错的，应当承担相应的责任。”

在辽宁省高级人民法院审理的（2020）辽02民终4936号案①中，发包人徐氏老年公司将案涉消防工程承包给了大连永达消防公司，大连永达消防公司进行了部分施工。2013年8月22日，大连市公安消防局作出大公消审字（2013）第0491号建设工程消防设计审核意见书，该意见书中载明：“一、该建设工程的建筑，自动消防设计不合格。二、该消防设计存在的具体问题：1. 楼梯间内未设定应急照明，违反了《建筑设计防火规范》第11.3.1条规定；2. 只设一部楼梯，违反了《建筑设计防火规范》第5.3.2条规定；3. 无3号楼设计图纸；4. 未设应急干式消防给水系统。三、以上问题修改后，该工程的消防设计应重新报我局重审。四、该工程消防设计未经审核合格，不得施工。”

2016年6月13日，徐氏老年公司作为发包人，将徐氏老年公寓未完工的消防、弱电工程项目分包给不具备建筑施工企业资质的自然人杨某进行施工。合

① 杨某、大连经济技术开发区徐氏老年服务有限公司建设工程分包合同纠纷案，辽宁省高级人民法院民事判决书，（2020）辽02民终4936号。

同签订后，杨某于2016年6月27日进入工地施工，施工图纸系由徐氏老年公司提供的由案涉工程设计人大连仕成规划建筑设计有限公司作出的。

本案中，公安消防局已经对案涉工程消防设计出具了“不合格，需重审，未经审核合格，不得施工”的意见书，但徐氏老年公司在未报经公安消防局重审合格的情况下，将案涉工程另行分包给不具备建筑施工企业资质的自然人杨某施工，导致案涉建设工程施工合同无效，修复后仍未竣工验收合格，按照《民法典》的规定，徐氏老年公司对案涉工程不合格造成的损失存在过错，应承担相应的民事责任。因此徐氏老年公司上诉主张杨某未依约履行报建、验收义务而承担延误工期造成损失于法无据，二审法院不予支持。

(四)合同无效时对实际施工人的救济

合同无效，实际施工人仍可以突破合同相对性原则，在承包人欠付建设工程价款范围内要求发包人承担连带偿付责任。

最高人民法院《关于审理建设工程施工合同纠纷案件适用法律问题的解释(一)》第43条：“实际施工人以转包人、违法分包人为被告起诉的，人民法院应当依法受理。实际施工人以发包人为被告主张权利的，人民法院应当追加转包人或者违法分包人为本案第三人，在查明发包人欠付转包人或者违法分包人建设工程价款的数额后，判决发包人在欠付建设工程价款范围内对实际施工人承担责任。”

因此，我们可以认为，实际施工人在没有合同约定或与违法分包人合同无效的情况下，可以要求发包人在欠付工程款范围内对其承担连带清偿责任，在(2021)最高法民申4170号案①中，最高人民法院对此观点进行了确认。在该案中，裕丰源公司(发包方)将案涉工程发包给承包方天惠公司(承包方)，天惠公司将该工程项目中的2号楼、3号楼转包给赵某施工，但赵某并无修建案涉工程相应的建筑劳务资质。赵某施工的2号楼主体工程经过验收合格，3号楼一、二单元未完工。裕丰源公司(发包方)要求天惠公司(承包方)2016年7月底交房，天惠公司(承包方)未能按期交付房屋，裕丰源公司(发包方)于2016年8月15日强行对施工现场进行清场，遂引发本案纠纷。

最高人民法院认为，根据最高人民法院《关于审理建设工程施工合同纠纷案件适用法律问题的解释》(已失效)第4条的规定，案涉合同无效。根据该司法解释第2条规定，赵某作为实际施工人履行了案涉工程2号楼及3号楼的部

---

① 赵某、陕西天惠建设工程有限公司建设工程施工合同纠纷案，最高人民法院民事判决书，(2021)最高法民申4170号。

分主体工程,且相关部门已验收合格,对已完工程未结算的工程款,赵某有权向天惠公司(承包方)主张支付剩余工程款。案涉工程经鉴定,赵某已完工程造价为109910925.16元,赵某和天惠公司(承包方)认可裕丰源公司(发包方)已支付工程款数额为77800000元(含税价),所欠赵某工程款数额为32110925.16元。该司法解释第26条第2款规定“实际施工人以发包人为被告主张权利的,人民法院可以追加转包人或者违法分包人为本案当事人。发包人只在欠付工程价款范围内对实际施工人承担责任”,该条规定赋予了实际施工人在没有合同约定的情况下,可以要求发包人在欠付工程款范围内对实际施工人承担责任。据此,原审判决丰源公司(发包方)应在欠付天惠公司(承包方)工程款范围内对赵某承担连带清偿责任,并无不当,最高人民法院对此予以了肯定。

六、违法分包下质量及生产安全的责任承担

在建筑工程实施过程中,接收违法分包的实际施工人为了赚取经济利益而采用偷工减料、降低工程质量标准等方式,容易对建筑工程质量和工程安全构成威胁。因而,违法分包下因工程质量造成损失的责任应当由谁来承担也是个值得关注的话题。

(一)工程质量责任承担

《建筑法》第67条第2款规定:“承包单位有前款规定的违法行为的,对因转包工程或者违法分包的工程不符合规定的质量标准造成的损失,与接受转包或者分包的单位承担连带赔偿责任。”

根据该规定,因违法分包而造成的相关工程质量问题的,承担赔偿责任的主体仍然是承包单位,接受转包或分包的单位承担连带赔偿责任。发包人既可以向承包单位追偿责任,又可以直接向转包或分包人要求承担连带赔偿责任。

(二)生产安全的责任承担

《建设工程安全生产管理条例》第24条第3、4款规定:“总承包单位依法将建设工程分包给其他单位的,分包合同中应当明确各自的安全生产方面的权利、义务。总承包单位和分包单位对分包工程的安全生产承担连带责任。分包单位应当服从总承包单位的安全生产管理,分包单位不服从管理导致生产安全事故的,由分包单位承担主要责任。”

在合法分包的情况下,总承包单位与分包单位应当对分包工程的安全生产承担连带责任,但是,若因分包单位不服从管理导致生产安全事故,过错在分包单位而不在总承包单位的,此时应由分包单位承担主要责任。

七、法律风险防范

(一)事前充分尽调规避风险

既然国家允许合法的分包,禁止违法分包,那么发包单位在工程启动前,就需要对相关的承包单位是否具有资质做好详尽的尽职调查工作,且对于法律规定不可进行分包的部分,坚决杜绝将此部分工程进行分包。此外,与分包单位签订的协议中可以进行明确约定,分包单位不得将外包的工程进行再分包,并约定相应的违约条款,明晰双方的权责关系。

对于接收分包的单位或实际施工的单位,应当加强法治意识,通过合法的手续获得相应资质条件要求,这样不仅有利于树立承包单位的行业信誉,而且丰富的合规项目经验能赢得更多合作机会。同时,承包人应制定详尽的安全施工实施管理规范,对工程项目进行合规管理。除此之外,应对实际施工人员定期进行关于安全生产的培训教育,提高施工人员安全意识与责任心,确保工程质量。

(二)事中适当干预管理规避风险

发包单位可以对项目工地、施工现场进行不定期、不提前通知的检查,通过查阅工程施工组织设计图或施工方案,从而判断实际进场人员和进场施工设备是否与之相一致。若有不一致的地方,应结合有关合同文件以分析是否存在违法分包的行为。若发现出现了违法分包的行为,注意采集相应证据以便今后向相关责任人主张追责。同时,建设单位还可通过聘请监理单位对建筑工程活动开展情况进行监督,特别是用工、用料以及工程进度方面的监督,并做到及时发现和制止违法分包的行为。

(三)事后建立质量回顾评价体系

即使建筑工程施工质量通过相应的验收标准,相应施工单位仍应当对工程质量进行不定期的回顾,若工程质量出现问题,应该尽早进行干预。同时,可以在行业领域,通过行业协会的形式,共同建立工程质量评价共享体系,将不诚信的违法分包单位或个人纳入黑名单。

结 语

在建筑工程领域,质量、成本与时间是永远绕不开的关键话题,在合法合规的前提下,分包可能有助于加快工程进度,提高工程质量,但是我们应当对违法分包的行为说“不”,确保工程质量和施工安全,避免出现安全责任事故。

相关法律规定

1.《民法典》

第七百八十九条 建设工程合同应当采用书面形式。

第七百九十一条 发包人可以与总承包人订立建设工程合同,也可以分别与勘察人、设计人、施工人订立勘察、设计、施工承包合同。发包人不得将应当由一个承包人完成的建设工程支解成若干部分发包给数个承包人。

总承包人或者勘察、设计、施工承包人经发包人同意,可以将自己承包的部分工作交由第三人完成。第三人就其完成的工作成果与总承包人或者勘察、设计、施工承包人向发包人承担连带责任。承包人不得将其承包的全部建设工程转包给第三人或者将其承包的全部建设工程支解以后以分包的名义分别转包给第三人。

禁止承包人将工程分包给不具备相应资质条件的单位。禁止分包单位将其承包的工程再分包。建设工程主体结构的施工必须由承包人自行完成。

第七百九十三条 建设工程施工合同无效,但是建设工程经验收合格的,可以参照合同关于工程价款的约定折价补偿承包人。

建设工程施工合同无效,且建设工程经验收不合格的,按照以下情形处理:

(一)修复后的建设工程经验收合格的,发包人可以请求承包人承担修复费用;

(二)修复后的建设工程经验收不合格的,承包人无权请求参照合同关于工程价款的约定折价补偿。

发包人对因建设工程不合格造成的损失有过错的,应当承担相应的责任。

2.《建筑法》

第二十六条 承包建筑工程的单位应当持有依法取得的资质证书,并在其资质等级许可的业务范围内承揽工程。

禁止建筑施工企业超越本企业资质等级许可的业务范围或者以任何形式用其他建筑施工企业的名义承揽工程。禁止建筑施工企业以任何形式允许其他单位或者个人使用本企业的资质证书、营业执照,以本企业的名义承揽工程。

第二十九条 建筑工程总承包单位可以将承包工程中的部分工程发包给具有相应资质条件的分包单位;但是,除总承包合同中约定的分包外,必须经建设单位认可。施工总承包的,建筑工程主体结构的施工必须由总承包单位自行完成。

建筑工程总承包单位按照总承包合同的约定对建设单位负责;分包单位按照分包合同的约定对总承包单位负责。总承包单位和分包单位就分包工程对建设单位承担连带责任。

禁止总承包单位将工程分包给不具备相应资质条件的单位。禁止分包单位将其承包的工程再分包。

第六十七条 承包单位将承包的工程转包的,或者违反本法规定进行分包的,责令改正,没收违法所得,并处罚款,可以责令停业整顿,降低资质等级;情节严重的,吊销资质证书。

承包单位有前款规定的违法行为的,对因转包工程或者违法分包的工程不符合规定的质量标准造成的损失,与接受转包或者分包的单位承担连带赔偿责任。

3.《建设工程安全生产管理条例》

第二十四条第三、四款 总承包单位依法将建设工程分包给其他单位的,分包合同中应当明确各自的安全生产方面的权利、义务。总承包单位和分包单位对分包工程的安全生产承担连带责任。

分包单位应当服从总承包单位的安全生产管理,分包单位不服从管理导致生产安全事故的,由分包单位承担主要责任。

4.《建筑工程施工发包与承包违法行为认定查处管理办法》

第十条 存在下列情形之一的,属于挂靠:

(一)没有资质的单位或个人借用其他施工单位的资质承揽工程的;

(二)有资质的施工单位相互借用资质承揽工程的,包括资质等级低的借用资质等级高的,资质等级高的借用资质等级低的,相同资质等级相互借用的;

(三)本办法第八条第一款第(三)至(九)项规定的情形,有证据证明属于挂靠的。

第十一条 本办法所称违法分包,是指承包单位承包工程后违反法律法规规定,把单位工程或分部分项工程分包给其他单位或个人施工的行为。

第十二条 存在下列情形之一的,属于违法分包:

(一)承包单位将其承包的工程分包给个人的;

(二)施工总承包单位或专业承包单位将工程分包给不具备相应资质单位的;

(三)施工总承包单位将施工总承包合同范围内工程主体结构的施工分包给其他单位的,钢结构工程除外;

(四)专业分包单位将其承包的专业工程中非劳务作业部分再分包的;

(五)专业作业承包人将其承包的劳务再分包的;

(六)专业作业承包人除计取劳务作业费用外,还计取主要建筑材料款和大中型施工机械设备、主要周转材料费用的。

5. 最高人民法院《关于审理建设工程施工合同纠纷案件适用法律问题的解释(一)》

第四条　承包人超越资质等级许可的业务范围签订建设工程施工合同,在建设工程竣工前取得相应资质等级,当事人请求按照无效合同处理的,人民法院不予支持。

第五条　具有劳务作业法定资质的承包人与总承包人、分包人签订的劳务分包合同,当事人请求确认无效的,人民法院依法不予支持。

第六条　建设工程施工合同无效,一方当事人请求对方赔偿损失的,应当就对方过错、损失大小、过错与损失之间的因果关系承担举证责任。

损失大小无法确定,一方当事人请求参照合同约定的质量标准、建设工期、工程价款支付时间等内容确定损失大小的,人民法院可以结合双方过错程度、过错与损失之间的因果关系等因素作出裁判。

建设工程多份合同并存冲突的相关问题分析

编前语

截至2023年1月,我国目前的建筑工程市场中仍普遍存在一个工程项目有多种结算方式或多份合同约定了不同的结算方式的现象,合同双方对于造价鉴定最终应当适用哪一种结算方式往往会产生纠纷。而事实上,建设工程合同的备案一直是合同优先顺序的重要审查因素。但为顺应中央推进工程建设工程审批制度改革,住房和城乡建设部于2019年取消了对于建筑工程施工合同的备案要求,随之建设工程合同纠纷司法解释也删除了对于备案合同的表述。

本文结合相关的审判案例引入问题,在此背景下再度审视建设工程多份合同并存的情况并对其展开剖析,探讨司法实践中多份合同并存时法院判决对于各份合同如何认定以及结算材料应当以哪份合同为准,并对这一情形下的风险应对做出一定的提示与建议。

【案情概要】①

一审原告、承包人江苏一建(以下简称承包人)与一审被告、发包人昌隆公司(以下简称发包人)在签订施工合同之前签订了《基坑支护合同》,将案涉项目部分工程委托承包人施工。

在招投标程序前,发包人、承包人、设计、监理单位对项目工程结构和电气施工图纸进行了四方会审,承包人已经完成了案涉工程部分楼栋的施工内容。

2009年12月1日,经招投标程序发包人确定承包人中标,发出中标通知

---

① 江苏省第一建筑安装集团股份有限公司与唐山市昌隆房地产开发有限公司建设工程施工合同纠纷案,最高人民法院民事判决书,(2017)最高法民终175号。

书，发包人招标文件载明合同价款采用固定总价方式。

2009年12月8日，双方签订《建设工程施工合同》并于2009年12月30日进行备案（以下简称《备案合同》）。《备案合同》约定由承包人承包案涉工程；约定计价方式为合同价款采用固定总价方式确定，除设计变更现场签证之外，均包括在合同总价之内。

2009年12月28日，双方签订《补充协议》，约定《补充协议》作为《备案合同》附件，与《备案合同》具有同等法律效力，约定结算方式为可调价计价方式。

2011年11月30日，承包人所承建的工程全部竣工验收合格。2012年8月底，承包人向发包人上报了完整的结算报告，发包人已签收。在工程结算时，双方对于以哪份合同作为审计工程价款的依据存在重大分歧，发包人主张按《备案合同》约定的固定总价计价方式结算工程款，承包人主张按《补充协议》约定的可调价计价方式结算工程款。

在审理过程中，承包人提交工程造价审计申请，一审法院委托鉴定机构按照双方主张分别以两份合同为依据进行审计。鉴定机构最终审计结果为：按照《备案合同》，即固定总价合同，鉴定工程总造价为117323856.47元；按照《补充协议》，即可调价合同，鉴定工程总造价为150465810.58元。

【争议焦点】

1. 当事人之间签署的多份合同的效力认定问题。
2. 存在多份合同时工程款结算的计算依据认定问题。

【判决概要】

一、就双方之间签署的多份合同的效力认定问题

一审、二审法院均认为双方2009年12月8日签订的《备案合同》有违反《招标投标法》中“未招先定”的禁止性规定，因此《备案合同》应认定为无效。就双方2009年12月28日签订的《补充协议》，二审法院认为工程属于强制招标工程，其系未通过招投标程序签订的，且对《备案合同》中约定的工程价款进行了实质性变更，违反最高人民法院《关于审理建设工程施工合同纠纷案件适用法律问题的解释》（已失效，以下简称《建设工程施工合同司法解释》）第21条规定，属于另行订立的与经过备案中标合同实质性内容不一致的无效合同。

二、就工程款结算依据的认定问题

法院指出，建设工程施工合同因合同的履行过程是承包人将劳动及建筑材料物化到建设工程的过程的特殊性，在合同被确认无效后，工程款只能按照折价补偿的方式予以返还。即使欲根据《建设工程施工合同司法解释》第 2 条“参照合同约定”付款，本案双方存在两份合同的约定不同结算方式，则应先确定当事人真实合意并实际履行的合同。但由于两份合同签署时间间隔短，从时间上无法判断，双方实际履行哪份合同也无明确约定，在履行中两份合同主要内容亦均有所体现，因此二审法院认定无法确定双方真实合意及实际履行的合同，应结合缔约过错、已完工程质量、利益平衡等因素，根据《合同法》(已失效)第 58 条规定由各方当事人按过错程度分担因合同无效造成的损失。

本案中该损失即为两份合同间的差价，发包人是依法组织进行招投标的主体，对于未依法招投标应负有主要责任，承包人作为具有特级资质的专业施工单位，对于招投标法等法律相关规定也应熟知，因此对于未依法招投标导致合同无效也具有过错，综合分析本案情况按 6:4 分担损失。

【案件分析】

一、多份合同并存冲突

由于我国建设工程招投标市场为买方市场，供求失衡，无序竞争，在各种操作下，同一工程项目可能会有多份合同并存甚至存在合同约定内容相互冲突的情况，就工程价款计价标准以及结算方式的约定可能会有所差异。

多份合同并存冲突情形有：有效合同与无效合同并存冲突、经过备案的合同与未经备案的合同并存冲突(黑白合同)、招投标材料与合同并存冲突、工程施工合同与结算协议并存冲突、工程施工合同与补充协议并存冲突等。

存在多份合同并存冲突时，争议焦点在于：如果结算方式的依据都产生冲突，如何确定工程价款结算依据。

二、工程合同备案

2001 年《房屋建筑和市政基础设施工程施工招标投标管理办法》第 47 条第 1 款规定：“招标人和中标人应当自中标通知书发出之日起 30 日内，按照招标文件和中标人的投标文件订立书面合同；招标人和中标人不得再行订立背离合同实质性内容的其他协议。”(2019 年修正版第 46 条第 1 款)订立书面合同后 7 日内，中标人应当将合同送县级以上工程所在地的建设行政主管部门备案。

该条内容规定的建设工程施工合同备案制度一直是多份合同并存冲突中一项重要的审查因素，建工工程备案合同甚至被赋予是“阳合同”“白合同”的俗称。《建设工程施工合同司法解释》第 21 条“当事人就同一建设工程另行订立的建设工程施工合同与经过备案的中标合同实质性内容不一致的，应当以备案的中标合同作为结算工程价款的根据”的规定也一直在建筑工程合同纠纷中被广泛引用。

然而，为顺应中央推进并深化工程建设工程审批制度改革“放、管、服”的要求，2019 年 3 月 18 日国务院住房和城乡建设部通过修订《建筑工程方案设计招标投标管理办法》、住房和城乡建设部《关于进一步加强建筑市场监管工作的意见》的方式，取消了建筑工程施工合同的备案制度，各地有关部门也陆续跟进。相应司法解释内容也随着最高人民法院《关于审理建设工程施工合同纠纷案件法律问题的解释（一）》（以下简称《建设工程施工合同司法解释（一）》）于 2021 年 1 月 1 日的生效而删除修改。

截至 2023 年 1 月，虽然由于建筑工程的长期性及法律溯及力，《建设工程施工合同司法解释》与最高人民法院《关于审理建设工程施工合同纠纷案件适用法律问题的解释（二）》（已失效，以下简称《建设工程施工合同司法解释（二）》）仍在审判中被引用，但在未来的司法实践中，必然将面临无法再将备案作为判断优先顺序的基准的问题，在该种背景下，本文尝试探讨如何进行法律分析。

三、合同结算依据的分析审查

（一）法律溯及力

首先审查法律溯及力问题及适用的法律法规及司法解释。请求权基础的认定以及判决、裁定均需要基于法律法规及司法解释来作出，而民事法律一般只适用于其生效后发生的事实和关系。根据上文论述的法律修订问题，需要确定工程项目履行时适用的法律法规。比如，判断《建设工程施工合同司法解释》、《建设工程施工合同司法解释（二）》、《建设工程施工合同司法解释（一）》中适用哪一司法解释，以及《必须招标的工程项目规定》，《必须招标的基础设施和公用事业项目范围规定》等规定是否适用。

（二）审查合同效力

1. 审查项目招投标情况

应先审查项目招投标情况以判断各份合同的效力。如果进行了招投标且招投标有效，应尊重招投标程序结果，维护市场秩序及其他投标人利益，以中标合同为优先。

审查时需注意工程项目是否属于《招标投标法》第 3 条、《必须招标的工程项目规定》、《必须招标的基础设施和公用事业项目范围规定》规定的强制要求招标的项目。属于强制招标而未招标的项目签订的合同显然是无效的合同。

而针对不属于强制招标却招标了的项目，目前实践中仍存在争议，本文认为招投标程序不应沦为过场，非强制招投标的项目进行了招投标，为自愿受招投标法管辖，同样应以中标合同为基准。但本文需提示，根据办案经验，有部分法院观点认为非强制招标项目中标合同与后续协议产生冲突的，还是应根据意思自治原则为基准进行优先顺序判定，在实际案件办理中当事人如有策略性需要的，可以根据所处诉讼地位提出主张。

审查时同时需要注意，并存冲突合同是否存在对中标合同内容的实质性变更导致合同无效的情形，即与中标合同有并存冲突情况的补充协议、结算协议需审查是否属于《建设工程施工合同司法解释》第 21 条、《建设工程施工合同司法解释（二）》第 1 条、《建设工程施工合同司法解释（一）》第 2 条提到的对于中标合同“工程范围、建设工期、工程质量、工程价款”等实质性内容的变更。这里的实质性指对于双方权利义务发生重大影响的变更，实践中由于双方需不断签订相关协议以推进工程，因设计变更、规划指标调整、主要材料变动等客观因素变更工期、工程价款等的，一般法院倾向于尊重双方依法变更的权利，较少作出实质性变更的认定。

再如前文论述，如法律溯及力导致《建设工程施工合同司法解释》第 21 条仍适用的，则中标后的备案仍为优先顺位判断的重要因素。比如中标备案合同优先于未备案合同，未备案合同对备案合同实质性内容进行变更的将无效。例如，(2021) 最高法民申 66 号案[①]中，双方于 2014 年 5 月 10 日签订的合同为邀标后的中标合同且双方将该合同进行了备案，而 2014 年 5 月 8 日签订的合同与经过备案的中标合同的实质性内容不一致，二审法院认为 5 月 8 日签订的合同因违反《招标投标法》第 46 条的规定而无效。即使经过备案的中标合同结尾注明“本合同仅作备案作用，不作为施工结算的依据”，二审法院也认为该备案中标合同的备注内容不影响该合同作为案涉工程的结算依据。

2. 进一步审查合同效力

就如每个工程施工合同纠纷中合同效力审查为必经的程序一样，多份合同并存冲突时首先需要审查的是合同效力问题，即是否有合同因违法而无效的情形。其原因就如本文引导案例中所展示的一样，备案并不一定导致该份合同的解释顺序优先、合同效力更为优先，有效的合同必然优先于无效的合同。对于合同无效问题，本文不做赘述，但大致可有以下情形：(1) 承包人未取得建筑施

---

① 中辉建设集团有限公司与戴某根建设工程施工合同纠纷案，最高人民法院民事裁定书，(2021) 最高法民申 66 号。

工企业资质或者超越资质等级的;(2)存在违法发包、转包、挂靠、违法分包行为的;(3)建设工程必须进行招标而未招标或者中标无效的;(4)未取得建设用地规划许可等程序和审批的。

如有有效合同,在经过了本文前述的效力顺序判定后,工程价款的结算依据就可基本确定,此时法院依照有约定从约定的原则,以当事人对建设工程的计价标准或者计价方法的约定结算工程价款及相应的欠款利息。如果合同均被认定为无效的,比如在本文引导案例中,法院指出,建设工程施工合同因合同的履行过程是承包人将劳动及建筑材料物化到建设工程的过程的特殊性,在合同被确认无效后,工程款只能按照折价补偿的方式予以返还,该判定的依据主要为《建设工程施工合同司法解释》第2条:"建设工程施工合同无效,但建设工程经竣工验收合格,承包人请求参照合同约定支付工程价款的,应予支持。"《建设工程施工合同司法解释(一)》第24条第1款也是类似内容。

(三)审查双方实际履行,以意思自治为原则

1. 实际履行

在合同效力一致,均无效或均有效时,意思自治原则是法院进行优先顺序认定的重要导向。如果双方能够达成一致适用某份协议的结算方式,法院自然喜闻乐见。如果无法达成一致,且无法根据合同效力、招投标程序要件等做出初步区分,即多份并存冲突的合同均无效或合同均有效,则法院需要根据双方提交的证据材料认定双方同意实际履行的究竟是哪一份合同。

如本文引导案例中的情形,中标《备案合同》存在"未招先定"的情况导致《备案合同》无效,故具体影响认定的因素包括合同的签订时间、在工程施工中双方实际履行的行为对于合同内容条款的体现、是否有明确的约定实际履行哪份合同的相应条款等。

2. 新旧司法解释将招投标文件作为认定依据

《建设工程施工合同司法解释(二)》第10条、《建设工程施工合同司法解释(一)》第22条规定,"当事人签订的建设工程施工合同与招标文件、投标文件、中标通知书载明的工程范围、建设工期、工程质量、工程价款不一致,一方当事人请求将招标文件、投标文件、中标通知书作为结算工程价款的依据的,人民法院应予支持"。但需要提示,上述司法解释适用的条件是招投标合法有效。建筑工程合同为书面要式合同,招投标文件与中标通知书本身的法律性质在此仅是认定实际履行意思自治的材料,并不等同于合同也不能认定为合同存在。

引导案例中,存在中标文件材料也有约定采用固定总价计费的事实,本文认为该案中因上述司法解释尚未出台无法直接适用,招投标材料本可作为意思

表示认定依据,但由于双方"未招先定",未依法招投标,材料作为证据的真实性与合法性法院不予认定,因此法院仍将根据过错责任予以酌定。

(四)鉴定及法院酌定

最后,如合同均无效、通过意思自治原则仍无法判断结算工程款的基准,将在鉴定后由法院酌定。酌定意味着如无明确证据证明主张的损失金额,当事人还拒绝进行鉴定的话,承包人能获得的工程价款将大打折扣。

1. 过错责任分担

本文引导案例中,双方两份合同均被认为无效,二审法院也无法根据举证确定双方真实合意及实际履行的合同。法院认为,根据《合同法》(已失效)第58条的规定,应当由各方当事人按过错程度分担因合同无效造成的损失。法院认为本案中应由双方分担过错责任的损失,而考虑到发包人是依法组织进行招投标的主体,对于未依法招投标应负有主要责任,承包人作为具有特级资质的专业施工单位,对于招投标法等法律相关规定也应熟知,因此对于未依法招投标导致合同无效也具有过错,结合鉴定结果、双方的缔约过错、已完工程质量、利益平衡来进行综合分析本案情况,按6:4分担。

本文需要指出,如果约定了多种互相矛盾的结算方式的,鉴定时可要求鉴定人依据多种结算依据分别进行鉴定,得出多种鉴定结果后提请人民法院进行决定。如果鉴定人只依据一方提出的一种结算依据进行鉴定的,可以要求鉴定人再依据另一方提出的结算依据再次鉴定,作出补充鉴定意见。

2. 无法确认实际履行时,新司法解释参照最后签订合同认定

本文需指出《建设工程施工合同司法解释(一)》第24条第2款规定,"实际履行的合同难以确定,当事人请求参照最后签订的合同关于工程价款的约定折价补偿承包人的,人民法院应予支持",这给法院酌定提供了新的途径。该法院酌定折价补偿的方式也部分反映了意思自治的原则,维护交易稳定。"参照"一词表示本条款中的协议并非必须有效,且本条适用情况仅在无法确认实际履行合同时,即经效力审查无法解决结算依据问题时参照最后一份合同,则是根据签订顺序的时间顺序下的意思自治原则,推断签订在后的协议为双方的真实意思表示。

如果本文引导案例发生在《建设工程施工合同司法解释(一)》生效后,当事人将能直接请求参照最后签订的合同关于工程价款的约定折价补偿承包人。

四、实务操作中的建议

从风险管控角度来说,建设工程合同双方在一开始签订协议起就应当严格把控,避免产生多份协议并存冲突的情况产生,维护交易的稳定,避免后续的

争议。

但市场情况不确定因素多,可能无法排除甲方主导带来的商业风险,因此必须抓住各种商业机会,本文建议不论是发包人还是承包人,在签订合同时,至少应当确保所签订的合同不会因为己方的过错导致合同无效,毕竟如果合同无效,双方将无法根据合同约定来主张合同金额或违约金额,只能参照合同内容并综合各自过错程度进行主张,这会对双方在合同下的利益产生巨大的影响。

更进一步说,在项目推进的过程中都应当妥善保管就合同条款内容进行协商的通信、在实际项目建设中结算进度款的单证、结算时对于项目结算依据进行协商的会议记录、补充协议等材料,在积极协商解决争议的同时也要记得积极存证,以备应对任何潜在的法律风险,维护自身的合法权益。

结　语

本文认为,我国建设工程领域普遍存在同一工程项目有多份合同并存冲突情况,给结算时认定结算依据带来了难题。原先建筑工程施工合同备案制度为化解多份合同并存冲突的重要因素,然而因制度改革,建筑工程施工合同的备案制度被取消,在未来的司法实践中,各方必然将面临无法以备案合同作准的问题。

从目前的法律法规来看,司法实践将仍从效力层面出发,从实际履行的角度审查双方的真实意思表示。

从风险防控角度,本文认为工程发包人与承包人应当谨慎订立工程施工合同,尊重招投标程序的结果,维护市场的稳定。

从司法实践角度,本文建议各方应当在积极协商的同时积极存证,维护自身的合法权益。

相关法律规定

1.《招标投标法》

第三条　在中华人民共和国境内进行下列工程建设项目包括项目的勘察、设计、施工、监理以及与工程建设有关的重要设备、材料等的采购,必须进行招标:

(一)大型基础设施、公用事业等关系社会公共利益、公众安全的项目;

(二)全部或者部分使用国有资金投资或者国家融资的项目;

(三)使用国际组织或者外国政府贷款、援助资金的项目。

前款所列项目的具体范围和规模标准,由国务院发展计划部门会同国务院有关部门制订,报国务院批准。

法律或者国务院对必须进行招标的其他项目的范围有规定的，依照其规定。

第四十六条　招标人和中标人应当自中标通知书发出之日起三十日内，按照招标文件和中标人的投标文件订立书面合同。招标人和中标人不得再行订立背离合同实质性内容的其他协议。

第五十九条　招标人与中标人不按照招标文件和中标人的投标文件订立合同的，或者招标人、中标人订立背离合同实质性内容的协议的，责令改正；可以处中标项目金额千分之五以上千分之十以下的罚款。

2. 最高人民法院《关于审理建设工程施工合同纠纷案件适用法律若干问题的解释》（已失效）

第二条　建设工程施工合同无效，但建设工程经竣工验收合格，承包人请求参照合同约定支付工程价款的，应予支持。

第二十一条　当事人就同一建设工程另行订立的建设工程施工合同与经过备案的中标合同实质性内容不一致的，应当以备案的中标合同作为结算工程价款的根据。

3. 最高人民法院《关于审理建设工程施工合同纠纷案件适用法律若干问题的解释（二）》（已失效）

第一条　招标人和中标人另行签订的建设工程施工合同约定的工程范围、建设工期、工程质量、工程价款等实质性内容，与中标合同不一致，一方当事人请求按照中标合同确定权利义务的，人民法院应予支持。

招标人和中标人在中标合同之外就明显高于市场价格购买承建房产、无偿建设住房配套设施、让利、向建设单位捐赠财物等另行签订合同，变相降低工程价款，一方当事人以该合同背离中标合同实质性内容为由请求确认无效的，人民法院应予支持。

第九条　发包人将依法不属于必须招标的建设工程进行招标后，与承包人另行订立的建设工程施工合同背离中标合同的实质性内容，当事人请求以中标合同作为结算建设工程价款依据的，人民法院应予支持，但发包人与承包人因客观情况发生了在招标投标时难以预见的变化而另行订立建设工程施工合同的除外。

第十条　当事人签订的建设工程施工合同与招标文件、投标文件、中标通知书载明的工程范围、建设工期、工程质量、工程价款不一致，一方当事人请求将招标文件、投标文件、中标通知书作为结算工程价款的依据的，人民法院应予支持。

4. 最高人民法院《关于审理建设工程施工合同纠纷案件适用法律问题的解释(一)》

第二条 招标人和中标人另行签订的建设工程施工合同约定的工程范围、建设工期、工程质量、工程价款等实质性内容,与中标合同不一致,一方当事人请求按照中标合同确定权利义务的,人民法院应予支持。

招标人和中标人在中标合同之外就明显高于市场价格购买承建房产、无偿建设住房配套设施、让利、向建设单位捐赠财物等另行签订合同,变相降低工程价款,一方当事人以该合同背离中标合同实质性内容为由请求确认无效的,人民法院应予支持。

第十九条 当事人对建设工程的计价标准或者计价方法有约定的,按照约定结算工程价款。

因设计变更导致建设工程的工程量或者质量标准发生变化,当事人对该部分工程价款不能协商一致的,可以参照签订建设工程施工合同时当地建设行政主管部门发布的计价方法或者计价标准结算工程价款。

建设工程施工合同有效,但建设工程经竣工验收不合格的,依照民法典第五百七十七条规定处理。

第二十二条 当事人签订的建设工程施工合同与招标文件、投标文件、中标通知书载明的工程范围、建设工期、工程质量、工程价款不一致,一方当事人请求将招标文件、投标文件、中标通知书作为结算工程价款的依据的,人民法院应予支持。

第二十三条 发包人将依法不属于必须招标的建设工程进行招标后,与承包人另行订立的建设工程施工合同背离中标合同的实质性内容,当事人请求以中标合同作为结算建设工程价款依据的,人民法院应予支持,但发包人与承包人因客观情况发生了在招标投标时难以预见的变化而另行订立建设工程施工合同的除外。

第二十四条 当事人就同一建设工程订立的数份建设工程施工合同均无效,但建设工程质量合格,一方当事人请求参照实际履行的合同关于工程价款的约定折价补偿承包人的,人民法院应予支持。

实际履行的合同难以确定,当事人请求参照最后签订的合同关于工程价款的约定折价补偿承包人的,人民法院应予支持。

第二十九条 当事人在诉讼前已经对建设工程价款结算达成协议,诉讼中一方当事人申请对工程造价进行鉴定的,人民法院不予准许。

第三十条　当事人在诉讼前共同委托有关机构、人员对建设工程造价出具咨询意见，诉讼中一方当事人不认可该咨询意见申请鉴定的，人民法院应予准许，但双方当事人明确表示受该咨询意见约束的除外。

建设工程中固定总价合同的法律问题分析

编前语

建设工程施工合同中采用固定总价形式非常普遍，而当合同履行过程中发生人员、材料等市场价格波动，或者政策、地质、工艺、形制或做法发生变化，工程发生设计变更，在竣工结算时，合同的固定总价往往不能覆盖承包人付出的成本。那么价款能否调整以及如何调整，因发包人、承包人双方在固定价款工程合同中没有约定或者约定不明，往往导致双方发生分歧，无法结算，最后引发纠纷。

本文将围绕建设工程中的固定总价合同的特性及在实务中的纠纷成因给双方当事人以合理的建议，以期减少固定总价合同纠纷发生的风险。

【案情概要】①

河北振兴建筑有限公司（承包人）与博天环境集团股份有限公司（发包人）建设工程施工合同纠纷案（以下简称引用案例）中，发包人系案外人长春热电发展有限公司循环水排污水处理工程EPC总承包项目的总承包人。2015年4月15日，承包人与发包人签订《长春热电发展有限公司循环水排污水处理工程EPC总承包项目土建工程分包合同》（以下简称分包合同），约定由承包人分包该项目的土建工程，价款为固定总价780万元。

双方在分包合同中约定的建设价款的调整原则是：

（1）对合同中已有的项目，相对于招标图纸发生工程量变化不大于2%时，

① 河北振兴建筑有限公司与博天环境集团股份有限公司建设工程施工合同纠纷案，吉林省长春市中级人民法院民事判决书，（2019）吉01民终3050号。

价格不予调整;相对于招标图纸发生工程量变化大于2%时,按照已有的清单单价进行结算。

(2)对于设计变更、洽商或新增加的项目,单项变更价款小于2万元以内的不予以计价,但累计不超过12万元。单项变更价款大于2万元的,参照2014年《吉林省园林及仿古建筑工程计价定额》、《吉林省园林及仿古工程建筑费用定额》和长春市工程造价信息网指导价格报价或市场价等有关规定计算,计算后下浮8%作为新增价款,并经发包人确认后进行调整。

2015年4月10日,承包人入场施工。2015年11月24日,承包人承建的总承包项目经验收合格。至2016年2月,发包人支付工程款7465884.51元。

施工过程中,发包人在多份变更工程的签证上签署"情况属实""情况属实予以签证"并加盖了发包人项目部的项目专用章,如在对于"抢工期"部分工作联系单中,承包人写明"为响应博天集团工期提前30天,实现2015年6月10日前工程主体钢筋混凝土浇筑这一阶段性节点目标工期,所采取措施已发生额外费用",发包人回复内容为"情况属实,协商增加费用情况"。

项目工程经验收合格后未进行结算。经法院委托、双方选定的工程咨询公司鉴定,案涉土建工程实际工程量与招标时设计工程量之间变更部分的工程造价共计5287365元,承包人诉请发包人支付新增工程产生的工程造价。

【争议焦点】

新增项目工程的造价确定。

【判决概要】

1. 关于工程总造价。双方签订的分包合同虽约定了固定总价,但亦明确约定了对价款的调整条款。在施工过程中,双方签署了多份签证及联系单,工程量已发生变更。

2. 双方在施工过程中形成的签证、联系单应当认定为双方达成的意思表示一致的补充协议,是对双方签订的合同内容的补充。

3. 发包人的工作人员在多份签证上签署"情况属实""情况属实予以签证"并加盖了公章,应当视为双方协商一致对于合同内容进行的变更,承包人有权主张新增工程的工程价款。

【案件分析】

一、固定总价合同的概念及特点

根据《建设工程价款结算暂行办法》的规定，发包人与承包人在签订合同时对于工程价款的约定，可选用固定总价、固定单价、可调价格三种方式。其中，对于合同工期较短且工程合同总价较低的工程，可以采用固定总价合同方式。固定总价合同俗称"闭口合同""包死合同"。所谓"固定"，是指该种价款一经约定，除发包人增减工程量和设计变更外，一律不调整。所谓"总价"，是指完成合同约定范围内工程量以及为完成该工程量而实施的全部工作的总价款。引用案例中发包人与承包人双方即采用了固定总价的方式。

相比于固定单价造价方式及可调价格的造价方式，固定总价合同最明显的优势就在于其造价清晰明了，易于结算。对于发包人来说，这样的价款确定形式可以节省大量的计量、核价工作，从而能集中精力抓好工程进度和施工质量。相反，对于承包人而言，所有的风险都将由其承担，①包括价格风险和工程量风险，常见的价格风险包括询价失误，合同履行过程中的建筑材料价格上涨等风险；常见的工程量风险包括在固定总价合同中，发包人往往只向承包人提供施工图纸和说明，承包人在报价时要自己计算工程量，再根据申报的综合单价，得出合同总价。即便发包人提供工程量清单，也仅仅是承包人投标报价的参考，发包人往往声明不对工程量的计算错误负责。有些情况下承包人会误判工作量，譬如同样是使用相同体积的石材，打造成不同的形制所耗费的人力和物力存在着很大差异。

承包人不仅承担了价格和工程量的风险，还很难在风险发生时获得索赔的机会。固定总价合同中，处于强势的发包人一方往往在合同中明确只有发包人变更设计和增减工程量时可以调整合同价款，这样一来承包人索赔的机会大大减少，而发包人对工程造价的控制就能做到基本不突破预算。

二、固定总价与其他定价方式的辨析

除固定总价的定价方式之外，建设工程合同还可以采用固定单价或者可调单价的方式。固定总价方式与固定单价方式一字之差却有着利益攸关的差异。与固定总价合同相比，固定单价合同是指合同的价格计算是以图纸及规定、规范为基础，工程任务和内容明确，发包人的要求和条件清楚，合同单价一次包死，即工程分项单价不再因为环境的变化和工程量的增减而变化的计价方式。

---

①　黄金慧：《浅析建设工程固定总价合同的特点、风险及对策》，载《民营科技》2016年第1期。

在这类计价方式下，承包商承担价格的风险，发包人承担工程量的风险。简而言之，固定总价合同，如果没有设计变更，结算价 = 合同总价；固定单价合同，结算价 = 工程量 × 合同固定的单价。

与固定总价的计价方式相反，可调单价最为宽松，是一种可以改变合同分项单价并以此调整合同结算价格的计价方式，应用于工期长、施工图不完整、施工过程中发生各种不可预见因素较多的工程项目。可变单价一般是由承包人、发包人双方在专用合同条款中进行约定，可以因某些不确定因素而对部分工程量清单单价进行调整，并在工程结算时，根据合同约定及实际情况对该部分工程单价进行调整后，确定实际结算的单价。在此种定价方式下，工程量和价款的风险全部由发包人承担。

三、固定总价合同与工程量清单计价

谈及固定总价合同，首要问题在于固定总价合同固定了哪些内容。固定总价合同不仅仅确定工程总价款，还明确固定了设计图纸及规定、规范，准确的工程范围、任务和内容。所以在工程招标文件或者是合同中往往附有工程施工图和工程量清单。然而，当发生工程量清单和实际工程量偏差或是工程量清单和施工图不符又该如何处理呢？

（一）实际工程量和清单偏差或漏项

实际工程量和工程量清单发生了偏差或漏项是否可以调整价款？依照相关法律法规及司法解释的规定，只有设计变更导致工程量变化的才可以调整价款。实务中，工程合同价清单一般在招投标报价阶段就需要投标人进行确认，此时投标人应根据招标人发布的施工图纸详细核对工程清单。

在长兴浙隧公司（承包人）与南太湖长兴管委会（发包人）建设工程施工合同纠纷案[①]中，发包人发布湖州南太湖产业集聚区长兴分区废弃矿地综合治理PPP 项目社会资本采购招标文件。

该项目招标文件中投标须知前附表 1.3 条约定，通过开采治理区域共获得土石方量约 1048 万立方米，实际需回填方量 786 万立方米。承包人之后测算发现项目开挖方量约为 1331 万立方米、回填方量约为 750 万立方米，与发包人招标发布的土石方工程量相比，开挖方量增加约为 283 万立方米，偏差量超过27%。在双方未就原工程量清单外土石方量达成解决方案前，承包人本可暂停施工，但考虑到该项目系政府采购项目，承包人仍按时、保质、保量完成了项目施工。

---

① 浙江省长兴县人民法院民事判决书，(2021)浙 0522 民初 3412 号。

承包人认为自身的实际工程量和发包人工程清单的偏差超过了正常的偏差范围，其作为承包人已完成工程所需的工程量（包括新增工程量），请求法院确认实际的工程量并请求发包人支付相应的新增工程价款。

法院认为，承包人按照工程量清单完成施工，发包人委托的工程量审核单位及造价审定单位均确定挖方工程量增量 2616316 立方米，且按照固定总价结算对承包人显失公平，工程量清单外增量部分应由发包人负责。由此可见，当总价合同项下的实际工程量和工程量清单发生超过合理比例的偏差时应当对工程价款做调整。

（二）施工图纸与清单的顺序

如上所述，施工图纸和工程量清单一般会一起给到承包方，但是两者存在较大差异时应依据哪份文件进行结算对于发包方、承包方都会产生重要的影响。

（2014）武汉中民商初字第 00961 号案例中发包方在发包时只提供了厂区总平面布置图而未提供施工图，虽然双方在合同中约定了合同报价主要依据工程量清单，但法院审理认为由于承包人对清单所列工程量是否完全、准确，主要需通过施工图和相关规范进行核算，案涉的工程合同在无施工图情况下，以工程量清单报价为基础约定总价包干，并包含所有风险，其约定的计价方式缺乏科学性，存在较大缺陷，不符合国家规定的工程计价规范，也有违公平诚信原则。

（三）工程量清单风险的预防

以上两个案例提示了工程量清单发生漏项或偏差以及与施工图不符引发的工作量偏差会给承包方带来严重的后果。实务中，工程承包人应当在对工程项目的投标阶段和中标后的施工阶段采取必要的预防措施以防范后期实际工作量的偏差。

在投标阶段，承包人应做好漏量漏项问题的应对，在选择投标项目时选择自身较有经验的领域，项目施工需要按照施工图进行。在施工开始前建议承包人基于自身的经验依据施工图纸判断工程量清单是否存在明显的漏项。发现有漏项漏量的情形及时提醒发包人在清单中补充。

在施工阶段承包方应首先了解工程量清单仅供工程施工参考，工程的施工应依据工程图纸而非清单来完成工程施工；不能因为识图错误主张变更合同价格。[①] 根据法律的规定，因设计变更造成的工程量变更可以变更价格，承包人需注意区分可以变更价格的设计变更和不可以变更价格的设计深化之间的区别，

---

① 弭齐：《固定总价合同中工程量清单漏项问题的应对》，载《价值工程》2015 年第 6 期。

设计变更是把原先已有的设计变更为其他形式的设计,而设计深化是在原有的设计的基础上做细化,不产生新的变化,不属于可以变更固定总价的情形。

四、固定总价合同可调整价格的情形

(一)合同履行过程中,发生设计变更可调整固定总价合同价款

当工程发生设计变更时双方可以调整既定的工程价款。具体法律依据源于最高人民法院《关于审理建设工程施工合同纠纷案件适用法律问题的解释(一)》的相关规定,"当事人对建设工程的计价标准或者计价方法有约定的,按照约定结算工程价款。因设计变更导致建设工程的工程量或者质量标准发生变化,当事人对该部分工程价款不能协商一致的,可以参照签订建设工程施工合同时当地建设行政主管部门发布的计价方法或者计价标准结算工程价款"。

但需要注意,签订工程合同之前已经进行的设计变更是不能作为调整工程价款的依据的。在青海省土木建筑实业有限责任公司(承包人)、青海新徽商投资集团有限公司(发包人)等建设工程施工合同纠纷案[①]中,案涉《建设工程施工合同》于2015年5月10日签订,合同中约定的工程内容为"门诊楼框架结构两层,住院部框架结构地下一层、地上四层",工程承包范围为"施工图内所有内容",而根据发包人提供的青海鼎正建筑设计有限公司于2015年4月20日出具的工程设计变更通知书中载明更改内容:"1.根据甲方意见A区1-7轴-1交1-G轴-1-G之间加设地下室,详见建设改01,其他专业做相应调整……"法院留意到该案涉工程图纸内容已于合同签订前进行了调整,承包人在签订合同后应按照调整后的图纸即包含A区负一层工程部分进行施工,且该部分的工程款已包含在合同约定的固定总价款中,故A区负一层的工程应认定为合同内工程量。

因此,在承包人判断是否可以依据设计变更调整固定总价合同的价款时,一是需留心是否是设计变更;二是需要注意设计图调整的时间。

(二)因施工范围变化引起的价格调整

发包方和承包方在施工范围变化造成工程量变化时可以调整合同价款。

广东省高级人民法院《关于审理建设工程合同纠纷案件若干问题的意见》(已失效)第1条规定:"当事人约定工程价款实行固定价,而实际施工的工程量比约定的工程范围有所增减的,可在确认固定价的基础上,参照合同约定对增减部分进行结算,再根据结算结果相应增减总价款。不应撇开合同约定,对整

---

① 青海省海北藏族自治州中级人民法院民事判决书,(2022)青22民终34号。

个工程造价进行重新结算。”广东省高级人民法院出台的规定明确了工程施工范围变化引起的价格调整应当依据合同约定为主进行结算，这与最高人民法院司法解释的法律规定不谋而合。

但是司法实践中争议较大的往往是增减部分的施工范围如何认定的问题。

本文认为，应当把工程施工范围变化的范围举证责任分配至发包人，因为相较于发包人一方，承包人在诉讼中就施工范围变更这一待证命题处于弱势地位，将举证责任分配至发包人一方不仅能够平衡诉讼各方的权利义务，还可以通过这种司法途径督促发包人一方在临时变更工程施工范围时更加谨慎地签订补充协议，起到司法引导的作用。

（三）合同履行过程中，材料价格上涨调整价格

建材价格变动超过合理的幅度双方可调整固定总价合同价款。

建材价格上涨时，施工单位能否要求对原固定总价合同的价款进行相应的调整存在如下两种不同观点，一种观点认为不可以调整，合同约定条款理应对双方当事人具有约束力，如果在双方约定了固定总价的情况下再对价款进行调整，有违签约双方当时的真实意思表示，如果签约时承包人利用低价中标，之后再赋予承包人享有调整合同价款的权利，那么合同约定价款就会流于形式。施工材料价格上涨的风险属于商业风险，应该由承包人自行承担。另一种观点则认为此情形下可以调整价款。该观点认为，虽然合同采取固定总价的方式，但材料价款大幅上涨是承包人在缔约之时所无法预见的，如果不对价款进行调整，有违公平原则。

在广东省源天工程公司（实际施工人）等与河南省大河筑路有限公司（承包人）建设工程施工合同纠纷案①中，发包人与承包人签订《施工合同文件》一份，约定将某高速公路段的施工发包给承包人施工，其中合同约定合同总价为96296969元，合同期内不调价。承包人承接案涉项目后将其全部转包给实际施工人，由实际施工人负责施工，同样约定为固定价合同，合同期内不调价。在施工期间，燃油、石材等价格较合同签订时存在大幅上涨，河南省交通运输厅《关于交通建设项目工程施工主要材料价差调整的指导意见》明确建设单位应在招标文件及合同上约定对材料价格涨降差价的调整方法，并对原施工合同条款中规定的由于材料价格涨落因素影响对合同价格不予调整或没有明确调整方法的，提出具体的调整价差费用计算公式及发包人和承包人的承担比例。

法院依据公平原则，认为虽然发包人与承包人在施工合同中约定，合同期

---

①　河南省高级人民法院民事判决书，（2013）豫法民二终字第73号。

间不调价,但市场材料价格变动为客观实际情况。河南省交通厅作为全省高速公路建设管理部门,其定额站多次发文对调整部分筑路材料价格提出指导意见,并给出了具体调整方法。本案中的柴油、重油的涨幅均超过10%,符合《关于调整在建高速公路建设项目材料价格的指导性意见》中应予调整材料品种及价格的范围内,故依公平原则,应予以调整总价。

通常理解材料价格的上涨是商业风险的范畴,承包人作为长期和建材打交道的一方当事人,应当对材料价格的波动有预见的能力。在材料价格大幅度上涨的情况下,除非双方在合同中约定此种情况下的调价模式或者政府出具指导性文件(例如上文提及的《关于调整在建高速公路建设项目材料价格的指导性意见》),法院一般不对因材料价格浮动引起的合同价款变动调整价差。

因此,建议承包人、发包人双方在签订固定价款工程合同时明确约定市场变动情形下价款的调整方式。双方不妨参考《建设工程施工合同(示范文本)》(GF-2017-0201)中第11.1条的表述:"除专用合同条款另有约定外,市场价格波动超过合同当事人约定的范围,合同价格应当调整。合同当事人可以在专用合同条款中约定选择以下一种方式对合同价格进行调整:第1种方式:采用价格指数进行价格调整……"承包人与发包人双方可就在超过一定幅度时双方调整价款的标准及方法做出明确的约定,参考《房屋建筑和市政基础设施项目工程总承包管理办法》第15条"(一)主要工程材料、设备、人工价格与招标时基期价相比,波动幅度超过合同约定幅度的部分"的规定,双方可以在合同中对价格变动的幅度做出明确的约定。例如,在引用案例中,双方就在固定总价合同中明确约定了以工程量变更2%为界限,不大于2%时不调整,超过2%时按照已有的清单单价进行结算。

五、实务风险点的提示

(一)合理区分商业风险和情势变更

如上文所述,情势变更造成的工程价款的变更是可以适用民法典关于情势变更的规定调整固定总价合同价款的,然而法院在司法实践中通常是谨慎适用该规定的。这里就需要明确情势变更和一般商业风险之间的区别。

首先,从主观方面考虑,考虑能否预见风险。商业风险的发生能够根据经验预见得到。比如市场价格的波动、石材的裂损、苗木的死亡,这些情形实际都是承包人在进行施工时能够预见到的风险,这些风险的发生难以适用情势变更调整价格,除非有大幅度的偏差以至继续履行合同对一方显失公平。

其次,从客观方面考虑,考虑是否严重损害主张情势变更一方当事人的利益。如果工程中的一些常规风险会给一方当事人的经济状况造成一定影响,但并未严重损害当事人的经济利益，也没有妨碍合同的正常履行，则属商业风险范畴。反之，如果某一风险超出了一定范围，则可能演变为情势变更。

再次，两者发生的原因不同。情势变更一般是不能预料的经济因素引发的，大都是由重大变故引起的。

最后，过错责任性质不同。情势变更的发生具有不可归责性，它所造成的风险应由双方当事人共同分担。商业风险的发生则一般与当事人投资决策不当、考虑欠周、经营管理水平不高等因素有关，对此类风险应由过错方自行承担责任，除双方当事人另有约定外，另一方当事人没有义务与其分担风险。

（二）书面签证的重要性

书面证据在诉讼中的重要性不言而喻。根据最高人民法院《关于审理建设工程施工合同纠纷案件适用法律问题的解释（一）》的规定，书面的签证在工程施工过程中起到补充合同的效力，发包人在施工阶段过程中往往会基于不同的考虑对工程施工进行调整，例如考虑到成本问题更换材料，考虑到实际效果更换苗木，考虑到建筑的功能要求调整局部结构，出于方便，甲方的施工监管人员有时只是口头指示而不重视书面签证。若没有签证，承包人的施工工程在验收时和清单不符得以让发包人以此拒绝付款，使承包人陷入无法维护自身利益的困境。

因此书面签证或用其他方式留痕可以避免后期可能产生的纠纷。引用案例中，法院就将双方之间的签证认定为补充协议。正是基于此种认定，承包人才得以获得增量工程价款的支持。根据司法解释的规定，承包人能够证明发包人同意其施工，但未能提供签证文件证明工程量发生的，可以按照当事人提供的其他证据确认实际发生的工程量。即使没有书面的签证，其他的书面材料也可以作为证据确认工程量的变更。承包人应切记通过微信记录、通话记录或现场的更改的书面记录进行留证。

六、实务建议

在工程总承包模式成为目前建设工程承包趋势背景下，建设工程固定总价合同也被越来越多地运用在工程造价结算的过程中。虽然固定总价合同对工程价款结算约定简单，能够在一定程度上简化工程价款计算方式，提高发包人与承包人双方履约效率，但一旦双方发生履约纠纷，其工程价款计算往往争议较大。因此，发包人与承包人双方需要根据建设工程项目特点、双方信赖关系、发包人资金来源情况、承包人项目经验等情况综合、审慎考虑是否订立固定总价合同，可以采用下述措施规避可能的风险。

1. 对建设内容明确、技术方案成熟的项目，在发包时双方可以比较客观合理地测算合同价格，具备采用固定总价包干的方式进行承、发包的条件和基础，可使用固定总价方式，而大型工程、复杂的工程项目[比如引用案例及上文提及的(2014)鄂武汉中民商初字第00961号案例]，建议使用固定单价或可变单价的计价方式为宜。如果工程项目的特点并不符合固定总价合同适用工程的特性，但是发包人坚持适用固定总价合同的，承包人应要求发包人在合同中明确施工范围，置入详细的施工图以及工程量清单，同时详尽约定调整价款的情形。

倘若符合固定总价合同的适用情形，但是承包人希望使用固定单价合同的，发包人应关注施工图及工程量清单的编制，严格控制工程量以免承包方虚增工程量。

2. 承包方签订固定总价的承包合同前需明确项目本身的施工范围，注意辨别施工图纸。一方面，承包人参与投标时，参与投标的人员可能并非了解施工项目的人员；另一方面，承包人可能会不注意细节的设计变化而错误地估计成本，例如，同样的材料制作不同的形制会导致材料消耗量的差异，同时复杂的形制也会造成人工成本的提高。所以在签订合同时承包方应再次比对施工图纸对工程范围、工程量做确认。

3. 签订合同时参考标准文本加入对调整价款风险的明确约定，不仅仅需加入风险类型，还需要约定偏差范围以及发生偏差调价的方式。

4. 合同履行过程中，因法定情形如设计变更等因素导致工程量增减时，发包人与承包人双方可对增减部分的工程价款进行明确约定，同时及时办理现场签证或签订补充协议。如果承包方能够获得现场的书面签证当然是最理想的结果，但是出于种种原因发包方不一定同意出具工程变更签证。从本质上讲，工程变更签证是发包人认可承包人权利的量化依据。因此，未签署工程签证不必然代表发包人可以不支付工程价款。虽然没有工程变更签证，但实际已完成工程变更内容的，只要承包人提出实际施工的工程量由发包人同意的证据，且该证据经质证符合证据的真实性、合法性、关联性要件的，则承包人就有权取得变更工程相应的价款。

结　语

固定总价合同因其对承包人不利的特点，如果承包人签署固定总价合同，应在工程合同中明确工程范围，仔细识别图纸和清单，并做好工程款的风险评估与防范，通过市场调研确定建材价格在施工期内不发生剧烈的浮动。以避免施工完成后出现利润大幅降低甚至亏损的情况。

最为重要的是，涉及工程量增减的问题，一定要办理签证，承包人切勿直接按照发包方现场口头的变更要求而不办理签证，以免结算时产生纠纷。

相关法律规定

1.《建设工程价款结算暂行办法》

第八条　发、承包人在签订合同时对于工程价款的约定,可选用下列一种约定方式:

(一)固定总价。合同工期较短且工程合同总价较低的工程,可以采用固定总价合同方式。

(二)固定单价。双方在合同中约定综合单价包含的风险范围和风险费用的计算方法,在约定的风险范围内综合单价不再调整。风险范围以外的综合单价调整方法,应当在合同中约定。

(三)可调价格。可调价格包括可调综合单价和措施费等,双方应在合同中约定综合单价和措施费的调整方法,调整因素包括:

1. 法律、行政法规和国家有关政策变化影响合同价款;

2. 工程造价管理机构的价格调整;

3. 经批准的设计变更;

4. 发包人更改经审定批准的施工组织设计(修正错误除外)造成费用增加;

5. 双方约定的其他因素。

2. 最高人民法院《关于审理建设工程施工合同纠纷案件适用法律问题的解释(一)》

第十九条　当事人对建设工程的计价标准或者计价方法有约定的,按照约定结算工程价款。

因设计变更导致建设工程的工程量或者质量标准发生变化,当事人对该部分工程价款不能协商一致的,可以参照签订建设工程施工合同时当地建设行政主管部门发布的计价方法或者计价标准结算工程价款。

建设工程施工合同有效,但建设工程经竣工验收不合格的,依照民法典第五百七十七条规定处理。

第二十条　当事人对工程量有争议的,按照施工过程中形成的签证等书面文件确认。承包人能够证明发包人同意其施工,但未能提供签证文件证明工程量发生的,可以按照当事人提供的其他证据确认实际发生的工程量。

第二十二条　当事人签订的建设工程施工合同与招标文件、投标文件、中标通知书载明的工程范围、建设工期、工程质量、工程价款不一致,一方当事人请求将招标文件、投标文件、中标通知书作为结算工程价款的依据的,人民法院应予支持。

建设工程纠纷中承包人强制退场的法律分析、风险提示及实务要点

编前语

伴随房企"爆雷"的新闻层出不穷，许多施工单位在垫资施工后无法如期获得发包人的工程款；加之建材价格的持续上涨，施工单位无法大量垫资进行施工，停工撤场就成为施工单位规避风险、及时止损的方式之一。但承包人停工撤场时采取不同的操作会导致施工单位面临不同的后果。如果承包人在撤场过程中没有做好与发包人的沟通工作以及证据的保存工作，承包人中途退场不但不能减少损失，反而可能招致违约风险，发包人可能以承包人违约为由，拒绝工程款的支付，并且要求承包人赔偿延误工期的损失。

本文对承包人在建设工程合同履行途中强制退场的性质展开剖析，并结合相关法律规定和审判案例进行研究，分析司法实践对于该特殊情形下的行为法律后果的认定，对承包人在该情形下选择强制退场的风险点、实务操作要点予以提示。

【案情概要】①

2018年1月22日，朝阳中贸商业城开发有限公司（以下简称发包人）与江苏南通二建集团有限公司（以下简称承包人）签订"中贸府邸"《建设工程施工合同》，约定发包人将朝阳中贸商业城项目"中贸府邸"3号楼、商业21号楼、15号楼、16号楼（以实际施工量及图纸面积为准）发包给承包人施工，合同中约定了工期、付款方式与付款时间。图纸中土建（含破桩头、施工降水等措施费）、装

---

① 朝阳中贸商业城开发有限公司与江苏南通二建集团有限公司等建设工程施工合同纠纷案，最高人民法院民事判决书，（2021）最高法民终688号。

饰、采暖、给排水、电气、消防、建筑外墙保温和 1 ~ 3 层干挂工程施工等除电梯以外的所有工程施工及材料采购也均包含在该合同中。

合同签订后,承包人于 2018 年 4 月 1 日开始正式施工。截至 2018 年 11 月,承包人施工的工程 1 号楼、2 号楼(并非《建设工程施工合同》中约定的施工范围楼栋)从 3 层至顶层主体施工完成,4 层至 13 层砌筑完成;3 号楼负 2 层至负 1 层顶板(共计 2 层)主体施工完成;15 号楼负 2 层至 2 层顶板(共计 4 层)主体施工完成;16 号楼负 2 层至 6 层顶板(共计 8 层)主体施工完成;地下停车场主体施工完成。其中,1 号楼、2 号楼已经分项工程质量验收,并由监理工程师签章。但发包人除返还承包人 600 万元保证金外,未支付任何工程款或提供适当担保。因此,承包人于 2018 年 11 月停工,2018 年 12 月底撤场完毕,并于 2018 年 12 月 17 日向一审法院提起诉讼。

【争议焦点】

1. 案涉施工范围如何确定。
2. 双方是否违约以及承包人是否应当赔偿发包人工期延误损失。
3. 发包人欠付工程款数额如何确定。
4. 承包人是否享有建设工程优先受偿权。

【判决概要】

一、就案涉施工范围的确定问题

双方未就 1 号楼、2 号楼及部分地下停车场的建设签订施工合同,发包人主张该部分不属于承包人的施工范围,承包人擅自施工,应当予以拆除。承包人主张已经完成的合同外的施工范围属于应当纳入最终进行工程结算的施工范围。而一审、二审法院在案涉施工范围问题上,均认可了承包人的主张。一审法院认为,虽然双方在案涉施工合同中没有约定 1 号楼、2 号楼及地下停车场由承包人施工,但根据承包人提供的由项目监理签字的分项工程质量验收资料,承包人的施工范围及工程质量均已得到工程监理的确认。而发包人未能举示足够证据证明承包人擅自施工,因此对于发包人主张不予支持。故可视为诉讼双方在履行合同中对变更施工范围达成了合意,在原合同约定的施工范围的基础上增加了工程量。对承包人施工的包括 1 号楼、2 号楼及部分地下停车场在内的全部已施工范围,发包人均应支付相应的工程款。

二审法院在总体上和一审法院保持了统一态度,承包人提供的监理单位出具的分项工程质量验收单能够说明承包人的合同外施工工程质量得到了监理单位的确认，而发包人提供的报警记录等相关证据不足以证明发包人不同意合同外施工的主张。由于双方当事人未就1号楼、2号楼及部分地下停车场施工问题及时签订书面合同，在具体事项没有约定或约定不明的情况下，双方当事人可参照已签订的施工合同诚信履行义务，发包人应及时支付相应工程款。

二、就双方是否违约以及承包人是否应当赔偿发包人工期延误损失的问题

一审法院没有正面论述有关违约的问题，而是从施工范围的变更以及显失公平这两个角度否定了发包人要求承包人赔偿工期延误损失的请求。一审法院认为，一方面，虽然双方在合同中约定了施工进度，但是在实际施工过程中，承包人的实际施工范围发生了变化，工程量发生了增加，而工程监理签字的分项工程质量验收资料表明承包人的施工范围及工程质量均已得到工程监理的确认。自2018年4月起，承包人便对合同约定范围外的1号楼、2号楼进行施工，而发包人直至10月才通过发送告知函、报案等方式对施工范围提出异议，难以说明承包人系擅自施工，承包人对1号楼、2号楼的施工可视为诉讼双方在履行合同中对变更施工范围达成了合意，即在原合同约定的施工范围的基础上增加了工程量，因此不应再以原合同的约定确定施工进度。另一方面，从承包人进场施工至停工，发包人除返还承包人600万元保证金外，尚未支付任何工程款。本案建设工程施工周期近一年，承包人垫资施工。于此情况下，如判决承包人向发包人支付逾期完工损失，则既无合同依据又显失公平。

而二审法院则在认可一审法院关于双方合意变更施工范围的基础上，正面回应了承包人是否违约的问题。二审法院认为双方当事人未就1号楼、2号楼及部分地下停车场施工问题及时签订书面合同，在具体事项没有约定或约定不明的情况下，双方当事人可参照已签订的施工合同诚信履行义务。由于1号楼、2号楼从3层至顶层主体施工完成，4～13层砌筑完成，发包人应及时支付相应工程款。但发包人除返还承包人600万元保证金外，未支付任何工程款。承包人有理由认为发包人可能丧失给付工程款能力或者可能拒不给付工程款。在承包人起诉后，发包人仍未支付相应工程款或提供适当担保。承包人停止施工系保护自己合法权益的行为，不应认为违约。由于承包人并未违约，发包人要求其赔偿损失，没有事实和法律依据，不予支持。

三、就承包人是否享有建设工程优先受偿权的问题

一审法院认为，首先根据最高人民法院《关于审理建设工程施工合同纠纷案件适用法律问题的解释(二)》(已失效，以下简称《建设工程施工合同司法解释(二)》)第19条："建设工程质量合格，承包人请求其承建工程的价款就工程折价或者拍卖的价款优先受偿的，人民法院应予支持。"承包人有权对其施工的工程主张享有优先受偿权。

其次，根据《建设工程施工合同司法解释（二）》第22条的规定，“承包人行使建设工程价款优先受偿权的期限为六个月，自发包人应当给付建设工程价款之日起算”，以及最高人民法院《关于审理建设工程施工合同纠纷案件适用法律问题的解释（一）》（以下简称《建设工程施工合同司法解释（一）》）第27条的规定，“……下列时间视为应付款时间……（三）建设工程未交付，工程价款也未结算的，为当事人起诉之日”，由于案涉工程承包人没有施工完毕，因双方发生纠纷而撤场，诉讼双方也未予结算，发包人应予给付承包人的工程款数额尚未确定，承包人于2018年12月17日向一审法院提起诉讼，在诉讼中提出工程造价鉴定申请，经鉴定后确定发包人拖欠承包人的工程款数额，因此承包人行使优先受偿权的除斥期间应当自起诉时开始起算。而自承包人起诉之日起，其主张的优先权并未超过法律规定的6个月的除斥期间，所以承包人的优先受偿权应当得到法院支持。

在二审中，最高人民法院也赞同一审法院对这一问题的观点，并重申南通二建作为工程承包人，依法有权对施工的工程享有的建设工程价款优先受偿权。

【案件分析】

房地产项目开发建设过程中，开发商作为发包人将工程发包给施工方后，由于建设工程本身的复杂性以及行业的管理乱象，开发商与施工方就工程建设相关事项（如工程进度、施工质量或者价款结算等），极易产生分歧或者发生纠纷。对于承包人而言，最大的风险莫过于无法如期获得工程款。由于房地产市场的低迷，许多施工单位在垫资施工后无法如期获得发包人的工程款。同时，建筑材料价格的持续走高也使得承包人大量垫资进行施工面临巨大风险。因此，在发包人不支付工程款的情况下，停工撤场就成为承包人规避风险、及时止损的重要手段。但停工撤场本身也蕴含着巨大的违约风险，如果承包人没有做好相关的配套工作，停工撤场不但不能及时止损，还可能会被发包人追究违约责任。

在承包人强制撤场的诸多实践案例中，通常都是因为发包人未能及时支付工程款，承包人为了规避风险而选择退场。但撤场毕竟只是一种暂时的手段，后续双方往往会因为工程款的支付、违约责任问题而发生纠纷。因此，有必要对承包人强制退场这一行为的性质及可能存在的法律风险进行分析，并对纠纷中的争议焦点及裁判思路进行归纳，对承包人作出相应的风险提示和操作提示，便于承包人在后续的诉讼中更有力地提出自己的主张。

一、承包人退场的法律性质及风险

在施工合同尚未解除，发包人未按照约定支付工程款的情形下，承包人选择退场最大的法律争议莫过于该行为是否构成违约。对此，本文认为，在条件充分的情况下，承包人退场属于行使不安抗辩权的行为，不属于违约行为。

根据《民法典》第527条的规定："应当先履行债务的当事人，有确切证据证明对方有下列情形之一的，可以中止履行：（一）经营状况严重恶化；（二）转移财产、抽逃资金，以逃避债务；（三）丧失商业信誉；（四）有丧失或者可能丧失履行债务能力的其他情形。当事人没有确切证据中止履行的，应当承担违约责任。"建设工程施工合同是承包人进行施工，发包人支付价款的双务合同；对承包人而言，按照合同约定的工期和质量要求施工是其主要合同义务，而如约支付工程价款则是发包人的主要义务；在义务履行先后顺序上，承包人的施工属于先履行义务，发包人支付工程价款属于后履行义务；通常情况下，工程价款的支付是按阶段进行的，根据《民法典》第803条的规定，"发包人未按照约定的时间和要求提供原材料、设备、场地、资金、技术资料的，承包人可以顺延工程日期，并有权请求赔偿停工、窝工等损失"。因此，如果发包人未按照约定的时间和金额支付工程款，承包人可以停工等待发包人支付后继续履行。但如果承包人自行垫资，且已经完成大部分的施工后，发包人未支付任何款项，且在承包人催告或者起诉后仍未支付，则属于《民法典》第527规定的"有丧失或者可能丧失履行债务能力的其他情形"，故该情形下承包人停工后退场属于行使不安抗辩权的正当行为，不属于违约行为。

而本文所引用的案例正是这种情况，承包人已经完成双方约定的施工范围内的部分工程，并且得到了监理单位的签字，而发包人在此期间除了返还600万元的保证金外，并未向承包人支付任何工程款项，在此情形下，承包人选择了停工并撤场。对此，发包人在诉讼中主张承包人构成违约，并要求承包人向其支付工期延误损失。而一审法院和二审法院均与本文的观点一致，认为承包人的停工和撤场行为不构成违约。一审法院主要从显失公平的角度论述，在承包人垫资施工，且承包人已完工部分的工程质量经过监理单位确认的情形下，发包人除了返还保证金，并未支付任何款项，在此情形下要求承包人承担违约责任显失公平。

二审法院则与本文的思路一致，在承包人已先行垫资完成了大部分施工合同约定的施工范围后，发包人除了返还600万元保证金外，没有支付任何款项，并且在承包人起诉后，发包人仍未提供担保或者支付款项，因此，"承包人有理由认为发包人可能丧失给付工程款能力或者可能拒不给付工程款。承包人依法停止施工系保护自己合法权益的行为,不应认为违约”确认了承包人的中途退场系行使不安抗辩权的正当维权行为。

虽然行使不安抗辩权是承包人的合法权益,但承包人在这个过程中必须做好通知发包人的工作。依据《民法典》第528条的规定,承包人行使不安抗辩权的,应当及时通知发包人。但该条款并未明确规定,若承包人无证据证明其已通知发包人,承包人行使不安抗辩权的主张是否依然成立的问题。

最高人民法院目前对这一问题也没有形成统一的裁判结果。在新乡市津都奶业有限公司与新乡市鑫福钢结构有限公司建设工程施工合同纠纷案①中,最高人民法院认为,承包人行使不安抗辩权的,应当及时通知发包人,但对上述问题也未作明确。

在本文所引用的案例中,最高人民法院在肯定承包人以撤场作为行使不安抗辩权的同时,并没有明确承包人行使不安抗辩权是否应当及时通知发包人,也未明确承包人无证据证明其已通知发包人行使不安抗辩权的,承包人行使不安抗辩权的主张是否成立。但最高人民法院民法典贯彻实施工作领导小组主编的《中华人民共和国民法典合同编理解与适用(一)》认为:“当然,要想使不安抗辩权发生法律效力,还应当以通知的方式作出明示且通知有效送达对方。”

本文认为,由于法律法规层面目前尚未对行使不安抗辩权的后果作出统一规定,部分法院可能会以承包人未及时通知为由否定承包人行使不安抗辩权的主张,承包人的撤场构成违约的风险变大。因此,承包人在准备停工撤场时,还是应当及时向发包人作出通知并有效送达对方,从而规避可能存在的违约风险。

二、发包人的工程价款支付问题

在承包人中途退场的情形下,施工合同约定的工程通常尚未完工,双方更不可能已经完成价款的结算程序。因此,在诉讼中,双方往往会围绕发包人应当支付的工程价款发生争议,具体包括对工程量的确定、工程造价的确定以及工程价款利息的计算这三方面的争议。

(一)工程量的确定

由于在承包人退场时,合同约定的施工工程尚未完全完工,因此在进行已完工工程量的结算时,双方往往会对完工的工程量发生争议,如果承包人在实际施工过程中,双方又通过口头约定对已签订的施工合同约定的施工范围进行

① 最高人民法院民事裁定书,(2013)民申字第2398号。

变更,问题就会变得更加复杂。

针对这一问题,《建设工程施工合同司法解释(一)》第20条规定:"当事人对工程量有争议的,按照施工过程中形成的签证等书面文件确认。承包人能够证明发包人同意其施工,但未能提供签证文件证明工程量发生的,可以按照当事人提供的其他证据确认实际发生的工程量。"

在本文所引案例中,双方在实际施工过程中变更了施工范围;在诉讼中发包人主张承包人系擅自施工,拒绝支付增加的部分施工范围的价款;承包人提供了由项目监理签字的分项工程质量验收资料,证明承包人的施工范围及工程质量均已得到工程监理的确认,法院才将该部分工程纳入承包人的实际施工工程量中。

因此,对于承包人而言,在施工过程中要注重保存工程项目的相关资料,在退场时通过拍照、录像等手段对全部工程范围、工程量、工程状态进行拍照、录像,保存好现场的资料,必要时也可以请公证机关对工程量、工程质量问题做好记录,以便为后续的诉讼做好证据准备,防止发包人以擅自施工为由要求承包人拆除并承担违约责任。

(二)工程造价的确定

由于涉及的项目众多,内容十分专业复杂,工程造价的确定在各类建设工程合同纠纷中都是难点和争议焦点,在承包人强制退场的建工纠纷中也不例外。对此,《建设工程施工合同司法解释(一)》第19条提供了一定的参考标准。根据该条规定可知,如果当事人对建设工程的计价标准或者计价方法有约定的,按照约定结算工程价款,即当事人的约定优先。

在因设计变更导致建设工程的工程量或者质量标准发生变化的情形下,首先由当事人对该部分工程价款进行协商,如果不能协商一致,则可以参照签订建设工程施工合同时当地建设行政主管部门发布的计价方法或者计价标准结算工程价款。总体上看,这条款充分体现了民法尊重当事人意思自治的精神。在本文所引案例中,承包人在诉讼过程中就工程造价向法院申请了鉴定,但发包人对于鉴定结果提出了多处质疑,就其中关于混凝土材料的价格确定问题,发包人主张应当按照设计图纸来计算,但一审法院在最终裁决时还是根据双方在实际施工过程中共同签字确认的种类和价格来进行计算。

因此,为了规避发包人在进行工程造价结算时故意主张按照低价维护自己的合理权益,在合同签订过程中承包人就要尽量在合同中明确约定工程造价的计算标准,如果在实际施工过程中更换了材料或者更改了计算标准,一定要留下书面证据材料,并且要取得双方共同的签字确认。

(三)工程价款利息的计算

由于建设工程纠纷涉及的数额巨大,除了工程价款本金的确定是双方的巨大争议点外,工程价款的利息计算问题也是双方争论的重点。对此问题,可以参考《建设工程施工合同司法解释(一)》第26条、第27条的规定。第26条对利息的计算标准作了当事人约定优先的说明,如果当事人没有对利息计算作出约定,则按照同期同类贷款利率或者同期贷款市场报价利率计算。第27条则对不同情形下利息的起算时间作出了规定。首先从总体上规定利息从应付工程价款之日开始计付。在当事人对付款时间没有约定或者约定不明的情形下,如果建设工程已实际交付的,则应付款日期为交付之日;若建设工程没有交付的,则提交竣工结算文件之日为应付款之日;若建设工程未交付,工程价款也未结算的,则当事人起诉之日为应付款之日。由于承包人强制退场的情况下,通常建设工程尚未完工也尚未结算,因此这一条的完整规定就显得尤为重要。在本文所述案例中,由于承包人中途退场后,工程未能全部完工,双方也未进行结算,因此,一审法院面对承包人要求发包人支付工程价款利息的主张,便以承包人起诉之日为应付款之日进而计算工程价款的利息。

三、承包人的优先受偿权问题

由于建设工程涉及的主体复杂多样,特别是大量农民工牵涉其中,使建设工程价款的如期支付对于维护民生和社会稳定十分重要。因此,我国《民法典》第807条规定了承包人的建设工程价款优先受偿权,而《建设工程施工合同司法解释(一)》对此又做了更加详细的规定。具体而言,所谓建设工程价款的优先受偿权是指在发包人未按照约定支付价款,承包人催告后,发包人逾期仍不支付的,除根据建设工程的性质不宜折价、拍卖外,承包人可以与发包人协议将该工程折价,也可以请求人民法院将该工程依法拍卖。承包人的建设工程的价款可以就该工程折价或者拍卖的价款优先受偿。并且这种优先受偿权的效力优于抵押权和其他债权。可见,建设工程价款优先受偿权的有无对于承包人能否如期获得工程价款十分重要。

在承包人中途强制退场的情形下,由于工程尚未完工和结算,发包人可能会以工程未完工,尚未到付款节点为由对抗承包人的优先受偿权。对此,承包人可以援引《建设工程施工合同司法解释(一)》第39条,就其已完工部分的价款主张优先受偿权。在本文援引的案例中,发包人即是以承包人违约在先以及未到付款节点为由对抗承包人的价款优先受偿权。而一审法院则在确定了施工范围,否定了承包人的违约责任后,肯定了承包人的价款优先受偿权。

此外,承包人必须注意的是,根据《建设工程施工合同司法解释(一)》第41

条的规定,承包人可以行使优先受偿权的期限最长不超过18个月。因此,承包人在撤场之后,要及时与发包人交涉,必要时提起诉讼,及时行使自己的优先受偿权,避免因期间的经过而导致权利的丧失,无法及时获得工程价款。在本文所引案例中,一审法院在肯定了承包人享有优先受偿权的应然状态后,又依照司法解释规定的发包人的应付款日期进行推算后,确定了承包人的价款优先受偿权权利行使的除斥期间尚未经过,从而最终确定了诉讼时承包人的价款优先受偿权的有效状态。

四、承包人强制退场的实务操作提示

承包人在强制退场过程中,要解决工程项目和场地的移交、材料的整理收集、设备和人员的撤离等诸多问题,如果这些问题没有得到妥善解决,可能会在后续的诉讼中处于不利地位。因此,下文将对承包人在撤场过程中的操作重点进行提示。

(一)重视保留相关证据

承包人在强制退场时,应做到相应证据能够证明已完工程量,如果不能证明,要仔细复盘还缺少哪些证据资料,力求在退场前搜集、补充完毕。具体而言,重要的已完工程量的证据包括:

1. 已完工程范围证据;
2. 已完工程具体项目证据;
3. 工程施工至退场时的截止点证据;
4. 相关已完工程量的施工资料;
5. 发包人或者工程监理对已完工程量签证等确认资料;
6. 施工图纸;
7. 结算资料等。

由于在承包人选择退场的情形下,双方的关系已经比较恶化,因此,无论承包人和发包人就退场相关事宜是否协商一致,承包人退场前都应当对已完工的全部工程范围、工程量、工程状态进行拍照、录像。根据具体情况和需要,考虑是否对未完工的分项工程测量具体详细的工程数据,并予以拍照或者录像。必要时,承包人也可以邀请公证机构进行公证,以便将来分清质量等责任并结算工程价款。

(二)重视中途退场安全问题

由于在施工过程中,承包人会使用发包人的各种设备设施,因此,在退场时,承包人要做好与发包人的交接工作。对属于发包人的施工现场机械、设备、材料等应消除安全隐患,妥善放置并予以封存;对属于发包人的临时设施、办公设施,应对水、电、气切断源头,封存设施,对于房屋等设施需要加锁。对应移交给发包人的施工现场机械、设备、材料、临时设施、办公设施等均应拍照或者录像,制作一份尽量详细的清单,必要时邀请公证机构进行公证。在退场前,承包人应书面告知发包人具体退场时间,提请发包人派人进行现场交接,并且退场告知应当留给发包人准备交接的合理时间。

(三)确保已送达退场告知书

在上文中已经提及,承包人未及时通知发包人就退场会带来更大的违约风险。因此,承包人在撤场前,必须确保发包人收到退场告知书,或者能够有充分证据可以证明发包人已收到,必要时同样可以考虑通过公证机构送达。这样,即便发包人拒绝接收施工现场,承包人也不需要对施工现场交接负有责任。

结　语

虽然强制退场已经成为承包人及时止损的重要手段之一,但如果承包人不注重撤场过程的管理,该行为不但不能起到止损的效果,而且可能招致违约的风险。因此,承包人在退场过程中一定要有证据意识,及时固定已完成工程界面及已完工程量,并及时办理已完工程造价结算及项目移交手续,尽可能协商签订一揽子的退场交接协议。如果在退场后,承包人认为后续价款结算及追讨存在风险,应当及时采取法律手段对发包人的资金及在建工程进行保全并及时提起诉讼,由法院介入审理,从而规避建设单位资不抵债和项目现场遭破坏后无法鉴定已完工程造价的风险。

相关法律规定

1.《民法典》

第五百二十七条　应当先履行债务的当事人,有确切证据证明对方有下列情形之一的,可以中止履行:

(一)经营状况严重恶化;

(二)转移财产、抽逃资金,以逃避债务;

(三)丧失商业信誉;

(四)有丧失或者可能丧失履行债务能力的其他情形。

当事人没有确切证据中止履行的,应当承担违约责任。

第五百二十八条　当事人依据前条规定中止履行的,应当及时通知对方。对方提供适当担保的,应当恢复履行。中止履行后,对方在合理期限内未恢复履行能力且未提供适当担保的,视为以自己的行为表明不履行主要债务,中止履行的一方可以解除合同并可以请求对方承担违约责任。

第八百零三条　发包人未按照约定的时间和要求提供原材料、设备、场地、资金、技术资料的，承包人可以顺延工程日期，并有权请求赔偿停工、窝工等损失。

第八百零七条　发包人未按照约定支付价款的，承包人可以催告发包人在合理期限内支付价款。发包人逾期不支付的，除根据建设工程的性质不宜折价、拍卖外，承包人可以与发包人协议将该工程折价，也可以请求人民法院将该工程依法拍卖。建设工程的价款就该工程折价或者拍卖的价款优先受偿。

2. 最高人民法院《关于审理建设工程施工合同纠纷案件适用法律问题的解释(一)》

第二十条　当事人对工程量有争议的，按照施工过程中形成的签证等书面文件确认。承包人能够证明发包人同意其施工，但未能提供签证文件证明工程量发生的，可以按照当事人提供的其他证据确认实际发生的工程量。

第二十六条　当事人对欠付工程价款利息计付标准有约定的，按照约定处理。没有约定的，按照同期同类贷款利率或者同期贷款市场报价利率计息。

第二十七条　利息从应付工程价款之日开始计付。当事人对付款时间没有约定或者约定不明的，下列时间视为应付款时间：

(一)建设工程已实际交付的，为交付之日；

(二)建设工程没有交付的，为提交竣工结算文件之日；

(三)建设工程未交付，工程价款也未结算的，为当事人起诉之日。

第三十五条　与发包人订立建设工程施工合同的承包人，依据民法典第八百零七条的规定请求其承建工程的价款就工程折价或者拍卖的价款优先受偿的，人民法院应予支持。

第三十六条　承包人根据民法典第八百零七条规定享有的建设工程价款优先受偿权优于抵押权和其他债权。

第三十八条　建设工程质量合格，承包人请求其承建工程的价款就工程折价或者拍卖的价款优先受偿的，人民法院应予支持。

第三十九条　未竣工的建设工程质量合格，承包人请求其承建工程的价款就其承建工程部分折价或者拍卖的价款优先受偿的，人民法院应予支持。

第四十一条　承包人应当在合理期限内行使建设工程价款优先受偿权，但最长不得超过十八个月，自发包人应当给付建设工程价款之日起算。

建设工程纠纷中违约金或利息的计算

编前语

为了督促承包人全面履行合同义务、保障工程质量、工期等合同目的的实现，在大部分情况下，建设工程施工合同会针对承包人各种可能的违约行为设定违约金条款。而承包人为了督促发包人积极履行付款义务，也会在建设工程施工合同中对发包人逾期付款违约金或利息进行约定。

通过检索建设工程纠纷相关案例发现，建设工程施工合同纠纷中大量争议聚焦于违约金以及欠付工程价款逾期利息的认定与计算。本文将结合法律规范、司法裁判案例，归纳和分析建设工程纠纷中违约金或利息的计算规则。

【案情概要】①

2013 年 10 月 15 日，经过招标，施工方（原告）与建设方（被告）签订《景洲地王 · 国际商贸城一期建设工程施工合同》。该合同约定，原告承建位于共和县恰卜恰镇的景洲地王 · 国际商贸城一期项目。签约合同价为 65557657.59 元。同日双方签订《景洲地王 · 国际商贸城一期建设工程合同补充合同》（以下简称《一期补充协议》），约定"本工程经竣工验收进行结算，工程竣工结算文件甲方在竣工验收合格日起 45 天内完成审核，逾期视为甲方同意按乙方申报的竣工结算款作为工程总价款。并在一个月内支付完工程总价款的 95% 的结算款，留工程总价款的 5% 为保修金"。

2013 年 10 月 22 日，经过招标，原告与被告签订《景洲地王 · 国际商贸城二期建设工程施工合同》。该合同约定，原告承建位于共和县恰卜恰镇的景洲地王. 国际商贸城二期项目。签约合同价为 76386014.95 元。同日双方签订《景

---

① 东建建设集团有限公司与青海景洲房地产开发有限公司建设工程施工合同纠纷案，最高人民法院民事判决书，(2018) 最高法民终 915 号。

洲地王·国际商贸城二期建设工程合同补充合同》(以下简称《二期补充协议》),工程价款的结算约定与《一期补充协议》一致。

2016年9月8日,被告将案涉工程投入使用。2016年9月30日,被告、原告和监理单位三方共同召开竣工验收会议,并形成青海景洲·地王商场工程竣工验收会议纪要。同日,建设、施工、设计、监理四方共同对案涉工程1~4号楼进行综合验收,形成单位工程质量竣工验收记录、分部工程验收记录,各方在上述记录上签字盖章,确认综合验收结论为合格。2016年12月2日,原告向被告邮寄送达工程结算书,该结算书载明案涉工程总价款为150172736.97元,其中建筑装饰工程127367042.8元,安装工程22641146.17元,通风变更164548.00元。被告收到该工程结算书后未进行审核。一审法院审理判决:第一,被告于本判决生效之日30日内向原告支付工程款39752841.86元;第二,被告于本判决生效之日30日内向原告支付以39752841.86元为基数从2017年2月16日至付清之日止按照中国人民银行发布的同期同类贷款利率计付利息;第三,被告于本判决生效之日30日内向原告支付以39752841.86元为基数从2017年2月16日起至付清之日止按照中国人民银行发布的同期同类贷款利率1.3倍计付违约金。后原告、被告不服,向最高人民法院提起上诉。

【争议焦点】

违约金以及欠付工程价款逾期利息的认定及计算。

【判决概要】

一审法院认为:关于本案利息及违约金:2016年9月30日该案涉工程进行验收,根据最高人民法院《关于审理建设工程施工合同纠纷案件适用法律问题的解释》(法释〔2004〕14号,已失效,以下简称《建设工程施工合同司法解释》)第17条"当事人对欠付工程价款利息计付标准有约定的,按照约定处理;没有约定的,按照中国人民银行发布的同期同类贷款利率计息"和第18条"利息从应付工程价款之日计付。当事人对付款时间没有约定或者约定不明的,下列时间视为应付款时间:(一)建设工程已实际交付的,为交付之日;(二)建设工程没有交付的,为提交竣工结算文件之日;(三)建设工程未交付,工程价款也未结算的,为当事人起诉之日"的规定,原告请求自2016年9月30日起计收利息,但双方当事人约定"在一个月内支付完总工程款的95%的该结算款",因此利息应从2月16日按中国人民银行同期同类贷款利率予以计收。

关于违约金。双方当事人在合同中对逾期付款违约金约定为按每天千分之一计算，《合同法》（已失效）第 114 条第 2 款规定："约定的违约金低于造成的损失的，当事人可以请求人民法院或者仲裁机构予以增加；约定的违约金过分高于造成的损失的，当事人可以请求人民法院或者仲裁机构予以适当减少。"最高人民法院《关于适用〈中华人民共和国合同法〉若干问题的解释（二）》（以下简称《合同法解释（二）》）第 27 条规定："当事人通过反诉或者抗辩的方式，请求人民法院依照合同法第一百一十四条第二款的规定调整违约金的，人民法院应予支持。"第 28 条规定："当事人依据合同法第一百一十四条第二款的规定，请求人民法院增加违约金的，增加后的违约金数额以不超过实际损失为限。增加违约金以后，当事人又请求对方赔偿损失的，人民法院不予支持。"第 29 条第 2 款规定："当事人约定的违约金超过造成损失的百分之三十的，一般可以认定为合同法第一百一十四条第二款的'过分高于实际损失'。"原告并未提供实际损失的相关证据，合同约定的违约金已经远远超过银行贷款利率。被告也提出了相关抗辩意见，一审法院依法予以调整。本案的违约金应以被告欠款为基数，以不超过中国人民银行同期同类贷款利率的 1.3 倍为标准计算为宜。

最高人民法院认为，首先，案涉工程已竣工验收合格，并具备结算审核条件，由于的确存在被告欠付原告工程款的事实，原告对欠付工程款主张相应利息应予支持。对于计算起息日，一审法院根据原告提交结算文件之日，即 2016 年 12 月 2 日加上被告审核时间 45 天，并按照"在一个月内支付结算款"的合同约定，认定自 2017 年 2 月 16 日起计息并无不当。

其次，对于迟延支付工程款的违约金问题，双方在《一期补充协议》《二期补充协议》第 10.1 条均约定："双方均不得违约，若有违约，则由违约方向履约方支付违约工程价款的每日千分之一违约金。"由于被告未按合同约定支付工程款的行为已构成违约，其应承担约定的违约责任。虽一审法院已判决被告对逾期支付工程款的部分向原告支付相应利息，但由于违约金与利息具有不同的性质和属性，利息仅为占用资金所产生的损失，而违约金具有补偿性兼惩罚性，在当事人约定了违约金条款的情况下，如支付利息不足以弥补当事人的损失，人民法院根据当事人的约定支持违约金请求亦无不妥。本案中，由于双方约定违约金按工程款的每日千分之一向履约方支付违约金明显过高，一审法院根据本案实际情况，兼顾平衡双方当事人的利益，适当调减违约金支付标准，酌定按中国人民银行同期同类贷款利率的 1.3 倍计算违约金，属人民法院自由裁量的范围，并无不妥，法院予以维持。

【案件分析】

一、合同无效,合同中利息及违约金约定是否有效

最高人民法院《关于审理建设工程施工合同纠纷案件适用法律问题的解释(一))》(法释〔2020〕25号,以下简称《建设工程施工合同解释(一)》)第1条规定:“建设工程施工合同具有下列情形之一的,应当依据民法典第一百五十三条第一款的规定,认定无效:(一)承包人未取得建筑业企业资质或者超越资质等级的;(二)没有资质的实际施工人借用有资质的建筑施工企业名义的;(三)建设工程必须进行招标而未招标或者中标无效的。承包人因转包、违法分包建设工程与他人签订的建设工程施工合同,应当依据民法典第一百五十三条第一款及第七百九十一条第二款、第三款的规定,认定无效。”

无效合同自始无效、当然无效,合同一旦被确认无效,就产生溯及既往的效力,即自合同成立时起不具有法律的约束力,亦不能转化为有效合同。而违约金是合同对损失赔偿的约定,意在弥补违约方给守约方造成的损失。因此,合同依法被认定无效时,合同中关于违约金的约定通常属于无效条款。

虽然违约金条款无效,但依据《民法典》第157条的规定,合同无效后,有过错的一方应当赔偿对方因合同无效所收到的损失;双方都有过错的,应当各自承担相应的责任。同时《建设工程施工合同解释(一)》第6条规定:“建设工程施工合同无效,一方当事人请求对方赔偿损失的,应当就对方过错、损失大小、过错与损失之间的因果关系承担举证责任。损失大小无法确定,一方当事人请求参照合同约定的质量标准、建设工期、工程价款支付时间等内容确定损失大小的,人民法院可以结合双方过错程度、过错与损失之间的因果关系等因素作出裁判。”可见虽然合同中约定的违约金条款无效,但守约人仍可就其遭受的损失向违约方或过错方要求其承担赔偿责任,但主张损失赔偿的一方需承担相应的举证责任。需要注意的是,“林某富与延边嘉和房地产开发有限公司建设工程施工合同纠纷案”中法院认为,“因2008年度施工进度未按建设单位要求完成,按工程总价的3%给予建设单位违约赔偿”的约定为双方当事人在合同中对于案涉工程款的结算做出的附条件约定,是双方当事人的真实意思表示。案涉工程并未按期完工,但案涉工程中已经竣工验收合格的部分,可以参照合同约定计算案涉工程款。因此,对于已经竣工验收合格的工程,虽合同无效,法院亦可能会参照合同中针对承包方违约行为进行附条件结算的约定对案涉工程进行结算。

利息与违约金性质不同,利息是法定孳息,是为了弥补资金被占用的损失。

根据《建设工程施工合同解释(一)》第24条的规定,建设工程施工合同无效,但建设工程质量合格的,承包人可以参照实际履行的合同关于工程价款的约定取得折价补偿款。可见虽然建设工程施工合同不能因工程质量合格而补正施工合同的效力,但却可依约定要求支付工程价款。利息是工程价款的法定孳息,施工合同即便无效,承包人也有权主张欠付工程款利息。

二、欠付工程之诉违约金、利息能否同时主张

一般情况下,为了保证合同的顺利履行,双方当事人会在合同中对违约金及利息进行约定。建设工程施工合同履行中,涉及的工程价款利息主要包括两种类型:一是工程价款的利息,包括预付款利息、进度款利息与结算价款利息;二是垫资款利息。违约金和利息具有不同的性质和属性,工程价款利息是法定孳息;而违约金具有补偿性兼惩罚性,是损失赔偿。

针对发包人逾期支付工程款承包人能否同时主张逾期付款违约金和利息问题,在司法实务中,法院对违约金补偿性为主、惩罚性为辅的性质予以确认;对承包人同时主张逾期付款违约金及利息予以支持的也往往以实际损失为衡量基础。例如:

1. 黑龙江省庆达水利水电工程有限公司、大庆油田牡丹江新能源有限责任公司建设工程施工合同纠纷案①中,法院认为,基于公平正义理念的填补损失,主要目的在于使守约方的损失能获得实质、完整、迅速的填补。但惩罚性违约金对于稳定交易秩序有特殊意义。故违约金并非仅以守约方所受损失为赔偿上限,可以适度适用惩罚性违约责任。依据合同约定计算出的违约金数额具有以补偿实际损失为主,惩罚违约当事人为辅的双重属性。逾期支付工程价款所产生的法定孳息,其实质是补偿守约当事人的资金被占用的损失。违约金与逾期工程价款利息支付的总额应以实际损失为衡量基础。

2. 吉林民融投资有限公司、中国建筑第六工程局有限公司建设工程施工合同纠纷案②中对于违约金兼具双重属性也予以明确。

3. 宁夏瑞泰房地产开发有限公司、浙江宏城建设集团有限公司建设工程施工合同纠纷案③中,法院认为,工程款利息与逾期付款违约金虽均是因逾期付款行为产生的责任,但两者性质不同。工程款利息的性质是法定孳息,逾期付款违约金系基于双方当事人的约定,具有补偿性和惩罚性,能督促当事人积极履

---

① 最高人民法院民事判决书,(2017)最高法民再333号。

② 最高人民法院民事判决书,(2018)最高法民终629号。

③ 最高人民法院民事判决书,(2020)最高法民终1310号。

行合同,保护当事人的合理逾期,促进交易安全。

但需要注意的是,浙江省高级人民法院民事审判第一庭《关于审理建设工程施工合同纠纷案件若干疑难问题的解答》第 21 条否认了承包人可以同时主张逾期支付工程欠款的违约金与相应利息,即便是建设工程施工合同进行约定也不能同时主张。

综上所述,欠付工程之诉中通常可以同时主张违约金与利息,适度的惩罚性违约金,有助于维系稳定的合同制度,保护当事人的合理预期,促进交易安全。但实务中违约金与利息的主张能否同时得到法院支持往往以当事人损失为衡量基准,同时也要考虑到各省市地区相关规范的差异性。

三、能否主张工程垫资利息

工程垫资是指工程在施工时,工程的建设单位不支付工程款,由施工单位先行垫付,工程完成验收后再由建设单位支付的行为。那么施工单位能否主张逾期工程垫资利息呢?

《建设工程施工合同解释(一)》第 25 条规定:"当事人对垫资和垫资利息有约定,承包人请求按照约定返还垫资及其利息的,人民法院应予支持,但是约定的利息计算标准高于垫资时的同类贷款利率或者同期贷款市场报价利率的部分除外。当事人对垫资没有约定的,按照工程欠款处理。当事人对垫资利息没有约定,承包人请求支付利息的,人民法院不予支持。"

因此承包人能否主张工程垫资利息的关键在于建设施工合同中对垫资利息有无约定。

四、利息计付起算

有关逾期支付建设工程价款的利息计付起算点相对比较明确。

《建设工程施工合同解释(一)》第 27 条规定:"利息从应付工程价款之日开始计付。当事人对付款时间没有约定或者约定不明的,下列时间视为应付款时间:(一)建设工程已实际交付的,为交付之日;(二)建设工程没有交付的,为提交竣工结算文件之日;(三)建设工程未交付,工程价款也未结算的,为当事人起诉之日。"

综上所述,可归纳为:

1. 建设工程施工合同中有应付工程价款之日约定的,依合同约定;

2. 若无约定或约定不明的,但建设工程已实际交付,从交付之日起计付;

3. 既无约定亦未交付的,以提交竣工结算文件之日计付;

4. 以上条件均不满足的,以当事人起诉之日起计付。

需要注意的是,若双方尚未就工程款项结算达成一致,工程款金额尚未确定，发包人可以推迟付款时间，在合同没有约定的情况下尚不构成违约。但承包人提交的竣工结算文件发包人未在合同约定的审核期间内进行审查，承包人可要求从合同约定的审核结算期限届满之日起计算工程价款利息。

对于拖欠工程款利息的计付标准，《建设工程施工合同解释（一）》第26条规定："当事人对欠付工程价款利息计付标准有约定的，按照约定处理。没有约定的，按照同期同类贷款利率或者同期贷款市场报价利率计息。"司法解释兼顾尊重当事人的意思自治和公平原则。但如果双方当事人约定的工程欠款利率明显超出同期同类贷款利率，则对该约定利息性质的认定就不再是法定孳息，认定其具有违约金的性质。考虑到实务中工程欠款一般数额较大、期限较长，如果机械使用司法解释的规定势必容易造成双方利益的失衡。因此，当事人在合同中约定的工程款利息明显高于国家法定标准的，在实务中往往会对该约定标准进行调整。

五、违约金过高

违约金是合同一方当事人不履行或不完全履行合同时，按照合同约定，为其违约行为支付一定数额的金钱。守约方可就违约方的违约行为要求其支付违约金，但违约金的计算能否完全依照合同约定则取决于约定的违约金是否过分高于或低于造成的损失。《民法典》第585条规定："当事人可以约定一方违约时应当根据违约情况向对方支付一定数额的违约金，也可以约定因违约产生的损失赔偿额的计算方法。约定的违约金低于造成的损失的，人民法院或者仲裁机构可以根据当事人的请求予以增加；约定的违约金过分高于造成的损失的，人民法院或者仲裁机构可以根据当事人的请求予以适当减少。当事人就迟延履行约定违约金的，违约方支付违约金后，还应当履行债务。"可见，人民法院可以根据违约行为造成的损失对约定过高的违约金进行调整。

建设工程施工合同会针对各种可能的违约行为设定违约金条款，常见为工期延误、工程质量不合格、违背诚信行为、延期付款等违约行为设定的违约金条款。而常见违约行为所造成的损失通常难以证明，所以违约金条款常以"特定的违约行为"+"固定违约金额/基于固定金额（如合同金额、工程造价等）的计算方法"进行约定，一般不会与所造成损失金额直接关联。因此对于违约金过分高于造成的损失的认定争议较大。

《民法典》中并未对何为"过分高于造成的损失"进行明确的规定，《全国法院贯彻实施民法典工作会议纪要》（法〔2021〕94号）第11条作出如下解答："民法典第五百八十五条第二款规定的损失范围应当按照民法典第五百八十四条规定确定，包括合同履行后可以获得的利益，但不得超过违约一方订立合同时预见到或者应当预见到的因违约可能造成的损失。当事人请求人民法院增加违约金的，增加后的违约金数额以不超过民法典第五百八十四条规定的损失为限。增加违约金以后，当事人又请求对方赔偿损失的，人民法院不予支持。当事人请求人民法院减少违约金的，人民法院应当以民法典第五百八十四条规定的损失为基础，兼顾合同的履行情况、当事人的过错程度等综合因素，根据公平原则和诚信原则予以衡量，并作出裁判。约定的违约金超过根据民法典第五百八十四条规定确定的损失的百分之三十的，一般可以认定为民法典第五百八十五条第二款规定的'过分高于造成的损失'。当事人主张约定的违约金过高请求予以适当减少的，应当承担举证责任；相对人主张违约金约定合理的，也应提供相应的证据。"

在司法实践层面，根据最高人民法院《关于统一法律适用加强类案检索的指导意见（试行）》第4条第2项"（类案检索范围一般包括）最高人民法院发布的典型案例及裁判生效的案件"的规定，以最高人民法院发布的典型案例及裁判生效的案件为检索对象，以关键词进行高级检索，即"案由：建设工程施工合同纠纷""法院：最高人民法院""法院认为（部分）包含：违约金过高"，共检索出案例45个。其中支持合同约定或者调整后大于中国人民银行同期同类贷款利率的1.3倍计算违约金的占比70.6%。本文所引用案例东建建设集团有限公司与青海景洲房地产开发有限公司建设工程施工合同纠纷案①中，法院认为由于双方约定违约金按工程款的每日千分之一向履约方支付违约金明显过高，一审法院根据本案实际情况，兼顾平衡双方当事人的利益，适当调减违约金支付标准，酌定按中国人民银行同期同类贷款利率的1.3倍计算违约金。

综上所述，笔者认为合同当事人之间违约金约定是否过高，首先离不开对违约方造成损失以及守约方实际损失的认定。而守约方的实际损失、违约方造成损失如何确定，应由守约方举证证明违约行为给其造成的具体损失数额或提供造成损失的相应事实依据。其次认定违约金是否过高，要综合考量违约金的性质、合同履行情况、当事人的实际损失及过错程度等因素，并结合建筑行业的特点，对比违约金总计达工程结算总造价的比例、中国人民银行同期同类贷款利率以及人民法院保护的民间借贷法定利率。最后违约金是否过高应由法院进行认定，故守约方应穷尽措施就遭受的损失进行举证，使其主张违约金合理化。若损失无法举证，则要承担不利后果。而违约方也可就守约方提出的过分高于其遭受损失的违约金向法院请求降低违约金。

---

① 最高人民法院二审民事判决书，（2018）最高法民终915号。

六、实务提示

1. 签订合同时，对建设施工过程中可能出现的情况进行全面积极的设定，包括中间验收移交的约定、可能出现的工程停工、窝工情形及相应的处理进行约定。

2. 承包人在与发包方签订垫资施工合同时对垫资情况以及垫资支付时间及利息作出明确的约定。切忌盲目同意垫资施工，特别是在对外融资进行垫资的情况下，一旦工程款不能及时收回，还会导致对外融资不能偿还，扩大融资成本，产生降低施工利润等一系列连锁损失。

3. 合同履行中，应注意收集合同相对方违约行为的证据，以及因其违约造成的损失证据，包括施工日志、工程照片及声像资料、发包人指令书确认书、承包人请求书通知书、工程结算资料和有关财务报告、检查验收报告和技术鉴定报告等。损失不仅包括实际发生的损失，还包括可得利益损失。预期可得利益损失包括相关工程项目预期利润、投标文件中载明的利润、相关工程设定的合理最低参考价与标价的差额等。

4. 合同履行中若出现不可抗力或者合同相对方原因导致项目搁置或停工的，应当及时向对方发送书面文件并留存证据。同样地，在项目施工完成后应及时向发包人、勘察、设计、施工、工程监理等单位发送通知，并要求其尽快签署验收文件。

5. 在合同中设定承包人放弃调减违约金请求权的条款。但需要注意，预先放弃违约金调整请求权的约定以不违反公平原则为前提。若按照违约金约定过高或按照违约金判决将违反诚信原则和公平原则导致利益严重失衡的，人民法院可依据相关法律规定对违约金进行调整。

6. 避免合同无效的情形发生。确定双方签订的建设工程施工合同合法有效，避免发生合同无效的情形，双方的合法权益才能得到有效保护；可以将合同中违约金条款作为工程结算、清算条款的依据或附条件的约定，这样可以达到即使建设工程施工合同无效，违约金条款也有效的效果。

7. 对于在诉讼过程中出现的就建设工程造价、建设工程工期及停工窝工损失等专门性问题发生争议的，可以向人民法院申请鉴定。为了保证判决得到顺利的执行，原告方可积极使用诉讼保全制度。

结　语

违约金条款是合同主体契约自由的体现，除具有对违约行为的惩罚性和对守约方的补偿功能之外，还应体现预先确定性和效率原则。利息是欠付工程款的法定孳息，是对资金被占用损失的弥补。因此合同无效时，违约金条款也无效，但承包人有权主张欠付工程款利息。然而针对垫资利息，依据相关司法解释的规定，对垫资利息没有约定或者约定无效的，人民法院不予支持。由于违约金与利息的不同性质与属性，在欠付工程之诉中，当事人可以同时主张违约金和利息。另外，针对利息的计付起算以及违约金计算标准问题，相关司法解释及实务中均采取兼顾尊重当事人的意思自治和公平原则的处理方式。当事人之间有约定的依照约定，同时依据公平原则对利息及违约金计算标准予以调整维护双方利益的均衡。

综上所述，合理约定违约金及利息降低了发生纠纷时合同主体的举证成本，使合同主体在订立合同时即明确违约后果，从而做到慎重订约、诚信履约。这就要求交易双方在签订合同伊始做好谈判和风险防范工作，根据工程总价款、合同履行后的收益、履行过程中己方风险严格进行风险把控。

相关法律规定

1.《民法典》

第一百五十七条　民事法律行为无效、被撤销或者确定不发生效力后，行为人因该行为取得的财产，应当予以返还；不能返还或者没有必要返还的，应当折价补偿。有过错的一方应当赔偿对方由此所受到的损失；各方都有过错的，应当各自承担相应的责任。法律另有规定的，依照其规定。

第五百八十五条　当事人可以约定一方违约时应当根据违约情况向对方支付一定数额的违约金，也可以约定因违约产生的损失赔偿额的计算方法。

约定的违约金低于造成的损失的，人民法院或者仲裁机构可以根据当事人的请求予以增加；约定的违约金过分高于造成的损失的，人民法院或者仲裁机构可以根据当事人的请求予以适当减少。

当事人就迟延履行约定违约金的，违约方支付违约金后，还应当履行债务。

2. 最高人民法院《关于审理建设工程施工合同纠纷案件适用法律问题的解释(一)》

第一条　建设工程施工合同具有下列情形之一的，应当依据民法典第一百五十三条第一款的规定，认定无效：

(一)承包人未取得建筑业企业资质或者超越资质等级的；

(二)没有资质的实际施工人借用有资质的建筑施工企业名义的；

(三)建设工程必须进行招标而未招标或者中标无效的。

承包人因转包、违法分包建设工程与他人签订的建设工程施工合同，应当依据民法典第一百五十三条第一款及第七百九十一条第二款、第三款的规定，认定无效。

第六条　建设工程施工合同无效,一方当事人请求对方赔偿损失的,应当就对方过错、损失大小、过错与损失之间的因果关系承担举证责任。损失大小无法确定,一方当事人请求参照合同约定的质量标准、建设工期、工程价款支付时间等内容确定损失大小的,人民法院可以结合双方过错程度、过错与损失之间的因果关系等因素作出裁判。

第十六条　发包人在承包人提起的建设工程施工合同纠纷案件中,以建设工程质量不符合合同约定或者法律规定为由,就承包人支付违约金或者赔偿修理、返工、改建的合理费用等损失提出反诉的,人民法院可以合并审理。

第二十一条　当事人约定,发包人收到竣工结算文件后,在约定期限内不予答复,视为认可竣工结算文件的,按照约定处理。承包人请求按照竣工结算文件结算工程价款的,人民法院应予支持。

第二十四条　当事人就同一建设工程订立的数份建设工程施工合同均无效,但建设工程质量合格,一方当事人请求参照实际履行的合同关于工程价款的约定折价补偿承包人的,人民法院应予支持。

实际履行的合同难以确定,当事人请求参照最后签订的合同关于工程价款的约定折价补偿承包人的,人民法院应予支持。

第二十五条　当事人对垫资和垫资利息有约定,承包人请求按照约定返还垫资及其利息的,人民法院应予支持,但是约定的利息计算标准高于垫资时的同类贷款利率或者同期贷款市场报价利率的部分除外。

当事人对垫资没有约定的,按照工程欠款处理。

当事人对垫资利息没有约定,承包人请求支付利息的,人民法院不予支持。

第二十六条　当事人对欠付工程价款利息计付标准有约定的,按照约定处理。没有约定的,按照同期同类贷款利率或者同期贷款市场报价利率计息。

第二十七条　利息从应付工程价款之日开始计付。当事人对付款时间没有约定或者约定不明的,下列时间视为应付款时间:

(一)建设工程已实际交付的,为交付之日;

(二)建设工程没有交付的,为提交竣工结算文件之日;

(三)建设工程未交付,工程价款也未结算的,为当事人起诉之日。

工程造价鉴定效力之法律分析

编前语

建设工程通常具有投资规模大、参与主体多、技术性强等特点，在建设工程纠纷案件中通常会涉及诸多专业问题，可能超出法官所具备的知识结构和业务范围，在这种情况下，就需要具备专业知识的人员向法院提供专业意见以辅助法官对案件事实进行认定。所谓司法鉴定，就是鉴定人运用科学技术或者专门知识对诉讼过程中涉及的专门性问题进行鉴别和判断并提供鉴定意见的活动。建设工程纠纷中的司法鉴定可以细分为工程造价鉴定、工程质量鉴定、工期鉴定等。在当事人就工程价款没有达成一致的情况下，往往会启动工程造价鉴定。笔者将根据建设工程纠纷中常见的工程造价鉴定的相关问题，对该类问题结合相关典型司法案例加以分析。

【案情概要】①

2010 年 7 月 14 日，云南文荣建筑工程有限公司（以下简称文荣公司）经正规招投标程序，以 39200064.20 元中标景洪立丰 9 号公馆工程。2010 年 7 月 21 日，文荣公司与景洪立丰房地产开发有限公司（以下简称景洪立丰）签订建设工程施工合同（以下简称 39200064.20 元合同），工程名称为 9 号公馆项目，工程承包范围包括基础、土建主体、给排水、电气安装、消防预埋等工程施工内容。合同暂估工程价款为 39200064.20 元，合同实行核定的预算价款包干合同，最终合同价款为核定的“预算价款 + 设计变更 + 工程签证”作为最终结算。双方在合同中对工程概况、承包范围、工期、质量标准、组成合同的文件等主要内容作出约定。

---

① 云南文荣建筑工程有限公司与景洪立丰房地产开发有限公司建设工程施工合同纠纷案，最高人民法院民事判决书，（2020）最高法民再 360 号。

2010年7月21日,文荣公司与景洪立丰又签订一份建设工程施工合同(以下简称42000000.00元合同),工程名称为9号公馆项目,工程内容:依据景洪立丰签字确认的、按照云南博超建筑设计有限公司设计的9号公馆工程施工图纸载明的基础、土建、给排水系统、电气系统等部分施工内容。共计7栋及地下室,建筑面积约53000平方米。合同暂估工程价款为42000000.00元,最终合同价款为核定的"预算价款+设计变更+工程签证",再下浮6%作为最终结算。

文荣公司于2012年5月7日按期完成合同施工内容并通过竣工验收合格。依文荣公司、景洪立丰的申请,原审法院委托西双版纳瑜兴司法鉴定所对景洪立丰、文荣公司于2010年7月21日签订的两份建设工程施工合同的9号公馆最终完成建筑总面积依法予以实测后,按照两份合同结算方式出具最终9号公馆结算总价款。2018年12月27日,西双版纳瑜兴司法鉴定所出具瑜兴司鉴[2018]征鉴字第17号司法鉴定征求意见:(1)39200064.20元合同鉴定造价为52689229.57元;(2)42000000.00元合同鉴定造价为66983394.44元。景洪立丰支付司法鉴定费352000.00元,文荣公司支付司法鉴定费250000元。

一审法院认为,根据最高人民法院《关于审理建设工程施工合同纠纷案件适用法律问题的解释》(已失效)第21条规定:"当事人就同一建设工程另行订立的建设工程施工合同与经过备案的中标合同实质性内容不一致的,应当以备案的中标合同作为结算工程价款的根据。"2010年7月21日,文荣公司与景洪立丰签订两份建设工程施工合同,所涉工程均为9号公馆项目,此项目为必须进行招投标的项目。之前,2010年7月14日,文荣公司经正规招投标程序,以39200064.20元中标9号公馆项目。本案中,文荣公司亦未提供证据证明在确定中标人前,景洪立丰、文荣公司就投标价格、投标方案等实质性内容进行谈判,文荣公司以39200064.20元中标为有效中标,39200064.20元合同为经备案的中标合同,以其鉴定造价52689229.57元为本案工程结算价款。一审法院查明事实,景洪立丰已支付文荣公司工程款57750097.56元,根据法律规定,文荣公司应当返还景洪立丰超额支付的工程款9702784.55元。一审法院判决:第一,文荣公司返还景洪立丰超付的工程款9702784.55元;第二,驳回文荣公司的诉讼请求;第三,驳回景洪立丰(反诉文荣公司)的其他诉讼请求。后文荣公司不服,认为本案已有工程结算书,就不应当再进行鉴定,本案鉴定意见不合法、不客观,鉴定意见无效,且鉴定人3名鉴定人中2名鉴定人黄某、杨某没有《建设工程造价鉴定规范》规定的注册造价工程师资质、杨某没有"工程造价纠纷鉴定"执业资格等情形为由向云南省高级人民法院提起上诉,经二审法院审理判决驳回上诉,维持原判。其后,文荣公司向最高人民法院提起再审。

【争议焦点】

1. 已有工程结算书的前提下，申请鉴定的，工程价款应如何确认。
2. 鉴定人员欠缺相关资质，鉴定意见是否合法有效。

【判决概要】

关于工程价款的结算。对文荣公司已施工完成的工程价款，原审法院根据双方的申请，依法委托鉴定部门进行鉴定，鉴定部门根据合同，结合建筑总面积现场实测作出鉴定意见。但鉴定结果产生后，文荣公司却主张应按之前双方结算价款作为结算依据。

二审法院认为，首先，文荣公司同意申请对其已完成的工程价款进行鉴定，说明文荣公司对工程价款要求通过鉴定确定，并非以双方的工程结算书为准。

其次，本案中存在工程合同(42000000.00 元合同)与备案合同(39200064.20 元合同)实质内容不一致，依法应当以备案的中标合同作为结算工程价款的依据。鉴定部门以 39200064.20 元合同，结合文荣公司实际完成的面积进行实测作出的鉴定意见，符合本案的实际情况，也未违反法律规定，二审法院予以采信，应作为本案工程结算价款。

最高人民法院认为，虽然最高人民法院《关于审理建设工程施工合同纠纷案件适用法律问题的解释(二)》(已失效)第 12 条规定，当事人在诉讼前已经对建设工程价款结算达成协议，诉讼中一方当事人申请对工程造价进行鉴定的，人民法院不予准许。但本案中的鉴定程序的启动经过了双方当事人的同意，故原审法院未采信结算书而启动鉴定程序并无不当。

关于鉴定人员资质的争议。二审法院认为，根据云南省司法厅云司通〔2019〕59 号文件规定，在 2019 年 11 月 30 日前，鉴定人只要具有司法鉴定人执业证即可。本案鉴定在此时间之前，涉案的鉴定人具有相应的司法鉴定人执业证，在鉴定过程中鉴定人杨某的执业证在换证期间，新证有效期至 2023 年，不存在执业证过期的问题，文荣公司以鉴定人员缺乏资质故不应以鉴定结果作为造价计算依据的上诉理由不能成立。

最高人民法院论述，虽然本案三个鉴定人中，仅鉴定人黄某具有注册造价工程师资质，其他二人均非注册造价工程师，但目前并无明确的法律法规规定司法鉴定人员数量须 3 人以上且全部须具备注册造价工程师资质，否则鉴定意见无效。本案是否应当重新鉴定还应根据鉴定意见是否客观真实、是否存在明显错误予以确定。

综上,本案中的鉴定意见并无明显错误或缺陷,原审判决予以采信并无不当。

【案件分析】

一、工程造价鉴定的定义

根据住房和城乡建设部(以下简称住建部)2017 年 8 月 31 日公布的《建设工程造价鉴定规范》(GB/T 51262—2017)第 2.0.1 条,工程造价鉴定,指鉴定机构接受人民法院或仲裁机构委托,在诉讼或仲裁案件中,鉴定人运用工程造价方面的科学技术和专业知识,对工程造价争议中涉及的专门性问题进行鉴别、判断并提供鉴定意见的活动。其成果一般表现为工程造价鉴定报告。

二、工程造价鉴定的启动

(一)诉讼前的工程造价咨询意见

实践中,在诉讼之前,发包人、承包人单方或双方为了解决工程价款争议,会委托第三方造价咨询机构对工程造价有关的资料进行审核、鉴别,并对工程提供造价咨询意见。

在该种情况下,委托人与第三方咨询机构属于委托合同关系,第三方咨询机构作出咨询意见的权利来自发包人、承包人单方委托或双方共同委托,咨询机构的咨询行为发生在诉讼程序之外,所形成的咨询意见不属于民事诉讼法中的鉴定意见,不具有鉴定意见的证明力。

发包人、承包人诉前单方委托的造价咨询意见。最高人民法院《关于民事诉讼证据的若干规定》(2019 年修正)(以下简称《民事诉讼证据规定》)第 41 条规定:"对于一方当事人就专门性问题自行委托有关机构或者人员出具的意见,另一方当事人有证据或者理由足以反驳并申请鉴定的,人民法院应予准许。"该条款具备两层含义:一是一方当事人就专门性问题自行委托有关机构或者人员出具的意见具有证据效力,二是另一方当事人有证据或者理由足以反驳或申请鉴定的,人民法院将不再采信该造价咨询意见。

发包人、承包人双方诉前共同委托的造价咨询意见。关于发包人、承包人双方在诉讼程序开始之前共同委托得到的造价咨询意见,法院是否应当采纳的问题,存在不同观点:

一种观点认为,法院应当采纳。该观点认为,咨询意见是双方当事人共同委托造价咨询机构出具的,咨询意见是该委托行为的成果,双方当事人的委托行为即代表双方当事人认可咨询意见。

另一种观点认为,法院不应当采纳。该观点认为,虽然咨询意见是双方当事人共同委托造价咨询机构出具的,但双方当事人只是就共同委托机构出具咨询意见这一事项本身达成了一致,并不代表双方当事人在签署委托协议时已经同意接受咨询意见的约束。

(二)诉讼过程中工程造价鉴定

《民事诉讼法》第79条规定:"当事人可以就查明事实的专门性问题向人民法院申请鉴定。当事人申请鉴定的,由双方当事人协商确定具备资格的鉴定人;协商不成的,由人民法院指定。当事人未申请鉴定,人民法院对专门性问题认为需要鉴定的,应当委托具备资格的鉴定人进行鉴定。"

在司法实践中,工程造价鉴定的启动以当事人申请鉴定为主,人民法院依职权委托鉴定为补充。《民事诉讼法》第66条规定:"证据包括:(一)当事人陈述……(八)鉴定意见。"鉴定意见为八种法定证据之一,原则上应当由当事人进行举证,并向人民法院提出鉴定申请,但由于建设工程类案件较为复杂,对专业知识的依赖性大,法官在案件审理过程中对相关专门性问题缺乏判断认定能力的情况下,人民法院可以依职权委托鉴定机构查明该专门性问题的相关事实。

三、工程造价鉴定鉴定人员任职要求

《建设工程造价鉴定规范》(GB/T 51262—2017)第3.1.4条规定:"鉴定人应在鉴定意见书上签名并加盖注册造价工程师执业专用章,对鉴定意见负责。"第3.4.3条规定:"鉴定机构对同一鉴定事项,应指定两名及以上鉴定人共同进行鉴定。对争议标的较大或涉及工程专业较多的鉴定项目,应成立由三名以上鉴定人组成的鉴定项目组。"

依据原建设部办公厅《关于对工程造价司法鉴定有关问题的复函》(建办标函〔2005〕155号)第2条规定:"从事工程造价司法鉴定的人员,必须具备注册造价工程师执业资格,并只得在其注册的机构从事工程造价司法鉴定工作,否则不具有在该机构的工程造价成果文件上签字的权利。"通过上述规定,我们可以看出,针对同一鉴定事项,至少应有2名鉴定人员,且该2名鉴定人员在从事鉴定业务期间必须具备注册造价工程师执业资格。

目前尚未有明确的法律对工程造价鉴定进行全面、系统的规定,唯有住建部发布的规范性文件《建设工程造价鉴定规范》对建设工程造价鉴定的全过程进行了较为详尽的规定,尽管该文件的效力等级较低,但是住建部作为建设工程造价鉴定机构的主管部门,对建设工程领域造价鉴定业态具有更全面的认知,在未明确出台相关法律的情况下,笔者认为该规范可以作为参考文件,帮助法院对鉴定人员是否有资格出具鉴定意见作出判断。

四、司法实践

笔者在中国裁判文书网上以“建设工程施工合同、鉴定、基层法院”为关键词检索,检索到了65436篇裁判文书,在该检索结果中以“造价鉴定”为关键词检索,检索到16914篇裁判文书。也就是说,在启动鉴定的建设工程施工合同纠纷案件一审程序中,造价鉴定的占比为25.8%。因此,了解工程造价鉴定在司法实践中的应用尤为重要。

(一)工程造价鉴定的启动

实践中,即使是已有结算协议或造价咨询意见,也不乏当事人对已有的结算协议或造价咨询意见持异议,希望通过工程造价鉴定确定应付款项。在不同的情景下,法院的处理结果截然不同。

1.按固定价款结算的合同的造价鉴定的启动

最高人民法院《关于审理建设工程施工合同纠纷案件适用法律问题的解释(一)》(以下简称《建设工程司法解释一》)第28条规定:“当事人约定按照固定价结算工程价款,一方当事人请求对建设工程造价进行鉴定的,人民法院不予支持。”该规定表明在固定总价合同中,原则上应当按照合同约定价款进行结算。当然,在固定总价合同中,工程造价鉴定并不是绝对排除适用的。由于建设工程合同在实际履行过程中,常常会发生设计变更、签证以及索赔,而就该部分而言,合同双方当事人往往未达成一致意见。因此,对不属于原合同约定的工程量,可以通过造价鉴定来认定。

2.不按固定价款结算的合同的造价鉴定的启动

(1)具有结算协议,又申请启动工程造价鉴定。

双方当事人就工程价款达成结算协议,一方当事人又申请鉴定,另一方当事人不同意的,人民法院不予准许。《建设工程司法解释一》第29条规定:“当事人在诉讼前已经对建设工程价款结算达成协议,诉讼中一方当事人申请对工程造价进行鉴定的,人民法院不予准许。”《建设工程价款结算暂行办法》第3条规定:“本办法所称建设工程价款结算,是指对建设工程的发承包合同价款进行约定和依据合同约定进行工程预付款、工程进度款、工程竣工价款结算的活动。”当事人在诉讼前自愿对工程价款达成结算协议,该结算协议即为当事人的真实意思表示,合法有效,双方当事人应当遵守诚实信用原则,依约履行协议,不能再通过司法鉴定推翻已认可的结算价款。

当事人就工程价款达成结算协议,一方当事人又申请鉴定,另一方当事人予以同意的,人民法院可予准许。《民法典》第543条规定:“当事人协商一致,可以变更合同。”当事人均同意进行司法鉴定,属双方当事人之间正常的合同内容变更,其本质上意味着当事人经协商均同意以司法鉴定意见作为工程结算价款的最终依据。故即使当事人就工程价款达成结算协议,在诉讼过程中,当事人均同意进行司法鉴定的,人民法院也可以准许。

(2)结算协议无效或被撤销,一方申请造价鉴定的。

司法实践中,当事人为了推翻建设工程结算价款,可能会在诉讼中主张工程价款结算协议无效或撤销该协议。

若工程价款结算协议被依法撤销的,则该结算协议不是当事人的真实意思表示,无参照适用的可能性。此时,当事人申请工程造价鉴定,人民法院可以准许。

若工程价款结算协议无效的,则该结算协议因欠缺生效要件不具有法律约束力,因此对当事人没有法律约束力,但这并不等于协议内容不是当事人的真实意思表示。如果协议内容是当事人真实意思表示,且结算协议不损害第三人的合法权益,可以根据该结算协议确认结算价款。但是存在多份结算协议且无法辨别真伪的情况下,不能确认当事人对结算协议约定的真实意思表示,人民法院可通过委托鉴定的方式,依据鉴定机构出具的鉴定意见对当事人争议的工程价款作出司法认定。

(3)诉前已共同委托中介机构出具造价咨询意见又申请造价鉴定。

对于当事人诉前已共同委托中介机构出具造价咨询意见,诉中一方又申请鉴定的情形,各地法院做法不一。

《江苏省高级人民法院建设工程施工合同案件审理指南》(2010 年)第 1 条第 2 款规定:"……当事人诉前已经共同选定具有相应资质的鉴定机构对建设工程作出了鉴定结论,诉讼中一方当事人要求重新鉴定的,法院不予支持。"

《河北省高级人民法院建设工程施工合同案件审理指南》(冀高法〔2018〕44 号)第 4 条第 23 款规定:"当事人诉前共同委托具有鉴定资质的鉴定机构对涉案工程的工程造价作出鉴定结论,诉讼中一方当事人要求重新鉴定的,人民法院一般不予准许,但有证据推翻该鉴定结论的除外。承包方提出结算申请后,发包人单方委托鉴定,后承包方以发包人委托鉴定结论为依据起诉要求支付工程款的,按诉前共同委托鉴定处理。"

北京市高级人民法院《关于审理建设工程施工合同纠纷案件若干疑难问题的解答》(京高法发〔2012〕245 号)规定:"当事人在诉前共同委托鉴定的效力如何认定?当事人诉前已经共同选定具有相应资质的鉴定机构对建设工程作出了相应的鉴定结论,诉讼中一方当事人要求重新鉴定的,一般不予准许,但有证据证明该鉴定结论具有《最高人民法院关于民事诉讼证据规定》第二十七条第一款规定情形除外。”

浙江省高级人民法院民事审判第一庭《关于审理建设工程施工合同纠纷案件若干疑难问题的解答》第 17 条第 2 款规定:“诉讼前已经由当事人共同选定具有相应资质的鉴定机构对工程价款进行了鉴定,诉讼中一方当事人要求重新鉴定的,不予准许,但确有证据证明鉴定结论具有最高人民法院《关于民事诉讼证据的若干规定》第二十七条第一款规定的情形除外。”

但最高人民法院与各地高级人民法院的意见有所不同,《建设工程司法解释一》第 30 条规定:“当事人在诉讼前共同委托有关机构、人员对建设工程造价出具咨询意见,诉讼中一方当事人不认可该咨询意见申请鉴定的,人民法院应予准许,但双方当事人明确表示受该咨询意见约束的除外。”笔者认为,最高人民法院与各地规定不同的原因在于最高人民法院在各地调研过程中意识到在目前的司法实务中,存在发包人利用缔约时的强势地位,在签订施工合同阶段明确工程结算审核的具体程序及步骤,其中可能包括共同委托造价咨询机构进行审价,或者在工程结算时,承包人为了尽早拿到工程款而同意接受共同委托第三方进行审价。在此过程中,不排除处于优势地位的一方对造价咨询机构施加影响,作出不利于另一方的审价意见。因此,最高人民法院从最大限度上保障鉴定意见客观真实的角度出发,作出此规定。

3. 一审未申请造价鉴定,二审中申请造价鉴定的

《建设工程司法解释一》第 32 条规定:“当事人对工程造价、质量、修复费用等专门性问题有争议,人民法院认为需要鉴定的,应当向负有举证责任的当事人释明。当事人经释明未申请鉴定,虽申请鉴定但未支付鉴定费用或者拒不提供相关材料的,应当承担举证不能的法律后果。一审诉讼中负有举证责任的当事人未申请鉴定,虽申请鉴定但未支付鉴定费用或者拒不提供相关材料,二审诉讼中申请鉴定,人民法院认为确有必要的,应当依照民事诉讼法第一百七十条第一款第三项的规定处理。”该条款表明,在该种情况下,二审法院可以裁定撤销原判决,发回原审人民法院重审或者查清事实后改判。

实践中,一审法院在审理过程中已向当事人释明应当申请鉴定,但当事人未申请鉴定二审又申请鉴定的,各地法院存在不同做法。

《江苏省高级人民法院民一庭建设工程施工合同纠纷案件司法鉴定操作规程》第 2 条第 2 款规定:“当事人在一审中经人民法院释明后未提出鉴定申请,在二审中对同一事项申请鉴定,鉴定对案件处理有实质性影响的,一般应当要求当事人按鉴定费标准交纳保证金,并将案件发回原审法院委托鉴定。案件发回后当事人在重审中又不申请鉴定的,人民法院可以根据案件审理的需要依职

权委托鉴定,鉴定费从保证金中扣除。"江苏省高级人民法院认为,一审程序中法院经释明后,当事人未申请鉴定的,二审又申请鉴定的,如鉴定对案件处理确有实质性影响的,一般应当以查清案件事实为需要,支持当事人的二审鉴定申请,并视情况予以发回重审或者在二审程序中进行鉴定。

北京市高级人民法院《关于审理建设工程施工合同纠纷案件若干疑难问题的解答》第 32 条规定:"当事人申请对工程造价进行鉴定的,如何处理?当事人对工程价款存在争议,既未达成结算协议,也无法采取其他方式确定工程款的,法院可以根据当事人的申请委托有司法鉴定资质的工程造价鉴定机构对工程造价进行鉴定;当事人双方均不申请鉴定的,法院应当予以释明,经释明后对鉴定事项负有举证责任的一方仍不申请鉴定的,应承担举证不能的不利后果。"北京市高级人民法院认为,经一审法院释明后,仍不申请鉴定的,应当认定其自愿放弃诉讼权利,表明其对举证不能的后果已经有预期,故二审法院拒绝当事人二审鉴定的申请并无不当。

(二)工程造价鉴定的异议

1. 鉴定单位的资质问题

(1)鉴定机构超越资质等级出具的鉴定意见是否有效?

所谓超越资质登记,是指超越《工程造价咨询企业管理办法》第 19 条第 3 款关于造价咨询机构资质等级的规定,工程造价咨询企业资质等级分为甲级、乙级,甲级工程造价咨询企业可以从事各类建设项目的工程造价咨询业务,乙级工程造价咨询企业可以从事工程造价 2 亿元人民币以下的各类建设项目的工程造价咨询业务。超越资质等级现象的产生源于法院没有对编入司法鉴定人员名册的鉴定机构做进一步分类。对于鉴定机构超越资质等级出具的鉴定意见能否被采纳,实践中存在不同的观点。

一是鉴定意见有效说,也是目前司法实践的主流观点,《工程造价咨询企业管理办法》属于住建部制定的管理性强制性规范,不能作为评判鉴定效力的依据。法院审判中对鉴定意见的审查重点是证据真实性、关联性与合法性,而这三性与资质等级并无多大关系。

二是鉴定意见无效说。人民法院在判定民事法律行为的效力时,区分管理性强制性规范和效力性强制性规范,主要目的是维护当事人意思自治、维护民法的契约精神。而鉴定机构出具鉴定意见的行为并不属于民事法律行为的范畴,因此不应当引用民事法律行为的判断标准来判断鉴定意见是否有效。此外,乙级造价咨询企业相对于甲级资质的企业而言,其出具的鉴定意见的专业性和可信度偏低,作为诉讼证据的证明力也明显偏低,会影响裁判文书的可信度以及司法的公信力。而依据住建部出具的部门规定对造价鉴定进行规范,不仅有利于维护造价咨询机构的管理,也能够维护鉴定意见的权威性和公平性,帮助法院更加公平公正地居中裁判。

(2)鉴定人员不符合资质及人数要求出具的鉴定意见是否有效?

鉴定人违反"鉴定人应在一个鉴定机构从业"之规定所作鉴定意见是否有效?

全国人民代表大会常务委员会《关于司法鉴定管理问题的决定》第8条第2款明确规定:"鉴定人应当在一个鉴定机构中从事司法鉴定业务。"虽然住建部发布的规范性文件对于建设工程造价鉴定的鉴定人员资质及鉴定人数进行了明确规定,但是根据(2021)最高法民申2096号①判决,最高人民法院认为,虽然该案中案涉鉴定意见的鉴定人杨某、宋某、马某3人同时在两个鉴定机构从事司法鉴定业务,但杨某、宋某、马某3人的上述行为并不能得出该3人丧失鉴定人资格的结论,亦不能得出案涉鉴定意见无效的结论,故二审法院将鉴定意见作为认定本案相关事实的依据并无不当。也就是说,最高人民法院判例折射出其观点为,鉴定人员存在瑕疵并不必然导致鉴定意见无效。

(3)鉴定人仅有一人具有注册造价工程师资质,该鉴定意见书是否当然有效?

根据本文所引(2020)最高法民再360号判决,目前司法实践观点认为,并无明确的法律法规规定司法鉴定人员数量须3人以上且全部须具备注册造价工程师资质,否则鉴定意见无效。案件是否应当重新鉴定还应根据鉴定意见是否客观真实、是否存在明显错误予以确定。

2. 鉴定材料是否经过质证

根据(2021)最高法民再316号②判决书裁判要旨:"原审判决据以认定案涉工程造价的鉴定意见书和相关鉴定材料未经依法质证,属于严重违反法定程序之情形。鉴定意见书'二、鉴定依据'第5、7、8、9、10项均是鉴定机构据以确定工程价款的基础性材料,原一审法院没有对上述当事人存在争议的鉴定材料进行质证,就将其移送鉴定机构,原二审法院也未进行补充质证,属违法剥夺当事人辩论权利之情形,不符合民事诉讼辩论原则。"

故鉴定人将当事人有争议且未经质证的材料作为鉴定依据并作出鉴定意

---

① 陕西志诚建筑工程有限公司与陕西兴汉光源科技有限公司建设工程施工合同纠纷案,最高人民法院民事裁定书,(2021)最高法民申2096号。

② 四川希腾建设集团有限公司与付某成等建设工程施工合同纠纷案,最高人民法院民事裁定书,(2021)最高法民再316号。

见的，如果鉴定意见可分，则该材料所对应部分不能作为认定案件事实的根据；如果鉴定意见不可分，则整个鉴定意见均不能作为认定案件事实的根据。

3. 二审中对一审法院已采纳的鉴定意见提出异议

《民事诉讼证据规定》第40条规定："当事人申请重新鉴定，存在下列情形之一的，人民法院应当准许：(一)鉴定人不具备相应资格的；(二)鉴定程序严重违法的；(三)鉴定意见明显依据不足的；(四)鉴定意见不能作为证据使用的其他情形。存在前款第一项至第三项情形的，鉴定人已经收取的鉴定费用应当退还。拒不退还的，依照本规定第八十一条第二款的规定处理。对鉴定意见的瑕疵，可以通过补正、补充鉴定或者补充质证、重新质证等方法解决的，人民法院不予准许重新鉴定的申请。重新鉴定的，原鉴定意见不得作为认定案件事实的根据。"

故经一审人民法院组织质证后，当事人对鉴定意见仍有异议提起上诉，经二审庭审补充质证，当事人对鉴定意见没有提出充分的相反证据和反驳理由的，可以认定鉴定意见的证明力。

五、实务提示

(一)诉前造价咨询意见的必要性

发包人、承包人双方对工程价款存在异议的，双方未进行价款结算的，即使纠纷尚未进入诉讼程序，亦可委托造价咨询机构出具造价咨询意见，理由如下：其一，鉴定程序启动的时间越早，工程相关资料的保存越完善、工程现场越完整，据此作出的鉴定结果越贴近案件事实。其二，诉讼前的造价咨询意见虽然未必能被法官采纳，但亦能作为书证向法官提供参考。

(二)鉴定意见的质证

建设工程纠纷中，在双方当事人无法就工程价款达成一致的情况下，为查明案件事实，往往会通过工程造价鉴定对工程价款进行评估。在诉讼过程中，造价咨询企业所出具的意见属于鉴定意见，应遵循证据相关规则。因此，想要办好建设工程案件，需要对鉴定意见进行有效的质证。在进行质证时，应当特别关注以下三点。

1. 鉴定机构资质

《工程造价咨询企业管理办法》将造价咨询企业分为甲级和乙级，乙级造价企业只能从事2亿元以下的工程造价咨询，尽管目前最高人民法院司法实践认为，《工程造价咨询企业管理办法》属于管理性强制性规范，违反该规定并不必然导致鉴定意见无效，但是鉴定资质与鉴定内容不匹配，可能会导致鉴定结果出错。尽管目前造价鉴定系法院从入册鉴定机构中随机选择的，但不排除相关鉴定机构资质过期或资质不够的情况,建议对相关机构资质进行审查,排除不符合资质的鉴定机构。

2. 鉴定人员资质

例如,针对造价鉴定而言,应当审查鉴定人员是否为 2 人以上,是否具备注册造价工程师执业资格。尽管目前司法实践并未对司法鉴定的人数及资质进行明确规定,但是仍建议对鉴定人员的资质进行审查,排除不符合资质的鉴定人员。

3. 鉴定材料的质证

建设工程纠纷中,双方当事人无法就工程价款达成一致的情况下,为查明案件事实,法院往往会根据当事人的申请通过工程造价鉴定对工程价款进行评估。在诉讼过中造价咨询企业所出具的意见属于鉴定意见,应遵循证据相关规则。《民事诉讼证据规定》第 34 条第 1 款规定:"人民法院应当组织当事人对鉴定材料进行质证。未经质证的材料,不得作为鉴定的根据。"

实践中,有些材料已经经过了质证,但一方当事人对该材料的真实性、合法性、关联性提出了质疑。此时,该材料能否作为鉴定依据应当由委托的裁判机构对是否排除该材料予以明确。鉴定人根据裁判机构予以明确的鉴定材料出具鉴定意见。鉴定人在鉴定过程中调取到的证据,也应当经过双方当事人质证,否则不能作为鉴定材料。

(三)建立完备的档案管理制度

鉴定意见的基础是鉴定材料,而鉴定材料则有赖于诉讼的当事人提供。建工企业应当树立风险前置意识,建立完善的文件管理制度。在日常工作中,做好留痕工作。在合同履行中,保留工程签证、认质认价单等工程造价鉴定中重要的基础证据。在递交结算报告时,保留相关工作痕迹。由此,在双方对结算不能达成一致的情形下进行司法鉴定时,就能做好充分的证据准备,最大化地实现自己的利益。

结 语

鉴定意见在建设工程案件纠纷中被誉为"证据之王",直接影响案件审理和裁判结果。从目前的司法实践来看,即使鉴定人员、鉴定机构存在一定瑕疵,只要鉴定意见是客观真实的,法院采纳鉴定意见的概率就较大。目前,针对建设工程相关的造价鉴定、质量鉴定等鉴定尚没有明确的法律进行规范,这也间接导致了司法鉴定意见的良莠不齐。从司法公正的角度出发,建议立法机关、人民法院能够早日出台相关的法律或司法解释。

相关法律规定

1.《民法典》

第五百四十三条 当事人协商一致,可以变更合同。

2.《民事诉讼法》

第六十六条 证据包括:(一)当事人的陈述;(二)书证;(三)物证;(四)视听资料;(五)电子数据;(六)证人证言;(七)鉴定意见;(八)勘验笔录。

证据必须查证属实,才能作为认定事实的根据。

第七十九条 当事人可以就查明事实的专门性问题向人民法院申请鉴定。当事人申请鉴定的,由双方当事人协商确定具备资格的鉴定人;协商不成的,由人民法院指定。

当事人未申请鉴定,人民法院对专门性问题认为需要鉴定的,应当委托具备资格的鉴定人进行鉴定。

3. 全国人民代表大会常务委员会《关于司法鉴定管理问题的决定》

八、各鉴定机构之间没有隶属关系;鉴定机构接受委托从事司法鉴定业务,不受地域范围的限制。

鉴定人应当在一个鉴定机构中从事司法鉴定业务。

4. 最高人民法院《关于适用〈中华人民共和国民事诉讼法〉的解释》

第一百二十一条 当事人申请鉴定,可以在举证期限届满前提出。申请鉴定的事项与待证事实无关联,或者对证明待证事实无意义的,人民法院不予准许。

人民法院准许当事人鉴定申请的,应当组织双方当事人协商确定具备相应资格的鉴定人。当事人协商不成的,由人民法院指定。

符合依职权调查收集证据条件的,人民法院应当依职权委托鉴定,在询问当事人的意见后,指定具备相应资格的鉴定人。

5. 最高人民法院《关于民事诉讼证据的若干规定》

第三十四条 人民法院应当组织当事人对鉴定材料进行质证。未经质证的材料,不得作为鉴定的根据。

经人民法院准许,鉴定人可以调取证据、勘验物证和现场、询问当事人或者证人。

第四十条 当事人申请重新鉴定,存在下列情形之一的,人民法院应当准许:

(一)鉴定人不具备相应资格的;

(二)鉴定程序严重违法的;

(三)鉴定意见明显依据不足的;

(四)鉴定意见不能作为证据使用的其他情形。

存在前款第一项至第三项情形的,鉴定人已经收取的鉴定费用应当退还。拒不退还的,依照本规定第八十一条第二款的规定处理。

对鉴定意见的瑕疵,可以通过补正、补充鉴定或者补充质证、重新质证等方法解决的,人民法院不予准许重新鉴定的申请。

重新鉴定的,原鉴定意见不得作为认定案件事实的根据。

第四十一条　对于一方当事人就专门性问题自行委托有关机构或者人员出具的意见,另一方当事人有证据或者理由足以反驳并申请鉴定的,人民法院应予准许。

6. 最高人民法院《关于审理建设工程施工合同纠纷案件适用法律问题的解释(一)》

第三十二条　当事人对工程造价、质量、修复费用等专门性问题有争议,人民法院认为需要鉴定的,应当向负有举证责任的当事人释明。当事人经释明未申请鉴定,虽申请鉴定但未支付鉴定费用或者拒不提供相关材料的,应当承担举证不能的法律后果。

一审诉讼中负有举证责任的当事人未申请鉴定,虽申请鉴定但未支付鉴定费用或者拒不提供相关材料,二审诉讼中申请鉴定,人民法院认为确有必要的,应当依照民事诉讼法第一百七十条第一款第三项的规定处理。

7.《工程造价咨询企业管理办法》

第十九条　工程造价咨询企业依法从事工程造价咨询活动,不受行政区域限制。

甲级工程造价咨询企业可以从事各类建设项目的工程造价咨询业务。

乙级工程造价咨询企业可以从事工程造价 2 亿元人民币以下的各类建设项目的工程造价咨询业务。

建设工程领域串通投标罪的认定及法律后果分析

编前语

串通投标一直在建筑工程行业屡见不鲜，住建部门近年来持续针对串通投标、以行贿的手段谋取中标、挂靠或借用资质投标等恶意竞标行为进行打击整治，但该类问题依旧严重。串通投标行为不但会造成合同无效等民事风险，而且会遭致相应的行政处罚，更严重的将会面临刑事风险如串通投标罪等。

工程建设领域串通投标违法行为层出不穷，具有严重的社会危害性，但大多违法行为无法通过刑法规制，同时，一些进入刑事诉讼程序的违法行为也被法院作出无罪判决。其原因在于串通投标罪是典型的法定犯，刑法条文对于传统投标的界定并不清晰，多种串标行为未被考量；串通投标罪又属于行政犯，所涉及的领域具有一定的专业性，各种合同法律关系复杂，招投标代理、监理机构、中介机构等主体繁多，给界定犯罪带来了一定困难。

实践中行为人为了规避惩处已经衍生出多种串标、围标、贿标行为，对刑法条文的刻板理解已无法有效规制上述各种“非典型”串通投标行为。招投标行业的行政法律法规已经形成较为完备的体系，在刑法条文的理解适用时，以行政法律规范作为刑法解释的依据，对于规范串通投标行为具有积极意义。

本文将结合相关案例，浅谈建设工程领域串通投标罪的认定及法律后果分析。

【案情概要】①

2012 年年初，葫芦岛市第八高级中学（以下简称八中）欲新建一栋教学楼。

---

① 谭某新串通投标罪案，辽宁省葫芦岛市中级人民法院刑事判决书，(2016) 辽 14 刑终 234 号。

由于项目资金存在缺口,承包商需要全额出资建楼。八中教学楼工程缺少相关手续,且资金未予落实,在八中找谭某新咨询时,谭某新介绍葫芦岛广缘建筑工程招标有限公司(以下简称广缘公司)作为此项工程的招标代理公司,由葫芦岛中业建筑工程有限公司(以下简称中业公司)和葫芦岛九星建筑工程有限公司(以下简称九星公司)作为八中教学楼工程招标的陪标,安排他人制作工程量清单,并用该工程量清单安排葫芦岛顺方工程造价咨询有限公司(以下简称顺方公司)以广缘公司的名义根据工程量清单套制招标文件,以辽宁城建集团有限公司(以下简称辽宁城建)、九星公司和中业公司的名义制作投标文件。顺方公司完成招标文件后,谭某新安排他人到九星公司和中业公司盖章封标,谭某博冒用辽宁城建名义盖章封标。八中教学楼工程项目于2012年5月在葫芦岛市建设工程交易管理中心开标。最后辽宁城建中标,谭某博冒用辽宁城建的名义进行了施工,并以辽宁城建名义作为施工方草拟了和八中的施工合同,并加盖了伪造的辽宁城建印章。后谭某博与八中签订了施工合同。

一审法院认为,被告人谭某新、谭某博串通投标报价,损害招标人利益,情节严重,均已构成串通投标罪;谭某新又以非法占有为目的,用隐瞒真相的方法,骗取财物,数额较大,其行为构成诈骗罪。一审法院判决谭某新、谭某博犯串通投标罪,谭某新犯诈骗罪。

二审法院认为,八中项目不符合招标条件且本案的其他投标人的行为为陪标行为,二上诉人的行为并未损害其利益。上诉人谭某新、谭某博的行为不构成串通投标罪;谭某新犯诈骗罪的事实不清,证据不足,不构成诈骗罪。

【争议焦点】

自然人在串通投标罪主体认定上的问题、涉案串通行为的性质。

【判决概要】

八中教学楼工程缺少相关手续,且资金未予落实,根据相关规定,不符合招标条件要求;被委托的招标代理公司已注销,无权进行代理,且招标程序并未完成,垫资承建的单位并非法律意义上由该招标程序产生,故不能用串通投标罪评价谭某新和谭某博的行为。

另外,上诉人谭某新与谭某博是否构成串通投标罪,关键看其行为是否存在损害其他竞标人、招标方以及国家或集体利益。其他两家投标公司均未制作标书,也未到招标会现场进行投标,依现有证据可知其没有投标意向,系陪标,故不存在损害其他投标人利益之说。根据建设工程施工合同、竣工验收备案书、房屋建筑工程竣工验收报告书等文件所载内容,案涉工程进场施工日期早于开标日期,结合其他相关书证、证人证言和被告人供述等证据,现有证据表明该工程为内定工程,系招标方与谭某博方在平等自愿基础上的真实意思表示,更不涉及损害招标方利益之说,招投标过程仅系形式所需而已,补充侦查的证据尤其是证人周某的证言,更能证实此点。现该工程已经交付使用,工程款尚未最终决算,未有证据证明招标者(建设方)与其相互串通实施串通投标行为而损害国家或集体利益。

故无论是主观要件还是客观要件,二上诉人的行为都不符合串通投标罪的犯罪构成,谭某新、谭某博不构成串通投标罪。故对该二上诉人及其辩护人对此的上诉理由和辩护意见予以支持。

【案件分析】

一、依法必须进行招投标的工程范围

分析建设工程招投标的刑事法律风险,首先要明确建设工程的内涵和外延。结合《招标投标法》第 3 条以及《招标投标法实施条例》第 2 条的规定,建设工程的范围包括建筑物和构筑物的新建、改建、扩建及其相关的装修、拆除、修缮等。《招标投标法》第 3 条给出了明确的界定范围:“在中华人民共和国境内进行下列工程建设项目包括项目的勘察、设计、施工、监理以及与工程建设有关的重要设备、材料等的采购,必须进行招标:(一)大型基础设施、公用事业等关系社会公共利益、公众安全的项目;(二)全部或者部分使用国有资金投资或者国家融资的项目;(三)使用国际组织或者外国政府贷款、援助资金的项目。”因此,只要符合上述条件之一的,且在中华人民共和国境内进行工程建设项目包括项目的勘察、设计、施工、监理以及与工程建设有关的重要设备、材料等的采购,就必须进行招投标。

二、串通投标产生的原因

从主观方面上来看,《政府投资条例》第 3 条第 1 款规定:“政府投资资金应当投向市场不能有效配置资源的社会公益服务、公共基础设施、农业农村、生态环境保护、重大科技进步、社会管理、国家安全等公共领域的项目,以非经营性项目为主。”现实中,政府投资上述领域的工程建设项目,动辄以上千万元,甚至上亿元计算。面对如此巨大的公共资源分配“蛋糕”,一些不法分子是经不住诱惑的。

从客观方面来看,目前在工程招标中使用的评标方法是综合评估法,报价分几乎均采用平均计算其评价基准价的计算方法,这是造成围标现象发生的主要客观原因。除非采用更为科学、复杂或更为简单、高效的报价分值计算方法，否则从技术上很难减少围标的可能性。但这样复杂化以后，便牺牲了招标效率。笔者认为，政府投资工程建设项目的招投标活动，既是政府采购工程的一个重要类别，又是政府投资管理的一部分重要内容。关于标准招标文件，《招标投标法实施条例》第15条第4款明确规定："编制依法必须进行招标的项目的资格预审文件和招标文件，应当使用国务院发展改革部门会同有关行政监督部门制定的标准文本。"按照这一规定，2007年11月1日，国家发展和改革委员会联合建设部等九部委发布了《标准施工招标文件》的试行规定①，并授权国务院有关行业主管部门可根据《标准施工招标文件》而进行相互串通投标报价，使其利益团队的不同投标人的投标报价，尽可能地分布在这个算术平均的评标基准价的周围，从而最大限度地得到投标报价的高分，以寻求中标的最大可能机会。

三、串通投标行为的性质

在涉及串通投标罪的案件中，串通投标行为的认定对于罪与非罪、此罪与彼罪的认定具有重要的意义。《刑法》第223条分别规定了两种串通投标的类型，第一种类型为投标人之间横向串通投标的情形，其串通范围被限定在"投标报价"这一要素上且只有在串通投标报价的行为达到"情节严重"才构成本罪。第二种类型则为招标人与投标人之间纵向串通投标的情形，此种情形下并未对串通的范围进行限制且未规定该串通投标的行为达到"情节严重"。无论是《刑法》还是《招标投标法》，都未对串通投标的行为进行明确规定，在司法实践中往往是通过援引《招标投标法实施条例》的规定去认定串通投标行为。

但是"谭某新、谭某博案"中二人的行为在形式上符合《招标投标法实施条例》第39条和第40条的规定，经过一审、二审发回重审后再次上诉，最终法院以二人并未侵犯串通投标罪所保护的法益，不构成串通投标罪，而判决无罪。由此可知，在涉及串通投标罪的案件中，被告人除了以其不具有投标人的身份进行抗辩外，往往还以其行为不构成串通投标行为为由进行抗辩。司法实践中，法院对被告人行为违法性上的判断上则是依照《招标投标法实施条例》的规定进行审查。但是学界对于能否直接援引《招标投标法实施条例》这一行政法规的规定来认定串通投标罪中作为犯罪行为的串通投标行为还存在争议。此外，在符合《招标投标法实施条例》规定的前提下准确界定"情节严重"，也成为串通投标行为认定的重要依据。

综上，以上案例在串通投标行为的认定上存在以下几个争议点：其一，能否

① 现已更新为《〈标准施工招标资格预审文件〉和〈标准施工招标文件〉暂行规定（2013修正）》。

直接援引《招标投标法实施条例》的规定认定串通投标行为;其二,横向串通投标情形下情节严重的界定;其三,拟制串通投标行为的性质;其四,冒用他人名义串通投标行为的性质。

四、串通投标的后果

(一)中标无效并罚款

《招标投标法》第53条规定,投标人相互串通投标或者与招标人串通投标的,投标人以向招标人或者评标委员会成员行贿的手段谋取中标的,中标无效,处中标项目金额5‰以上10‰以下的罚款,对单位直接负责的主管人员和其他直接责任人员处单位罚款数额5%以上10%以下的罚款;有违法所得的,并处没收违法所得;情节严重的,取消其一年至两年内参加依法必须进行招标的项目的投标资格并予以公告,直至由工商行政管理机关吊销营业执照;构成犯罪的,依法追究刑事责任。给他人造成损失的,依法承担赔偿责任。

(二)不返还投标保证金

在工业和信息化部印发的《通信工程建设项目施工招标文件范本》、部分地方政府采购监督部门(如安徽、福建等)发布的招标文件范本中,已将串通投标、弄虚作假列入"投标保证金不予返还"的情形中。部分国有企业的招标文件范本中,也将这些不诚信行为纳入"投标保证金不予返还"的情形中。

(三)向社会公开发布违法违规公告

目前,我国正在稳步推进社会诚信体系的建设,《招标投标法实施条例》第78条也明确规定:"国家建立招标投标信用制度。有关行政监督部门应当依法公告对招标人、招标代理机构、投标人、评标委员会成员等当事人违法行为的行政处理决定。"

在政府采购中,由当地公共资源交易中心在网站上向全社会公开发布关于投标人的违法违规公告。

部分企业也应参考政府采购的规范,发布负面行为公告,禁止相关企业在一定时间内参与后续投标项目。

五、串通投标罪主体的认定

在串通投标罪的主体认定上,肯定论和否定论的争议在于招标人和投标人的认定,即是否以前置法《招标投标法》的规定来认定招标人和投标人。按照《招标投标法》的规定,自然人不能成为招标人或投标人(科研项目除外),而持否定论的学者则认为应当包含自然人。无论是否定论还是肯定论,都未对参与到工程建设项目串通投标中的自然人进行区分。笔者在肯定论和否定论的基础上,根据自然人在工程建设项目串通投标中所起到的作用将自然人分为两类，第一类是非以投标人或招标人的身份在串通投标过程中主要起辅助作用的自然人，包括一般自然人、评标委员会成员、招标方代表等；第二类则是通过冒用、盗用、借用资质或挂靠的方式取得投标人的身份后与其他投标人或招标人串通投标的自然人。在此基础上，对工程建设项目串通投标案中发挥不同作用的自然人分别进行论述，并结合工程建设项目的特点确定各类自然人能否成为本罪的主体。"谭某新、谭某博案"中谭某博属于第二类冒用他人资质的自然人。

串通投标罪作为身份犯，行为人是否具有招标人或投标人的身份成为本罪在犯罪主体认定上的关键，直接决定了串通投标罪的认定。"谭某新、谭某博案"中被告辩称其作为自然人不能成为串通投标罪的主体，其中争议焦点也正是围绕自然人能否属于该罪的主体及共犯问题展开。由于《刑法》中并没有对招标人与投标人以及其共同犯罪问题进行定义，相关司法解释如最高人民检察院、公安部《关于公安机关管辖的刑事案件立案追诉标准的规定（二）》（以下简称《立案追诉标准（二）》）第67条仅就串通投标罪的立案标准进行了阐述，但对于招标人与投标人的定义以及共犯问题同样未提及。《招标投标法》第25条的规定："投标人是响应招标、参加投标竞争的法人或者其他组织。依法招标的科研项目允许个人参加投标的，投标的个人适用本法有关投标人的规定。"科研项目领域的招投标可以看作《招标投标法》关于投标人规定的"但书"。通过援引《招标投标法》第25条可知，工程建设项目的投标人只能为"法人"和"其他组织"，并不包括自然人主体。

综上所述，在涉及串通投标罪的案件中，涉案当事人往往以其不具有投标人的身份进行抗辩。在建设工程领域的招投标活动中，国家和招标单位都对参与投标的投标人提出资质和能力上的要求，只有达到相应的资质和能力才能承接相应的工程建设项目。但是在实践中不具有相应资质和能力的法人单位、自然人或其他单位为了承接超出其资质和能力范围的工程项目，通过挂靠、借用、冒用、盗用等方式取得他人资质。在这种情况下，取得他人资质的法人单位或其他单位在其主体的认定上可以直接按照《招标投标法》第25条第1款的规定处理。但是这也就意味着自然人不能成为串通投标罪的实施主体。而对于此类自然人主体的认定无论是学界还是实务中仍存较大在争议。

六、串通投标行为的认定问题

在串通投标行为的认定上，肯定论和否定论的争议在于串通投标行为的认定是否以前置法《招标投标法实施条例》的规定来认定串通投标行为。《刑法》第223条规定了两种串通投标的类型，但并未对串通投标、串通投标报价进行解释。《招标投标法实施条例》以列举的方式分别对《刑法》第 223 条第 1 款“投标人之间横向串通投标”和第 2 款“招标人与投标人纵向串通投标”进行了规定。“谭某新、谭某博案”中谭某新一人操纵多家公司进行投标,约定由谭某博冒用的辽宁城建中标,并且这些公司的投标文件全部都是由顺方公司统一制作。谭某博则是在谭某新的运作下冒用辽宁城建投标并最终中标。就两人行为分开来看,谭某新的以上行为同时违反了《招标投标法实施条例》第 39 条第 2 款第 2 项的规定和第 40 条第 1 项的规定,前者构成投标人相互串通投标,后者视为投标人相互串通投标。谭某博的行为则是违反《招标投标法实施条例》第 42 条第 1 款以及《招标投标法》第 33 条,属于弄虚作假骗取中标。《招标投标法实施条例》中所规定的串通投标行为能否直接用于认定串通投标罪中串通投标行为,将决定二被告行为是一般行政违法行为还是犯罪行为。

七、涉案行为的认定

“谭某新、谭某博案”中,谭某新和谭某博的行为存在显著的区别。首先需要分析的是谭某新的行为,本案中在谭某新的安排下既存在投标人之间约定中标人的情形,又存在安排九星公司和中业公司陪标并安排他人制作工程量清单,并用该工程量清单安排顺方公司以广缘公司的名义根据工程量清单套制招标文件,以辽宁城建、九星公司和中业公司的名义制作投标文件的行为。

其次在形式上,前一确定中标人辽宁城建的行为符合《招标投标法实施条例》第 39 条第 2 款第 2 项的规定,基于此可以确定投标人之间在形式上具有违法性。后一行为即所有的投标文件皆为顺方公司统一制作,符合《招标投标法实施条例》第 40 条的规定,不能作为认定串通投标犯罪行为的依据,理由与前文一致不再赘述。

最后在实质违法性上,虽然本案的涉案金额已达到《立案追诉标准(二)》第 68 条第 3 项的规定,但是本案并不属于一般意义上串通投标。串通投标罪所保护的法益为公平竞争的市场交易秩序及招标人、其他投标人或国家、集体、第三人的合法权益,本案属于为规避招投标制度虚构招投标活动,其实质上并未侵害相关法益。串通投标罪位于刑法分则第三章第八节扰乱市场秩序罪中,其区别于本节其他罪如合同诈骗罪、非法经营罪的关键点就在于,构成串通投标罪的前提是串通行为发生在招标投标活动中。招标投标活动的实质就在于投标人之间的竞争,而在为规避招标投标制度而虚构招投标活动的情形下并不存在真正的竞标人。在这种情形下其串通行为不能认定为“串通投标”。

这里需要注意的是,虚构招投标活动不同于投标人邀请其他单位陪标垄断投标的情形。虽然在投标人邀请其他单位陪标垄断投标的情形下同样不存在真实的竞标人,但是却存在招标人以及形式上的竞标人(陪标人)。本案中,八中教学楼项目招标人资金并未到位,不符合招投标的条件,同时招标人也不具有招标的能力。八中教学楼项目在开标前,已经由谭某博带领的施工队冒用辽宁城建的名义进行施工,所以八中教学楼项目实质上并不存在真正意义上的招投标活动。综上,确定中标人辽宁城建的行为并不属于串通投标的行为。本案中,串通投标的行为皆为谭某新安排,最终的中标人辽宁城建为谭某博所冒用,冒用他人名义投标与借用资质或挂靠他人进行投标有着明显的区别。对于借用资质或挂靠他人串通投标的情形,存在可以归责的投标人即被借用资质或被挂靠的单位,但是在冒用或盗用的情形下并不存在可以归责的真正的投标人。根据《招标投标法实施条例》第42条及《招标投标法》第33条的规定,属于弄虚作假骗取中标的情形,并不符合《招标投标法实施条例》第39条串通投标的情形。所以,谭某博冒用辽宁城建名义投标的行为不能认定为"串通投标"行为。

八、实务建议

串通投标行为在招标投标领域较为常见,因其隐蔽性强,且部分疑似串通投标的行为认定困难,简单粗暴地处理会导致投标人不服,甚至起诉到法院,给招标人、投标人、评标委员会甚至行政监督部门带来很大的负担。

(一)完善招标文件范本

为了避免遇到疑似串通投标情形时投标人提供诡辩的材料导致评标委员会无法准确判断的情况,可以在招标文件中提前补充规定视为串通投标的情形及罚则。

例如,在(2019)闽01民终6778号民事判决书[①]上显示的招标文件第3.4.4款有"对不同投标人的电子投标文件上传计算机的网卡MAC地址、CPU序列号和硬盘序列号等硬件信息均相同的,招标人应没收投标保证金"的规定。招标文件之投标文件模板中也给出"若出现投标人须知第3.4.4款规定的行为,你单位有权没收投标担保"的承诺。

例如,在(2019)闽04行终60号行政判决书[②]上显示的招标文件第二章"投标人须知"中第3.4.4款规定对投标保证金不予退还的情形:"(5)反映投标文件个性特征的内容(含编制文件机器码、上传投标文件的MAC地址)出现明显雷同。"所以可以在招标文件中将容易造成疑似串通投标的行为纳入规范中(如

---

① 福建华鼎建设工程有限公司、连江县交通建设发展有限公司招标投标买卖合同纠纷案,福建省福州市中级人民法院民事判决书,(2019)闽01民终6778号。

② 卓辉(福建)建设工程有限公司诉建宁县交通运输局案,福建省三明市中级人民法院行政判决书,(2019)闽04行终60号。

"不委托第三方编制或修改投标文件、不使用第三方电脑上传投标文件、不抄袭第三方文件资料进行投标,否则评标委员会有权判定其为串通投标"),具体内容可以根据实际情形进行修改,其中对于"抄袭第三方文件资料进行投标"可以改列为招标文件中弄虚作假的情形,并可增加到投标函的承诺项中,这样一旦发现上述行为表现出来的技术特征,评标委员会就可以依据投标人在投标文件中的承诺达成的契约条款判定其为串通投标,减少投标人的诡辩空间,进一步减少投诉量。

(二)尝试约定新情形

在疑似串通投标的案件中,投标人主要诉求按重要性排序为:首先是不公示违法违规行为、不扣罚投标保证金、不否决投标,其中,不公示违法违规行为对投标人影响最大;其次是投标保证金的没收,给投标人带来一定的经济损失,一般投标人可以否决当次投标的。

由此,在企业招标中为进一步降低双方争议数量,在无法按照上述对招标文件范本进行完善的情况下,可以尝试在招标文件中增加"不当投标行为",将视为串通投标情形、疑似串通投标情形或疑似弄虚作假情形中,投标人提供的一些表面来看相对合理,但评标委员会没有手段、没有能力进一步核实的情形纳入该类行为(如出现媒体访问控制地址相同,投标人提供了广告公司的证明材料,但评标委员会无法判断该电脑是否确实属于广告公司,而进一步取证的代价高、时间长,需要查验广告公司采购该电脑的发票、核对电脑型号及序列号,甚至还要去现场核验,还有一些可能需要公安刑侦部门去取证的行为),并规定评标委员会有权对归属到该类行为的投标文件进行否决投标,但不扣罚投标保证金,也不以串通投标行为进行公示。

(三)注意澄清要求的技巧

评标委员会在要求投标人提供证明材料的澄清中,需要注意澄清技巧,不告知其涉嫌串通投标的情形,避免其销毁证据或隐瞒事实,尽可能采取迂回策略。对不同的涉嫌串通投标情形应当制订不同的澄清模板,融合迂回策略,规范澄清内容,保证澄清质量。例如,当发现不同投标人电子投标文件的最后一次保存者相同时,若保存者为人名汉字或人名拼音,则在澄清中要求对方限期提供该人员的身份证复印件及社保证明材料,便于评标委员会进一步判断是否为同一人;若保存者为昵称则要求对方提供开标前一定时间的投标电脑上编辑的 Office 文档(如提供开标前 1 个月左右编辑的电子文档),便于评标委员会判断是否为同一台电脑还是事后故意修改了 Office 文档的作者设置。

结　语

自我国引入招投标制度以来,串通投标行为仿佛影子一般伴随着制度的出现而出现。为此,《刑法》设立了串通投标罪,但是这一罪名在司法实践中的运用并不如意。社会生活实践的复杂性以及法律自身的滞后性决定了一项制度的建设、一部法律的有效实施都不是一蹴而就的,招投标制度如此,串通投标罪的司法实践亦如此。

20 世纪 90 年代末,刑法学界开始了对串通投标罪的研究。学界对于招标人投标人的概念、本罪的犯罪客体、主观方面、串通投标行为、情节严重的认定等方面的观点可谓百家争鸣,随着研究的深入以及我国刑法理论的发展,一些争议问题已逐步得到解决,但仍存在有待解决的理论与实践问题,如招标人与投标人的认定以及串通投标行为的认定等。如何正确理解以上争议问题直接影响着串通投标罪的认定,串通投标罪作为法定犯不能用刑法处理自然犯的方式对其进行认定,还应当考虑工程领域的特殊性以及招投标制度自身的特点。对于学界主张"刑法中的概念内涵与外延的认定不必拘泥于与其他法律一致性"的观点应当重新审视其合理性与适用场景。

相关法律规定

1.《政府采购法》

第七十二条　采购人、采购代理机构及其工作人员有下列情形之一,构成犯罪的,依法追究刑事责任;尚不构成犯罪的,处以罚款,有违法所得的,并处没收违法所得,属于国家机关工作人员的,依法给予行政处分:

(一)与供应商或者采购代理机构恶意串通的;

(二)在采购过程中接受贿赂或者获取其他不正当利益的;

(三)在有关部门依法实施的监督检查中提供虚假情况的;

(四)开标前泄露标底的。

第七十三条　有前两条违法行为之一影响中标、成交结果或者可能影响中标、成交结果的,按下列情况分别处理:

(一)未确定中标、成交供应商的,终止采购活动;

(二)中标、成交供应商已经确定但采购合同尚未履行的,撤销合同,从合格的中标、成交候选人中另行确定中标、成交供应商;

(三)采购合同已经履行的,给采购人、供应商造成损失的,由责任人承担赔偿责任。

第七十七条　供应商有下列情形之一的,处以采购金额千分之五以上千分之十以下的罚款,列入不良行为记录名单,在一至三年内禁止参加政府采购活动,有违法所得的,并处没收违法所得,情节严重的,由工商行政管理机关吊销营业执照;构成犯罪的,依法追究刑事责任:

(一)提供虚假材料谋取中标、成交的;

(二)采取不正当手段诋毁、排挤其他供应商的;

(三)与采购人、其他供应商或者采购代理机构恶意串通的;

(四)向采购人、采购代理机构行贿或者提供其他不正当利益的;

(五)在招标采购过程中与采购人进行协商谈判的;

(六)拒绝有关部门监督检查或者提供虚假情况的。

供应商有前款第(一)至(五)项情形之一的,中标、成交无效。

2.《招标投标法》

第五十三条　投标人相互串通投标或者与招标人串通投标的,投标人以向招标人或者评标委员会成员行贿的手段谋取中标的,中标无效,处中标项目金额千分之五以上千分之十以下的罚款,对单位直接负责的主管人员和其他直接责任人员处单位罚款数额百分之五以上百分之十以下的罚款;有违法所得的,并处没收违法所得;情节严重的,取消其一年至二年内参加依法必须进行招标的项目的投标资格并予以公告,直至由工商行政管理机关吊销营业执照;构成犯罪的,依法追究刑事责任。给他人造成损失的,依法承担赔偿责任。

3.《招标投标法实施条例》

第十五条　公开招标的项目,应当依照招标投标法和本条例的规定发布招标公告、编制招标文件。

招标人采用资格预审办法对潜在投标人进行资格审查的,应当发布资格预审公告、编制资格预审文件。

依法必须进行招标的项目的资格预审公告和招标公告,应当在国务院发展改革部门依法指定的媒介发布。在不同媒介发布的同一招标项目的资格预审公告或者招标公告的内容应当一致。指定媒介发布依法必须进行招标的项目的境内资格预审公告、招标公告,不得收取费用。

编制依法必须进行招标的项目的资格预审文件和招标文件,应当使用国务院发展改革部门会同有关行政监督部门制定的标准文本。

第三十九条　禁止投标人相互串通投标。

有下列情形之一的,属于投标人相互串通投标:

(一)投标人之间协商投标报价等投标文件的实质性内容;

(二)投标人之间约定中标人;

(三)投标人之间约定部分投标人放弃投标或者中标;

(四)属于同一集团、协会、商会等组织成员的投标人按照该组织要求协同投标;

(五)投标人之间为谋取中标或者排斥特定投标人而采取的其他联合行动。

第四十条　有下列情形之一的,视为投标人相互串通投标:

(一)不同投标人的投标文件由同一单位或者个人编制;

(二)不同投标人委托同一单位或者个人办理投标事宜;

(三)不同投标人的投标文件载明的项目管理成员为同一人;

(四)不同投标人的投标文件异常一致或者投标报价呈规律性差异;

(五)不同投标人的投标文件相互混装;

(六)不同投标人的投标保证金从同一单位或者个人的账户转出。

第四十二条　使用通过受让或者租借等方式获取的资格、资质证书投标的,属于招标投标法第三十三条规定的以他人名义投标。

投标人有下列情形之一的,属于招标投标法第三十三条规定的以其他方式弄虚作假的行为:

(一)使用伪造、变造的许可证件;

(二)提供虚假的财务状况或者业绩;

(三)提供虚假的项目负责人或者主要技术人员简历、劳动关系证明;

(四)提供虚假的信用状况;

(五)其他弄虚作假的行为。

建设工程领域独立保函欺诈的法律分析

编前语

“独立保函”一词在各个地区的沿革有所不同，随着独立保函法律概念界定的逐渐成熟与清晰，“独立保函”这个概念逐渐被确定下来，并与其他相似概念相区分。独立保函在建设工程领域有广泛的应用，一般由业主或发包方作为受益人，要求承包方申请银行或非银行金融机构开立。依据保函内容不同，分为预付款保函、履约保函、质保金函等，针对业主或发包方向承包方支付的预付款而开立的保函为预付款保函，针对承包人切实履约的保函为履约保函，针对业主或发包方向承包方支付的质保金而开立的保函为质保金保函。

在实践中，因为独立保函“先议付、后索赔”的性质，与独立保函相关的主要争议在于独立保函性质的识别问题以及独立保函是否构成欺诈问题，其中独立保函欺诈的认定以及如何防范问题又尤为重要。本文主要围绕这两个常见问题进行举例论述。

【案情概要】①

2014年9月30日，被告电建市政集团(以下简称总包方)与原告广西水利电力建设集团有限公司(以下简称分包方)签订基础合同《阿尔及利亚苏克哈斯省法院项目分包合同》，将项目的施工任务分包。合同签订后，分包方进场施工。

自2017年11月17日起至2018年12月止，分包方和总包方就案涉工程项目的工期进度及质量问题以书面函件形式多次协商。

2018年12月6日，分包方和总包方双方共同作出一份“会议纪要一”，就分

① 广西水利电力建设集团有限公司、中国电建市政建设集团有限公司信用证欺诈纠纷案，广西壮族自治区高级人民法院民事判决书，(2020)桂民终802号。

包方将案涉工程项目移交给总包方的相关事宜进行协商并达成一致意见。

2018 年 5 月 30 日，分包方和总包方作出"会议纪要二"，分别就案涉工程项目现场进度进行确认，现场就案涉工程进行了移交。工程移交后，分包方和总包方还就工程相关问题进行了多次函件往来协商。

2018 年 12 月 21 日，交行广西分行（以下简称第三人）依分包方申请开立了以总包方为受益人的预付款保函。因工期延期，总包方要求将前述保函的有效期延长至 2019 年 12 月 31 日。该预付款保函载明：鉴于申请人与受益人签订了《阿尔及利亚苏克哈斯省法院项目分包合同》，第三人承诺其作为担保人向受益人出具总额为 3565800 元的保函，在收到受益人提交的书面索赔通知（包括邮寄、电子邮件、传真等方式）后，在 7 个工作日内无条件地向受益人支付保函限额之内的一笔或数笔款项。

2019 年 7 月 23 日，总包方向第三人递交索赔通知书，载明因分包方违反合同约定的义务，总包方据此向第三人请求支付保函索赔款。

分包方提起本案独立保函欺诈诉讼，认为总包方存在明知其没有付款请求权仍滥用该权利的情形，即明知合同已解除以及明知本案未达到合同约定的保函索赔条件仍申请索赔，故认为总包方构成保函欺诈，遂诉至一审法院，提出诉讼请求：第一，判令确认总包方要求第三人支付预付款保函项下款项的行为构成独立保函欺诈；第二，判令第三人交行广西分行终止向总包方支付预付款保函项下款项 3565800 元；第三，判令本案诉讼费由总包方承担。

【争议焦点】

1. 本案法律适用问题。

2. 本案是否构成独立保函欺诈？

【判决概要】

一、关于本案的法律适用问题

根据《国际商会见索即付保函统一规则》（URDG758）第 34 条 a 款的规定"除非保函另有约定，保函的适用法律应为担保人开立保函的分支机构或营业场所所在地的法律"，及《涉外民事关系法律适用法》第 44 条的规定，"侵权责任，适用侵权行为地法律，但当事人有共同经常居所地的，适用共同经常居所地法律。侵权行为发生后，当事人协议选择适用法律的，按照其协议"，本案系保函欺诈纠纷，案涉保函系第三人经分包方的申请而向总包方（受益人）开立的，故本案应适用开立人（第三人）所在地的法律即中华人民共和国法律进行审理。

二、关于总包方就案涉保函项下的全部金额向第三人的议付和索赔行为是否构成保函欺诈的问题

一审法院认为，人民法院在审查总包方(保函的受益人)向第三人申请议付并索赔是否构成保函欺诈时，虽然不应全面审理基础交易关系，但可以就基础合同与保函相关的内容以及履行情况进行必要且有限的审查，以利于判断是否构成欺诈。有限审查的范围，应当仅限于受益人是否在明知基础交易债务人没有违约事实的情况下，还滥用索赔权恶意索赔。受益人提示符合保函规定的单据是推定基础交易的债务人违约事实的有效证明。如止付申请人能够充分、清楚地举证证明已经全面履行了基础交易的债务，而受益人可以明确无误地被认定为欺诈性索赔的，人民法院才能止付保函。而对于基础交易的履行存在争议、受益人本人也存在违约事实等情形，并不能认定构成欺诈。

对于双方存在争议较大而且需要由对基础合同有管辖权的司法或仲裁机构裁决予以确定的事实，则不应在独立保函欺诈纠纷案件中越权予以认定，而应充分尊重独立保函规则所作出的“先赔付、后争议”商业安排。本案中，首先，总包方已经向第三人提交了符合保函要求的单据即索赔通知书，明确提出分包方违反合同约定，要求第三人支付预付款保函项下的全部款项。其次，分包方有义务举证证实其在基础合同项下不存在任何违约事实，但却未提交相应证据，但总包方提交的证据证实了分包方可能存在违约情形。最后，双方签订的基础合同中并未就合同解除事宜作出明确的意思表示，也没有一致确认双方债权债务关系已经全部归于消灭且不追究对方违约责任的明确意思表示。因此，在分包方未能提供证据证明其已按基础合同全部履行了义务的情况下，总包方基于分包方的违约行为，依其对基础合同索赔条款的理解，按照预付款保函的要求，提出索赔全部金额的行为不宜认定构成欺诈，亦不能据此请求终止支付案涉保函项下的款项。

三、关于总包方向第三人申请兑付案涉保函项下的款项是否构成保函欺诈的问题

分包方提起本案独立保函欺诈诉讼，是认为总包方在明知其没有付款请求权，即明知基础合同已解除且本案未达到合同约定的保函索赔条件仍申请索赔。二审法院认为关于案涉保函的性质：

(1)案涉保函为预付款保函。工程预付款是适应建设工程的特点和客观规律应运而生的一种计价、付款方式。为确保工程顺利开展，业主通常向承包人支付一定数额的预付款以满足承包人在工程项目中对流动资金的需要，而业主为确保已付资金的安全，通常会要求承包人提交预付款保函。本案中，案涉分包合同已明确约定,分包方向第三人开具预付款保函后,总包方在收到业主的预付款时向分包方支付预付款,若分包方申请预付款,则预付款从第一期结算表开始抵扣,结算额至分包合同额的80%抵扣完毕,案涉预付款保函亦明确该函是对退还预付款的保证。由此可知,案涉工程预付款并非对工程款的预先支付,而是具有预借性质,双方可在工程施工进度过程中根据进度结算扣还部分预付款,预付款在工程计算额达到分包合同额的80%时全部扣完。在工程预付款尚未抵扣完毕的情况下,在保函载明的付款到期事件发生时,受益人仍有权索兑预付款保函。

(2)案涉预付款保函为独立保函。根据最高人民法院《关于审理独立保函纠纷案件若干问题的规定》(以下简称《独立保函规定》)第1条第1款的规定,独立保函是指银行或非银行金融机构作为开立人,以书面形式向受益人出具的,同意在受益人请求付款并提交符合保函要求的单据时,向其支付特定款项或在保函最高金额内付款的承诺。独立保函独立于委托人和受益人之间的基础交易,出具独立保函的银行只负责审查受益人提交的单据是否符合保函条款的规定并有权自行决定是否付款。从第三人开具的0010594号预付款保函所载明的收到"受益人提交的书面索赔通知(包括邮寄、电子邮件、传真等方式)后,在7个工作日内无条件地向受益人支付保函限额之内的一笔或数笔款项"之内容来看,一审第三人仅负有在电建市政集团交付单据符合保函要求情况下的无条件付款责任,因此案涉保函为独立保函。

【案件分析】

一、独立保函的性质认定

(一)概念界定

学界从保函的效力角度出发,将保函划分为两个类别,即从属性保函与独立保函。从属性保函顾名思义,其法律效力随主合同(基础交易合同)的存在而存在,随主合同的变化、灭失而发生变化或灭失。在从属性保函项下,担保人承担的付款责任是否成立,只能根据基础交易合同的条款及背景交易的实际情况来加以确定。独立保函,是指由开立人以书面形式出具的,表示只要凭付款要求声明或符合担保文件规定就可以从他那里获得付款的保证、担保或其他付款承诺。独立保函一经开立即与基础交易关系和申请开立关系脱钩,保函项下的权利义务严格依照文本内容自治确定。开立人仅处理单据,不包括单据可能涉及的实际履行行为。开立人不对单据有效与否承担任何责任,在审单过程中亦不得超出单据本身去核对单据记载的信息是否正确。只要受益人提交相符单据，开立人就应当依保函承诺付款，而不论基础交易下申请人是否违约、受益人是否受有损失。因此，独立保函又被称为典型的"先付款，后争议"机制，该机制使其独立于基础交易，担保人见到单据相符就直接赔付，无须劳心审查基础交易，不仅保障了受益人的权益，也使得担保人避免付出额外的调查成本，也避免了后续的讼累。

独立保函又称为见索即付保函，在美国则采备用信用证的形式。备用信用证在外观上与跟单信用证相似，但法律效果上与见索即付保函相同，因此也属独立保函范畴。

独立保函是"先付款、后争议"的交易工具，优势在于与普通担保相比具有独立性以及更少的诉讼纠纷、更高的效率。所以在商业交易上，独立保函能够增强信用，提高交易的效率和安全性，在建设工程领域得到广泛的适用。

在《独立保函规定》出台前，我国法律仅规定了从属性担保制度，而不承认独立性担保。在《独立保函规定》出台后，以司法解释的形式明确了独立性担保的法律地位。最高人民法院《关于适用〈中华人民共和国民法典〉有关担保制度的解释》(以下简称《担保制度司法解释》)规定，因金融机构开立的独立保函发生的纠纷，适用《独立保函规定》，也进一步明确了独立保函规定的主要法律依据是《独立保函规定》。

根据《独立保函规定》第1条第1款的规定，独立保函是指银行或非银行金融机构作为开立人，以书面形式向受益人出具的，同意在受益人请求付款并提交符合保函要求的单据时，向其支付特定款项或在保函最高金额内付款的承诺。独立保函独立于委托人和受益人之间的基础交易，出具独立保函的银行只负责审查受益人提交的单据是否符合保函条款的规定并有权自行决定是否付款。

(二)独立保函的开具主体问题

独立保函的开具主体在司法实践中容易成为两造之间争议的焦点，往往涉及主体资质问题，如以下案例中对开具保函的金融机构即存在争议。

中国能源建设集团广西水电工程局有限公司(承包方)、广西澳亚融资性担保有限公司(担保人)等建设工程施工合同纠纷民事申请再审审查案①中，再审申请人申请再审称：首先，原审判决认定担保人不属于金融机构，进而否定案涉诚意金担保书属于独立保函，存在认定事实和适用法律错误。依据最高人民法院《关于新民间借贷司法解释适用范围问题的批复》(法释〔2020〕27号)第1条

---

① 最高人民法院民事裁定书，(2021)最高法民申6783号。

的规定，担保人接受广西金融工作办公室的批准和监管，应当属于金融机构，具有开具独立保函的资格。法院对案涉诚意金担保书不属于独立保函是否有误进行审查后认为，诚意金担保书由发包方、承包方、澳亚公司、富满地公司共同签订，其中约定若澳亚公司在约定的时限内未能向承包方清偿，则富满地公司代澳亚公司一次性清偿。该诚意金担保书的形式和内容与独立保函的特征并不完全相符，反而更接近于有独立担保意思的保证合同。其次，根据《独立保函规定》第1条第1款的规定，独立保函的开立人仅限于银行和非银行金融机构。《中国银保监会非银行金融机构行政许可事项实施办法》（已失效）第2条规定："本办法所称非银行金融机构包括：经银保监会批准设立的金融资产管理公司、企业集团财务公司、金融租赁公司、汽车金融公司、货币经纪公司、消费金融公司、境外非银行金融机构驻华代表处等机构。"再审法院最终根据担保人系由广西金融工作办公室批准和监管而非由原中国银行保险监督管理委员会（以下简称原银保监会）批准设立并监管的事实，认定担保人不属于非银行金融机构范围、案涉诚意金担保书不属于独立保函。

这份法院判决在2021年12月9日生效，从中可以看出，在《担保制度解释》生效后，强化了担保合同的从属性，明确当事人有关担保独立性的约定无效，唯金融机构开立的独立保函除外。该案中再审申请人主张的合同名为诚意金担保书，未证明其独立保函的特性。所以在实践中，在保函首部明确该保函性质为独立保函，避免日后各方就保函性质发生争议十分重要。对于独立保函规定提出开具主体仅限于金融机构的问题，此处的"金融机构"所含范围除银行外，其余金融机构均需要由原银保监会批准设立并监管。所以即使将合同命名为"独立保函"，但是如果开具主体不适格，该合同也不具有独立保函的效力，这点需要受益人及时查明。

二、独立保函欺诈

除了独立保函本身的法律性质问题、其与从属性担保合同的区别等问题外，独立保函欺诈问题也是实践中常见的纠纷类型，因为独立保函的独立性、单据性以及见索即付特点，一些受益人会违反诚信原则实施独立保函欺诈行为，兑付独立保函项下的款项。为最大限度地发挥独立保函的特性，保护受益人的合法权益和开立人的资金安全，维持好有限审查原则和保函欺诈的预防的平衡是司法实践中重要的考量。

在实践中，由于开立人对独立保函项下的单据仅作表面审查，而单据较多来源于受益人自身，意味着申请人、开立人承担更大的风险。为此，各国司法实践均认可欺诈构成独立保函独立性原则的例外，不允许受益人从欺诈中获利，但对欺诈的构成要件和证明标准没有形成统一的标准。

我国《独立保函规定》第 12 条规定:“具有下列情形之一的,人民法院应当认定构成独立保函欺诈:(一)受益人与保函申请人或其他人串通,虚构基础交易的;(二)受益人提交的第三方单据系伪造或内容虚假的;(三)法院判决或仲裁裁决认定基础交易债务人没有付款或赔偿责任的;(四)受益人确认基础交易债务已得到完全履行或者确认独立保函载明的付款到期事件并未发生的;(五)受益人明知其没有付款请求权仍滥用该权利的其他情形。”进一步将欺诈类型化为无真实交易、单据欺诈和明显滥用付款请求权三类情形。

三、独立保函欺诈在建设工程领域的体现

独立保函问题在建工领域也是重要问题,“无担保、不交易”已经成了商业社会的一大特征,独立保函在建设工程、进出口贸易、融资等领域应用广泛,尤其是在跨境的建设工程项目上,传统的从属性担保在法律上面临重重障碍,在效率上也有所缺憾。在本文引导案例中,可以看出法院对独立保函是否构成欺诈进行认定,首先从保函的性质出发,先问“是不是”再问“有没有”,其次法院尊重独立保函规则所作出的“先赔付、后争议”商业安排,对基础合同的争议不应在独立保函的欺诈中越权认定。

(一)预付款独立保函欺诈

在预付款独立保函纠纷案件中,即便预付款已经全部用于工程,亦应结合预付款的约定性质进一步判断受益人是否享有兑现预付款独立保函的权利。本文引用的案例中法院也认为在工程预付款尚未抵扣完毕的情况下,在保函载明的付款到期事件发生时,受益人仍有权索兑预付款保函。

1. 基础合同项下的义务人证明施工工程额超过预付款金额,说明工程预付款已经用于工程,没有向受益人交还预付款的义务。结合长江岩土工程总公司(武汉)(总包人)因与中国建设银行股份有限公司温岭支行(第三人)以及中博建设工程集团有限公司(承包人)独立保函纠纷二审民事判决书①,该案例中为证明已施工工程额高于预付款金额,承包人提交了生效的(2018)浙 10 民终 1355 号判决书,该判决书结合法院调取的证人证言及证人提供的证据材料、涉案工程建设过程中形成的会议纪要、总包人向商务部申报的营业额以及驻利比亚经济商务参赞处出具的意见等证据,认定能够查明的涉案工程量高于总包人给付的工程预付款金额,说明工程预付款已用于工程,承包人对总包人没有交还预付款的义务。因此,上述情形符合《独立保函规定》第 12 条第 3 项的规定,

---

① 最高人民法院民事判决书,(2019)最高法民终 302 号。

在法院判决认定承包人没有向总包人付款责任的情形下,总包人不能兑现预付款独立保函。

然而,结合建设信贷银行股份公司埃森特佩企业银行业务中心分行(保函开立人)与沈阳远大铝业工程有限公司(分包方)以及中国建设银行股份有限公司辽宁省分行(第三人)独立保函欺诈纠纷案①,分包方主张因工程已完工,预付款独立保函的功能已丧失,总包方在独立保函项下的索赔是欺诈性索赔。分包方为证明工程已经完工,其提供了莫斯科第九仲裁上诉法院二审判决书,但该判决书最终被撤销,法院驳回了分包方的诉讼请求。最高人民法院坚持独立保函的独立性原则,不予考虑基础交易的履行情况,认定在总包方提交相符交单时,保函开立人应当履行独立保函付款义务。与此同时,由于分包方并未提供证据证明总包方在保函项下的索赔构成《独立保函规定》第 12 条规定的欺诈情形,因此,不能认定总包方在独立保函项下的索赔构成欺诈。

通过上述案例以及结合《独立保函规定》第 12 条第 3 项的规定,司法机关在审查独立保函纠纷时会坚持基础合同有限及必要审查原则,基础合同项下义务人应当承担预付款全部用于工程的举证责任,证明其没有向受益人承担付款或赔偿责任,受益人无权兑现预付款独立保函。

2. 双方约定预付款具有预付工程款与预先借款性质,即便预付款已经全部用于工程建设,但受益人并未抵扣完毕预付款,受益人兑现预付款独立保函不构成欺诈。

结合中国水利水电第四工程局有限公司(分包方)与被上诉人中工国际工程股份有限公司(总包方)以及第三人中国建设银行股份有限公司西宁铁路支行(第三人)独立保函欺诈纠纷案②,结合双方签订的《分包合同》第 20.2.2 条约定,总包方在收到预付款保函并审核无误后在 7 个工作日内支付同等金额的预付款。预付款起扣根据《总承包合同》同步进行,直至扣完为止。在合同履行期间,根据双方第 1 ~ 8 期的工程结算书,分包方申请结算金额中的应支付金额也是根据申请结算产值扣除预付款后计算得出的。从双方的约定和实际履行来看,案涉预付款是总包方为分包方启动案涉工程提供的一笔融资,随工程进度由分包方按比例偿还,而非仅是工程款的预先支付。因此,该案工程预付款具有预借性质,而非仅是工程款的预先支付。预付款独立保函不仅担保预付款用于工程建设,也担保预付款的偿还。工程预付款尚未抵扣完毕,即使已经被

① 最高人民法院民事判决书,(2020)最高法民再 265 号。

② 最高人民法院民事判决书,(2019)最高法民终 349 号。

全部或主要用于所属工程,在独立保函载明的付款到期事件发生时,受益人仍然有权索兑预付款独立保函。

此外,上述预付款独立保函没有约定减额条款,其金额不能因分包方的履约情况发生调整。因此,总包方全额索兑预付款保函的行为不属于滥用付款请求权,不构成欺诈。

3. 受益人在基础合同项下的违约情形,并不必然构成独立保函项下的欺诈索款。结合(2017)最高法民再 134 号[①]民事判决确立的原则,判断是否构成独立保函欺诈涉及对基础交易的审查时,应坚持有限及必要原则,审查范围应限于受益人是否明知基础合同的相对人并不存在基础合同项下的违约事实或者不存在其他导致独立保函付款的事实。否则,对基础合同的过度审查将会动摇独立保函"见索即付"的制度价值。上述原则在(2017)最高法民申 5067 号[②]、(2019)最高法民终 349 号[③]判决中再次体现,受益人在基础合同项下的违约情形,并不必然影响其按照独立保函的规定提交单据并进行索款的权利。独立保函开立后,应视为保函申请人放弃了在基础关系项下对保函受益人违约的抗辩。与此同时,《独立保函规定》第 14 条第 2 款规定:"止付申请人以受益人在基础交易中违约为由请求止付的,人民法院不予支持。"因此,受益人在基础合同项下的违约情形,并不必然构成独立保函项下的欺诈索款。[④]

(二)履约独立保函欺诈

在独立保函项下对应的基础权利已不存在的情形下,仍然兑付独立保函,属于滥用付款请求权,构成独立保函欺诈。

结合中机新能源开发有限公司(承包商)与华西能源工业股份有限公司(分包商)以及中国建设银行股份有限公司自贡分行(第三人)保证合同纠纷一案(2017)最高法民申 4879 号[⑤],业主 JEG、承包商、分包商签订《分包商承诺协议》,约定按照 EPC 合同如承包商违约造成业主终止 EPC 合同,包括但不限于

---

① 东方置业房地产有限公司、安徽省外经建设(集团)有限公司信用证欺诈纠纷案,最高人民法院民事判决书,(2017)最高法民再 134 号。

② 辽宁高科能源集团有限公司、工业园 18 有限公司信用证欺诈纠纷案,最高人民法院民事裁定书,(2017)最高法民申 5067 号。

③ 中国水利水电第四工程局有限公司、中工国际工程股份有限公司信用证欺诈纠纷案,最高人民法院民事判决书,(2019)最高法民终 349 号。

④ 韩树源:《建设工程独立保函欺诈情形认定探究》,载北大法宝网 2021 年 8 月 19 日,https://www.pkulaw.com/lawfirmarticles/4aedd15c6373d1f5d3c6320167c4dd1abdfb.html。

⑤ 中机新能源开发有限公司、华西能源工业股份有限公司保证合同纠纷案,最高人民法院民事裁定书,(2017)最高法民申 4879 号。

在分包合同下，承包商重大违约造成分包商终止合同，则业主有权介入分包合同代替承包商和转让分包合同；一旦发出介入通知，分包商应全力执行，应对业主或其指定人负责以替代对承包商负责。承包商系《分包商承诺协议》的缔约主体，明知业主JEG已经发出了介入通知并介入，分包商依约直接向业主履行义务，其保函项下对应的基础权利已不存在，但仍然向第三人请求付款。

最高人民法院在该案的判决书中认为，为审慎认定构成独立保函欺诈，《独立保函规定》第12条第3项、第4项所规定的情形必须具有关于基础交易的法院判决或仲裁裁决以及经过受益人确认，但并不意味着第12条第5项所规定的情形也必须以法院判决、仲裁裁决、受益人确认为依据。原审法院通过审查基础交易的相关事实，认定中机公司明知其没有付款请求权仍行使该权利，符合《独立保函规定》第12条第5项规定的情形，属滥用付款请求权，构成独立保函欺诈。

【实务提示】

一、独立保函中应明确界定的问题

1. 明确"见索即付"。独立保函应直接明确约定"见索即付"，例如，"在开立人收到有关受益人发出的载明书面违约声明(但不要求任何证明)后，须立即按违约声明要求的方式向受益人支付总额不超过最高金额的任何一笔或几笔款项……"

2. 明确单据与最高金额。独立保函应明确约定据以付款的单据和最高金额，避免日后因此而无法被司法机关认定为独立保函的风险。

3. 关于单据。《独立保函规定》第1条第2款规定，单据是指独立保函载明的受益人应提交的付款请求书、违约声明、第三方签发的文件、法院判决、仲裁裁决、汇票、发票等表明发生付款到期事件的书面文件。前述列举的单据种类在独立保函具体应用时并非必须全部具备，保函各方可依据具体情况协商选择独立保函受益人需向开立人提交的单据范围。

4. 关于独立保函生效和失效日期。对于开立人一方而言，应明确约定保函期限，避免因约定不清而导致保函责任期限不明或无限期延长。明确约定保函期限，对于业主或发包方而言利益攸关，直接关系到业主或发包方行使要求开立人付款权利的起始、终止日期，业主或发包方可以在独立保函起始日期的约定后进一步补充约定如下内容："如业主或发包方与承包方签订的合同因任何原因而延长，开立人同意本保函有效期相应延长，并持续有效。"

5. 对于承包方而言，承包方应根据项目风险、合同履行风险和业主或发包方信用情况，理性申请开具独立保函。承包方也可以要求业主或发包方同时提供反担保，以防范保函索赔的滥用和保函欺诈。发生独立保函欺诈的，承包方应及时向法院提出欺诈止付申请，并提起相应诉讼。

二、独立保函欺诈的应对

独立保函欺诈对保函申请人而言，存在极大的法律风险。在保函受益人向保函开立人提供与保函相符的单据时，保函开立人依独立保函规则，应在保函规定期限内付款。从目前境内银行提供的独立保函文本来看，该付款期限一般规定在受益人提出索赔后 5 ~10 日内，且保函开立人无须征得保函申请人同意则可依其对独立保函单据相符性作出判断后予以付款。在该种付款规则及流程下，保函申请人想阻却付款极为困难。在目前法律规定下，保函申请人的常见应对措施有三：一是迅速提起独立保函欺诈临时止付程序；二是若已被保函受益人索款，如存在保函欺诈情形，可基于保函欺诈为由要求保函受益人返还相应款项；三是若并不存在独立保函欺诈情形，可依独立保函争议清算机制要求受益人返还超出其实际损失的索函款项。[①]

（一）临时止付程序

在面对可能的独立保函欺诈时，为避免银行付款后追索的不便，申请人一般会选择申请临时司法救济措施，请求法院裁定银行中止支付独立保函项下的款项。临时止付程序应明确申请主体、管辖法院及适用条件等问题。

1. 申请止付的主体

《独立保函规定》第 13 条明确独立保函的申请人、开立人或指示人发现有独立保函欺诈情形的，可以向有管辖权的人民法院申请中止支付独立保函项下的款项。

2. 申请止付的管辖法院

《独立保函规定》第 13 条明确规定，止付申请人可以向开立人住所地或其他对独立保函欺诈纠纷案件具有管辖权的人民法院提起止付申请。依《独立保函规定》第 21 条第 2 款规定，独立保函欺诈纠纷案件由被请求止付的独立保函的开立人住所地或被告住所地人民法院管辖，当事人书面协议由其他法院管辖或提交仲裁的除外。当事人主张根据基础交易合同或独立保函的争议解决条

---

① 林桢、洪林强：《建设工程独立保函欺诈与救济路径探析》，载上海建纬（福州）律师事务所网，https://www.jianweifz.com/view-0485e1c4c89148a28d713da05c838973-8e6f33adf87745839a2fb142e119e598.html，2024 年 6 月 7 日访问。

款确定管辖法院或提交仲裁的，人民法院不予支持。

3. 申请止付的条件

对于止付裁定，《独立保函规定》从程序上设置了三个极为严格的条件且必须同时具备，一是独立保函欺诈情形的存在具有高度可能性，二是情况紧急，如不立即止付将给止付申请人的合法权益造成难以弥补的损害，三是止付申请人提供了担保。

4. 提起诉讼或申请仲裁

止付申请人在人民法院止付裁定作出后30日内未依法提起独立保函欺诈纠纷诉讼或申请仲裁的，人民法院应当解除止付裁定。同时，《独立保函规定》还明确了止付申请人错误申请止付的赔偿责任以及错误止付的救济措施。若当事人对裁定有异议的可以向作出裁定的人民法院申请复议，但复议期间不停止裁定的执行。

综上，《独立保函规定》对止付程序和条件的严格规范，既遏制了受益人滥用权利，又避免了止付程序被滥用，是独立保函欺诈较有力的救济方式。

（二）基于保函欺诈为由请求返还索函款项

《独立保函规定》并未规定独立保函欺诈情形下如受益人已成功索得保函项下款项，保函申请人如何获得救济。依据《独立保函规定》第13条、第19条规定，如建设单位存在独立保函欺诈情形，保函申请人可基于侵权法律关系向保函受益人提起保函欺诈诉讼。

依据《〈关于审理独立保函纠纷案件若干问题的规定〉的理解和适用》对《独立保函规定》第21条的解读，[①]独立保函欺诈纠纷案件是在履行独立保函合同过程中发生的侵权纠纷，应按侵权纠纷确定管辖。独立保函的当事人为开立人和受益人，保函申请人、指示人等止付申请人不是独立保函的合同当事人，但受益人在独立保函项下的欺诈行为会侵害止付申请人在保函申请关系、指示关系项下的权利，故构成侵害债权的情形，止付申请人有主张侵权救济的权利。

因此，在独立保函欺诈情形下如受益人已成功索得保函项下款项，保函申请人仍可提起独立保函欺诈侵权诉讼，以获得救济，可主张保函受益人停止侵权、赔偿损失、返还已获得索函款项等请求。

（三）如不存在独立保函欺诈，依独立保函争议机制进行清算

依据《独立保函规定》及相关司法观点，独立保函的基本运作原理是受益人

---

① 张勇健、沈红雨：《〈关于审理独立保函纠纷案件若干问题的规定〉的理解和适用》，载《人民司法（应用）》2017年第1期。

凭形式化的单据从开立人处获得付款，其后由受益人和债务人另行就基础债权债务关系再作清结，这种债权保障机制被称为“先付款、后争议”机制。所以即便不存在独立保函欺诈行为，受益人在获得保函款项后，仍应就基础债权债务关系与保函申请人作一清结，如存在保函索赔款项超出受益人实际损失，保函申请人仍可就该超出部分款项向受益人主张返还。

结　语

建设工程领域所涉独立保函，首先需要界定保函性质，独立保函区别于传统担保。独立保函因其独立于基础交易的性质，更能保障交易安全，但是对于独立保函的申请人而言，独立保函付款的便捷性使独立保函存在着很大的风险，一旦出现欺诈情形，将难以保障资金安全，事后救济不如事前预防与甄别。所以独立保函为跨境贸易、建设工程项目等风险较大的基础交易提供了增信的功能，促进了合作与经济发展，但是风险也常常相伴，对独立保函的深入理解有助于更好地预防风险、发挥其功能。

相关法律规定

1.《民法典》

第三百八十八条第二款　担保合同被确认无效后，债务人、担保人、债权人有过错的，应当根据其过错各自承担相应的民事责任。

2.《涉外民事关系法律适用法》

第四十四条　侵权责任，适用侵权行为地法律，但当事人有共同经常居所地的，适用共同经常居所地法律。侵权行为发生后，当事人协议选择适用法律的，按照其协议。

3.最高人民法院《关于适用〈中华人民共和国民法典〉有关担保制度的解释》

第二条　当事人在担保合同中约定担保合同的效力独立于主合同，或者约定担保人对主合同无效的法律后果承担担保责任，该有关担保独立性的约定无效。主合同有效的，有关担保独立性的约定无效不影响担保合同的效力；主合同无效的，人民法院应当认定担保合同无效，但是法律另有规定的除外。

4.最高人民法院《关于审理独立保函纠纷案件若干问题的规定》

第一条第一款　本规定所称的独立保函，是指银行或非银行金融机构作为开立人，以书面形式向受益人出具的，同意在受益人请求付款并提交符合保函要求的单据时，向其支付特定款项或在保函最高金额内付款的承诺。

第十二条　具有下列情形之一的，人民法院应当认定构成独立保函欺诈：

(一)受益人与保函申请人或其他人串通,虚构基础交易的;

(二)受益人提交的第三方单据系伪造或内容虚假的;

(三)法院判决或仲裁裁决认定基础交易债务人没有付款或赔偿责任的;

(四)受益人确认基础交易债务已得到完全履行或者确认独立保函载明的付款到期事件并未发生的;

(五)受益人明知其没有付款请求权仍滥用该权利的其他情形。

第十三条　独立保函的申请人、开立人或指示人发现有本规定第十二条情形的,可以在提起诉讼或申请仲裁前,向开立人住所地或其他对独立保函欺诈纠纷案件具有管辖权的人民法院申请中止支付独立保函项下的款项,也可以在诉讼或仲裁过程中提出申请。

第十九条　保函申请人在独立保函欺诈诉讼中仅起诉受益人的,独立保函的开立人、指示人可以作为第三人申请参加,或由人民法院通知其参加。

第二十一条　受益人和开立人之间因独立保函而产生的纠纷案件,由开立人住所地或被告住所地人民法院管辖,独立保函载明由其他法院管辖或提交仲裁的除外。当事人主张根据基础交易合同争议解决条款确定管辖法院或提交仲裁的,人民法院不予支持。

独立保函欺诈纠纷案件由被请求止付的独立保函的开立人住所地或被告住所地人民法院管辖,当事人书面协议由其他法院管辖或提交仲裁的除外。当事人主张根据基础交易合同或独立保函的争议解决条款确定管辖法院或提交仲裁的,人民法院不予支持。

5.《国际商会见索即付保函统一规则》(URDG758)

第 34 条 a 款　除非保函另有约定,保函的适用法律应为担保人开立保函的分支机构或营业场所所在地的法律。

建设工程纠纷中诉讼主体的确定

编前语

建设工程纠纷往往复杂烦琐，当事人、律师需要面对无数文件材料、大量晦涩难懂的技术问题，厘清错综复杂的利益关系，进而在同样复杂烦琐的法律规则中找寻最有利于当事人的尚方宝剑，以维护当事人权益。

当建设工程纠纷成诉时，作为原告首先需要解决的问题是谁来起诉、起诉何人。本文以最高人民法院再审的案件引入，浅谈有关建设工程纠纷中诉讼主体的两个问题：一个是关于指挥部是否具有诉讼主体资格（起诉何人）；另一个则有关实际施工人（谁来起诉），以期抛砖引玉。

【案情概要】①

为建设省道哈肇公路鹤岗至名山段扩建工程，鹤岗市交通运输局（以下简称交通局）成立了哈肇指挥部。2010 年 12 月 20 日，哈肇指挥部与江西际洲建设工程集团有限公司（以下简称际洲公司）签订《公路工程施工合同协议书》，将案涉工程发包给际洲公司施工。合同签订后，际洲公司将案涉工程交给其下属的黑龙江分公司（于 2018 年 3 月 7 日注销）进行施工。

2011 年 5 月 23 日，指挥部下发鹤名发〔2011〕8 号文件，将案涉工程项目经理由熊某红变更为陆某友，项目总工程师由余某迪变更为王某巍。

际洲公司于 2011 年 6 月 1 日收取陆某友案涉工程管理费 10 万元，于 2011 年 7 月 1 日收取陆某友案涉工程管理费 22.8 万元。

2011 年 9 月 5 日，际洲公司黑龙江分公司与陆某友签订《内部承包协议》，

---

① 鹤岗市交通运输局、江西际洲建设工程集团有限公司建设工程施工合同纠纷案，黑龙江省高级人民法院民事判决书，(2019) 黑民终 182 号；最高人民法院民事裁定书，(2019) 最高法民申 3843 号。

将案涉工程转包给陆某友。该协议约定的工期为2010年8月15日至2012年11月30日。其后,陆某友以“包工包料”的形式组织人员进行了施工,按照约定履行了合同义务。

在合同履行过程中,际洲公司就案涉工程项目设立了项目部专用银行账户,哈肇指挥部向该账户拨款23358247元,该账户实际由陆某友掌管,并由其安排财务、出纳人员支取了该账户中的款项用于支付工程相关费用。案涉工程施工期间,际洲公司项目部公章、项目经理熊某红的名章一直由陆某友掌管、使用,际洲公司于2015年4月1日在《黑龙江日报》上声明以上印章作废。

2011年6月1日,际洲公司再次收取陆某友案涉工程管理费10万元。

2012年12月13日,案涉工程交工验收并投入使用,进入试运营状态。2014年12月12日,案涉工程经过竣工验收。

合同履行过程中因原设计的土场未能使用,取土位置发生变化,导致增加施工项目。因案涉工程所在的省道哈肇公路鹤岗至名山段扩建工程在施工过程中出现设计与实际不符、材料单价偏低、设计料场无法征用、路基填料需外购等情况,该工程的原概算不足。哈肇指挥部向上级部门汇报,交通局积极进行“调概”工作,但未有结果。陆某友等人就增加工程量向鹤岗市人民政府企业投诉中心投诉。

2017年10月17日,哈肇指挥部与项目部、黑龙江省公路工程监理咨询公司哈肇公路鹤名段B1总监办共同出具明细表,确认增加变更金额。在明细表中三家单位的代表分别签字,陆某友亦作为承包人签字。施工结束后,陆某友将案涉工程的内业资料交付给交通局存档。

陆某友向一审法院提出诉讼请求,请求交通局、洲际公司支付工程款。一审法院判令洲际公司支付陆某友拖欠的工程款,交通局对际洲公司的给付义务承担连带责任。二审法院改判交通局在尚未支付工程款范围内向施工单位承担给付义务。交通局申请再审称,陆某友起诉交通局主体不适格,原审法院认定陆某友是实际施工人缺乏事实依据。再审法院驳回交通局的再审申请。

【争议焦点】

1. 哈肇指挥部是否具有诉讼主体资格。

2. 陆某友是否为案涉工程的实际施工人,是否有权向交通局及际洲公司主张工程款。

【判决概要】

关于争议焦点1：

最高人民法院认为，经审查，根据2009年10月20日鹤岗市人民政府办公室《关于成立哈肇公路鹤名段扩建工程领导小组的通知》，哈肇指挥部虽为鹤岗市人民政府成立的省道哈肇公路鹤岗至名山段扩建工程领导小组的下设机构，但哈肇指挥部设在交通局，且由交通局副局长贾某伟担任常务指挥（工程项目法人代表）。在案涉工程施工过程中，由交通局具体负责，竣工验收亦是由交通局组织实施并制作竣工验收鉴定书。根据该鉴定书的记载，案涉工程所在的省道哈肇公路鹤岗至名山段扩建工程的施工许可是由交通局取得。同时，交通局在本案一审中已经作为被告对陆某友提出的诉讼请求进行实体答辩，未曾对其作为被告的主体资格提出过异议。陆某友在一审中申请财产保全，法院据此查封了交通局下属哈肇指挥部的银行存款2300万元，而交通局及哈肇指挥部均未申请复议。交通局在二审中的上诉请求为改判其在尚未支付工程款范围内向施工单位承担给付义务，即已认可其为承担给付义务的主体，在上诉状中亦陈述其为案涉工程建设单位的上级行政管理单位，在哈肇指挥部撤销后行使建设单位的权利。现哈肇指挥部虽未撤销，但不具有独立法人资格。原审判决根据以上事实认定交通局是本案适格被告，应承担给付陆某友工程款的义务，有事实依据，并无不当。

关于争议焦点2：

最高人民法院认为，原审已经查明，陆某友以“包工包料”的形式组织人员进行施工，并实际掌管际洲公司就该项目所设立的银行账户，支配、使用该账户中的资金，掌管该项目部印章及项目部经理名章；施工过程中哈肇指挥部还将案涉工程的项目经理变更为陆某友；陆某友在施工过程中积极向发包方主张权利，作为承包人与哈肇指挥部进行结算并签订确认明细表；工程结束后陆某友向交通局交付了该工程的内业资料。以上种种事实，均表明陆某友是案涉工程的实际施工人。故原审判决认定陆某友为案涉工程的实际施工人，有充分的事实依据，并无不当。

【案件分析】

一、哈肇指挥部的诉讼主体资格

所谓诉讼主体资格的问题，即根据《民事诉讼法》的规定，与建设工程项目相关的政府部门组织是否可以作为民事诉讼的当事人参与诉讼的程序性、实体性问题。

一般而言,公司作为营利法人的民事诉讼主体资格毋庸置疑。但在建设工程领域,合同签订的主体并不总是公司,也会碰见自然人、非法人实体作为合同主体。如本案所述的哈肇指挥部作为合同签订主体,或者以项目筹建处、管委会名义签订建设工程合同的情况。指挥部、项目筹建处、管委会等是否拥有法人资格、是否可以成为民事诉讼主体需要视具体情况而定。

根据法理,如具有法人资格,则必然拥有诉讼主体资格。根据《民法典》第一编第三章"法人"的规定,法人分为营利法人、非营利法人、特别法人三种法人类型。非营利法人包括事业单位、社会团体、基金会、社会服务机构等。机关法人、农村集体经济组织法人、城镇农村的合作经济组织法人、基层群众性自治组织法人,为特别法人。

通常情况下,根据"全国组织机构统一社会信用代码数据服务中心"显示的统一代码情况,可对指挥部、项目筹建处、管委会是否为事业单位、机关法人性质进行确认,如依法登记的指挥部、项目筹建处、管委会属于《民法典》所述事业单位法人或机关法人,享有法人资格,具有民事权利能力和民事行为能力,能够独立承担民事责任,也可以作为民事诉讼的当事人。

但在司法实践中,如本案所述,不具备法人资格的指挥部、项目筹建处、管委会并不少见。

政府部门在开发建设工程项目的时候,往往雄心勃勃,通常会针对该建设工程专门设立一个项目筹建处、指挥部或管委会来统筹项目、精准建设,并直接以项目筹建处、指挥部、管委会的名义与施工单位签订建设工程合同。这些政府或其部门设立的筹建处、指挥部、管委会,一般根据内部文件即挂牌成立,其设立与结束与工程项目的建设周期密切相关。

这些机构虽然有一定的组织形式,但没有自己独立的财产,其所从事的民事活动是基于政府或其部门的授权。在这种情况下,其签订的合同依法成立并具有合同效力,但由于其无法人资格,其民事责任应由其设立人承担。

因此,在这种情况下,将设立项目筹建处、指挥部、管委会的政府部门直接作为诉讼主体是实务中较为便利的做法。

二、实际施工人的诉讼主体资格

(一)实际施工人的认定

实际施工人不是一个法律概念,而是最高人民法院针对建设工程实践中出现的大量违法转包、违法分包等导致合同无效,致使相关主体的权益难以保障的现象,运用司法解释统一实务裁判规则的一次努力。

最高人民法院对最高人民法院《全国民事审判工作会议纪要》第59条作出进一步释明的答复》，对实际施工人进行了概念定义，实际施工人是指依照法律规定被认定为无效的施工合同中实际完成工程建设的主体，包括施工企业、施工企业分支机构、工头等法人、非法人团体、公民个人等，是最高人民法院《关于审理建设工程施工合同纠纷案件适用法律问题的解释》[注：最高人民法院《关于审理建设工程施工合同纠纷案件适用法律问题的解释》已被废止，其主要内容保留在最高人民法院《关于审理建设工程施工合同纠纷案件适用法律问题的解释(一)》(以下简称《建工司法解释》)中]确定的概念，目的是区分有效施工合同的承包人、施工人、建筑施工企业等法定概念。

实际施工人在《建工司法解释》第1条、第15条、第43条和第44条中均有体现。根据《建工司法解释》，实践中常见的实际施工人表现形式为：

1. 以挂靠的形式承接建设工程。由于实际施工人不具备承包施工业务主体资格，于是借用有资质的施工企业名义进行招投标等活动，向出借资质企业缴纳一定的管理费后，由实际施工人自行组织施工，出借企业对工程不承担任何经济、质量等责任。

2. 以非法转包的形式承接建设工程。非法转包是指承包单位承包工程后，不履行合同约定责任和义务，将其承包的全部建设工程转给他人或者将其承包的全部建设工程肢解后以分包的名义分别转给其他单位承包的行为。

3. 以违法分包的形式承接建设工程。根据相关法律规定，建筑工程总承包单位可以将承包工程中的部分工程发包给具有相应资质条件的分包单位，但是，除总承包合同中约定的分包外，必须经建设单位认可。施工总承包的，建筑工程主体结构的施工必须由总承包单位自行完成。禁止总承包单位将工程分包给不具备相应资质条件的单位。禁止分包单位将其承包的工程再分包。

在层层转包、多次违法分包、挂靠后再次转包或违法分包等情形下，根据最高人民法院在(2021)最高法民申5114号中的观点，实际施工人仅指最后进场施工的民事主体，工程承包流转中的仅为其中流转一环的转包人、违法分包人、挂靠人等不属于实际施工人。

实际施工人在概念上并不难以理解，但在实务中，如何让法院认定为实际施工人却并不简单。详见下文司法实践部分。

(二)实际施工人起诉时被告的确定

根据《建工司法解释》，实际施工人起诉时，其被告可以有两种选择：一是以转包人、违法分包人为被告；二是以发包人为被告主张权利。在第二种情况下，人民法院应当追加转包人或者违法分包人为本案第三人，在查明发包人欠付转包人或者违法分包人建设工程价款的数额后，判决发包人在欠付建设工程价款范围内对实际施工人承担责任。

实际施工人起诉作为合同相对人的转包人、违法分包人的情形不难理解，但实际施工人起诉发包人的情形突破了合同相对性，根据法理，其适用将受到严格的限制。

根据最高人民法院《关于审理建设工程施工合同纠纷案件适用法律问题的解释(一)》，实际施工人主张权利应当以不突破合同相对性为基本原则，只有特定情形下，以准许突破合同相对性作为补充。

如果实际施工人与发包人之间已经全面实际履行承包人与发包人之间的施工合同并形成事实上的权利义务关系时，实际施工人事实上已取代承包人与发包人形成合同关系，在这种情况下，应当准许实际施工人以发包人为被告起诉，法院可追加承包人为共同被告。其他情形下，在实际施工人与发包人没有全面实际履行合同并未形成事实上的权利义务关系时，尽管合同无效，也应当受合同相对性的制约。

实际施工人起诉承包人时，法院可追加发包人为第三人。在欠付劳务分包工程款，进而欠付农民工工资等情形下，实际施工人突破合同相对性起诉与其没有合同关系的发包人，为其主张劳务分包工程欠款提供了便捷通道，无疑对保护农民工合法权益有积极作用。

尽管如此，全面实际履行的内涵与外延并不明晰，法院对于全面实际履行的理解也并不相同，实践中也出现大量突破司法解释原意，损害了发包人、总承包人合法权益的情况。

三、司法实践

笔者在威科先行上以“指挥部 诉讼主体 建设工程”为关键词进行案例检索，共查询到5896条裁判文书记录；以“管委会 诉讼主体 建设工程”为关键词进行案例检索，共查询到4113条裁判文书记录；以“项目筹建处 诉讼主体 建设工程”为关键词进行案例检索，共查询到9条裁判文书记录，可见指挥部、项目筹建处、管委会在实务中作为建设工程合同签订主体的情形并不少见。笔者粗略在上述裁判文书中进行了浏览，如前文所述，在不同的情形下，有将指挥部、项目筹建处、管委会直接作为诉讼主体的，也有将设立项目筹建处、指挥部、管委会的政府部门作为诉讼主体的情形。

此外，笔者在威科先行上以“实际施工人 诉讼主体 建设工程”作为关键词进行案例检索，共查询到42311条裁判文书记录，可见实践中，实际施工人的情况很常见，也极其容易引发争议。

在如何认定实际施工人的问题上，其难度在如下的几个最高人民法院判例中可见一斑：

1. 最高人民法院在（2021）最高法民申1860号案[①]中认为，陕西中豪建设集团有限公司（以下简称中豪公司）申请再审认为其对案涉工程进行了施工和管理，何某功仅系其雇佣人员，并非案涉工程的实际施工人。经审查，虽中豪公司主张其系案涉工程的承包人，但其在原审中未提供对案涉工程实际施工的相关资料，就未能提供施工资料的问题其向法庭的陈述亦前后矛盾；保证金票据上虽显示该款项系中豪公司交纳，但其并不持有交款票据的原件；同时其称与何某功之间存在雇佣关系，但并未提供能够证明双方之间存在雇佣关系的任何证据，据此中豪公司主张其对案涉工程进行了施工的证据不足。另外，何某功实际签订案涉合同及相关协议，与实践公司进行结算，施工过程中的款项往来均在实践公司与何某功之间进行。综合上述情况，原判决认定何某功为案涉工程的实际施工人，事实依据充分，并无不妥。中豪公司认为何某功并非实际施工人的理由不能成立，不予支持。

2. 最高人民法院在（2021）最高法民申1676号案[②]中认为，判断实际施工人应从其是否签订转包、挂靠或者其他形式的合同承接工程施工，是否对施工工程的人工、机器设备、材料等投入物化为相应成本，并最终承担该成本等综合因素确定。本案中，郑某文提交了《施工项目经营、管理责任承包合同》、项目安全生产目标责任书及河南高速公司出具的情况说明来证实其为实际施工人。经审查，郑某文提交的证据仅能证明其与河南高速公司存在合同关系，并不能证明其在签订合同后，其就案涉工程自行组织施工、购买材料、发放工人工资等事实，亦未提供证据证明其与河南高速公司之间关于案涉工程款的资金往来情况。该案案涉工程的施工资料及工程签证中也未出现郑某文的姓名，故一审认定现有证据尚不足以证实郑某文系案涉工程的实际施工人，并无不当，予以维持。

3. 最高人民法院在（2021）最高法民申1156号案[③]中认为，首先，临沂玉兰置业有限公司（以下简称玉兰公司）与金颐公司就曲沂社区综合服务楼建设项

---

① 陕西中豪建设集团有限公司、陕西实践房地产开发有限公司建设工程施工合同纠纷案，最高人民法院民事裁定书，（2021）最高法民申1860号。

② 郑某文、临高县城镇建设投资有限公司建设工程施工合同纠纷案，最高人民法院民事裁定书，（2021）最高法民申1676号。

③ 蔡某峰、临沂玉兰置业有限公司建设工程施工合同纠纷案，最高人民法院民事裁定书，（2021）最高法民申1156号。

目签订了《建设工程施工合同》,案涉工程的合同相对人为玉兰公司与金颐公司。蔡某峰主张其与金颐公司签订了书面的转包合同,但未提交证据予以证实,蔡某峰以其签订合同为由主张其系实际施工人依据不足;其次,蔡某峰主张其在案涉工程中投入资金 43561336.38 元,蔡某峰主张其通过大量现金往来向案涉工程投入资金,但未提交充分证据予以证实,故一审、二审法院认为蔡某峰仅以现有的 250 余万元银行转账证据证实其已经投入资金完成了 5000 余万元工程依据不足,符合该案客观情况。最后,蔡某峰在申请再审程序中提交的证人证言等证据未满足"足以推翻原判决、裁定的"条件。综上,蔡某峰主张其为案涉全部工程的实际施工人证据不足,原审法院适用法律并无不当,故对蔡某峰再审申请不予支持。

因此,法院在判断谁是真正的实际施工人的时候,主要从合同、施工图纸、工程洽商记录、设计变更工程质量签认施工日志、工程量报表建筑设备材料、人工投入等施工资料等进行综合判断。

在是否允许实际施工人突破合同相对性直接起诉发包人的问题上,各法院观点也不尽相同:

1. 新疆维吾尔自治区和田地区中级人民法院在(2022)新 32 民终 303 号案①中认为,该案的发包方为于田监狱,转包人为新疆冶金建设(集团)有限责任公司,实际施工人为刘某原,对此,双方均无异议,因此,该案的合同相对方仅为刘某原与冶建公司,最高人民法院《关于审理建设工程施工合同纠纷案件适用法律问题的解释》(已失效)第 26 条规定:"实际施工人以转包人、违法分包人为被告起诉的,人民法院应当依法受理。"据此规定,发包方并非必须追加的诉讼主体,上诉人主张追加发包方和材料商为该案当事人的请求无事实和法律依据,一审法院未追加当事人处理并无不当,程序合法有效。

2. 辽宁省大连市中级人民法院在(2022)辽 02 民终 4691 号案②中认为,现行立法赋予转包合同、违法分包合同关系中的实际施工人突破合同相对性原则直接向发包人主张工程价款的权利,发包人只在欠付承包人工程价款范围内承担转包合同、违法分包合同中的付款义务。实际施工人行使代位权,也是规定在转包与违法分包情形下,并未涉及挂靠情形下的实际施工人。而所谓挂靠,就是以有施工资质单位的名义对外承揽工程,尽管挂靠人、借用资质人也存在

① 新疆冶金建设(集团)有限责任公司、刘某原建设工程施工合同纠纷案,新疆维吾尔自治区和田地区中级人民法院民事判决书,(2022)新 32 民终 303 号。

② 大连益和养老有限责任公司、杨某乐等建设工程施工合同纠纷案,辽宁省大连市中级人民法院民事裁定书,(2022)辽 02 民终 4691 号。

资金物化过程，但却是以被挂靠人、出借资质单位的名义物化到建设工程中。在挂靠、借用资质施工情形中，存在两个不同性质、不同内容的法律关系，一个是建设工程施工关系，另一个是挂靠法律关系，根据合同相对性原则，各方的权利义务关系应根据相关合同分别处理。

3. 浙江省苍南县人民法院在（2022）浙0327民初2193号案①中认为，根据最高人民法院《关于审理建设工程施工合同纠纷案件适用法律问题的解释（二）》第24条的规定，"实际施工人以发包人为被告主张权利的，人民法院应当追加转包人或者违法分包人为本案第三人，在查明发包人欠付转包人或者违法分包人建设工程价款的数额后，判决发包人在欠付建设工程价款范围内对实际施工人承担责任"。该法律规定突破合同相对性原则，出发点是保护处于弱势地位的实际施工人权益。据此，被告苍南医院作为涉案工程的发包方，应在欠付飞耀公司工程款11480937元的范围内对上述支付义务承担责任。

综上，从文意上看，《建工司法解释》对于实际施工人突破合同相对性的规定并不难以理解，但在实务中，错综复杂的利益平衡让裁判现状呈现出纷繁复杂之景。

四、实务提醒

（一）严格审查签约主体

在正常履约的情况下，关心签约主体的法律性质以及是否具有诉讼主体资格似乎并不重要，但一旦发生争议，前述问题就成为起诉时的基本问题，当合同相对方没有诉讼主体资格时，维权难度将指数级加强。因此，在可能的情况下，签约（首次签约以及签订补充协议或续签）时，应当与具备诉讼主体资格的当事人签约，或者至少应该明确最终对签约主体承担法律责任的主体，以便在追究责任甚至起诉时，可以准确找到承担责任的主体以及诉讼主体。在签约环节、履行环节以及发生纠纷进入诉讼或仲裁阶段，都应该对签约主体的最新状态进行核查。在纠纷发生后进入诉讼环节，也需要关注签约主体的登记状态，是否存在注销等情形，一旦发生变动，需要进行及时的调整，否则会影响诉讼进程，甚至影响裁判结果。

（二）作为实际施工人应注意搜集材料

作为实际完成工程建设的主体，如无法被认定为实际施工人，其将无法通过诉讼途径维护自己的权益。通过前文所述及相关法律法规、司法判例，一般

① 周某贵、颜某嵘等建设工程施工合同纠纷案，浙江省苍南县人民法院民事判决书，（2022）浙0327民初2193号。

而言,被认定为实际施工人需要具备以下要素:

1. 合同无效。一般认为,实际施工人仅出现在无效建设工程合同领域,如借用第三方名义或者资质签署合同进行施工作业、接受违法分包、转包工程等。如合同有效,建设工程施工合同的签署方存在一般的救济途径可主张相关权利。

2. 实际施工。能够独立聘用人员从事工程管理,购买材料,聘请工班,与建设单位、监理单位办理签署文件往来、参加工程例会、参与建设单位组织的开工竣工验收活动等。

3. 承担风险。实际施工人需独立投入相关资金,比如投入或实际承担对于案涉工程的投标保证金、履约保证金、材料费、劳务费、机器设备费用、临水临电的有关费用等,并且对工程的资金投入承担亏损。

鉴于建设工程领域的复杂特性以及实践中多样化的操作,并非所有的实际施工人都具备上述要素,因此,为了让法院能够认定为实际施工人,实际施工人在平时应注意留存相应的材料以便诉讼之需,譬如相关合同及协议文书、材料采购支付凭证、工程往来文件、人工费用协议及支付凭证、工程款结算材料、施工图纸、工程洽商记录、设计变更工程质量签认施工日志、工程量报表等。

结　语

建设工程合同往往因为标的大、利润丰厚让人分外眼红,但天下没有免费的午饭,风险收益如影随形。让合同如约履行,尤其是让合同欠款如约支付应该是每一个建设工程领域从业者的目标。因此,如因合同欠款成诉,确保原告、被告具有诉讼主体资格能够顺利成诉,是首先需要考虑的问题。对此,本文主要从签约主体、实际施工人的认定两方面进行了一定探讨,以期对读者能有些许的启发。

相关法律规定

1.《民事诉讼法》

第五十一条　公民、法人和其他组织可以作为民事诉讼的当事人。

法人由其法定代表人进行诉讼。其他组织由其主要负责人进行诉讼。

2. 最高人民法院《关于适用〈中华人民共和国民事诉讼法〉的解释》

第五十二条　民事诉讼法第五十一条规定的其他组织是指合法成立、有一定的组织机构和财产,但又不具备法人资格的组织,包括:

(一)依法登记领取营业执照的个人独资企业;

(二)依法登记领取营业执照的合伙企业;

（三）依法登记领取我国营业执照的中外合作经营企业、外资企业；

（四）依法成立的社会团体的分支机构、代表机构；

（五）依法设立并领取营业执照的法人的分支机构；

（六）依法设立并领取营业执照的商业银行、政策性银行和非银行金融机构的分支机构；

（七）经依法登记领取营业执照的乡镇企业、街道企业；

（八）其他符合本条规定条件的组织。

3. 最高人民法院《关于审理建设工程施工合同纠纷案件适用法律问题的解释(一)》

第一条　建设工程施工合同具有下列情形之一的，应当依据民法典第一百五十三条第一款的规定，认定无效：

（一）承包人未取得建筑业企业资质或者超越资质等级的；

（二）没有资质的实际施工人借用有资质的建筑施工企业名义的；

（三）建设工程必须进行招标而未招标或者中标无效的。

承包人因转包、违法分包建设工程与他人签订的建设工程施工合同，应当依据民法典第一百五十三条第一款及第七百九十一条第二款、第三款的规定，认定无效。

第四十三条　实际施工人以转包人、违法分包人为被告起诉的，人民法院应当依法受理。

实际施工人以发包人为被告主张权利的，人民法院应当追加转包人或者违法分包人为本案第三人，在查明发包人欠付转包人或者违法分包人建设工程价款的数额后，判决发包人在欠付建设工程价款范围内对实际施工人承担责任。

4. 最高人民法院《关于审理建设工程施工合同纠纷案件适用法律问题的解释》(已失效)

第二条　建设工程施工合同无效，但建设工程经竣工验收合格，承包人请求参照合同约定支付工程价款的，应予支持。

建设工程合同履行中可得利益损失的确定规则

编前语

可得利益损失作为违约损害赔偿的重要组成，是民商审判实务中的难点问题。虽然《民法典》与原《合同法》都采用“可预见性规则”对可得利益损失进行判定，但在司法实务中，由于对可得利益损失的界定标准缺乏可操作性，法院往往多援用“确定性规则”对请求赔偿可得利益损失的诉请进行裁判，且大多结果是不予支持。此时，考虑到主张可得利益赔偿会增加诉讼成本，面对高概率的败诉风险，当事人往往会陷入是否应当主张可得利益损失的两难境地。在建设工程合同履行中，法院对可得利益损失的认定标准以及判定依据尚不统一，守约方应当如何向违约方主张预期可得利益损失也成为困扰当事人的一大难题，为此，笔者将以A建设咨询有限公司与B有限公司合同纠纷仲裁一案为例，试探究建设工程合同纠纷中可得利益损失的确定标准。

【案情概要】①

2010年10月28日，A建设咨询公司（以下简称A公司）与B有限公司（以下简称B公司）签订《A5区、C区造价咨询服务合同文件》（以下简称《造价咨询合同》），约定由A公司为B公司提供造价咨询服务。合同签订后，A公司按约派驻咨询人员到施工现场进行造价咨询工作。但由于B公司工程项目受动拆迁影响，案涉项目未全面开工建设，截至合同履行期结束，A公司只完成了99702.5平方米的造价咨询任务。2014年6月13日，B公司向A公司发出工作联系单，通知A公司在2014年6月20日安排造价人员到场。工作人员再次

① 仲裁案件不公开，本案件系笔者代理。

到场后，B 公司的工程仍然不能正常进行。一直到 2015 年，B 公司不再安排合同内的工作任务。期间，B 公司为 A 公司安排了合同外的工作，总价款为 435455.81 元。2017 年 5 月，B 公司在 A 公司不知情的情况下就 C 区项目又与他人签订了造价咨询工程合同。

【争议焦点】

1. B 公司是否构成违约？
2. B 公司是否应当赔偿预期利益损失？

【判决概要】

合同协议书虽然规定了服务期限，但在 2014 年 6 月 1 日合同到期后，B 公司又通知 A 公司到场提供咨询服务，A 公司也派人到场工作，说明双方当事人具有延长合同期的意思表示，合同得以延期履行（有效期截至咨询工作全部完成）。在此情形下，B 公司将该合同约定的工程造价咨询服务又委托他人承担，是一种单方毁约行为，构成违约，应承担相应的违约责任。根据《合同法》（已失效）第 113 条第 1 款，应当赔偿利润损失。

【案件分析】

一、可得利益损失的法律表达与中国司法实践

可得利益损失的相关表述首次出现于 1987 年最高人民法院《关于适用〈涉外经济合同法〉若干问题的解答》（已失效），该份文件将可得利益损失界定为“合同如能履行获得的利益”；1999 年《合同法》明确了违约损害赔偿应包括可得利益损失；[①]2009 最高人民法院出台的《关于当前形势下审理民商事合同纠纷案件若干问题的指导意见》（以下简称《指导意见》）则首次赋予了这一抽象概念具体的阐释表达和可操作性规范的支持。另外，《民法典》对《合同法》中关于可得利益损失的规定再次进行了重申，[②]从其规定中可归纳出，可得利益指的是违约一方订立合同时预见到或者应当预见到的因违约可能造成的损失。

---

① 《合同法》第 113 条：“当事人一方不履行合同义务或者履行合同义务不符合约定，给对方造成损失的，损失赔偿额应当相当于因违约所造成的损失，包括合同履行后可以获得的利益，但不得超过违反合同一方订立合同时预见到或者应当预见到的因违反合同可能造成的损失。”

② 《民法典》第 584 条：“当事人一方不履行合同义务或者履行合同义务不符合约定，造成对方损失的，损失赔偿额应当相当于因违约所造成的损失，包括合同履行后可以获得的利益；但是，不得超过违约一方订立合同时预见到或者应当预见到的因违约可能造成的损失。”

至于申请赔偿可得利益损失的情况,从我国司法实践来看,在2013年前,当事人主张可得利益损失的相关案件可谓是屈指可数,且最高人民法院对可得利益损失往往持有保守的谨慎态度。据学者统计①,在2013年2月28日前最高人民法院涉及可得利益损失的案件共计25个,而其中明确而完全支持原告可得利益损失诉讼请求的只有1件(支持率大约只有4%)。

二、案件分析

(一)B公司是否构成违约?

从本质上来说,可得利益损失系违约所致损害的一部分,故主张可得利益损失的前提在于确保与对方当事人签订的合同合法有效且证明对方构成违约。如在武汉三星建工集团有限公司、贵阳木林森房地产开发有限公司建设工程施工合同纠纷二审民事判决书中,最高人民法院即指出,"案涉《建设工程施工合同》及《补充合同》无效,武汉三星建工集团有限公司诉请贵阳木林森房地产开发有限公司赔偿其可得利益损失,无法律依据,本院不予支持"。由此,守约方主张可得利益损失的前提即为合同合法有效、发包方构成违约。

案件中,A公司与B公司经招投标程序签订的合同系当事人双方真实意思表示,依据《民法典》第502条之规定,该合同合法有效,A公司负有为B公司提供造价咨询服务的合同义务,B公司相应负有接受A公司提供的服务以及支付价款的义务。A公司已根据合同约定派遣了与项目规模相匹配的服务人员投入工作,属于按照合同积极履行自身义务,由于B公司动拆迁原因,A公司的工作人员无法开展正常工作,致使A公司无法继续履行合同,此种情形属于非归因于债务人一方的原因致使合同不能履行,A公司不构成违约。

其后,虽A公司多次发函要求B公司赔偿相关损失,并继续履行合同,B公司均置之不理,且B公司在A公司不知情的情况下,就与A公司合同范围内的服务内容重新招标后与第三方签订服务合同,致使原合同无法继续履行,构成对合同的根本违约,此时A公司得以根据《民法典》合同编第577条之规定请求B公司承担违约责任(抑或根据第563条行使解除权,要求B公司按照第566之规定承担解除合同的不利后果)。

(二)B公司是否应当赔偿预期利益损失

《民法典》第584条规定:"当事人一方不履行合同义务或者履行合同义务不符合约定,造成对方损失的,损失赔偿额应当相当于因违约所造成的损失,包括合同履行后可以获得的利益;但是,不得超过违约一方订立合同时预见到或

① 刘承韪:《违约可得利益损失的确定规则》,载《法学研究》2013年第2期。

者应当预见到的因违约可能造成的损失。”因当事人违约造成的损失包括直接损失和间接损失两部分。间接损失，实践中又称可得利益损失，是指一方当事人的违约行为，导致对方当事人本来可以获得的利益没有得到，即失去了正常履约可以取得的利益。

根据双方《造价咨询合同》约定，A 公司承接 A5 区、C 区的造价咨询服务，服务面积为 42.5 万平方米，如果合同当事人能够按照合同约定正常履行合同，则 A 公司可以获得总价为 300 万元的咨询服务费。然而，因 B 公司的根本违约行为，合同内总面积仅完成了 99702.5 平方米，占合同面积的 23.46%，剩余部分无法继续履行，因此 B 的违约行为给 A 公司造成了一定的损失——A 公司未能完全获得按合同预期可获得的总价为 300 万元的咨询服务费，为此，根据《民法典》第 584 条规定及诚实信用原则，B 公司应当赔偿 A 公司相应可得利益损失。

三、可得利益的计算标准

在建设施工合同中，承包人预期可得利益损失（预期利润）的数额确定应当以司法鉴定、行业利润率还是投标报价载明利润为准？为继续探究这一问题，笔者检索了相关建设工程合同违约案件，排除其中 9 例法院未作出明确回应的案例，法院通常有以下几种确定标准见表 1。

表 1　实务中法院对可得利益的确定情况

是否支持可得利益损失	具体理由	数量/件	典型案例
不支持	合同无效，赔偿范围不包括可得利益损失	4	彭某、山东枣庄长城建筑集团有限公司建设工程施工合同纠纷案[1]
	不存在违约行为	3	安康市汉滨区第四建筑工程公司与陕西赫能矿业有限公司建设工程合同纠纷案[2]
	主张的可得利益损失存在不确定性	15	安徽中防投资有限公司、浙江湖州市建工集团有限公司建设工程施工合同纠纷案[3]
	主张的可得利益损失存在不可预见性	6	广西贵港市龙辉置业投资有限公司、广西建工集团第五建筑工程有限责任公司建设工程施工合同纠纷案[4]

续表

是否支持可得利益损失	具体理由	数量/件	典型案例
不支持	可得利益损失与违约金之间属于包含关系，不能同时适用	3	重庆市合川区万通建设集团有限公司、贵州省龙里县福临房地产开发有限公司建设工程施工合同纠纷案[5]
	上诉请求超出一审诉讼请求范围，调解不成故不作处理	2	甘肃第一建设集团有限责任公司与新疆精铝铝业科技有限公司建设工程施工合同纠纷案[6]
支持	参照与案外人承包合同中约定的租金水平计算可得利益	1	李某隆、遵义市国投房地产开发有限公司物权保护纠纷案[7]
	参照预算审核报告酌情支持	2	重庆海博建设有限公司重庆市黔江区城市建设投资（集团）有限公司与建设工程施工合同纠纷案[8]
	参照建设工程施工合同计算可得利益	2	苏州工业园区兴盛建设有限公司与昆山国润房产开发有限公司建设工程施工合同纠纷案[9]
	参考同行业可得利润确定具体数额	2	云南高新博泰房地产开发有限公司与云南华日中科智能网络系统有限公司建设工程施工合同纠纷案[10]
	参照发包人在招投标时确定的合理最低价参考值超出合同约定价款的差额	1	昂鑫房地产开发有限公司与建安实业集团股份有限公司建设工程施工合同纠纷案[11]

〔1〕山东省枣庄市中级人民法院民事判决书，(2019)鲁04民终3116号。

〔2〕陕西省安康市中级人民法院民事判决书，(2019)陕09民终548号。

〔3〕最高人民法院民事判决书，(2019)最高法民终519号。

〔4〕广西壮族自治区高级人民法院民事判决书，(2018)桂民终712号。

〔5〕最高人民法院民事判决书，(2017)最高法民终622号。

〔6〕新疆维吾尔自治区高级人民法院民事判决书，(2019)新民终319号。

〔7〕贵州省遵义市中级人民法院民事判决书，(2020)黔03民终3529号。

〔8〕重庆市第四中级人民法院民事判决书，(2020)渝04民终1315号。

〔9〕江苏省苏州市中级人民法院民事判决书，(2019)苏05民终5512号。

〔10〕云南省昆明市中级人民法院民事判决书，(2007)昆民三终字第550号。

〔11〕安徽省高级人民法院民事判决书，(2010)皖民四终字第00080号。

由上述案例可见,鉴于现实生活中存在许多无法控制的因素干扰预期利润的计算,法院在确定预期利润损失时往往没有固定、明确的计算标准或公式,其所参照的标准也五花八门。事实上,由于可得利益"是一种没有实际发生的未来的可期待利益",过于确定的规则在面对未来可能出现的复杂情势面前也无法发挥很好的作用,因此,为做到能根据案例的不同情况对可得利益予以酌情考量,下文将对判断可得利益损失是否应当赔偿的两种主要规则进行说明。

(一)可预见性规则

从《民法典》第584条规定可以看出我国在确定预期利润方面时采用的是"可预见性规则"。将"可预见性规则"引入可得利益损失赔偿中,一方面是为了限制损失赔偿的范围,促进风险分配,即通过将违约产生的损失在合同当事人之间分配,由违约方承担可预见的风险,非违约方承担不可预见的风险,此时缔约双方为了能让对方在违约时承担更多可得利益的损害赔偿责任,会尽可能地把相关的信息告知对方,从而借助信息能够更准确地判断是否订立合同以及合同内容等。上述过程通过有效地促进双方信息交流,使双方可提前预见可能发生的妨碍合同履行的风险,进而及时采取有效措施避免损失发生。

通过《民法典》第584条的规定,可归纳出我国法律规定的预期利润具有以下几个特点:第一,预期利润预见的主体是违约方;第二,预见的时间是合同订立时;第三,预期利润产生的原因是违约,即违约与预期利润损失之间存在因果关系。但是,关于预见的内容则没有明确规定。

1. 预见的主体

对于预见的主体为何,学界目前大致有三种不同观点:一是违约方预见;二是双方当事人同时预见;三是根据合理标准来考虑当事人一方或双方是否应当预见。① 我国《民法典》的规定与《联合国国际货物销售合同公约》所规定的判断"可预见性"的视角一致,即预期利润最高额的预见主体为违约方。《民法典》立法原意在于保护违约方,即站在违约方的立场,当违约发生后,违约方所应当承担的责任不应当超过他所预见和应当预见的范围,否则就违背了意思自治原则。然而如此规定是否合理值得商榷,如果仅仅只按照该规则的表面意思理解,会产生一个不合理的结论——只要违约方称其预见能力不足,即可减少自己需要赔偿的预期利润数额,显然这样的理解会使守约方处于不利地位。

因此,由于在主观标准中违约方的心理状态往往很难考证,衡量违约方预见能力的标准除了主观因素,还应当有客观因素的介入。客观标准指通常意义

① 赵金龙:《损害赔偿的限制规则探析》,载《法商研究(中南政法学院学报)》1997年第2期。

上的一般人的预见能力,即不以最佳的观察人为视角,而是以理想的、典型的债务人为判断标准,判断其在订立合同的情况下能够预见到的损失。

通常情况下,订立合同的当事人往往是熟悉本行业、本业务甚至于双方合同的条款的,此种情形下,违约方的预见能力应当比一般人要高,相应地,其所能够预见到的因违约造成的损失范围也就更广、更全面。但除了这种情况,显然也存在比一般人预见能力低的当事人的存在,比如尚未成年的限制民事行为人、相对于专业公司商家的普通消费者等,该群体无疑处于弱势地位并且预见能力相对较低,此时相应地下调预期利润的最高额是公平原则的应有之义。

建设工程合同属于通常情况的情形。鉴于承包方和发包方通常都为具有丰富建设用工经验的商事主体,故对违约方的预见能力、能够预见到的因违约造成的损失范围采较高标准,即采取《民法典》所规定的违约方作为预见主体具有一定的合理性。

2. 预见的时间

预见时间为签订合同时,而非违约方实际违约时,[①]因此违约方在签订合同之后才知晓(或应当知晓)的相关情况,无法作为判断其可预见范围的因素。此外,预见时点的设定也有利于分配风险,从立法论上看,该时点设计得越靠后,义务人的责任风险就越高。将该时点规定为签订合同时,有利于双方当事人加深对违约后所要负担的赔偿责任的认识,从而更为慎重地对合同内容加以斟酌以及对后续可能发生的情形采取相关防范措施。

3. 预期利润产生的原因

按照《民法典》第 584 条的规定,欲申请可得利益损失,前提在于违约方“不履行合同义务或者履行合同义务不符合约定,造成对方损失”,即预期利润产生的原因为“对方存在违约行为”且“守约方因违约方的违约行为遭受损失”。反推可知,主张可得利益损失的前提在于确保与对方当事人签订的合同合法有效且证明对方构成违约。

4. 预期利润的内容

关于预见的内容(应预见到什么样的损失),学术界也同样存在不同观点。一种观点认为,仅需要预见到损失类型或种类而无须预见到损失的程度或损失额;另一种观点则主张还要进一步预见到损失的程度。后种观点为不少法院所支持,如在李某隆、遵义市国投房地产开发有限公司物权保护纠纷案中,法院就认为“该法条规定的可得利益损失,不仅要求不履行合同或者履行合同义务不

---

① 姚明斌:《〈合同法〉第 113 条第 1 款(违约损害的赔偿范围)评注》,载《法学家》2020 年第3 期。

符合规定的一方在订立合同时预见到或者应当预见到违约可能造成损失，而且要求预见到或应当预见到损失的大致数额。”

从比较法角度而言，英美法尚未达成一致，有的通常只要求预见到损失的种类或类型，而不要求预见到损失程度或范围（如英国大部分判例）。大陆法同样没有达成统一定论，如法国法现代规则就采取了第二种观点，要求应预见损失的类型和程度。对于受害方来说，显然第一种观点能为其争取到较高数额的损害赔偿；而对于违约方来说，后一种观点则更为有利。那么，在面对当事人的诉请时，应当如何协调双方当事人的风险？对此国际统一私法协会做出了更为变通的解释，认为可预见性与损害的性质或类型有关，但与损害的程度无关，其同时指出，除非这种程度使损害转化为另一不同种类的损害。也就是说，如果损害程度没有发生质的变化，则不再深究程度这一标准，如果损害程度发生质的变化，则按是否预见到另一类型的损害处理。[①]

我国《民法典》第584条的规定并没有明确表明，预见的内容是只需要预见到类型或种类即可，还是需要预见到损失的程度，其他相关法律亦无涉及此的内容。在笔者看来，合同签订之后，会有各种不同的情况发生，将发生何种情形是当事人无法控制或者预见的。如果认为只有当违约方在订立合同时预见到违约损失的类型和程度时，才能要求其承担预期利润过于严苛，违约方能找各种理由来说明自己在订约时并没有预见违约损失的程度。但由于违约所造成的损失本质上也属于“经济损失”，同样适用“差额理论”，若对损害程度不加任何规定，审查是否存在损失时则无法确定是否存在“差额”，也无法帮助当事人更为有效地判断采取何种措施以避免损失的发生，因此，一定程度上认识到损失的程度仍具有必要性。考虑到合同当事人不可能预见到准确的额度，对损害类型及程度的可预见性也不应要求精确到与实际发生的损害幅度完全相符。[②]为此，笔者认为，预见的内容除了包括类型或者种类，还应包括“大致”损失的程度，此种规定显然更为合理。

（二）确定性规则

“确定性规则”为确定可得利益损失的另一重要规则，一般认为是在美国纽

---

① 范在峰、张斌：《两大法系违约损害赔偿可预见性规则比较研究》，载《比较法研究》2003年第3期。

② 吴某松与张某富、刘某红房屋买卖合同纠纷案，江苏省徐州市中级人民法院民事判决书，(2018)苏03民终4513号。

约州法院的"格里芬诉考威尔案"[①]中确立的,该规则要求必须有清楚并符合要求的证据来证明损害已实际发生。我国《民法典》及相关解释规定并没有以"确定性"作为判断可得利益损失是否应当赔偿的标准,但司法实践中法院却较多运用"确定性规则",[②]往往以原告主张的可得利益的损失"不确定性""难以确定""无法确定""缺乏确定性"等不同的表述对原告的赔偿请求不予支持,如在中国铝业股份有限公司河南分公司与中铝矿业有限公司合同纠纷案中,[③]法院认为,"认定可得利益,应当坚持客观确定性,即该利益的取得,不仅在主观上是可能的,在客观上也是确定的,只是因为违约行为的发生,才使得该利益丧失"。

从判例来看,我国法院在裁判中所要求的"确定性"实际是要求承担举证责任一方承担严格的证明责任,即"确定性"指向证明标准及计算标准,如在"扬州市中环高科技塑业有限公司诉苏州世纪辰光网络科技有限公司等技术服务合同纠纷案"中,法院指出"因该推广实现的可得利益损失举证较为困难,具有相当的不确定性,难以准确确定可得利益损失数额"。[④]

笔者认为,确定性标准不利于受损害人,也并不必要被提出。正如学者郝丽燕所言,[⑤]"可预见性"要件本来就是为了保护违约人,既然违约方在订立合同时已经能够预见到可得利益及其额度,如果再要求受损失方(原告)证明可得利益具有"确定性",一方面增加了作为原告的受损方的负担,另一方面则又进一步加强了对违约方的保护,这种做法对受损害方过于不利。因此,笔者认为为公平保护原被告双方,维持违约方与守约方之间的平衡,无须苛求受损方对预期利润的"确定性"予以证明。

(三)可得利益的计算

可得利益的计算关键在于对可得利益赔偿总额的确定。根据《指导意见》第10条,"人民法院在计算和认定可得利益损失时,应当综合运用可预见规则、减损规则、损益相抵规则以及过失相抵规则等,从非违约方主张的可得利益赔

---

① 吴行政:《合同法上可得利益赔偿规则的反思与重构——从〈中华人民共和国合同法〉第113条适用的实证考察出发》,载《法商研究》2012年第2期。

② 吴行政:《合同法上可得利益赔偿规则的反思与重构——从〈中华人民共和国合同法〉第113条适用的实证考察出发》,载《法商研究》2012年第2期。

③ 中国铝业股份有限公司河南分公司、中铝矿业有限公司合同纠纷案,最高人民法院民事裁定书,(2019)最高法民申6473号。

④ 吴行政:《合同法上可得利益赔偿规则的反思与重构——从〈中华人民共和国合同法〉第113条适用的实证考察出发》,载《法商研究》2012年第2期。

⑤ 郝丽燕:《违约可得利益损失赔偿的确定标准》,载《环球法律评论》2016年第2期。

偿总额中扣除违约方不可预见的损失、非违约方不当扩大的损失、非违约方因违约获得的利益、非违约方亦有过失所造成的损失以及必要的交易成本”。因此,在建设工程合同中,计算应当遵循以下规则。

首先,当事人有约定的从其约定。如双方约定违约金包括可得利益损失的,则按当事人的约定直接赔偿违约金即可。然而,实践中此种情况出现得少之又少,此时则还可参照下列标准:参照与案外人承包合同中约定的租金水平、参照预算审核报告、参照当地安装工程费用定额相关规定中的利润率、参照发包就涉案工程设定的合理最低参考价与中标价的差额、年度利润率、投标文件中载明的利润等确定预期可得利益。

其次,应扣除作为计算利润基数的合同价款中已施工部分的工程款,预期利润损失的确定应当避免重复计算。如在中国工商银行股份有限公司福清支行与福州日晖建筑工程有限公司因建设工程施工合同纠纷案中,二审法院即指出,“作为计算利润基数的合同价款中应扣除已施工部分工程款”。

此外,预期利润的确定仍然是以“可预见性规则”为判断标准,对建设工程施工合同的履行过程中不必然产生的预期利润不予计算。如在黑龙江省建工集团有限责任公司因与大信技精密机械(大连)有限公司建设工程施工合同纠纷二审民事判决[①]中,二审法院即指出,建设工程施工合同的履行过程中,存在多种影响预期利润实现的因素,且现实中大信技精密机械(大连)有限公司也曾提出删减施工范围并最终解除了案涉合同,故黑龙江省建工集团有限责任公司所主张的预期利润的产生不具有必然性。另外需要指出的是,鉴定机构出具的鉴定意见并不一定能起到很好的证明效果,故申请可得利益损失赔偿时不能过分单纯依赖鉴定意见。如在苏州工业园区兴盛建设有限公司与昆山国润房产开发有限公司建设工程施工合同纠纷案中,法院就认为,“相应的鉴定意见并不能完全作为本案国润公司赔偿兴盛公司预期可得利益损失的认定依据”。

在A公司与B公司合同纠纷案中,首先,双方当事人在签订《造价咨询合同》时,即应已经预见了合同履行可能带来的利益以及毁约可能导致的风险,且B公司作为商事主体,将其作为预见的主体符合法律规定,也具有正当性,因此,作为违约方的B公司对合同履行完毕后的可得利益是能够预见的,因此需要承担可以预见范围内的可得利益损失。其次,预期利润损失的确定应当避免重复计算,应当扣减A公司已施工部分的合同款项,且对《造价咨询合同》的履行过程中不必然产生的预期利润不予计算。因此,A公司可以依据合同主张预

① 辽宁省高级人民法院民事判决书,(2015)辽一民终字第00033号。

期可得利益损失,鉴于每平方米面积的利润损失已由合同确定,且能够为作为发包商的违约方所预见,故B公司应当予以赔偿。赔偿数额按照《指导意见》第10条及上述规则规定计算。

结 语

违约时的可得利益损失赔偿应得到支持在实务界与学界中并无争议,争议点主要在于如何确定该可得利益,虽然《合同法》与《民法典》都将"可预见性规则"作为确定可得利益损失的准用规则,但我国司法实践却大量运用"不确定性规则"加以裁判,一方面说明"可预见性规则"存在需要完善的地方,另一方面也说明了"确定性规则"具有一定的现实需求。但笔者认为"可预见性规则"对于确定可得利益而言更具有合理性与可操作性,其既符合目前关于可得利益损失赔偿的立法、裁判发展趋势,又有利于在限制赔偿范围的同时尽力保持合同当事人双方之间的平衡。因此,在对可得利益损失赔偿的确定规则上,未来发展可将"确定性规则"的优点之处糅合进"可预见性规则"中,抑或区分不同情形对二者适用稍加区别,从而更好适应现实需求。

相关法律规定

1.《民法典》

第五百零二条　依法成立的合同,自成立时生效,但是法律另有规定或者当事人另有约定的除外。

依照法律、行政法规的规定,合同应当办理批准等手续的,依照其规定。未办理批准等手续影响合同生效的,不影响合同中履行报批等义务条款以及相关条款的效力。应当办理申请批准等手续的当事人未履行义务的,对方可以请求其承担违反该义务的责任。

依照法律、行政法规的规定,合同的变更、转让、解除等情形应当办理批准等手续的,适用前款规定。

第五百六十三条　有下列情形之一的,当事人可以解除合同:

(一)因不可抗力致使不能实现合同目的;

(二)在履行期限届满前,当事人一方明确表示或者以自己的行为表明不履行主要债务;

(三)当事人一方迟延履行主要债务,经催告后在合理期限内仍未履行;

(四)当事人一方迟延履行债务或者有其他违约行为致使不能实现合同目的;

(五)法律规定的其他情形。

以持续履行的债务为内容的不定期合同，当事人可以随时解除合同，但是应当在合理期限之前通知对方。

第五百六十六条　合同解除后，尚未履行的，终止履行；已经履行的，根据履行情况和合同性质，当事人可以请求恢复原状或者采取其他补救措施，并有权请求赔偿损失。

合同因违约解除的，解除权人可以请求违约方承担违约责任，但是当事人另有约定的除外。

主合同解除后，担保人对债务人应当承担的民事责任仍应当承担担保责任，但是担保合同另有约定的除外。

第五百七十七条　当事人一方不履行合同义务或者履行合同义务不符合约定的，应当承担继续履行、采取补救措施或者赔偿损失等违约责任。

第五百八十四条　当事人一方不履行合同义务或者履行合同义务不符合约定，造成对方损失的，损失赔偿额应当相当于因违约所造成的损失，包括合同履行后可以获得的利益；但是，不得超过违约一方订立合同时预见到或者应当预见到的因违约可能造成的损失。

2.《合同法》（已失效）

第一百一十三条　当事人一方不履行合同义务或者履行合同义务不符合约定，给对方造成损失的，损失赔偿额应当相当于因违约所造成的损失，包括合同履行后可以获得的利益，但不得超过违反合同一方订立合同时预见到或者应当预见到的因违反合同可能造成的损失。

经营者对消费者提供商品或者服务有欺诈行为的，依照《中华人民共和国消费者权益保护法》的规定承担损害赔偿责任。

建设工程纠纷案件中表见代理的认定

编前语

交易往来中，经常会出现表见代理情形，尤其是在建设工程领域内，涉及发包、承包、分包等各个环节，同一项目中经常涉及多方项目人员，司法实践判断是否构成表见代理通常需要结合主客观因素进行综合评判，因而需要我们结合具体案件，探讨究竟应该如何认定表见代理。

【案情概要】

2015年6月，A公司作为发包单位与B公司作为承包单位签订《夏天商业街AB区项目3#楼安装工程承包合同》，约定B公司为A公司完成2台系统工程的设计、安装、组织、调试和安装材料供应工作。上述合同签订后，A公司向B公司转账支付了工程款100万元。2019年4月，B公司向A公司发出承诺函，载明："《夏天商业街AB区项目3#楼安装工程承包合同》项下2台尚未发货。经双方友好协商，B公司承诺，若A公司付清《夏天商业街AB区项目3#楼安装工程承包合同》的安装欠款，B公司才会对3#楼项目的进行发货。"A公司员工王某于2019年4月28日签收该承诺函。2015年5月21日，A公司工程部员工，预算部员工王某、范某与B公司员工就结算办理事宜以及供货事宜进行沟通，形成会议纪要。2019年5月30日，A公司工程部员工，预算部员工王某、范某与B公司员工在A公司会议室就涉案事宜进行沟通，形成会议纪要，载明："经双方协商，A公司将提前支付的首期安装款100万元工程款调至夏天商业街AB区其他合同中作抵扣，实际不作合同变更调账"。2020年2月20日，A公司向B公司发出解除合同通知函，称B公司未履行《夏天商业街AB区项目3#楼安装工程承包合同》项下的发货安装义务，故应返还前期工程款100万元。

A公司认为王某、范某虽为公司员工，但其非法定代表人或该项目负责人，同时并未取得A公司授权，因而无权代表公司同意调账，故签署的会议纪要对

A 公司并无约束力。

B 公司认为,A 公司和 B 公司在夏天商业街 AB 区项目中一共签订了 3 份承包合同,另外 2 份合同中均加盖有发包单位 A 公司的公章,且王某作为经办部门负责人在两份合同上签字。因而在《夏天商业街 AB 区项目 3#楼安装工程承包合同》中王某虽不是法定代表人,但其构成表见代理,故其签署的会议纪要对 A 公司具有约束力。

【争议焦点】

王某签订的会议纪要是否对 A 公司产生拘束力,即王某的行为是否构成表见代理?

【案件分析】

一、表见代理的含义及构成要件

无权代理有广义和狭义之分。广义无权代理包括表见代理与狭义无权代理。表见代理是指无权代理人,具有代理权存在的外观,足以使相对人相信其有代理权时,法律规定本人应负担授权责任的制度。表见代理系基于交易安全保护思想,对于无权代理之善意第三人提供积极信赖保护的制度。①

《民法总则》(已失效)第 172 条承袭自《合同法》(已失效)第 49 条的规定,该条规定:"行为人没有代理权、超越代理权或者代理权终止后,仍然实施代理行为,相对人有理由相信行为人有代理权的,代理行为有效。"(现为《民法典》第 172 条)此条所涉及的是民法上的表见代理制度。作为一条法律规范,此条的构成要件为"列举的三类情形加上相对人有理由相信行为人有代理权",法律效果为"代理行为有效"。从文义上看,我国立法对于表见代理的构成仅需考虑相对人的因素,但其适用的结果却是本人承担责任。

根据《合同法》第 49 条和最高人民法院《关于当前形势下审理民商事合同纠纷案件若干问题的指导意见》的规定,适用表见代理须同时符合两项要件:(1)权利外观要件,即行为人无权代理行为在客观上形成具有代理权的表象;(2)主观因素要件,即合同相对人善意且无过失地相信行为人有代理权。目前我国学者普遍认为表见代理的构成要件为:(1)行为人欠缺代理权,表见代理的适用前提是行为人为无权代理人,包括自始欠缺代理权、超越代理权和代理权终止后继续行使代理权三种情形。若存在证据证明行为人具备代理权的,则无

---

① MünchKomm/Schramm(2006), § 170 Rn. 1; Staudinger/Schilken(2004), § 170 Rn. 1.

法适用表见代理的相关规定;(2)具有代理权之授权外观;(3)授权外观的产生可归责于本人;(4)相对人善意信赖该授权外观,对于善意之界定,《合同法》第50条可作依据。该条规定,法人代表等的越权代表行为,"除相对人知道或应当知道其超越权限的以外,该代表行为有效"。由此可作反面解释,所谓善意,是指不知且非因过失而不知。对于构成要件的第三点学界存在众多讨论,有学者认为从法律规范的文义上解释不出本人的可归责性,[①]但是更多的学者持肯认态度,如叶金强[②]、王浩[③]等,认为表见代理的构成要件中应该加上可归责性要件。

(一)客观因素:授权表象的判定

上海市高级人民法院发布的《商事合同案件适用表见代理要件指引(试行)》中载明了法院对权利外观的主要考量因素,上海高级人民法院认为对权利外观的考量应当结合合同订立与履行过程中的各种因素,综合判断行为人的行为能否产生具有代理权的表象。主要考量因素包括:

(1)合同是否以被代理人名义订立。若签订合同未使用被代理人名义,合同文本没有任何与被代理人有关联的文字表述,须慎重认定表见代理。就争议案件而言,王某与范某在会议纪要中表明,"由于B公司未供货,A公司提前支付的首期安装款100万元经双方协商调至同项目中其他合同中作抵扣",可见王某、范某与B公司所作的会议纪要使用的是A公司名义,而非以自己名义所作。

(2)行为人的身份、职务是否与被代理人有关联。例如,行为人在被代理人处任职职务越高,与从事业务的关联度越强,或者与被代理人之间的其他身份联系越密切,对表见代理的证明力就越强;反之则越弱。此点涉及无权代理人的身份问题,建设工程实务中常见挂靠、分包等情形,无权代理人有可能与被代理人并无劳动关系,法院通常不论无权代理人是否与被代理人存在劳动合同关系,只要存在客观授权表象,都可能构成表见代理。例如,A公司将工程发包给B公司承建,C挂靠B公司承建该工程,并在工程公示牌上显示C为项目经理,则C虽与B公司无事实上劳动关系,若C以B公司名义向他人购买货物,在相对人善意无过失的情形下,C构成表见代理,最终应该由B公司对外承担责任。

---

① 冉克平:《表见代理本人归责性要件的反思与重构》,载《法律科学(西北政法大学学报)》2016年第1期。

② 叶金强:《表见代理构成中的本人可归责性要件——方法论角度的再思考》,载《法律科学(西北政法大学学报)》2010年第5期。

③ 王浩:《表见代理中的本人可归责性问题研究》,载《华东政法大学学报》2014年第3期。

若行为人非项目负责人,但项目负责人作为见证人在文件上签名,法院视为行为人存在表见代理。在最高人民法院(2015)民申字第3065号裁定中,法院认为相对人无须审查印章之真假,项目经理的身份足以构成权利表象。因而我们可以推断,即使项目经理拿着假章或未取得授权书等证明材料,只要其身份是真实的,即可构成表见代理。

(3)被代理人对行为人是否存在可合理推断的授权关系。例如,行为人原有代理权已被终止但被代理人未对外告知等情形。实务中还存在一种类型,无权代理人参与了项目前期洽谈工作或者无权代理人在同一项目其他合同中以负责人身份出现,法院通常也认定该无权代理人存在授权表象。例如,在(2018)甘0702民初8307号判决[①]中,原告与被告张掖市城市丽景建设工程有限责任公司签订《供货合同》时,被告胡某以被告张掖市城市丽景建设工程有限责任公司委托代表人的身份在合同落款处签名并加盖公司印章。同时,证人王某、李某华、武某勤的证言也可证实被告胡某在案涉工程施工现场参与并负责施工的事实。先原告虽无证据证实被告胡某对《供货合同》进行结算时取得被告张掖市城市丽景建设工程有限责任公司授权的事实,但被告胡某作该公司委托代表人签订合同的行为系该公司持股60%的股东身份以及其在案涉工程地点参与并负责施工的行为,使原告完全有理由相信被告胡某享有代理的权限。可见,法院认为在同一项目签订时,该行为人具有代理权,其在结算时虽未获得授权,但相对人对其代理权存在合理信赖,该行为人在项目结算时的行为构成表见代理。

本文援引的案例即是属于该种情形,王某在夏天商业街同一项目的其他合同中曾以负责人身份出现,且其他合同加盖公司印章,故在同一项目中,王某与B公司对涉案合同达成的调账协议应构成表见代理,相对人B公司有理由相信王某对夏天商业街项目具有代理权。A公司虽然没在会议纪要上加盖公章,但并不影响该会议纪要对A公司产生拘束力。

(4)合同等对外文件材料上是否加盖与被代理人有关的、可正常对外使用的有效印章。例如,合同上加盖的被代理人项目部真实印章按常理可对外授权使用的,可作为考量因素;若按常理应当属于单位内部使用印章的,须慎重认定。此项下涉及部门章、印章伪造等情形,实务中需结合标的金额、印章权限等

---

① 甘肃丽源节水有限公司与张掖市城市丽景建设工程有限责任公司、甘肃顾地塑胶有限公司等买卖合同纠纷案,张掖市甘州区人民法院民事判决书,(2018)甘0702民初8307号。

要素进行考量。例如,在(2019)苏07民终2408号判决[①]中,项目标的额过大而未加盖公司公章,可能会影响合同效力;在(2019)苏民终1269号判决[②]中,放弃优先受偿权承诺书加盖施工合同章,法院认为施工合同章并不包括放弃优先承诺权,因而不予认可该承诺书的效力。但是若合同存在项目负责人签名且加盖项目合同章,则法院倾向于构成表见代理。但伪造印章并不必然得出无法构成表见代理。最高人民法院《关于适用〈中华人民共和国民法典〉合同编通则若干问题的解释》第22条规定:法定代表人、负责人或者工作人员以法人、非法人组织的名义订立合同且未超越权限,法人、非法人组织仅以合同加盖的印章不是备案印章或者系伪造的印章为由主张该合同对其不发生效力的,人民法院不予支持。结合审判实践,现在我国法院已经基本形成了"看人不看章"的裁判思路,只要盖章之人具有代理权、代表权,具有合法授权的外观,且合同相对人存在合理信赖基础的,则盖章行为可认定为公司的真实意思表示;反之,若盖章之人非法定代表人,也非公司工作人员、无公司授权等权利外观,即便加盖公章,也不能轻易认定为公司的真实意思表示。

(5)合同关系的建立方式是否与双方以往的交易方式相符。例如,以往交易长期由某部门负责人实际操作进行,且被代理人从无异议并正常结算认可的,此次有争议交易也采相同方式的,可参考以往交易行为判断。

(6)合同订立过程、交易环境和周围情势等是否与被代理人有关。例如,行为人签约前曾陪同合同相对人参观考察被代理人的施工现场;签约地在被代理人营业地或办公场所的,可以作为判断因素。原告陈某兵等诉被告耒阳市华源房地产开发有限公司建设工程合同纠纷案一审民事判决[③]中,法院认为两原告在与以汪某龙为代表的被告签订《人工挖孔桩基基坑及护坡喷浆工程承包合同》和交纳履约保证金时,地点是在被告登记的办公场所,因而两原告有理由相信汪某龙是履行被告公司的职务行为,该行为已形成了表见代理法律关系,其法律后果应由被告承担。

(7)被代理人是否存在能够使人相信其参与合同履行的行为。例如,被代理人实际支付过合同价款,被代理人与合同相对人就履约问题进行过交涉等都

① 四川居艺建筑工程有限公司与盐城广鑫源建筑劳务有限公司建设工程合同纠纷案,江苏省连云港市中级人民法院民事判决书,(2019)苏07民终2408号。

② 交通银行股份有限公司无锡分行与嘉兴市开元建筑工程有限公司、无锡灵山元一投资发展有限公司建设工程施工合同纠纷案,江苏省高级人民法院民事判决书,(2019)苏民终1269号。

③ 陈某兵等诉耒阳市华源房地产开发有限公司建设工程合同纠纷案,湖南省耒阳市人民法院民事判决书,(2019)湘0481民初10948号。

可作为考量因素。

(8)标的物的用途、交付方式与交付地点等是否与被代理人有关,被代理人是否取得履行合同的利益。例如,合同标的物交付至被代理人场所或负责管理的其他场所;标的物被应用于被代理人本身或者直接从事的业务所需的,可以作为考量因素。实务中存在无权代理人与供货单位约定交货在甲地,而被代理人实际施工项目在乙地,法院认为该无权代理人的行为不构成表见代理,相对人的信赖不值得保护。

(9)其他具有代理权客观表象的情形。行为人在交易过程中存在其他行为,足以使一般商人合理推断该行为系基于被代理人合法授权的,可以作为认定的考量因素。

综上所述,判定是否存在表见代理的客观授权表象,通常不是由单一的因素加以判断,而是需要综合考量案件中所有的因素。

(二)主观因素:相对人善意的判定

我国《民法总则》(已失效)第172条使用的是“相对人有理由相信”来表述相对人的主观状态,最高人民法院、地方法院司法指导性文件,以及裁判实务中的主流意见,均将此解释为善意无过失。善意无过失是指相对人不知道且非因过失而不知行为人无代理权。[①]

对主观要素的考量应当结合合同订立和履行过程中的各种因素,综合判断合同相对人是否为善意且无过失,即合同相对人不知道行为人无代理权,其在作出相应判断时已尽到合理注意,不存在明显的疏忽或懈怠。司法实务中经常将合理注意称之为注意义务、审查义务或核实义务,该种义务并非真正义务,而是一种不真正义务。不真正义务是指合同相对人不得请求义务人履行,义务人违反亦不会发生损害赔偿责任,而仅使负担此义务者遭受权利减损或丧失后果的义务。

一般而言,上述权利外观因素越充分,越能够说明合同相对人主观上善意无过失。此外,可供用于判断相对人主观善意的其他考量因素还可包括:(1)合同相对人与被代理人之间是否存在交易历史以及相互熟识程度。如交易双方彼此陌生,则相对人需说明并证明其对行为人代理权产生依赖的理由。(2)合同相对人在订立合同之前是否已充分知悉权利外观事实。对权利外观事实的充分收集,是合理信任行为人具有代理权的前提。相对人主张自己善意且无过

---

① 区某财与云浮市金濠房地产开发有限公司、李某辉承揽合同纠纷案,广东省云浮市中级人民法院民事判决书,(2015)云中法民二终字第439号。

失,应证明自己知悉权利外观事实的时间早于实施交易行为,实施交易行为后或风险产生后才了解的相关事实则一般不能支持对相对人善意的判断,如某案合同相对人举证的权利外观证据系纠纷发生后为诉讼之需而收集获取,不足以证明相对人交易行为发生之时的主观善意。(3)合同相对人注意义务与交易规模大小是否相称。一般而言,标的物数量大、金额高的大宗交易,合同相对人应更加谨慎,此类情况下其是否善意的审查判断标准也需相应地提高;反之,小额、便捷的交易,审查判断相对人是否善意的标准相对降低。一般情况下,相对人至少要核实代理人身份、权限,查看被代理人印章,要求被代理人在合同上签名或签章等。(4)交易对效率的要求与合同相对人核实代理权限的成本是否相称。若合同相对人核实代理权所需的时间和经济成本难以承受,并可能妨碍交易目的实现,且其为追求效率而放松对代理权权限的核实并承担相应风险在商业上是合理的,可作为判断善意与否的考量因素;反之,合同相对人有机会通过方便、廉价手段核实代理权限但并未采取相关措施,因此而承担了不合理商业风险的,可作为判断其过失的考量因素。(5)其他影响合同相对人主观判断的因素。

二、举证责任分配

表见代理案件中,首先应该由被代理人举证证明行为人确实不存在授权;其次,由相对人承担证明行为人存在授权表象以及自身善意无过失的信赖该授权表现的存在;最后,由被代理人证明相对人主观上是否存在明知或者因重大过失而不知的情形,以排除授权表象的成立。[①] 从涉案情形来说,应该先由A公司证明王某在该合同项下不存在代理权,然后由B公司证明王某的行为构成表见代理,本案中,B公司主张在同一项目的其他合同中,王某以项目负责人身份订立合同,因而在涉案合同中其也具有代理权的外部表征,因而其签订的会议纪要对A公司具有拘束力。最后,由A公司举证证明B公司对王某不具备代理权的主观状态为恶意,由此排除表见代理的形成。若是A公司无法证明B公司主观上为恶意,需要承担不能进行举证证明的败诉风险。

结　语

表见代理是使无代理权行为发生如同有权代理之效果,因而对被代理人来说风险极大,在交易往来中,被代理人应该对印章、授权委托书等授权表象严加控制,防止形成授权表象,使自身陷入有权代理承担责任的境地。同时对于存

---

① 最高人民法院研究室编著:《最高人民法院关于合同法司法解释(二)理解与适用》,人民法院出版社2009年版,第102~103页。

在授权代理人的权限进行明确限制，并及时提醒相对人相关代理人权限是否发生改变，针对本案来说，若被代理人希望避免该种情形，应在同一项目下的每个合同中明确负责人，提醒相对人合同的负责人为谁，若被代理人未尽到明确代理人的责任，司法实践中法院基于对相对人信赖的保护，极易将代理人的行为认定为表见代理。

相关法律规定

1.《民法典》

第一百七十二条　行为人没有代理权、超越代理权或者代理权终止后，仍然实施代理行为，相对人有理由相信行为人有代理权的，代理行为有效。

2. 最高人民法院《关于当前形势下审理民商事合同纠纷案件若干问题的指导意见》

第十三条　合同法第四十九条规定的表见代理制度不仅要求代理人的无权代理行为在客观上形成具有代理权的表象，而且要求相对人在主观上善意且无过失地相信行为人有代理权。合同相对人主张构成表见代理的，应当承担举证责任，不仅应当举证证明代理行为存在诸如合同书、公章、印鉴等有权代理的客观表象形式要素，而且应当证明其善意且无过失地相信行为人具有代理权。

第十四条　人民法院在判断合同相对人主观上是否属于善意且无过失时，应当结合合同缔结与履行过程中的各种因素综合判断合同相对人是否尽到合理注意义务，此外还要考虑合同的缔结时间、以谁的名义签字、是否盖有相关印章及印章真伪、标的物的交付方式与地点、购买的材料、租赁的器材、所借款项的用途、建筑单位是否知道项目经理的行为、是否参与合同履行等各种因素，作出综合分析判断。

特种设备买卖纠纷中主张违约金和仓储费的规则及分析

编前语

笔者代理多起特种设备买卖纠纷案件，其中既有约定仓储费，又有约定违约金的情形。合同履行过程中，若采购方因某些原因迟迟不履行提货义务，出售方则只能通过解除特种设备买卖合同并根据合同约定及法律规定维护自身合法权利。然而特种设备买卖不同于一般的商品交易，出售方为了维持设备的良好状态，可能需要随时进行维护、保养，因此该类设备也有不同于一般货物的仓储条件。在这样的情况下，就可能产生出售方既承担了仓储费成本，又承担了采购方违约所产生的损失的情形。笔者在实践中注意到了此类问题，并通过本文对此进行分析探讨，研究仓储费及违约金同时主张的法理与实务问题。

【案情概要】

案例一：×××有限公司诉北京市神州百戏文化产业有限公司纠纷案①

基本案情：2015年，原告×××有限公司与被告北京市神州百戏文化产业有限公司签订了《特种设备买卖合同》，约定原告为被告提供设备29台，设备费用共计8574400元。原告已按照交货日期生产完成所有设备。合同约定履行之日，被告尚有29台设备未按照合同约定时间付款取货，被告欠原告29台货款8574400元。原告要求被告同时支付仓储费及违约金。

案例二：×××有限公司与大连道尔置业有限公司买卖合同纠纷案②

基本案情：2014年12月29日，原告×××有限公司和被告大连道尔置业

① 上海市闵行区人民法院民事判决书，(2018)沪0112民初22043号。

② 辽宁省大连经济技术开发区人民法院民事判决书，(2017)辽0291民初2242号。

有限公司签订《供货合同》,约定被告向原告采购设备,含税价共计 1304800 元。合同对双方的权利和义务均作了明确的约定。2015 年 4 月 20 日,在被告向原告支付预付款 260960 元后,原告安排生产,并于 2015 年 7 月 20 日前将设备生产完毕运至仓库等待被告付款提货。但被告一直未予提货亦未付款,致使原告仓储设备仓储至今产生仓储费用,要求被告支付仓储费及违约金。

【争议焦点】

1. 采购方逾期履行提货义务时出售方如何主张违约金?
2. 采购方逾期履行提货义务时出售方是否有权主张仓储费?
3. 出售方能否同时主张仓储费和违约金?

【判决概要】

案例一法院观点:关于仓储费,从合同约定中可看出,在产品生产完毕并确定最终交货日期后,为保证产品质量,原告应采取相应的防淋、防潮、防窃和防强光的保管措施,防止任何损蚀、损失和损害,现被告无故延迟履行合同义务,导致合同解除,仓储费用确系实际发生,原告要求仓储费具有事实及法律依据,应予以支持。根据合同约定,自最终交货日后第 16 天起计算,而仓储计费结束日应为合同解除之日。关于违约金,鉴于合同生效至解除长达 2 年,本案产品为特种设备,关系使用者的生命安全,长期储存产品会导致产品发生质量问题,也会导致产品的折旧乃至报废等情况,可认为设定的违约金条款以补偿性为主,故原告按合同总价 30% 主张的违约金可以支持。

判决结果:判令被告支付原告仓储费和违约金。

案例二法院观点:因被告至今未向原告提货,致使原告长期保管案涉设备。依据《供货合同》之约定,被告因其自身原因未在最终交货日期前支付足额提货款并办理提货的,原告自最终交货日期起免费保管设备 15 天,原告自第 16 天起按照每天 120 元的标准向被告收取仓储费。据此,被告应自 2015 年 7 月 20 日起第 16 天即自 2015 年 8 月 5 日起向原告按照每天 120 元的标准交付仓储费。原告主张按照 305 天计算仓储费系对其自身权利的合法处分,法院予以照准。对于原告主张的该 305 天的仓储费 146400 元,法院予以支持。依据《供货合同》之约定,因任何一方原因导致合同解除的,违约方需向守约方承担合同总价款 30% 的违约金。由于被告向原告交付了合同总价款的 20%,即 260960 元的预付款,故扣除该预付款外,被告尚应支付合同总价款 10%,即 130480 元的款项作为违约金。

判决结果:判令被告支付原告仓储费和违约金。

【案件分析】

一、采购方逾期履行提货义务时出售方如何主张违约金?

(一)合同如有约定,违约方应当按照约定支付违约金

1. 违约金制度的设立目的

当事人完全不履行或不适当履行债务时,必须按约定给付对方一定数额的金钱或者金钱以外的其他财产。违约金是合同经济方式的一种,也是对违约的一种经济制裁。违约金的设立,是为了保证合同的履行,即使对方没有遭受任何财产损失,也要按法律或合同的规定给付违约金。违约金的标准依法定或双方在合同中书面约定。违约金有两种:

(1)惩罚性违约金,其作用在于惩罚,如果对方因违约而遭受财产损失,则违约一方除支付违约金外,还应另行赔偿对方的损失。

(2)补偿性违约金,是对合同一方当事人因他方违约可能遭受的财产损失的一种预先估计,给付了违约金,即免除了违约一方赔偿对方所遭受的财产损失的责任,即使损失大于违约金,也不再补偿。《民法典》第585条第1款规定,"当事人可以约定一方违约时应当根据违约情况向对方支付一定数额的违约金,也可以约定因违约产生的损失赔偿额的计算方法"。

我国《民法典》合同编对违约金的规定强调违约金补偿性的理念,同时有限地承认违约金的惩罚性。一方面,违约金的支付数额是"根据违约情况"确定的,即违约金的约定应当估计到一方违约可能给另一方造成的损失,而不得约定与原来的损失不相称的违约金数额。另一方面,如果当事人约定的违约金的数额低于违约造成的损失的,当事人可以请求人民法院或仲裁机构予以适当增加,以使违约金与实际损失大体相当。这明显体现了违约金的补偿性,将违约金作为一种违约救济措施,既保护债权人的利益,又激励当事人积极大胆从事交易活动和经济流转。同时《民法典》第585条第2款又规定,"约定的违约金低于造成的损失的,人民法院或者仲裁机构可以根据当事人的请求予以增加;约定的违约金过分高于造成的损失的,人民法院或者仲裁机构可以根据当事人的请求予以适当减少"。同时,最高人民法院《关于适用〈中华人民共和国合同法〉若干问题的解释(二)》(已失效)第29条第2款规定,"当事人约定的违约金超过造成损失的百分之三十的,一般可以认定为合同法第一百一十四条第二款规定的'过分高于造成的损失'"。由此可见,一般高于实际损失则无权请求减少,这一方面是为了免除当事人举证的烦琐,另一方面表明法律允许违约金

在一定程度上大于损失，显然大于部分具有对违约方的惩罚性。由于违约金是当事人通过约定而预先确定的，并且违约金在弥补守约方损失的同时，还具有对违约方的惩罚作用。

2. 应当在考虑自身与对方的履约能力的前提下约定违约金

《民法典》第5条规定，“民事主体从事民事活动，应当遵循自愿原则，按照自己的意思设立、变更、终止民事法律关系”。同时，《民法典》第509条第1款规定，“当事人应当按照约定全面履行自己的义务”。

因此，在特种设备合同双方当事人所订立的合同系双方真实意思表示，并且其内容未违反法律及行政法规的强制性规定及公序良俗的情况下，该合同应当被认定为合法有效，在合同履行过程中对于合法有效的合同条款合同双方均应予以恪守，切实履行合同义务。

因此，笔者认为在订立特种设备采购合同时，无论是采购方还是采购方都应在充分考虑自身和对方的履约能力的前提下，对于对方可能发生违约的环节约定相应的违约金，以便及时固定损失。

以一般的买卖合同为例，买卖合同中出售方可以约定采购方逾期付款、逾期提货的违约责任，例如“除不可抗力，采购方违反合同约定，不履行给付义务或视为自动退货的，守约方有权选择解除合同，违约方应向守约方支付合同设备总价30%的违约金”。这是因为当采购方不履行合同义务进行取货且支付货款时，其行为已构成根本性违约，出售方作为守约方有权基于《民法典》法定解除权的规定解除合同，在解除合同的前提下，若合同已就违约方的违约责任承担通过支付一定可以量化的违约金的方式固定下来，这既有助于保护守约方的合法权利，又有利于固定法律事实、厘清法律关系。

又如，某些产品存在一定的质量标准，若采购方迟迟不提货，设备和货物经过长期储存将导致产品质量下降，随着时间的推移设备也会产生折旧甚至报废，同时我们也要注意到，国家对于特种设备的检验标准也并不是一成不变的，会随着时间的推移在提高，采购方若一直怠于提货，甚至可能导致产品已不符合最新的质量标准甚至无法验收合格。在这样的情况下，出售方作为设备的生产方，若不对出售方逾期提货行为固定违约责任，则在后续可能的诉讼中难以举证其生产设备的成本及设备折旧的损失，将处于不利地位。故笔者认为，在订立合同时，以固定的违约金金额或明确的违约金计算方式作为违约责任的计算依据是有助于守约方维护自身权利的。

（二）合同约定违约金计算标准过高的处理

《民法典》第585条第2款规定，“约定的违约金低于造成的损失的，人民法院或者仲裁机构可以根据当事人的请求予以增加；约定的违约金过分高于造成的损失的，人民法院或者仲裁机构可以根据当事人的请求予以适当减少”。

同时，最高人民法院《关于审理买卖合同纠纷案件适用法律问题的解释》第20条同时规定，“买卖合同因违约而解除后，守约方主张继续适用违约金条款的，人民法院应予支持；但约定的违约金过分高于造成的损失的，人民法院可以参照民法典第五百八十五条第二款的规定处理”。

由此可见，虽然《民法典》明确保护合同双方在合法有效范围内对于违约责任的约定，但是《民法典》同时认为违约金仍然应当以补偿守约方因违约方的违约行为所遭受的损失为目的，因此对于约定的违约金过分高于守约方所造成的损失的，人民法院或者仲裁机构有权酌情调整。

司法实践中，人民法院和仲裁机构通常存在以下两种调整的裁判口径：

1. 参照最高人民法院《关于审理买卖合同纠纷案件适用法律问题的解释》第18条的规定，以同期银行一年期贷款市场报价利率(LPR)上浮30%~50%标准调整违约金计算标准；

2. 参照最高人民法院《关于审理民间借贷案件适用法律若干问题的规定》第25条的规定，以同期一年期LPR的4倍为上限调整违约金计算标准。

(三)合同未约定违约责任或违约责任约定不明时的处理

《民法典》第584条规定，“当事人一方不履行合同义务或者履行合同义务不符合约定，造成对方损失的，损失赔偿额应当相当于因违约所造成的损失，包括合同履行后可以获得的利益；但是，不得超过违约一方订立合同时预见到或者应当预见到的因违约可能造成的损失”。

同时，最高人民法院《关于审理买卖合同纠纷案件适用法律问题的解释》第18条第4款规定，买卖合同没有约定逾期付款违约金或者该违约金的计算方法，出卖人以买受人违约为由主张赔偿逾期付款损失，违约行为发生在2019年8月19日之前的，人民法院可以中国人民银行同期同类人民币贷款基准利率为基础，参照逾期罚息利率标准计算；违约行为发生在2019年8月20日之后的，人民法院可以违约行为发生时中国人民银行授权全国银行间同业拆借中心公布的一年期贷款市场报价利率(LPR)标准为基础，加计30%~50%计算逾期付款损失。

因此，即便双方未在合同中约定逾期付款、逾期提货违约金，根据《民法典》第584条及最高人民法院《关于审理买卖合同纠纷案件适用法律问题的解释》第18条的规定，守约方同样有权以全国银行间同业拆借中心公布的一年期LPR为基础，加计30%~50%作为主张逾期付款违约金的计算标准。

实践中,法院通常存在以下两种确定违约责任的计算方式:

1. 最高人民法院《关于审理买卖合同纠纷案件适用法律问题的解释》第 18 条的规定,以同期银行一年期 LPR 上浮 30%~50% 标准计算逾期付款违约金;

2. 如出售方(原告方)能够举证采购方因违约给出售方造成的损失,则法院也会根据出售方能够证明的实际遭受的损失计算违约金。

二、采购方逾期提货时出售方如何主张仓储费?

(一)仓储费的性质

本文所讨论的仓储费,指的是由于出售方已按特种设备采购合同的约定完成设备、货物的生产,但采购方因自身原因未按约提货时出售方为了仓储货物所产生的仓储费。但在立法和司法实践中,对于仓储费的性质是属于采购方逾期提货造成的违约损失还是出售方因此产生的合同履行的必要费用未作明确约定。

1. 法律规定

《民法典》第 511 条是对于合同未明确约定的内容如何认定的规则,其中就提到了当事人对履行费用负担不明确的,履行费用的承担方式。笔者认为,仓储费即属于合同履行费用的范畴,因此,虽未明确提到仓储费具体的负担规则,但根据履行费用的负担规则,有助于明确仓储费的性质以及责任的承担方式。

《民法典》第 583 条规定,"当事人一方不履行合同义务或者履行合同义务不符合约定的,在履行义务或者采取补救措施后,对方还有其他损失的,应当赔偿损失"。

由此可见,关于仓储费是属于采购方逾期提货造成的违约损失还是出售方因此产生的合同履行的必要费用,立法未予以明确。

2. 司法实践的观点

鉴于现行立法未对仓储费的性质进行明确,对于仓储费的性质司法实践中主要存在以下两种观点:

(1)仓储费属于《民法典》第 511 条第 6 项规定的"履行费用";

(2)仓储费属于《民法典》第 583 条规定的违约方给守约方所造成的损失。

(二)出售方主张的仓储费之合理性

随着经济和科技的发展,高端制造业产业逐步发展壮大,往往会涉及许多大型设备、特种设备。这些设备一般具有以下特点:一是设备系为了特定场所的适用而设计的,设备的尺寸系定制,一般只能适用于某些特定的场合,例如电梯的规格应当依据不同房屋的电梯井道实际情况设计、生产的,楼层、井道空间都具体各异;二是部分设备需要特定的仓储环境才能较好地保存、维持其功能,例如某些半导体设备的生产、仓储环境对于温度、湿度都有一定的要求,需要在特定环境下储存。

综上,该类设备往往还需要仓储于特定的仓库、仓储设施内,因此若出售方在完成设备制造后一定时间内由采购方未按合同约定的时间按时取货,将产生较高的仓储成本。同时,上述设备不同于普通的设备和货物,因为存在定制化、非标准化的特征,即便采购方逾期提货,出售方也难以将设备、货物转卖给第三方。

进一步而言,若采购方拒绝接收货物、设备,则采购方生产设备所产生的生产成本将转变为直接损失,将由拒绝履约的采购方承担。由此可见,在出售方通知采购方提货,但采购方未提货亦未明确拒绝履约的情况下,若出售方直接解除合同、拆除设备,则将产生更多的损失。

因此,在实际履约过程中,在采购方未明确表示不再需要这批设备并主张解除合同的情况下,出售方通过其寻找的仓储方代为有偿保管设备一段时间,也属于为了合同能够继续履行而做出的努力,同时也是避免采购方承担违约责任、赔偿损失的减损行为。虽然这将产生部分仓储成本,但这是为了促进交易履行而作出的合理的努力,是有利于建设良好的市场经济秩序的,应当受到《民法典》的保护。

(三)出售方应当根据合同约定及法律规定主张仓储费

在实践中,出售方提出的仓储费主张能否被支持、如何才能在司法程序中获得支持是一个值得探讨的问题。

笔者认为,在认定仓储费属于合同的履行费用的前提下,无论双方买卖合同是否对仓储费的计算标准和责任承担进行约定,出售方在法律上均有权向采购方主张由于采购方逾期提货产生的仓储费。但是司法实践中,合同是否明确约定仓储费的计算标准和责任承担对于出售方主张的仓储费能否得到实际支持将产生直接影响。

《民法典》第 509 条第 1 款规定,"当事人应当按照约定全面履行自己的义务"。由此可见,在买卖合同已明确约定仓储费的计算标准和责任承担的情况下,出售方向出售方主张仓储费,具有明确的法律依据。

《民法典》第 510 条规定,"合同生效后,当事人就质量、价款或者报酬、履行地点等内容没有约定或者约定不明确的,可以协议补充;不能达成补充协议的,按照合同相关条款或者交易习惯确定"。同时,《民法典》第 511 条第 6 项规定,"履行费用的负担不明确的,由履行义务一方负担;因债权人原因增加的履行费用,由债权人负担"。

由此可见，在合同对于仓储费的计算标准、责任承担没有约定或约定不明的情况下，首先应当按照《民法典》第 510 条的规定，根据双方交易习惯确定，即出售方应当积极举证双方在长期的交易合作过程中已就仓储费的承担形成交易习惯。若不存在或无法证明存在交易习惯的，则根据《民法典》第 511 条第 6 项的规定，在出售方进行充分举证的前提下，主张由采购方承担。

综上，笔者认为，在特种设备采购合同对仓储费计算标准及责任承担有约定的情况下，在出售方能够证明已完成货物、设备生产的情况下，即应当支持其主张的仓储费。在特种设备采购合同未约定仓储费计算标准和责任承担或约定不明的情况下，若出售方能够证明其实际产生仓储费且系合同履行的必要费用的前提下，也应当支持其主张的仓储费。

（四）在采购方存在违约预期时，出售方应当积极固定仓储费相关证据

笔者认为，司法实践中，民商事诉讼的基本原则是“谁主张，谁举证”，因此，作为通过诉讼等方式积极维护自身权利的一方，出售方在向采购方通过诉讼或非诉讼方式主张仓储费之前，应当进行充分的证据固定。根据笔者的经验，通常可以采取以下几种方式固定仓储费相关证据：

1. 在采购方逾期提货或者存在逾期提货的可能时，积极向采购方发函催告，要求其履行合同义务、及时提货；

2. 在发生仓储费后，收集、保留仓储合同及仓储费付款记录等证据，以证明损失发生的事实；

3. 对于仓库现场，货物、设备入库、仓储的情况及时拍照、录像，并通过公证的方式进行证据保全；

4. 积极收集采购方存在违约或预期违约的证据，例如在建设工程项目中，项目可能由于建设单位的资金周转问题而停工，则应当收集项目实际停工的证据，包括但不限于项目现场、往来函件、新闻公告等。

三、仓储费和违约金的同时主张

司法实践中，对于出售方在诉讼中同时提出仓储费和违约金的主张时如何处理，目前仍存在部分争议。关于该争议，主要存在两种观点：

1. 仓储费本身就属于违约损失的一部分，而违约金就是双方对于违约责任的特定化约定，因此若同时主张仓储费和违约金，则属于重复主张；

2. 仓储费属于合同履行的支出，在合同无法继续履行或能预见到合同不能履行之前所产生的仓储费属于合同履行的必要费用，同时也是出售方为了避免损失扩大而采取的减损行为，而违约金系合同双方对于一方因违约应当承担的违约责任的特定化约定，因此仓储费与违约金系不同性质的费用，二者并不冲

突,可以同时支持。

笔者认为,之所以会有上述两种不同的观点,是因为在我国现行法律未明确规定仓储费的性质的情况下,不同的裁判者对于仓储费的性质的认定存在争议所致。

(一)若将仓储费认定为是违约方给守约方造成的损失

若将仓储费认定为是违约方给守约方造成的损失,当然这在法律上存在被支持的可能,但若合同已约定了违约金,除非出售方能够举证具有高度盖然性的证据以证明其作为守约方所遭受的实际损失已超过合同约定违约金的金额,同时还产生了仓储费,在这样的情况下,仓储费应当计入损失金额;否则裁判者很有可能按照双方约定的违约金金额作为违约责任的计算依据,不再重复支持仓储费等违约金以外的金额。

但是也有例外,例如,(2009)民提字第45号判决[①]中,最高人民法院同时支持违约金和损失的赔偿。最高人民法院认为:《合同法》第112条规定:"当事人一方不履行合同义务或者履行合同义务不符合约定的,在履行义务或者采取补救措施后,对方还有其他损失的,应当赔偿损失。"即赔偿损失与其他违约责任方式可以并用。而该法第113条规定:"当事人一方不履行合同义务或者履行合同义务不符合约定,给对方造成损失的,损失赔偿额应当相当于因违约所造成的损失,包括合同履行后可以获得的利益,但不得超过违反合同一方订立合同时预见到或者应当预见到的因违反合同可能造成的损失。"这里的"合同履行后可以获得的利益"既包括直接损失,又包括间接损失,且应当是以违约方可预见为前提。该案为2009年最高人民法院再审的案例,该案被最高人民法院民二庭2014年8月编纂的《合同案件审判指导》一书收录,主审法官评析该案时认为,"我国法律实际采纳了违约金系惩罚性的合同补救措施一说",而违约后的赔偿范围也包括间接利益的损失。故同时支持违约金和损失。

鉴于此,笔者认为在目前的实践操作中,在损失较大且违约方在订立合同时能预见到或者应当预见到因违反合同可能造成的损失的情况下,可以采取同时主张损失和违约金,但诉讼风险较大,需要当事人谨慎处理。

(二)若将仓储费认定为是守约方履行合同发生的实际费用

相反,若将仓储费认定为是履行合同的实际费用,则与违约金或者违约责任的性质、请求权基础完全不同,在这样的情况下,无论出售方是基于实际损失主张违约责任,还是要求采购方承担违约金,甚至在出售方无法证明违约损失,

---

① 雷某杰与鞠某全、鞠某辉股权转让纠纷案,最高人民法院民事判决书,(2009)民提字第45号。

仓储费有约定或能够明确证明的情况下，同样应当支持仓储费。

例如，包括本文开篇提到的（2018）沪0112民初22043号[①]和（2017）辽0291民初2242号[②]案在内的诸多案件，裁判者都认为仓储费属于守约方保管设备产生的合理支出。

（三）笔者认为仓储费与违约金性质不同、请求权基础不同

综上所述，笔者认为，从仓储费产生的角度看，系由于采购方违约但出售方为了使合同能够继续履行，积极采取措施而产生的必要费用；从合同最终目的来看，如出售方无意于继续履行合同，则应当解除合同并采取折价拍卖、变卖等方式处置已生产的设备、货物，因此此时出售方仓储设备和货物，仍然是对合同抱有能够履行的想法的；从仓储费的实际作用看，守约方基于合同信赖利益继续仓储设备和货物，虽然增加了少部分的仓储费，但有助于避免解除合同，拆除设备、货物所造成的损失，属于守约方的减损行为，同样能够说明产生的仓储费也是为了减少违约损失而产生的合理且必要的履行费用。

综上，笔者倾向于认为仓储费应当认定为合同的履行费用，而不属于违约损失，二者的产生系基于完全不同的请求权基础，因此可以在诉讼中与违约金、违约损失一并主张，而不会构成重复计算。

结　语

我国《民法典》合同编的立法与原《合同法》一脉相承，对于违约责任的约定原则上尊重双方意思自治，因此市场参与者在订立合同时应当充分考虑自身与合同相对方的实际情况，通过约定固定数额或可以明确计算得出的违约金金额的方式固定违约责任的承担，以维护守约方的合法权利。

---

① （2018）沪0112民初22043号，法院认为（节录）：

关于仓储费，从合同约定中可看出，在产品生产完毕并确定最终交货日期后，为保证产品质量，原告应采取相应的防淋、防潮、防窃和防强光的保管措施，防止任何损蚀、损失和损害，现被告无故迟延履行合同义务，导致合同解除，仓储费用确系实际发生，原告要求仓储费具有事实及法律依据，应予以支持。

鉴于合同生效至解除长达2年，本案产品为电梯，关系使用者的生命安全，长期储存产品会导致产品发生质量问题，也会导致产品的折旧乃至报废等情况，可认为设定的违约金条款以补偿性为主，同时考虑被告未到庭对违约金进行抗辩，故原告按合同总价30%主张的违约金可以支持。

② （2017）辽0291民初2242号，法院认为（节录）：

因被告至今未向原告提货，致使原告长期保管案涉设备。依据《供货合同》之约定，被告因其自身原因未在最终交货日期前支付足额提货款并办理提货的，原告自最终交货日期起免费保管设备15天，原告自第16天起按照每天120元的标准向被告收取仓储费。据此，被告应自2015年7月20日起第16天即自2015年8月5日起向原告按照每天120元的标准交付仓储费。

由于被告向原告交付了合同总价款的20%即260960元的预付款，故扣除该预付款外，被告尚应支付合同总价款10%即130480元的款项作为违约金。

同时,鉴于我国《民法典》合同编对于违约责任承担所确立的"以补偿性为主,兼顾惩罚性"的原则,在主张违约责任的同时,还要同时考虑由于一方违约给另一方造成的实际损失的情况,在违约金无法包括全部损失的情况下,完全可以通过证明实际损失的方式要求法院增加违约金的方式、减少损失;相反若违约金过分高于损失的,守约方同样有权要求法院应当相应调整减少违约金的金额。

此外,对于双方在合同中同时约定违约金与仓储费的情形,原则上应当尊重双方的意思自治。鉴于违约金和仓储费在发生原因、性质、请求权基础等诸多方面均存在明显的不同,司法实践中越来越多的裁判者将违约金与仓储费区分对待,即对于一方同时提出的合理的仓储费和违约金的主张,在具有事实依据的前提下应分别给予支持。

相关法律规定

1.《民法典》

第五百一十一条　当事人就有关合同内容约定不明确,依据前条规定仍不能确定的,适用下列规定:

(一)质量要求不明确的,按照强制性国家标准履行;没有强制性国家标准的,按照推荐性国家标准履行;没有推荐性国家标准的,按照行业标准履行;没有国家标准、行业标准的,按照通常标准或者符合合同目的的特定标准履行。

(二)价款或者报酬不明确的,按照订立合同时履行地的市场价格履行;依法应当执行政府定价或者政府指导价的,依照规定履行。

(三)履行地点不明确,给付货币的,在接受货币一方所在地履行;交付不动产的,在不动产所在地履行;其他标的,在履行义务一方所在地履行。

(四)履行期限不明确的,债务人可以随时履行,债权人也可以随时请求履行,但是应当给对方必要的准备时间。

(五)履行方式不明确的,按照有利于实现合同目的的方式履行。

(六)履行费用的负担不明确的,由履行义务一方负担;因债权人原因增加的履行费用,由债权人负担。

第五百八十三条　当事人一方不履行合同义务或者履行合同义务不符合约定的,在履行义务或者采取补救措施后,对方还有其他损失的,应当赔偿损失。

第五百八十四条　当事人一方不履行合同义务或者履行合同义务不符合约定,造成对方损失的,损失赔偿额应当相当于因违约所造成的损失,包括合同履行后可以获得的利益;但是,不得超过违约一方订立合同时预见到或者应当预见到的因违约可能造成的损失。

第五百八十五条　当事人可以约定一方违约时应当根据违约情况向对方支付一定数额的违约金，也可以约定因违约产生的损失赔偿额的计算方法。

约定的违约金低于造成的损失的，人民法院或者仲裁机构可以根据当事人的请求予以增加；约定的违约金过分高于造成的损失的，人民法院或者仲裁机构可以根据当事人的请求予以适当减少。

当事人就迟延履行约定违约金的，违约方支付违约金后，还应当履行债务。

2. 最高人民法院《关于审理买卖合同纠纷案件适用法律问题的解释》

第十八条　买卖合同对付款期限作出的变更，不影响当事人关于逾期付款违约金的约定，但该违约金的起算点应当随之变更。

买卖合同约定逾期付款违约金，买受人以出卖人接受价款时未主张逾期付款违约金为由拒绝支付该违约金的，人民法院不予支持。

买卖合同约定逾期付款违约金，但对账单、还款协议等未涉及逾期付款责任，出卖人根据对账单、还款协议等主张欠款时请求买受人依约支付逾期付款违约金的，人民法院应予支持，但对账单、还款协议等明确载有本金及逾期付款利息数额或者已经变更买卖合同中关于本金、利息等约定内容的除外。

买卖合同没有约定逾期付款违约金或者该违约金的计算方法，出卖人以买受人违约为由主张赔偿逾期付款损失，违约行为发生在2019年8月19日之前的，人民法院可以中国人民银行同期同类人民币贷款基准利率为基础，参照逾期罚息利率标准计算；违约行为发生在2019年8月20日之后的，人民法院可以违约行为发生时中国人民银行授权全国银行间同业拆借中心公布的一年期贷款市场报价利率（LPR）标准为基础，加计30—50%计算逾期付款损失。

建设工程中发包人怠于结算的法律问题研究

编前语

工程结算往往是建设工程项目中至关重要的一环。无论是施工合同格式文本还是各承包人、发包人之间签订的个性化施工合同，一般都会约定将工程结算作为工程款支付的前提条件，因此一旦发包人怠于结算工程款，工程最终价款便无法得到双方书面的合意一致，就极易导致承包人迟迟无法拿到工程款、利益受损，同时也会牵扯出工程款违约金等相关法律纠纷。本文以此出发，深入研究在发包人怠于结算工程款之情形下，承包人应如何应对从而维护自身利益。

【案情概要】①

2013 年 11 月 22 日，北京市亚太安设备安装有限公司（以下简称亚太安设备安装公司，承包人）与北京九源富春房地产开发有限公司（以下简称九源富春房地产公司，发包人）签订万德福广场 B－43 地块消防工程建设工程施工合同，合同价款采用固定价格，合同约定次月 10 日前，按监理和发包人核准的已完成上月工程量的 70% 支付工程款，全部工程完成并经验收合格后 10 日内支付至合同总价 85%，竣工结算完成后 15 日内，累计支付至结算价的 95%，剩余结算价的 5% 作为保修款，4 个月保修期满后，支付应付保修款。在竣工验收与结算方面，合同约定工程经竣工验收合格后，承包人应在 45 日内向发包人提交竣工图和结算报告等结算资料，承包人应该保证竣工图和结算报告资料的真实有效

---

① 北京九源富春房地产开发有限公司与北京市亚太安设备安装有限责任公司建设工程施工合同纠纷案，北京市第三中级人民法院民事判决书，(2018) 京 03 民终 1852 号。

性、完整性和准确性。发包人在收到承包人提交的完整的竣工图和结算报告等结算资料后的 120 日内予以审定。如果因承包人提交结算资料不完整或者存在错误等原因,造成发包人审核期限延期的,责任由承包人自行承担。承包人应在发包人约定时间内核对工程结算,承包人不配合造成结算时间延长的,由承包人承担责任。如承包人提交的竣工结算经发包人审核后的核减率超过6%,承包人将承担核减超过 6% 的部分金额的 10% 作为结算审核费用,在工程结算时,由发包人直接从工程价款中扣除。本工程施工过程中发生的洽商(若有),只作为工程施工依据,不作为结算价款计算的依据,若有费用发生,由承包人承担。设计变更按实际发生工程量结算。合同签订后,亚太安设备安装公司依约完成了万德福广场 B－43 地块消防工程。

发包人九源富春房地产公司于 2014 年 9 月 5 日、9 月 8 日,2015 年 7 月 20 日分别对涉案工程进行了工程量确认。九源富春房地产公司支付了除质保金之外的工程款,但九源富春房地产公司没有确认洽商变更的工程款。2015 年 12 月 3 日,亚太安设备安装公司向九源富春房地产公司出具了关于万德福广场 B－43 地块商业、办公楼消防工程竣工决算函,决算函载明:合同价款 9257872.00 元,已付工程款项 7887600.57 元,未付工程款项 1370271.43 元,洽商增加部分 1606748.53 元。2015 年 12 月 3 日,九源富春房地产公司相关员工签收决算函。九源富春房地产公司没有支付该款,亦未作出答复。

亚太安设备安装公司向一审法院起诉请求:(1)请求法院判决九源富春房地产公司向亚太安设备安装公司支付剩余工程款 462893.60 元。(2)请求法院判决九源富春房地产公司向亚太安设备安装公司支付洽商工程款 1606748.53 元。(3)请求法院判决九源富春房地产公司按银行同期贷款利率向亚太安设备安装公司支付洽商工程款的利息(自 2015 年 9 月 17 日起至实际付清洽商工程款之日止,暂计至 2017 年 10 月 20 日止,暂计 146489.24 元)。一审法院判决支持亚太安设备安装公司全部诉讼请求,九源富春房地产公司不服上诉,请求维持一审判决第一项,撤销一审判决第二项,改判驳回亚太安设备安装公司该项诉讼请求。

【争议焦点】

1. 建设工程施工合同约定固定价款,是否可以因工程量变更工程价款?
2. 发包人怠于结算,工程款以合同款为准还是结算款为准?
3. 发包人怠于结算,发包人是否需承担变更工程款部分的逾期付款利息?

【判决概要】

1. 即使建设工程施工合同约定固定价款,也可因工程量增减变更工程价款

一审法院认为,合同双方约定采用固定价款,合同还约定了合同价款中所包括的风险范围,如因承包方投标报价、市场变化、政策性调整、自然条件的变化以及因赶工等临时措施导致人工、机械和材料价格变化、因自然条件的变化,采用的临时措施、材料规格型号的变更对材料安装人工费的影响和风险费用的计算方法。合同同时约定,设计变更按实际发生工程量结算。亚太安设备安装公司依据图纸、工程量确认单、图纸会审记录,工程竣工决算函,向九源富春房地产公司主张支付洽商变更增加的工程款,符合合同约定和本案实际,应予支持。二审法院也认为九源富春房地产公司与亚太安设备安装公司于 2014 年 9 月 5 日、2014 年 9 月 8 日、2015 年 7 月 20 日进行了工程量确认,故在施工过程中涉诉工程发生了设计变更,并导致工程量发生变更。根据双方签订的涉诉合同中专用条款中第 33.5 条第 2 款"设计变更按实际发生工程量结算"的约定,因双方在施工中发生了设计变更,应按实际工程量进行结算,故对九源富春房地产公司有关"本案合同为固定价款合同,不涉及工程价款变更"的上诉请求和理由不予采纳。

2. 发包人怠于结算,工程款应以结算款为准

2015 年 12 月 3 日亚太安设备安装公司向九源富春房地产公司发送工程竣工结算函,该结算函由九源富春房地产公司员工签收,且涉诉合同亦约定该员工系发包人派驻的工程师在任职期间作为发包人的代表,故该员工有权代表九源富春房地产公司签收有关结算资料并提交九源富春房地产公司审定。九源富春房地产公司虽主张未收到该竣工结算函,但在员工已签收的情形下,九源富春房地产公司应对其主张承担举证责任,在九源富春房地产公司提供的现有证据不足以证明其主张的情形下,应认定九源富春房地产公司已收到该竣工结算函。依照最高人民法院《关于审理建设工程施工合同纠纷案件适用法律问题的解释》第 20 条①"当事人约定,发包人收到竣工结算文件后,在约定期限内不予答复,视为认可竣工结算文件的,按照约定处理。承包人请求按照竣工结算文件结算工程价款的,应予支持"的规定,九源富春房地产公司在收到工程竣工

---

① 最高人民法院《关于审理建设工程施工合同纠纷案件适用法律问题的解释》(法释〔2004〕14 号)现已失效,详见最高人民法院《关于审理建设工程施工合同纠纷案件适用法律问题的解释(一)》第 21 条。

决算函后120日后未对结算文件提出异议，应视为其认可工程竣工决算函的内容。

3. 发包人怠于结算，发包人应承担变更工程款部分的逾期付款利息

关于亚太安设备安装公司提出的支付洽商变更工程款利息的请求，根据合同约定，对于洽商变更的工程款数额，亚太安设备安装公司应提前14天向九源富春房地产公司工程师提交报告，由九源富春房地产公司工程师在收到14天内做出答复，逾期不答复视为确认。亚太安设备安装公司向九源富春房地产公司提交的工程决算函列明了增加的事项及工程款，相关人员签收后，九源富春房地产公司至今未付该款也未做出答复，故认定九源富春房地产公司对亚太安设备安装公司洽商部分的费用无异议，九源富春房地产公司除应支付洽商增加的工程款，还应支付该款合理期间的利息。九源富春房地产公司提出的本合同为固定价款、变更洽商的价款及利息属于重复计算的辩解，无事实和法律依据，不予采纳。二审法院也认同一审法院该观点。

【案件分析】

一、在合同有明确约定的情况下，怠于结算不等于无限拖延付款期限

在现今建设工程领域，拖欠工程价款愈演愈烈的一个关键因素就是不少发包人鉴于资金压力或是流动资金规划需求从而故意拖延工程结算，在司法实务中，发包人依仗自身优势地位拖延1年以上再结算的情况比比皆是，再观一些体量庞大的建设工程项目也不乏一拖数年、10余年再进行结算的情况，发包人怠于结算的方式不外乎对承包人的结算请求“装死”不予确认，或是总以结算材料不完整等理由故意搪塞承包人结算请求。即使很多承包人都想到了借助工程造价咨询的第三方力量，但工程造价咨询机构完成咨询结果的时间并不短，若工程体量庞大则出具咨询结果的时间会更长，不利于及时进行工程结算。甚至也不乏有的发包人故意指使或迫使造价咨询机构拖延出具咨询报告。此时，许多发包方总会搬出合同条款以尚未结算为由拖欠工程款，而承包方要想进行竣工结算却阻碍重重。

然而，我国相关法律法规对于发包人恶意怠于结算的行为实际上有着明确规范，根据最高人民法院《关于审理建设工程施工合同纠纷案件适用法律问题的解释(一)》第21条明确规定：“当事人约定，发包人收到竣工结算文件后，在约定期限内不予答复，视为认可竣工结算文件的，按照约定处理。承包人请求按照竣工结算文件结算工程价款的，应予支持。”当然，该条款适用的前提为双方当事人在合同中有明确约定，因此在双方明确约定了发包人收到竣工结算文

件后在一定期限内不予结算的情况下,则视为发包人已默认了相关结算工程价款,在后续的工程款支付或法律纠纷中也就可以结算的工程价款作为基础了。

从建设工程施工合同示范文本角度出发,发包人怠于结算工程款并不等于无限拖延付款期限,以《建设工程施工合同(示范文本)》(GF-2013-0201,已废止)、《建设工程施工合同(示范文本)》为例,首先,承包人应在工程竣工验收合格后28天内向发包人和监理人提交竣工结算申请单并提交完整的结算资料;其次,监理人应在收到竣工结算申请单后14天内完成核查并报送发包人;再次,发包人应在收到监理人提交的经审核的竣工结算申请单后14天内完成审批,并由监理人向承包人签发经发包人签认的竣工付款证书;最后,发包人应在签发竣工付款证书后的14天内,完成对承包人的竣工付款。合同还对发包人拖延竣工结算审核的后果进行了约定,发包人在收到承包人提交竣工结算申请书后28天内未完成审批且未提出异议的,视为发包人认可承包人提交的竣工结算申请单,并自发包人收到承包人提交的竣工结算申请单后第29天起视为已签发竣工付款证书。发包人逾期付款的,应支付违约金。在《建设项目工程总承包合同(示范文本)》(GF-2020-0216)中,首先,工程师应在收到竣工结算申请单后14天内完成核查并报送发包人;其次,发包人应在收到工程师提交的经审核的竣工结算申请单后14天内完成审批,并由工程师向承包人签发经发包人签认的竣工付款证书;最后,发包人应在签发竣工付款证书后的14天内,完成对承包人的竣工付款。合同还对发包人拖延竣工结算审核的后果进行了约定,发包人在收到承包人提交竣工结算申请书后28天内未完成审批且未提出异议的,视为发包人认可承包人提交的竣工结算申请单,并自发包人收到承包人提交的竣工结算申请单后第29天起视为已签发竣工付款证书。发包人逾期支付的,应支付违约金。因此,建设工程施工合同示范文本均对于发包人怠于结算的行为进行了限制,设定了发包人收到结算申请单后不予确认自动转化为同意结算的期限。例如,在北京中宏运汽车部件制造有限公司(以下简称中宏运公司)等与玉宽建筑工程(北京)有限公司(以下简称玉宽公司)建设工程施工合同纠纷案①中,1号厂房竣工验收后,玉宽公司给中宏运公司发送了结算通知,中宏运公司应当对玉宽公司发送的结算通知进行审核,如果中宏运公司审核后有异议,应当对审核的具体项目工程量、价款等提出具体的异议,但中宏运公司并未针对具体项目工程量、价款提出具体的审核意见,属于中宏运公司放弃审核的权利。另外,由于该项目拖欠农民工工资问题产生上访事件,故

① 北京市第三中级人民法院民事判决书,(2022)京03民终8193号。

由密云区住房和城乡建设委员会联合经济开发区管理委员会组织对该项目的验收、结算、拨付工程款等事项召开专题协调会并形成了会议纪要,要求中宏运公司限期完成结算,但中宏运公司仍未对结算提出具体的审核意见,未按照会议议定的内容履行相应义务,属于中宏运公司怠于履行其结算义务。基于以上因素,一审、二审法院认定以玉宽公司提供的结算文件、合同为依据,酌情确定1号、4号、5号厂房的结算价款数额,符合相关法律规定。

当然,若双方的施工合同中对于发包人默认结算并没有明确约定的情况下,则不能以发包人未回复竣工结算文件视为认可,例如,在沃华实业发展(深圳)有限公司(以下简称沃华公司)、广州南沙开发建设有限公司(以下简称南沙开发公司)等建设工程施工合同纠纷案①中,沃华公司主张,案涉工程结算金额已经由沃华公司与南沙开发公司确认,南沙开发公司应当向其支付工程款,但南沙开发公司对此不予认可,且从沃华公司的上诉意见看,案涉工程并未完成结算。此外,根据最高人民法院《关于审理建设工程纠纷案件适用法律问题的解释(一)》第21条的规定,竣工结算文件逾期未答复,并不能视为南沙开发公司确认案涉工程结算金额。因此,在案涉工程未进行结算沃华公司又不申请鉴定的情况下,即使付款条件已经成就,沃华公司主张南沙开发公司支付工程款,二审法院也认同一审法院观点,认为依据不足不予支持。

二、怠于结算一方应承担相应逾期利息

建设工程项目往往涉及大额工程价款,若发包人怠于结算,则往往会导致承包人的大额款项迟迟无法收回,从而连锁导致施工工人工资无法按时发放或是发放成本激增、资金回笼困难、阻碍后续承接的项目顺利进行。因此,无论从情理还是法理角度来说,要求怠于结算一方承担相应的工程款利息是合情合理的。在大庆建筑安装集团有限责任公司、大庆油田房地产开发有限责任公司建设工程施工合同纠纷案②中,合同约定的付款时间应对双方具有约束力,付款人在应付工程款而未付时,即应产生逾期付款的法定孳息。在本案中,案涉《建设工程施工合同》约定工程竣工付款至70%,结算完毕付款至95%,案涉工程具有支付工程款义务的建设单位油田开发公司、转包人建安集团均不积极履行结算义务,致使2013年7月30日竣工的工程至2017年才最终结算,一审法院认为其怠于结算而承担由此给创业公司带来的利息损失并无不当,二审也予以维持。利息的起算时间,参照最高人民法院《关于审理建设工程施工合同纠纷案

① 广东省广州市中级人民法院民事判决书,(2022)粤01民终12849号。

② 黑龙江省高级人民法院民事判决书,(2018)黑民终214号。

件适用法律问题的解释(一)》第27条相关规定,工程交付的自交付之日起算利息,工程没有交付的自提交竣工结算文件之日起算利息,工程未交付未结算的自起诉之日起计算利息。

在佛山市雄晋盛沥青有限公司、广东国曦建设工程有限公司等建设工程施工合同纠纷案①中,法院依据最高人民法院《关于审理建设工程施工合同纠纷案件适用法律问题的解释(一)》第21条及第26条规定,涉案工程已经实际交付使用,原告要求被告林壮奇从第二次提交竣工结算文件之日即从2021年3月6日起计付利息,理据充分,最终法院予以了支持。

三、若工程尚未竣工,则不能按照竣工结算文件结算工程价款

回顾前文所述以及最高人民法院《关于审理建设工程施工合同纠纷案件适用法律问题的解释(一)》第21条相关规定,在承包人发包人双方有着"明确约定逾期视为认可"且承包人提交了可作为结算依据的结算文件的情况下,可以依据承包人提交的竣工结算文件作为工程款结算依据。但实际上仔细理解上述条文可知,该司法解释第21条适用的大前提为"竣工"二字,这也就意味着若工程尚未竣工,即使双方的工程承包合同中明确约定了相关条款且承包人提交了结算文件,也不能依据承包人提交的结算文件来确定工程价款。在丰和营造集团股份有限公司、海南隆德房地产有限公司建设工程施工合同纠纷案②中,丰和公司上诉主张,依照《建设工程施工承包合同补充协议》(以下简称《补充协议》)第1条、第7条和第12条的约定,该案应当以丰和公司提交的美鳌花园项目开工至2015年6月30日已完成工程量预算书(以下简称预算书)确定工程价款。但裁判法院认为,案涉工程虽未完成,但仍应结算工程款,且可参照合同约定进行结算。无论是基于双方当事人在《补充协议》的约定,还是最高人民法院《关于审理建设工程施工合同纠纷案件适用法律问题的解释(一)》第20条有关"当事人约定,发包人收到竣工结算文件后,在约定期限内不予答复,视为认可竣工结算文件的,按照约定处理。承包人请求按照竣工结算文件结算工程价款的,人民法院应予支持"的规定,对逾期不答复即视为认可结算的前提条件均为在工程竣工结算时。鉴于竣工结算处于工程完工重要节点的特殊地位,明显有别于施工期间发包人对施工文件进行的一般审核,故上述约定及该司法解释第20条有关附条件地认可竣工结算文件效力的做法,不宜扩大适用于非竣工结算文件。裁判法院认为该案工程为未完工项目,丰和公司向隆德公司提交的

---

① 广东省佛山市禅城区人民法院民事判决书,(2022)粤0604民初17633号。

② 最高人民法院民事判决书,(2017)最高法民终399号。

预算书不属于竣工结算文件性质，不应适用《补充协议》第12条有关竣工结算的约定。

四、发包人怠于结算，可以在造价咨询机构出具相关结算审核意见之日起6个月内行使建设工程价款优先受偿权

根据最高人民法院《关于审理建设工程施工合同纠纷案件适用法律问题的解释（二）》第22条规定，承包人行使建设工程价款优先受偿权的6个月期限一般自发包人应当给付建设工程价款之日起算。但如果发包人迟迟怠于结算，则承包人理应享有的建设工程价款优先受偿权迟迟无法起算，则很有可能损害承包人之合法权益。但参考相关实务判例，在发包人怠于结算工程款的情形下承包人仍可通过聘请第三方造价咨询机构的方式，按该司法解释的规定行使建设工程价款优先受偿权，承包人建设工程价款优先受偿权期限应自造价咨询机构出具结算审核意见之日起算。

在国信（海南）龙沐湾投资控股有限公司、中建二局第三建筑工程有限公司建设工程施工合同纠纷案①中，案涉工程已于2014年7月20日竣工验收合格，于2017年11月21日作出结算审核意见，但国信龙沐湾公司怠于履行结算义务，导致审核结算工作一直未完成，案涉建设工程价款数额未确定。故中建二局第三建筑工程有限公司在2020年5月就案涉工程价款提起该案诉讼时，一并主张建设工程价款优先受偿权，并未超过最高人民法院《关于审理建设工程施工合同纠纷案件适用法律问题的解释（二）》（已失效）第22条规定的6个月期限。据此，原审判决中建二局第三建筑工程有限公司在欠付工程款范围内对该案工程中其承建部分折价或拍卖的价款享有优先受偿权，并无不当。

结　语

在遇到怠于结算的发包人时，承包人不积极行使权利往往会使自身落得利益不断受损的尴尬境地。实际上，处于弱势地位的承包人其实也并不是完全无能为力，除了及时提起诉讼通过司法维护自身权益之外，笔者建议承包人尽可能做到以下几点：

1. 依据我国建设工程相关法律法规并结合双方工程承包合同具体个性内容，编制正式规范且完整的工程结算文件，并通过有效方式送达发包人，保证发包人收悉相关结算文件并留下相关发包人收悉结算文件的证据。

2. 及时以书面方式确认工程验收时间。根据我国《民法典》第799条第1

---

① 最高人民法院民事裁定书，（2021）最高法民申7246号。

款的规定，建设工程验收合格的，发包人应当按照约定支付价款，并接收该建设工程。换言之，要让发包人及时支付建设工程款，工程项目经过验收合格是最基础的条件，无论发包人如何怠于结算工程款，只要承包人及时推进工程验收，并以官方或书面方式及时确认验收时间，都是有利于承包人在发生纠纷争议时向发包人追索工程款以及相应的逾期付款利息。

3. 大多数承包人在面对发包人怠于结算的时候，往往会考虑自身的弱势地位而选择与发包人进行协商，但是这个承包人在协商过程中可能难以把握时间节点并且受制于自身相对弱势地位从而导致被动。虽然协商处理这一方式本身能够起到诉讼时效中断的效果，但往往协商的形式不够正式或是承包人未注意及时保留并固定协商处理的凭据，从而无法举证以实现诉讼时效中断的效果，因此承包人应注意保留诉讼时效中断的证据，若可能的话最好以正式会议或谈判形式与发包人协商结算事宜，并做好会议或谈判纪要并由双方签字确认。

4. 善用发函方式，以书面形式告知发包人在规定时间内审查承包人送交的结算文件并予以回复，根据《建设工程价款结算暂行办法》的规定，若承包人未按规定时限进行核对（审查）并提出审查意见，视为认可结算文件，在此情形下承包人送交的结算文件则可以作为承包人主张权利的依据。

5. 协商无果应善用司法途径解决，根据双方签订的承包合同的约定，向有管辖权的法院提起诉讼或依据合同约定的仲裁条款向仲裁机构申请仲裁，在诉讼或仲裁过程中承包人可以请求法院委托鉴定单位对工程价款进行造价鉴定，从而确定工程款价款。

相关法律规定

1.《民法典》

第七百九十九条第一款　建设工程竣工后，发包人应当根据施工图纸及说明书、国家颁发的施工验收规范和质量检验标准及时进行验收。验收合格的，发包人应当按照约定支付价款，并接收该建设工程。

2.《建设工程价款结算暂行办法》

第十四条第三项　（三）工程竣工结算审查期限

单项工程竣工后，承包人应在提交竣工验收报告的同时，向发包人递交竣工结算报告及完整的结算资料，发包人应按以下规定时限进行核对（审查）并提出审查意见。

	工程竣工结算报告金额	审查时间
1	500万元以下	从接到竣工结算报告和完整的竣工结算资料之日起20天
2	500万元—2000万元	从接到竣工结算报告和完整的竣工结算资料之日起30天
3	2000万元—5000万元	从接到竣工结算报告和完整的竣工结算资料之日起45天
4	5000万元以上	从接到竣工结算报告和完整的竣工结算资料之日起60天

建设项目竣工总结算在最后一个单项工程竣工结算审查确认后15天内汇总,送发包人后30天内审查完成。

3. 最高人民法院《关于审理建设工程施工合同纠纷案件适用法律问题的解释(一)》

第二十一条 当事人约定,发包人收到竣工结算文件后,在约定期限内不予答复,视为认可竣工结算文件的,按照约定处理。承包人请求按照竣工结算文件结算工程价款的,人民法院应予支持。

第二十七条 利息从应付工程价款之日开始计付。当事人对付款时间没有约定或者约定不明的,下列时间视为应付款时间:

(一)建设工程已实际交付的,为交付之日;

(二)建设工程没有交付的,为提交竣工结算文件之日;

(三)建设工程未交付,工程价款也未结算的,为当事人起诉之日。

4. 最高人民法院《关于审理建设工程施工合同纠纷案件适用法律问题的解释(二)》(已失效)

第二十二条 承包人行使建设工程价款优先受偿权的期限为六个月,自发包人应当给付建设工程价款之日起算。

发包人怠于验收的法律问题分析

编前语

实务中,建设工程施工等合同履行过程中承包方(或实际施工方)在工程竣工后经常面临发包方怠于验收的情况,在此情况下会导致竣工日期无法界定,从而使发包方与承包方之间产生工程款结算方面的分歧。另外,竣工日期的不确定性除了涉及工程进度款支付、竣工结算外,还涉及质量保修责任的起算时间和质保金返还时间以及其他工程相关风险转移节点等的认定,该等时间点的不确定性容易使承包方因此承担无法预估的风险与责任,因此发包方怠于验收的行为对承包方来讲系工程项目中的一大隐患。我们在此讨论发包人怠于验收的相关法律问题以便于承包人在遇到相似问题时能够及时地采取相应的救济措施,同时也警醒发包人积极履行验收义务避免产生相关纠纷。

【案情概要】①

2012 年 10 月左右,阜新新兴房地产开发有限公司(以下简称阜新新兴公司)与中国新兴建设开发有限责任公司(以下简称中国新兴公司)签订合同约定由中国新兴公司对大唐荣城 1 ~9 号楼、17 号楼、18 号楼、D2 车库、地下室进行工程施工。

2012 年 12 月 28 日,阜新新兴公司作为建设单位,阜新市建设监理总公司作为监理单位,中国新兴公司作为施工单位,棕榈建筑规划设计(北京)有限公司作为设计单位,四方签署 1 ~3 号单位(子公司)工程质量竣工验收记录,综合验收结论:符合设计及施工质量验收规范要求,合格,同意验收。

2014 年 7 月 24 日,中国新兴公司向阜新新兴公司发出工作联系单,联系事由:关于大唐荣城 4 ~9 号住宅楼、D2 车库、17 号楼、18 号楼预验收事宜。建设

---

① 最高人民法院民事判决书,(2019)最高法民终 1466 号。

单位和监理单位未签字盖章。2014 年 8 月 28 日，中国新兴公司向阜新新兴公司发出大唐荣城工程联系单，载明："4～9 号楼验收时间确定在 2014 年 9 月 10 日。"阜新新兴公司未予签字盖章。

【判决概要】

二审法院认为，本案中工程分为一期(1～3 号楼)和二期(4～9 号楼)。关于一期工程，根据合同约定，建设单位、监理单位、施工单位、设计单位四方已作出 1～3 号单位(子公司)工程质量竣工验收记录，四方一致表示，1～3 号楼竣工验收完毕。关于二期工程，根据查明事实，2014 年 7 月 24 日，中国新兴公司已向阜新新兴公司申请验收，阜新新兴公司并未对该申请予以回复。最高人民法院《关于审理建设工程施工合同纠纷案件适用法律问题的解释》(已失效)第 14 条第 2 项规定了承包人已经提交竣工验收报告，发包人拖延验收的，以承包人提交验收报告之日为竣工日期。双方建设工程施工合同中亦约定了：发包人在收到承包人送交的竣工验收报告后 28 天内不组织验收的，视为竣工验收报告已被认可。因此，二期工程虽未进行竣工验收，但施工方已向建设方提出竣工验收的申请，说明已基本完成涉案工程的建设，因阜新新兴公司原因未组织验收。因此，案涉工程应按前述法律规定视为竣工，并具备结算条件。

【争议焦点】

1. 工程竣工验收会产生什么样的法律效果？
2. 发包人应如何履行竣工验收义务？法律中有何规定？
3. 发包人怠于验收时承包人有何救济途径？存在哪些法律依据？

【案件分析】

一、工程竣工验收的法律性质与法律效果

(一)工程竣工验收的法律性质

《民法典》第 799 条规定："建设工程竣工后，发包人应当根据施工图纸及说明书、国家颁发的施工验收规范和质量检验标准及时进行验收。验收合格的，发包人应当按照约定支付价款，并接收该建设工程。建设工程竣工经验收合格后，方可交付使用；未经验收或者验收不合格的，不得交付使用。"即我国在法律中明确了发包人在建设工程施工合同中的验收协助义务，其制定的背景即认为唯有在承包人和发包人的共同努力下建设工程施工合同才可能获取的完整利益，形成一个完整的合同履行体系，同时也只有在发包人的协助配合下，承包人才能顺利推进合同中某些事项的履行。

发包人的协助义务虽被《民法典》明文确立下来，但对于发包人协助义务的法律性质，学界却存在着两种不同的观点，而且在这两种观点影响下，会对实务案例中对发包人怠于验收是否属于违约行为，是否需要承担相应的违约责任的认定产生两种截然不同的结论。

这两种学说观点分别为“债权人负担说”与“债务人义务说”。其中，持“债权人负担说”观点的学者认为，验收等债权人受领行为本身是债权效力的体现，由于民法中通说认为债权本身不应伴随有义务，将债权人的协助行为区别于民法中狭义的“义务”概念，而这种协助行为就被称为是一种强度较弱的不真正义务，即所谓的“债权人负担”，而在不履行这一类的不真正义务的情况下，仅仅只是令债权人的债权陷入迟延，仅会产生使债权人的债权难以实现对债权人不利的法律后果。换言之，与狭义的民事上的义务不同的是，这种不真正义务虽然存在，但债务人一般不得请求履行，债权人违反该义务也不会发生损害赔偿责任，在合同项下自然也不属于违约行为，不会因此承担相应的违约责任，仅仅只需自行负担此不真正义务的不履行导致的权利减损或丧失。而持“债务人义务说”观点的学者则倾向于认为债权人的受领等行为属于法定或是合同约定的义务，系真正意义上的“义务”，并非一种依附于权利的负担。笔者亦支持此观点，因为一旦将其与权利相牵连，其性质就决定了债权人可以因此放弃受领而只是承担不利益的后果，这显然是不合理的。尽管债权是一种财产权，但它与物权财产权所不同的是其属于一种相对权，必须依赖于债务人的履行行为才能实现。所以行使这种财产权时就不能不考虑债务人的行为和利益。而具言之，在案例所涉及的工程施工合同中由于该等合同属于合同双方均存在各自的权利与各自的义务的双务合同，因此发包方作为受领竣工的工程项目的债权人，其存在受领权利的同时也势必存在着与权利相连对应的义务，而这些义务包括合同中约定的，也包括法定的，如最为普通的支付工程进度款项，也包括我们所重点讨论的工程竣工验收。如果发包人拒绝受领同时也拒绝履行自己在合同中的义务，此时合同又不属于发包人可以任意解除的情形，发包人显然是构成违约的。然而发包人在拒绝受领拒绝验收的同时，履行了自己的其他义务，但是这种拒绝验收、拒绝受领的行为也会给承包人造成难以推进相关工程或是因未验收导致无法请求发包人支付相关款项，进一步导致时效性利益上的损害，所以拒绝受领、怠于验收等不仅仅关系到发包人的利益，而且关系到承包人的利益。由于建设工程项目往往案涉金额较大且工程周期较长，很多工程又和民生相关,发包人的该等拖延或拒绝验收的行为甚至会进一步影响社会发展及一系列的信用关系。

（二）工程竣工验收的法律效果

1. 对工程款项给付时间认定的影响

在实务中,建设工程施工项目中的合同约定普遍遵循着先验收后支付工程款项的规则。《建设工程施工合同(示范文本)》(GF－2017－0201)(以下简称《施工合同范本》)中通用合同条款第14条约定,在工程竣工验收合格后,发包人应支付承包人的合同价款。而《施工合同范本》作为合同范本,其文本或是其中条文自然是被广泛应用于建筑工程项目的合同订立中,因此在建设工程中支付竣工后的工程款项时,都会存在一定的验收步骤,并且以验收完成、形成验收合格的相关文书的落款日期作为计算工程款项支付日期的起始日期,常见的合同条款约定方式例如:“在××工程项目通过××验收部门验收合格后×日内,发包人应向承包人支付剩余的××款项。”

除了行业惯例性的约定外,我国《民法典》甚至直接在法律上确立了这种后付主义,《民法典》第799条第2款规定,“验收合格的,发包人应当按照约定支付价款,并接收该建设工程”。从法条的设计上就可以看出,在我国民法中,对验收合格后支付的该部分工程价款的支付方式采取的是后付主义。直接在法律中明确了发包人验收与支付款项的顺序,即只有在发包人完成验收之后,承包人才能够要求发包人支付剩余价款。

因此无论是行业中的习惯性约定方式还是法律规定,工程验收以及确认验收合格的时间都直接决定了工程款项给付的时间。由于建筑工程价款普遍属于较高额的款项,款项的转移支配也会直接影响承包人与发包人从该等款项中获取资本性收益,其外延性的影响也是不可小觑的。

2. 对工程相关风险转移时间的影响

合同中的风险负担会影响到合同双方或是一方对因不可归责于双方当事人的原因致使合同不能履行时的不利益的承担,在这种情况下,也许是一方承担,也可能是双方合理分担相关的风险。而风险负担包括物的风险和债的风险,债的风险中又存在履行风险和对价风险两种,这里我们只讨论对价风险。在我们讨论的案例所涉及的建设工程实践中,承包人是在发包人所有的土地上进行工程建设活动,根据“房地一体”原则,建设中的工程并非法律上独立的物,其附着于发包人的土地上因而应当归属于发包人所有。也因此,一般情形下,发包人作为“房地”的所有权人,除非与承包人在合同中另有特殊约定,如地震、台风等天灾的风险理应由发包人承担。这种风险承担的方式具言之就例如工程项目,因为一定的事变导致了毁损或是灭失,在这样的情形之下,这种风险的承担方式与工程项目因一定事变导致毁损或灭失的情况类似。关于风险负担的问题,《民法典》第十七章承揽合同与第十八章建设工程合同中均未针对这两种合同进行直接的规定,因此我们在此参照最为普通的买卖合同一章中的规定,即第604条、第605条之规定,[①]第604条所遵循的是交付主义的基本规则,即交付时点为风险负担转移的时点,但第605条对该基本规则进行了特殊性情况的补充,使受让方在交付过程中也负有了一定的义务。在此规定之下,即原则上工程相关风险包括合同价款的风险在工程竣工验收合格之前,均是由承包人承担,若建设工程项目在验收合格前发生任何意外导致毁损或是灭失的,承包人不得向发包人主张支付剩余合同款项。验收合格时点同时也成为风险转移时点。

3. 对质保期起算时间的影响

我国建设工程实行质量保修制度,建设工程在保修范围和保修期限内发生质量问题的,施工单位应当履行保修义务,并对造成的损失承担赔偿责任,也就是说保修期限的认定影响施工单位要在多长的时间范围内承担一种具有不确定性的保修责任,那么保修期限的计算与其起始的时点的认定就显得尤为重要。我国《建设工程质量管理条例》(以下简称《工程质管条例》)在第40条[②]第3款中规定建设工程的保修期自竣工验收合格之日起计算。即在我国,某一工程验收合格日期就直接决定了质保期的起算之日。

4. 对工程质量认定的影响

建设工程的竣工验收是工程建设全过程的最后一道程序,是对工程质量实行控制的最后一个重要环节。竣工验收合格后,发包人需按照约定支付价款也意味着对建设工程项目的质量的认可。根据《民法典》第799条第2款之规定:"建设工程竣工经验收合格后,方可交付使用;未经验收或者验收不合格的,不得交付使用。"同样也确认了竣工验收这一步骤系对工程质量的最终保障。另

① 《民法典》第604条:"标的物毁损、灭失的风险,在标的物交付之前由出卖人承担,交付之后由买受人承担,但是法律另有规定或者当事人另有约定的除外。"

《民法典》第605条:"因买受人的原因致使标的物未按照约定的期限交付的,买受人应当自违反约定时起承担标的物毁损、灭失的风险。"

② 《工程质管条例》第40条:"在正常使用条件下,建设工程的最低保修期限为:(一)基础设施工程、房屋建筑的地基基础工程和主体结构工程,为设计文件规定的该工程的合理使用年限;(二)屋面防水工程、有防水要求的卫生间、房间和外墙面的防渗漏,为5年;(三)供热与供冷系统,为2个采暖期、供冷期;(四)电气管线、给排水管道、设备安装和装修工程,为2年。其他项目的保修期限由发包方与承包方约定。建设工程的保修期,自竣工验收合格之日起计算。"

外，竣工验收确定工程质量是否达到相关标准之外，同样也会影响工程质量问题由哪一方承担相关责任，例如发包人若在竣工验收前，擅自使用工程，那么发生质量问题的，则需发包人自行负责。

二、发包人的竣工验收义务

（一）法律及相关规范对于发包人竣工验收义务的相关规定

首先是《民法典》在第十八章建设工程合同第799条第1款中规定，“建设工程竣工后，发包人应当根据施工图纸及说明书、国家颁发的施工验收规范和质量检验标准及时进行验收”。直接在法律中规定了发包人竣工验收的义务并强调了“及时”这一验收时间上的要求。

《工程质管条例》第16条第1款规定：“建设单位收到建设工程竣工报告后，应当组织设计、施工、工程监理等有关单位进行竣工验收。”这里的建设单位一般情况下即为工程中的发包方，而施工方即为承包方。由此可以看出，竣工验收虽然是由施工方或是承包方提起申请，但实际组织验收的应当是发包方，即该义务主体应当是发包方。

《施工合同范本》通用合同条款第2.7条约定：“发包人应按合同约定及时组织竣工验收。”可见无论是法律规范还是行业惯例上，发包人均存在着按照合同约定在一定的时限范围内进行工程验收的义务。

（二）竣工验收的相关程序

根据《施工合同范本》通用合同条款第13.2.2条的规定，竣工验收基本上应遵循如下的程序步骤进行：

（1）承包人向监理人报送竣工验收申请报告，监理人应在收到竣工验收申请报告后14天内完成审查并报送发包人。监理人审查后认为尚不具备验收条件的，应通知承包人在竣工验收前承包人还需完成的工作内容，承包人应在完成监理人通知的全部工作内容后，再次提交竣工验收申请报告。

（2）监理人审查后认为已具备竣工验收条件的，应将竣工验收申请报告提交发包人，发包人应在收到经监理人审核的竣工验收申请报告后28天内审批完毕并组织监理人、承包人、设计人等相关单位完成竣工验收。

（3）竣工验收合格的，发包人应在验收合格后14天内向承包人签发工程接收证书。发包人无正当理由逾期不颁发工程接收证书的，自验收合格后第15天起视为已颁发工程接收证书。

（4）竣工验收不合格的，监理人应按照验收意见发出指示，要求承包人对不合格工程返工、修复或采取其他补救措施，由此增加的费用和（或）延误的工期由承包人承担。承包人在完成不合格工程的返工、修复或采取其他补救措施后，应重新提交竣工验收申请报告，并按本项约定的程序重新进行验收。

(5)工程未经验收或验收不合格，发包人擅自使用的，应在转移占有工程后7天内向承包人颁发工程接收证书；发包人无正当理由逾期不颁发工程接收证书的，自转移占有后第15天起视为已颁发工程接收证书。

以上步骤系通用条款中针对验收的步骤约定，发包人与承包人双方也可以就竣工验收程序进行更进一步或是更为详细的约定，根据民法意思自治原则，在合同履行时就依据合同约定进行相关的验收步骤，这里就不予赘述了。

三、发包人怠于验收时承包人的救济途径与依据

由于工程验收合格会连带着产生一系列的法律效果，且一般是将相关责任与风险转移到发包人一方，因此在建筑工程实务当中，发包人基于自身的一些不当利益或是出于各种目的会做出一些行为，例如发包人在工程竣工应付款期间资金缺乏，无法支付工程款因而通过拖延验收达到拉长支付周期的目的；或是发包人为了推后办理竣工手续及后续的房产证，将固定资产移交时间进行相应顺延，以满足公司财务的需要等。在承包人对承包的项目建设施工完毕并提交竣工验收申请报告后，故意拖延进行验收。

(一)针对发包人怠于验收继而因未经验收合格为由拒绝支付工程款项之行为的救济途径

大多数发包人故意拖延验收均与拖延支付工程价款有关，为防止发包人因此恶意拖延验收，在前期阶段，承包人可以在工程竣工、具备验收条件时，及时并主动地向发包方提交竣工验收申请报告，可以通过电子邮件、纸质邮寄等多种方式向发包人提交该文书，即可以根据合同约定的联系地址、联系人或是通过查询企业信息公示系统或是企查查一类的企业信息网站获取发包人的最新地址等多途径投递。但无论是以何种方式提交，都要注意证据的留存，例如采取邮寄的方式提交的，应保留写有邮寄内容为竣工验收申请报告的邮寄凭证，甚至可以将如何将该报告封装寄送的全过程拍成视频形式留存，邮寄凭证包括寄出的凭证以及对方签收的凭证，重点应关注签收日期。

若是寄送竣工验收申请报告后发包人仍然没有任何回应，且承包人向发包人要求支付工程款项时发包人以未验收合格无法确认竣工日期为由拒绝的，承包人可以依据最高人民法院《关于审理建设工程施工合同纠纷案件适用法律问题的解释(一)》(以下简称《施工合同纠纷解释》)第9条第2项(承包人已经提交竣工验收报告，发包人拖延验收的，以承包人提交验收报告之日为竣工日期)、《民法典》第799条等条款并辅之以合同相关支付款项的条件的约定条款，如《施工合同范本》通用合同条款第 13.2.3 条[①]对于竣工日期认定的规定向法院提起诉讼。

（二）关于发包人怠于验收时承包人在风险转移、质保金返还等问题上的法律依据

在风险承担上，根据《民法典》第 605 条之规定，在买卖合同中因买受人的原因致使标的物未按照约定的期限交付的，买受人应当自违反约定时起承担标的物毁损、灭失的风险。虽然《民法典》并未在建设工程合同这一章中专门规定建设工程项目中的交付与风险转移的联系，但根据体系解释，且基于买卖合同系合同最为基础的类型，不难得出建设工程施工合同中也应遵循风险随交付转移的原则，同理，建设工程施工合同中也应适用“因买受人的原因导致未按期交付”的这种情况下风险转移时点的例外，具体到建设工程合同中，即若因发包人的原因导致工程项目未能按期交付或是完成竣工验收实现竣工，例如发包人迟迟不予组织验收，无限期地推迟验收合格日期，那么根据相关规定及理念，工程风险应当在推定的竣工日期（详见《施工合同纠纷解释》第 9 条第 2 项以及《施工合同范本》通用合同条款第 13.2.3 条）转移到发包人处，此后的一切意外毁损、灭失都应由发包人承担相关的后果。

而在质保金的问题上，根据《施工合同纠纷解释》第 17 条第 1 款第 3 项的规定，因发包人原因建设工程未按约定期限进行竣工验收的，自承包人提交工程竣工验收报告 90 日后当事人约定的工程质量保证金返还期限届满；当事人未约定工程质量保证金返还期限的，自承包人提交工程竣工验收报告 90 日后起满二年，承包人若请求发包人返还工程质量保证金的，人民法院应予支持。承包人也不必因发包人的拖延验收确认工程质量合格与否而无限期地处于工程质量的不确定性之中。

（三）发包人怠于验收导致的违约行为的追责依据

首先，《民法典》在第 799 条中规定发包人的验收义务，即是确立了发包人的竣工验收行为系法律所要求的工程项目中必备的，其怠于验收或是拖延验收的行为本就是属于一种违法行为，虽该条款并非法律中的强制性规定，但该规定属于在一定程度上为承包人提供了追究发包人怠于验收的违约责任的基础。

---

① 《施工合同范本》通用合同条款第 13.2.3 条规定：“工程经竣工验收合格的，以承包人提交竣工验收申请报告之日为实际竣工日期，并在工程接收证书中载明；因发包人原因，未在监理人收到承包人提交的竣工验收申请报告 42 天内完成竣工验收，或完成竣工验收不予签发工程接收证书的，以提交竣工验收申请报告的日期为实际竣工日期；工程未经竣工验收，发包人擅自使用的，以转移占有工程之日为实际竣工日期。”

其次,《施工合同范本》通用合同条款第13.2.2条第2款中约定:“除专用合同条款另有约定外,发包人不按照本项约定组织竣工验收、颁发工程接收证书的,每逾期一天,应以签约合同价为基数,按照中国人民银行发布的同期同类贷款基准利率支付违约金。”然而,这一约定只是一种最为轻微的违约金计算方式,合同双方也可以为防止怠于验收行为的出现约定更为严苛的违约金条款,例如每逾期一日,以合同价为基数,按每日万分之五的利率支付违约金等。建筑工程施工合同归根到底还是一种民事合同,建立在合同双方具有自由意志的合意基础之上。

另外,发包人怠于验收时的相关违约责任以合同约定为主,但若是因发包人怠于验收的行为造成了承包人其他的损失的,承包人同样可以实际损失请求发包人对此予以赔偿,鉴于本文主要围绕怠于验收行为进行讨论,在此对实际损失的赔偿问题不予赘述。

结　语

在建筑工程施工合同履行过程中,为避免发包人为一己私欲故意拖延或怠于履行竣工验收义务,承包人应在工程竣工后积极提交工程竣工验收申请报告的同时灵活运用相关法律规定中因发包人怠于或故意拖延验收的情况下对“竣工日期”的推定性规定,维护自己在建设工程项目完工后的相关合法权益。除此之外,承包人也可以运用合同,约定怠于验收的相关违约条款,设定具有一定威慑性的怠于验收违约责任,从而推动发包人衡量利弊后积极履行竣工验收义务,更好地维护自身权利的同时,也同时维护社会诚信利益,推动社会经济的良性发展。

相关法律规定

1.《民法典》

第六百零四条　标的物毁损、灭失的风险,在标的物交付之前由出卖人承担,交付之后由买受人承担,但是法律另有规定或者当事人另有约定的除外。

第六百零五条　因买受人的原因致使标的物未按照约定的期限交付的,买受人应当自违反约定时起承担标的物毁损、灭失的风险。

2.《建设工程质量管理条例》

第四十条　在正常使用条件下,建设工程的最低保修期限为:

(一)基础设施工程、房屋建筑的地基基础工程和主体结构工程,为设计文件规定的该工程的合理使用年限;

(二)屋面防水工程、有防水要求的卫生间、房间和外墙面的防渗漏,

为5年;

(三)供热与供冷系统,为2个采暖期、供冷期;

(四)电气管线、给排水管道、设备安装和装修工程,为2年。

其他项目的保修期限由发包方与承包方约定。

建设工程的保修期,自竣工验收合格之日起计算。

3. 最高人民法院《关于审理建设工程施工合同纠纷案件适用法律问题的解释(一)》

第九条　当事人对建设工程实际竣工日期有争议的,人民法院应当分别按照以下情形予以认定:

(一)建设工程经竣工验收合格的,以竣工验收合格之日为竣工日期;

(二)承包人已经提交竣工验收报告,发包人拖延验收的,以承包人提交验收报告之日为竣工日期;

(三)建设工程未经竣工验收,发包人擅自使用的,以转移占有建设工程之日为竣工日期。

4. 最高人民法院《关于审理建设工程施工合同纠纷案件适用法律问题的解释》(已失效)

第十四条　当事人对建设工程实际竣工日期有争议的,按照以下情形分别处理:

(一)建设工程经竣工验收合格的,以竣工验收合格之日为竣工日期;

(二)承包人已经提交竣工验收报告,发包人故意拖延验收的,以承包人提交验收报告之日为竣工日期;

(三)建设工程未经竣工验收,发包人擅自使用的,以转移占有建设工程之日为竣工日期。

建筑工程中保险理赔相关法律要点分析

编前语

建筑工程保险是承保以各类建筑工程在整个工程作业期间因自然灾害和意外事故造成的物质损失以及被保险人对第三者依法应承担的赔偿责任为保险标的的险种。这里的建筑工程包含了房屋、道路、桥梁、管道等各类大、中、小型工程建筑项目。这些工程项目在施工过程中或是合同约定的质保期限内发生的各种意外风险,均可通过投保建筑工程保险而得到一定的保障。实践中,投保人、保险人、被保险人以及可能被索赔的涉案第三人往往会对承保范围、赔偿标准以及责任与责任范围认定等问题产生争议,因此我们就建筑工程保险理赔的常见争议焦点做出相关的法律分析并予以讨论。

【案情概要】①

2013年8月1日,现代财产保险(中国)有限公司(以下简称现代财保公司)向被保险人海力士公司和海力士无锡公司签发财产险(英国协会条款)保险单。被保险人为海力士公司及其下属子公司及相关利益方。保险期间自2013年8月1日2时起至2014年7月31日24时止。保险标的为被保险人的所有动产和不动产,责任限额为23亿美元。2013年8月,五保险公司签署《2013—2014年度财产保险项目共保协议》,约定五方为海力士公司财产保险业务的共同保险人,保险期限自2013年8月1日起至2014年7月31日止。保费、赔款等协议各方共同确认的有关保费收入和费用支出均按上述比例分享和承担。

2013年3月1日,海力士公司与美德胜公司签订《TGM服务外包合同》,约定海力士公司委托美德胜公司负责气柜的运营和管理工作。2013年7月18

① 成道建设(中国)有限公司、现代财产保险(中国)有限公司保险人代位求偿权纠纷案,最高人民法院民事判决书,(2018)最高法民终1334号。

日,海力士公司与成道建设(中国)有限公司(以下简称成道公司)签订的《建设工程承包合同书》约定成道公司为海力士公司建设“13年第三季度设备(CNC、TF、DF)2次配管工程”。施工现场及施工过程发生的产业灾难及安全事故责任由成道公司承担。但是因为海力士公司提供的设计图存在缺陷或在海力士公司明示的要求下所实行的作业导致的灾难,成道公司可向海力士公司行使求偿权。成道公司因故意或过失未能管理好工程施工造成事故,给海力士公司或第三方造成财产或人身伤害时,由此引发的所有责任应由成道公司承担,海力士公司对此不承担任何责任。2013年8月22日,成道公司在现场进行了管线连接工作。成道公司也已于2013年8月23日施工完毕,并由海力士公司完成验收和双方工程移交。且验收后使用过程中经过多名相关技术人员的记录,设备运行状况均为正常。2014年3月11日,海力士公司与成道公司签署工程款收支情况确认表,载明HID4100001218号合同项下结算金额为2628420元,海力士公司已于2013年11月支付该笔工程款。成道公司于2013年11月18日向海力士公司开具安装发票,载明金额为2628420元。

2013年9月4日至26日,无锡市公安消防支队新区大队对海力士公司M01生产大楼F04号生产车间二层过火区域实施封闭。2013年9月29日,无锡市公安消防支队作出火灾事故认定书,经调查,对起火原因认定如下:该起火灾最先起火部位是F04二楼T/F8Bay区域,起火点为TV23号气柜。TV23号气柜最上层控制箱内吹入的保持正压的氮气错接为氢气,氢气喷出在控制箱内形成爆炸性混合物,遇静电火花产生爆燃,引起火灾。2013年10月8日,无锡市公安消防支队作出消防技术调查报告,该报告对灾害成因分析为:一是火灾发生初期,现场处置不力。二是工业管道的标志、标识不到位。三是生产工艺的需要,二层与三层之间采用网格状地板分隔,导致火势向三层的迅速蔓延。四是该厂房生产过程中使用大量易燃可燃气体,火焰的传播速度极快,加快了火势的蔓延扩展。该报告还提到,在原先的建筑设计防火审核中,韩国方面提出技术保密要求,未提供工艺流程图供建筑防火审核,导致设计中未充分考虑工艺方面的防火安全要求。

2014年12月25日,海力士公司(甲方)与五保险公司(乙方)签订《保险赔偿协议》,约定基于双方对本次事故的调查、评估和理算,双方同意由乙方向甲方支付最终保险赔偿金8.6亿美元,作为全部和最终的赔偿额度。乙方自向甲方支付赔付款之日起,在赔偿金额范围内代位行使甲方对第三者请求赔偿的权利。

2015年1月19日,根宁翰公司出具“第五及最终报告”,载明:厂房二楼爆炸并起火以及浓烟致使三层的制造车间无尘室设备遭受损失。损失为晶圆制造设备及其在制品受到烟尘污染并轻微受到高温及爆炸影响。被保险人的消防系统属于德国环保系统的5级标准。火灾也导致了位于五层露天区的环保系统损失。最终索赔金额为1064811729美元,赔偿金额(已考虑残值及免赔额)为8.6亿美元。扣除残值及免赔金额后,物质损失部分最终的定损金额为665950883美元。财产一切险(物质损失)和利润损失险合计定损金额为890474641美元。

基于上述事实,五保险公司提起诉讼要求成道公司支付五保险公司共3亿元的赔偿金。

【争议焦点】

1. 建筑工程保险理赔中灾害与相应损失之间的因果关系以及责任承担比例的认定。

2. 存在第三人过错时的保险人代位求偿范围的确定。

3. 保险公司再保险已经获得的保险金应否在代位求偿金额中扣除?

【判决概要】

其一,关于责任分配。本案不适用特殊侵权的归责原则。五保险公司认为案涉施工属于高度危险作业,本案应当适用无过错责任原则,不论成道公司和美德胜公司主观上有没有过错,都应承担民事责任。高度危险作业致害责任是指从事某一具体高度危险的活动或者事业因发生危险事故而承担的损害赔偿责任。从海力士公司分别与成道公司、美德胜公司签订的《建设工程承包合同书》和《TGM服务外包合同》约定的工作范围来看,成道公司和美德胜公司分别承担配管工程和气体管理工作,工作自身并不具有高度危险性,故本案不适用高度危险责任的归责原则,而是适用一般侵权的过错归责原则。根据对成道公司、海力士公司和美德胜公司对火灾事故发生的过错分析,成道公司和海力士公司对火灾事故的发生均具有较大过错,应对火灾造成的损失承担同等责任,成道公司对火灾事故造成的直接损失承担50%的责任,而美德胜公司对案涉事故无责任。

其二,关于保险公司的诉请金额。五保险公司诉请的金额属于保险理赔范围,其向海力士公司赔偿后有权向责任方追偿。五保险公司明确其诉请的诉讼标的中追偿损失3亿元为保险事故中物质损失的一部分。根据根宁翰公司出具的公估报告,扣除残值及免赔金额后,物质损失部分最终的定损金额为

665950883 美元，远远高于五保险公司在本案中的诉讼请求金额。根据消防部门出具的消防技术调查报告，除了现场工业管道的标识不到位，海力士公司还存在气柜上方采用可燃玻璃钢管道、二层与三层之间采用网格状地板分隔导致火势向四层洗涤塔和三层蔓延。综合考虑海力士公司厂房车间多层设计以及采用的可燃玻璃钢管道、网格状地板等材料对火灾发生后蔓延和烟尘污染的实际情况，酌定海力士公司物质损失中 60% 为其自身原因扩大的损失。案件中成道公司称五保险公司针对案涉保险进行了再保险，其主张保险代位追偿权时应扣除通过再保险已经获赔的部分。根据相关规定，本案系五保险公司基于其与海力士公司之间的保险合同，向海力士公司作出理赔后，在赔偿金额范围内代位行使海力士公司对第三者请求赔偿的权利，与五保险公司是否办理再保险以及再保险是否获得理赔无关，故对成道公司要求在本案中扣除再保险已理赔金额的主张不予支持。另外，依据海力士公司出具给五保险公司的《权益转让书》，载明海力士公司已收到共保人支付的保险金 8.6 亿美元，海力士公司同意以上述保险金为限，将海力士公司针对任何个人或单位因本次事故造成的损失或损害引起的相关追偿权利转让给共保人，故五保险公司行使保险人代位求偿权应以已赔偿给海力士公司的保险金数额为限。

综上，依照根宁翰公司出具的最终公估报告，本案除去海力士公司原因扩大的损失后的直接物质损失为 257264040 美元。按照前述对成道公司和海力士公司责任的分析，成道公司应承担火灾事故直接损失的 50%，即 128632020 美元。五保险公司在本案中诉请的 3 亿元金额小于上述金额，故对五保险公司依据共保协议约定的比例主张成道公司赔偿的诉讼请求，予以支持。

【案件分析】

一、建筑工程保险理赔中事故责任承担比例的认定

建筑工程中的事故责任比例的划分是保险理赔过程中十分重要的一环，也是最终确认理赔金额以及相关追偿事宜的基础，因此事故责任的划分在整个保险理赔工作过程中居于核心地位，需慎之又慎。

（一）建筑工程保险理赔中的责任认定形式

在具体的保险理赔案件对于事故责任认定的取证分析前，需要确认所涉事故的责任认定形式，而我们在此所述的这种责任认定形式的区分即侵权责任领域所讨论的对一般侵权责任与特殊侵权责任之区分。成道案件中，一审法院与二审法院均提及了案件中是否应当适用无过错责任的责任认定方式，对于在案件中具体应适用哪种责任认定方式，则需先厘清此处所提及的所谓的一般侵权责任与特殊侵权责任的区分方式以及相关的判断标准，再将其代入具体案件中予以适用，将其普之于保险事故的责任划定之中。

首先，根据我国《民法典》以及相关司法解释现有之立法条文可知，我国的成文法条中并没有直接对特殊侵权责任与一般侵权责任进行划分，因此这一提法仍然只是停留在民法理论学界。而学界则对于该两者的划分作出了非常多解释与划分标准，其中包括单一标准如构成要件缺失与否的判断方法和以责任是否为对己责任为标准的判断方法，同时也存在主张用两个或者两个以上的要件来划分一般侵权责任与特殊侵权责任的学派，比如以成立条件和表现形式的双重要件进行判断，以构成要件、归责原则等综合因素进行判断等。这一系列的判断标准虽看似众说纷纭，但将之贯彻于司法实践与具体案件的分析中，本质上即是证明责任特殊性的判断。证明责任，是指当事人穷尽所有证明方法且法院用尽查明事实真相的一切方法之后，根据一定的标准和原则将要件事实真伪不明的不利后果在当事人之间进行分配。侵权责任作为一种事后救济，其具有极强的程序特征，而这种程序性特征就必然使其与证明责任密不可分，正因如此，无论某一特殊侵权责任其构成要件或者归责原则是否特殊，其因果关系证明责任方面均具有特殊性。

以证明责任分配作为判断标准之理论事实上也是需要以成文法作为基础。虽然如前所述成文法没有直接明确特殊侵权责任与一般侵权责任或是特殊侵权行为与一般侵权行为，但事实上，从《民法典》《民事诉讼法》及相关法律法规司法解释中的字里行间特别是对证明责任的主体的规定中仍然能够推断出我国法律规定对于具体案件类型适用责任形式的倾向性。

（二）保险理赔中对损失后果的责任承担比例之认定与举证责任

对于大部分的案件难以适用特殊侵权的无过错责任的情况下，就需对事故的损失后果的过错方进行认定并且最终需划定出较为确切的责任承担比例。由于过错以及责任承担比例的认定属于较为具象化的内容，应辅之以涉案事实进行判断，那么在具体保险理赔案件中特别是保险理赔的诉讼、仲裁案件中，证据的认定或者说是举证责任的分配会对责任认定产生直接影响。

我们在此引入成道公司与五保险公司的代位求偿权纠纷案（以下简称成道案）来进行具体的分析，案件中所涉四方，五保险公司、被保险人海力士公司、第三人成道公司以及美德胜公司。除保险公司外，根据火灾事故认定书以及消防技术调查报告对于火灾起因的认定，该涉理赔的事故显然并非由不可抗力与意外事件导致，那么事故相关责任就必然在被保险人海力士公司以及与案涉项目的施工维修保养等直接相关的成道公司、美德胜公司这三者中进行划分。

首先,需通过相关事实对作为事故中非受害人一方的成道公司、美德胜公司进行是否存在相关过错的判断。案例中,法院通过配管直接负责人员的工作记录以及相关陈述,还原成道公司在二次配管过程中关于错接行为、非专业人员实施接管工作等事实,对于成道公司提出的自己无过错的质疑也通过相关事故认定报告等客观证据予以了回应,由于成道公司未能提供与对方提出的自己存在过错的证据相对抗的反驳性证据,其过错因而被法院予以认定。而美德胜公司则以合同条款关于工作范围的约定提出了自己作为后续供气的公司对于涉事故的验收前的二次配管工作引发的事故无任何的关联性,即以足以反驳对自己具有过错的主张的证据否认了自己在事故中存在过错这一事实。而对于侵害过错方的认定中,在举证责任上,无论是对成道公司还是对美德胜公司的过错事实的举证责任,均应由被害人海力士公司以及代位索赔的保险公司方来承担,本案中由于火灾事故公权力机构的介入,火灾事故认定书等本就能够在一定程度上证明相关责任划分事实。另外,保险公司一方提出的根宁翰保险公估(中国)有限公司出具的"第五及最终报告"同样也能认定成道公司存在的过错,而成道公司无法举出足够的证据对此予以反驳,因而根据《民法典》第1165条之规定,需承担与自己过错相应的侵权责任。

而除成道公司之外,法院同时也认定了被害人海力士公司自身同样也存在过错,此时的举证不能的不利后果将会直接由成道公司与美德胜公司承担。案件中,成道公司提出的海力士公司作为发包方未能按照合同约定做好标识工作,并能够以消防部门对海力士公司设备技术部长的询问笔录作为证据,相关不利后果就此转移到了事故被害人海力士一方。根据《民法典》第1173条之规定,"被侵权人对同一损害的发生或者扩大有过错的,可以减轻侵权人的责任"。据此,通过过错的认定,成道公司和海力士公司对火灾造成的损失最终承担的责任比例即被认定为同等责任,成道公司与海力士公司对火灾事故造成的直接损失各承担50%的责任。

泛而言之,在需区分是否存在过错的建筑工程事故保险理赔中,首先应由遭受损失的一方或是代位要求赔偿的保险人举证证明侵权第三人存在过错,而此时侵权人可以提出对抗性的证据反驳其证据,同时侵权第三人也可以提出受损方自身存在过错之主张,承担相关证明责任。总的来说,建筑工程保险理赔中对于过错的证明责任分配上仍然是以"谁主张,谁举证"作为原则,并未存在大范围的突破。

二、建筑工程保险理赔中保险人的代位求偿权与再保险

(一)保险人的代位求偿权

根据《保险法》第60条第1款之规定,“因第三者对保险标的的损害而造成保险事故的,保险人自向被保险人赔偿保险金之日起,在赔偿金额范围内代位行使被保险人对第三者请求赔偿的权利”。这就是我国《保险法》对于保险代位求偿权的明文规定,可以看出,在我国,保险代位求偿制度属于一种法定债权移转制度。在损害事实发生,保险人向被保险人支付了保险赔偿金后,被保险人对责任人所享有的权益就自动转让给了保险人,保险人不用通过责任人的同意,也不用获得让与意思,就可以直接获得对造成损失的第三人的债权,获得代位求偿的权利。这一制度的设立能够很好地解决保险人、被保险人和第三者之间存在的利益纠纷问题,而根据相关规定,在这一制度的施行过程中存在值得注意的三要件。

其一,需确定被保险人对第三人存在索赔权利。这一要件是保险人代位求偿权行使的前提条件,代位求偿权作为一种债权移转,其必然需要存在一个合法合约的债权作为移转的基础,因此只有在被保险人对第三人存在相关请求权基础时,保险人才可能通过先行向被保险人支付保险金的方式移转该债权。这种损害赔偿权利的产生通常有几种情况,第一种就是因违约的行为导致的保险标的的损失,基于第三人的该种违约行为,被保险人因此产生请求损害赔偿的权利。第二种则是成道案中法院所认定的被保险人的利益受到损害是第三人的侵权行为导致,因侵权责任法之规定,产生的损害赔偿请求权。而第三种情况则类似于对无过错责任的特殊责任规定,随第三方不存在违法或违约行为,但是按照法律的规定第三人也应当承担责任的情况下,被保险人对第三人产生的一种基于法律规定的债权请求权。无论是这三种的哪一种,保险人在符合其他要件的情况下,均可以代位向第三人请求相对应数额的赔偿。

其二,保险人已向被保险人赔偿保险金。此要件是行使代位求偿权的实质性条件。根据保险代位求偿权的债权移转性质,保险人显然只有在对被保险人完成赔付行为时,才可能将其求偿权利移转到自己手上,即其只有在此之后才能够在实质上行使代位权,否则,求偿的权利仍旧归属于被保险人。在保险事故发生后,保险人赔付一定数额的保险金前,被保险人一方面可以基于保险合同,向保险人请求保险金以弥补因事故造成的损害,另一方面,由于事故的发生与第三人的加害或介入行为有关联,被保险人享有对第三人的损害赔偿请求权。而当被保险人向保险人请求保险金且保险人支付相应的款项后,被保险人不再具有就该部分保险金向第三人请求赔偿的权利,这部分债权由此转移至保

险人处,这也是与保险的损失填补理念相符的。

其三,保险人代位求偿的范围需以赔付保险金为限。保险人所主张的代位求偿权的范围必须要以其已经向被保险人赔付的数额为限,即要在保险实际赔付的数额范围内行使保险代位求偿权。代位的本意即是“一人处于另一人的位置上”,若代位求偿使代位人获得额外收益,则显然是不符合代位权本身的性质与内涵。此外,若在保险金的支付过程中由于某些约定,被保险人只从保险人处获得了部分的赔偿额,那么被保险人仍然可以继续向责任人请求对剩余应赔付数额的赔偿金。被保险人留存的该部分请求权并不会对保险人代位求偿权的行使产生任何的影响。但在另一种情况下,保险人赔偿的保险金不能完全覆盖被保险人所遭受的损失时,保险人对于赔付的保险金部分可以通过代位方式向第三人主张赔偿,但如果第三人无能力同时清偿自己对于被保险人与保险人的债务时,同样是基于对被保险人的损失填补原则,保险人的代位求偿权将后位于被保险人对第三人的损害赔偿请求权。

(二)代位求偿范围应否包含保险金之利息

本文所述的成道案中,法院以五保险公司向海力士公司支付保险金系履行五保险公司的保险合同义务,并非为其他主体代偿为理由,认为五保险公司提起保险代位追偿权诉讼时主张赔偿金的利息损失,于法无据,不予支持。然而,对于保险人代位求偿权中是否包含对理赔款之利息的这一问题,在司法实践中除了本案中的完全不支持保险人的利息损失的判决方式外,还存在“支持保险人自支付保险金之日起的利息损失”“支持保险人自向第三者主张权利之日起的利息损失”“以保险人向第三者主张权利时为界点,界点之前的利息损失不予支持,界点之后的利息损失根据代位求偿权的成立要件与求偿范围综合判断”等多种认定方式,无论是在计算方式还是在是否支持保险人主张利息上都截然不同。

其中,以“在保险代位求偿中保险人仅仅是临时责任承担者,其可通过行使代位求偿权来挽回损失。保险代位求偿制度是保险损失补偿原则之延伸,应遵循‘损失多少赔偿多少’理念”为由,部分法院认为应当支持保险人在代位求偿中计算利息损失的请求,将保险人视为临时责任承担者,因此将利息起算日期定为保险人支付理赔款之日;[①]也存在以“我国《保险法》采取当然代位主义,保险人在向被保险人支付保险金取得代位求偿权后,是否向第三者请求赔偿,以

---

① 中银保险有限公司湖南分公司、侯某保险人代位求偿权纠纷案,湖南省高级人民法院民事判决书,(2019)湘民再65号。

及何时向第三者请求赔偿均是保险人意思自治范畴。如保险人未向第三者主张权利,则第三者就不存在迟延履行的问题,从而不需支付迟延履行的利息损失”为由,支持以保险人向第三方追偿之日起计算利息的;[①]还有法院认为以保险人向第三者主张权利时为界点,界点之前不应计算利息损失,界点之后应否计算,应根据代位求偿权的成立要件与求偿范围综合判断。这种综合判断主要是看保险人向第三人追偿时第三人的责任以及责任范围是否存在相关争议,若无争议则应当支持相关利息损失的追偿,若有争议则不予支持。[②]

我们认为,既为代位求偿权,代位前被保险人对于第三人索赔中存在对索赔款利息之计算,那么在保险人代位后,根据债权移转的性质与原理,保险人自然是可以向第三人主张索赔款项之利息的,而这部分的利息应当以被保险人与第三者之间约定的相关利息损失请求权之起止时间、利率等标准进行计算。这不仅符合保险代位求偿权的本质,也更具有可操作性,同时也能够兼顾公平性原则。

(三)保险人的再保险以及对代位求偿权的影响

什么是再保险?《保险法》第 28 条第 1 款规定,“保险人将其承担的保险业务,以分保形式部分转移给其他保险人的,为再保险”。

保险人在承保后,尤其在涉及巨额保险时,为分散风险往往通过分保的形式,将所承保的部分风险和责任向其他保险人再进行投保。由此,在保险合同法律关系之外,保险人与再保险人之间又形成再保险合同法律关系。《保险法》第 29 条规定:“再保险接受人不得向原保险的投保人要求支付保险费。原保险的被保险人或者受益人不得向再保险接受人提出赔偿或者给付保险金的请求。再保险分出人不得以再保险接受人未履行再保险责任为由,拒绝履行或者迟延履行其原保险责任。”可见在我国立法与司法中,再保险是原保险人以分保的方式将其承担的保险责任部分分摊给其他保险人的行为。由此,再保险合同与原保险合同之间虽有关联,但在法律关系上是相互独立的。根据合同相对性原则,保险人投保再保险的,保险人对第三人的代位求偿权不会因此受到影响,保险人可以就全部赔偿金额向第三人行使保险人代位求偿权,并在追偿成功后再根据再保险合同的约定及相关规定或者惯常做法将追偿款返还再保险人,因此并不会违背保险以及损害赔偿中的损害填平原则。

---

① 安盛保险公司、青岛华夏橡胶工业有限公司保险人代位求偿权纠纷案,山东省高级人民法院民事判决书,(2018)鲁民终 1071 号。

② 青岛金世纪实业有限公司、华安财产保险股份有限公司青岛分公司保险人代位求偿权纠纷案,最高人民法院民事判决书,(2019)最高法民终 299 号。

结 语

在建筑工程的保险理赔过程中，保险事故责任比例的划分以及保险人的代位求偿范围的确定都是常见的争议点。

对于事故责任的划分问题，首先应当厘清保险理赔所涉事故是否属于法定的特殊侵权责任所划定的无过错责任分配方式，若是，那么可以直接适用法律规定进行责任划分，这也是司法实践中最为简单的责任划分；若答案是否定的，则需各方明晰自己的相应举证责任，以相应的证据证明各自是否存在过错，法院以及相关专业鉴定机构则应通过各方的证据以及各方的过错程度对责任进行划分。

对于保险人的代位求偿权以及其追偿范围。保险人应明确被保险人对于第三人的损害赔偿请求权的确实性，以向被保险人支付相应保险金的时点以及该笔赔偿金额为限对第三人行使代位求偿权。保险人的这一代位求偿权并不会因为保险人存在再保险合同或是保险人未全额支付被保险人的索赔款项而受到影响。另外需要注意的是，笔者认为所谓的“赔偿金额为限”是包含被保险人对第三人迟延支付赔偿金的利息损失的，具体应以被保险人对损害赔偿主体第三人在利息上的主张为准。而我国法律对于保险代位求偿权的利息损失计算并未作出明确的规定，司法实践中各方各据其理，仍需较为权威的解释性规定或是指导性案例对此予以明确。

相关法律规定

1.《民法典》

第一千一百六十五条第一款 行为人因过错侵害他人民事权益造成损害的，应当承担侵权责任。

第一千一百七十二条 二人以上分别实施侵权行为造成同一损害，能够确定责任大小的，各自承担相应的责任；难以确定责任大小的，平均承担责任。

第一千一百七十三条 被侵权人对同一损害的发生或者扩大有过错的，可以减轻侵权人的责任。

第一千二百三十六条 从事高度危险作业造成他人损害的，应当承担侵权责任。

第一千二百三十九条 占有或者使用易燃、易爆、剧毒、高放射性、强腐蚀性、高致病性等高度危险物造成他人损害的，占有人或者使用人应当承担侵权责任；但是，能够证明损害是因受害人故意或者不可抗力造成的，不承担责任。被侵权人对损害的发生有重大过失的，可以减轻占有人或者使用人的责任。

2.《保险法》

第二十八条　保险人将其承担的保险业务,以分保形式部分转移给其他保险人的,为再保险。

应再保险接受人的要求,再保险分出人应当将其自负责任及原保险的有关情况书面告知再保险接受人。

第二十九条　再保险接受人不得向原保险的投保人要求支付保险费。

原保险的被保险人或者受益人不得向再保险接受人提出赔偿或者给付保险金的请求。

再保险分出人不得以再保险接受人未履行再保险责任为由,拒绝履行或者迟延履行其原保险责任。

第六十条　因第三者对保险标的的损害而造成保险事故的,保险人自向被保险人赔偿保险金之日起,在赔偿金额范围内代位行使被保险人对第三者请求赔偿的权利。

前款规定的保险事故发生后,被保险人已经从第三者取得损害赔偿的,保险人赔偿保险金时,可以相应扣减被保险人从第三者已取得的赔偿金额。

保险人依照本条第一款规定行使代位请求赔偿的权利,不影响被保险人就未取得赔偿的部分向第三者请求赔偿的权利。

实际施工人的认定及权利保护

——以陕西泾渭建设集团有限公司与武某建设工程施工合同纠纷案为例

编前语

在我国建设工程实务中，往往充斥着层层转包行为，其中不乏非法转包甚至是多层违法分包关系。在此种情形下，建设工程中，各方的关系错综复杂，为厘清其本质，司法解释引入了“实际施工人”这一概念，以保护建设工程施工中的最弱势一方——“施工人”的权利。

本文以最高人民法院的终审案例作为源起，浅析两个问题，“实际施工人的认定”和“其权利的保护”。

【案情概要】①

2012年7月29日，鸿天房公司（甲方）与陕西泾渭建设集团有限公司（以下简称泾渭公司）银川分公司（乙方）签订《工程施工总承包合同》，约定鸿天房天都项目二期（商品房区）二标段工程由泾渭公司银川分公司施工，武某（一审原告）在泾渭公司银川分公司委托代理人栏内签字。同日，泾渭公司银川分公司（A方）与武某（B方）签订了《项目施工委托书》，约定A方将案涉工程委托B方代表公司履行合同。2013年1月18日，武某代表泾渭公司银川分公司项目部与捷师劳务公司签订了《劳务班组分包合同》，约定由捷师劳务公司完成二期部分工程的劳务施工任务。2013年3月27日，承诺人武某、杨某、张某，承诺担保人孙某祥共同向鸿天房公司、泾渭公司作出承诺书，承诺工程由本人负责

① 陕西泾渭建设集团有限公司、武东建设工程施工合同纠纷案，最高人民法院民事判决书，(2019)最高法民终1549号。

完成,不转包,不出现农民工上访事件,及时结算分包工程费用和农民工工资,不随意停工。如不能完成上述承诺,公司有权将本人的项目经营人予以撤换,承诺人在公司撤换项目经理决定作出后3日内无条件退场,所有损失自行承担……因建设该项目产生一切债务均由个人承担,与公司无关,公司代个人偿还债务或赔偿损失,有权直接从工程款中扣除;与本项目无关债务由本人承担,与公司不发生关系。2013年6月28日,银川市建设工程招标投标管理中心出具四份中标通知书,泾渭公司中标鸿天房公司开发的鸿天房天都项目二期C1C2商住楼、C5C6住宅楼、G1G、地下车库某某标段的土建段的土建、水、暖、电工程的建设工程。2013年7月25日,鸿天房公司(甲方)与泾渭公司(乙方)签订《建设工程施工合同》,约定由泾渭公司承建中标工程。

《工程施工总承包合同》《项目施工委托书》《建设工程施工合同》签订后,武某便开始以实际施工人的身份垫资施工。

2013年12月25日,武某向鸿天房公司出具承诺书,承诺按照合同付款标准申请工程款2000万元用于项目部农民工工资的发放,让其顺利返乡,保证无上访及群体事件发生。

2014年3月20日,因武某不能正确处理劳务纠纷,违反其承诺事项,武某(乙方)自愿退场并与泾渭公司银川分公司(甲方)、鸿天房公司(丙方)签订《协议书》(以下简称《退场协议书》)。

武某退场后,因各方无法对工程结算价款达成一致,武某向宁夏回族自治区高级人民法院(一审法院)提起诉讼,请求泾渭公司支付工程款及逾期利息。一审法院判令泾渭公司向其支付工程款及逾期利息后,泾渭公司不服判决结果提起上诉。二审法院即最高人民法院纠正了工程款金额后驳回了泾渭公司的上诉请求。

【争议焦点】

1. 实际施工人的认定。
2. 实际施工人的权利。

【判决概要】

关于争议焦点1:

最高人民法院认为,首先,《项目施工委托书补充条款》第3条约定“与鸿天房公司的结算均应打入泾渭公司账户,然后由泾渭公司、武某双方按照协议约定进行结算”,该约定并未以鸿天房公司向泾渭公司支付工程款作为泾渭公司向武某支付工程款的条件,也无其他证据证明泾渭公司向武某支付工程款需以鸿天房公司支付工程款为条件。其次,在实际施工中,武某以泾渭公司银川分公司的名义成立天都项目部进行施工,武某已经将案涉工程交付,泾渭公司作为转包方应当支付工程款。最后,泾渭建设公司与武某签订的《项目施工委托书》,实质上是将案涉工程非法转包给武某施工。因武某系无施工资质的自然人,根据最高人民法院《关于审理建设工程施工合同纠纷案件适用法律问题的解释》(已失效,以下简称《2004 解释》)第 1 条第 2 项规定,《项目施工委托书》也应依法认定为无效。然而,武某在本案中以投入资金、材料及劳动力的方式,完成了相关的案涉工程施工,理应作为实际施工人。

关于争议焦点 2:

首先,虽然武某与泾渭公司签订的《项目施工委托书》系非法转包,《项目施工委托书》依法被认定为无效。但是,这并不意味着武某作为实际施工人不享有获得报酬、取得施工利润的权利。否则,有悖诚信原则。相反,武某作为实际施工人,其投入已物化在案涉工程中,获取工程款及利息的权利是受到我国法律保护的。在本案中,泾渭公司将案涉工程转包给没有资质的个人武某,泾渭公司对《项目施工委托书》的无效存在过错。一审中已经按照《项目施工委托书》的约定扣除了泾渭公司收取的管理费,如再扣除利润,该利润被泾渭公司获得,泾渭公司违法转包反而取得了实际施工人本应获得的利润,不仅违背《项目施工委托书》的约定,违背诚信,而且有失公平。因此泾渭公司主张扣减施工利润的上诉理由不能成立。

其次,实际施工人对工程款可以主张利息。对于欠付工程款利息问题。《2004 解释》第 18 条规定"利息从应付工程价款之日计付。当事人对付款时间没有约定或者约定不明的,下列时间视为应付款时间:(一)建设工程已实际交付的,为交付之日;(二)建设工程没有交付的,为提交竣工结算文件之日;(三)建设工程未交付,工程价款也未结算的,为当事人起诉之日",第 17 条规定"当事人对欠付工程价款利息计付标准有约定的,按照约定处理;没有约定的,按照中国人民银行发布的同期同类贷款利率计息"。武某于 2014 年 3 月 20 日签订《退场协议书》,泾渭公司应当及时向武某支付工程款。

【案件分析】

一、实际施工人概念源起

实际施工人这一概念的首次官方提出,在《2004 解释》中明确了三点:

(1)没有资质的实际施工人借用有资质的建设施工企业名义订立的建设工

程施工合同无效,且人民法院可以收缴当事人已取得的非法所得;

(2)因建设工程质量发生争议的,实际施工人可以作为被告;

(3)实际施工人以发包人为被告主张权利的,人民法院可以追加转包人或者违法分包人为本案当事人。发包人只在欠付工程价款范围内对实际施工人承担责任。

这三点在最高人民法院《关于审理建设工程施工合同纠纷案件适用法律问题的解释(一)》(法释〔2020〕25 号,以下简称《2020 解释》)中也得到了保留和完善。其中的第三点,实际上也赋予了实际施工人突破合同相对性的权利,其可直接向发包人主张未支付工程款,此点对实际施工主体、承包人、发包人的权益都产生了深远的影响。

二、实际施工人的认定

(一)相关法律、法律解释规定

1. 河北省高级人民法院发布的《建设工程施工合同案件审理指南》第 29 条第 1 款规定:"实际施工人与名义上的承包人相对,一般是指非法转包合同、违法分包合同、借用资质(挂靠)签订合同的承包人。具有下列情形可认定为实际施工人:(一)存在实际施工行为,包括在施工过程中购买材料、支付工人工资、支付水电费等行为;(二)参与建设工程承包合同的签订与履行过程;(三)存在投资或收款行为。"

2. 北京市高级人民法院《关于审理建设工程施工合同纠纷案件若干疑难问题的解答》(京高法发〔2012〕245 号)第 18 条第 1 款规定,《2004 解释》中的"实际施工人"是指无效建设工程施工合同的承包人,即违法的专业工程分包和劳务作业分包合同的承包人、转承包人、借用资质的施工人(挂靠施工人);建设工程经数次转包的,实际施工人应当是最终实际投入资金、材料和劳力进行工程施工的法人、非法人企业、个人合伙、包工头等民事主体。

法院应当严格实际施工人的认定标准,不得随意扩大《2004 解释》第 26 条第 2 款的适用范围。对于不属于前述范围的当事人依据该规定以发包人为被告主张欠付工程款的,应当不予受理,已经受理的,应当裁定驳回起诉。

3.《山东省高级人民法院 2011 年民事审判工作会议纪要》。《2004 解释》第 26 条规定的实际施工人,是指工程转包合同的转承包人、违法分包合同的承包人、借用资质(资质挂靠)的承包人。司法实务中应当严格实际施工人的认定标准,不得随意扩大实际施工人的适用范围。实际施工人可以是法人、其他组织、个人合伙,也可以是自然人(俗称"包工头"),但从事建筑业劳务作业的农民工不属于实际施工人。

综上,从上述三省高级人民法院的法律解释中,我们不难看出,实际施工人是一个相对复杂的概念,其并不可单纯的以语义解释,解释为"实际"的"施工人",如《山东省高级人民法院2011年民事审判工作会议纪要》中就明确指出,从事建筑劳务作业的农民工不属于实际施工人。实际施工人,从法律意义上,应当解释为,实际投入人力(施工行为)、物力(施工材料)、财力(施工资金),用以完成工程项目建设的"主体",同时河北省高级人民法院也指出在建设工程中参与承揽合同的签订与履行过程的主体也应当认定为实际施工人。

除上述规定外,四川省高级人民法院《关于审理建设工程施工合同纠纷案件若干疑难问题的解答》(川高法民一〔2015〕3号)等也作出了类似之规定。

(二)司法实践

除泾渭公司与武某建设工程施工合同纠纷案中,最高人民法院认为实际施工人应当是以投入资金、材料及劳动力的方式,对建设工程施工进行了实际施工的主体以外,基于程某、甘肃凯鼎建筑工程有限公司等建设工程合同纠纷案①、北京德兴建筑安装有限公司与北京唯逸房地产开发有限公司等建设工程分包合同纠纷案②、万某飞、西安市建总工程集团有限公司等建设工程合同纠纷案③等案例,最高人民法院认为,若建设施工合同存在转包、违法分包及借用有施工资质的企业名义承揽建设工程等情形下,虽与发包人没有直接的合同关系或名义上的合同关系,但实际上履行了施工义务的,仍属于实际施工人。

综上所述,笔者认为,对于实际施工人的认定,可以总结为,在建设工程中,在存在转包、违法分包及借用有施工资质的企业名义承揽建设工程等情形下,实际投入人力、物力、财力等用以完成工程项目中全部或部分建设的主体,或在建设工程中参与承揽合同的签订与履行过程的主体,但从事建筑业劳务作业的农民工除外。

三、实务中实际施工人的权利保护问题

实际施工人在实务中,是转包或违法转包的施工人,其主体通常是非法的。以及实际施工人签订的建设工程施工合同往往也会因借用资质、挂靠承包方等原因导致合同无效,或实际施工人与发包人也并无实际上或名义上的合同关系。然而,从泾渭公司与武某建设工程施工合同纠纷案中,我们可以清晰地知道,身份非法的实际施工人的权利义务也是受我国法律保护的。在实务中对于

---

① 青海省天峻县人民法院民事判决书,(2021)青2823民初490号。

② 北京市丰台区人民法院民事判决书,(2021)京0106民初35424号。

③ 甘肃省永登县人民法院民事判决书,(2022)甘0121民初311号。

实际施工人的特殊权利救济途径，分以下两种：

(1)实际施工人的优先受偿权(主流观点不支持，但有例外)；

(2)以《民法典》第535～537条之规定，以及《2020解释》第43、44条为依据，行使实际施工人的代位追偿权。

(一)实际施工人的优先受偿权

1. 相关法律、法律解释规定

(1)《合同法》(已失效)第286条规定，发包人未按照约定支付价款的，承包人可以催告发包人在合理期限内支付价款。发包人逾期不支付的，除按照建设工程的性质不宜折价、拍卖的以外，承包人可以与发包人协议将该工程折价，也可以申请人民法院将该工程依法拍卖。建设工程的价款就该工程折价或者拍卖的价款优先受偿。

(2)《民法典》第807条规定，"发包人未按照约定支付价款的，承包人可以催告发包人在合理期限内支付价款。发包人逾期不支付的，除根据建设工程的性质不宜折价、拍卖外，承包人可以与发包人协议将该工程折价，也可以请求人民法院将该工程依法拍卖。建设工程的价款就该工程折价或者拍卖的价款优先受偿。"该规定基本沿用原《合同法》第286条的规定。

(3)最高人民法院《关于适用〈中华人民共和国民法典〉时间效力的若干问题》第1条第2款规定，民法典施行前的法律事实引起的民事纠纷案件，适用当时的法律、司法解释的规定，但是法律、司法解释另有规定的除外。本案事实发生于民法典实施之前，应当适用民法典实施前的相关法律规定予以处理。

根据上述法律规定可知，所谓建设工程价款优先受偿权，是指在发包人逾期支付工程款时，承包人享有的与发包人协议将该工程折价或者请求人民法院将该工程依法拍卖，并就该工程折价或者拍卖的价款优先受偿的权利。

2. 司法实践

在宁夏钰隆工程有限公司建设工程施工合同纠纷再审审查与审判监督案①中，最高人民法院认为在建设工程施工合同关系中，优先受偿权是为了保障工程价款请求权得以实现而设立的，而工程价款请求权又是基于合同关系产生的，所以应受合同相对性的限制。基于最高人民法院《关于审理建设工程施工合同纠纷案件适用法律问题的解释(二)》(已失效)第17条"与发包人订立建设工程施工合同的承包人，根据合同法第二百八十六条规定请求其承建工程的

① 最高人民法院民事裁定书，(2019)最高法民申6085号。

价款就工程折价或者拍卖的价款优先受偿的，人民法院应予支持”的规定，即体现了此种精神。在发包人同意或者认可挂靠存在的情形下，挂靠人作为没有资质的实际施工人借用有资质的建筑施工企业(被挂靠人)的名义，与发包人订立了建设工程施工合同。挂靠人是实际承包人，被挂靠人是名义承包人，两者与发包人属于同一建设工程施工合同的双方当事人。因此，认定挂靠人享有优先受偿权，并不违反该条的规定。在该案中，宁夏钰隆工程有限公司(以下简称钰隆公司)借用安徽三建的资质，以挂靠方式对发包人蓝天公司发包的1号、4号、5号楼进行了实际施工，属于实际施工人。同时，钰隆公司与蓝天公司之间已经履行了发包人与承包人之间的义务，双方在事实上形成了建设工程施工合同关系，钰隆公司是案涉工程的实际承包人。而且，蓝天公司从签订合同开始到实际履行合同过程中，知道并认可钰隆公司是借用安徽三建资质进行实际施工的事实，还接受了钰隆公司直接支付给自己的保证金，并向钰隆公司直接支付过工程价款，更进一步证明蓝天公司认可了钰隆公司系工程实际承包人的事实。

故最高人民法院认为一审判决钰隆公司享有优先受偿权是正确的。

综上，根据上述案例可知，在特定情况下，最高人民法院及部分地方法院认可实际施工人享有建设工程价款优先受偿权。从主流观点上来讲，最高人民法院民事审判第一庭在《最高人民法院新建设工程施工合同司法解释(一)理解与适用》一书中明确，只有与发包人订立建设工程施工合同的承包人，才享有优先受偿权。实际施工人不属于“与发包人订立建设工程施工合同的承包人”，不享有优先受偿权。而在钰隆公司建设工程施工合同纠纷再审审查与审判监督案中，最高人民法院认定实际施工人享有优先受偿权的原因是发包人对实际施工人借用安徽三建资质一事，是明知且应知的，或者更进一步说，是认可的。再出于对实际施工人权利的保护，方才作出了如上的判决。

(二)实际施工人的代位权

1. 相关法律、法律解释规定

代位权指的是因债务人怠于行使其到期债权，对债权人造成损害的，债权人可以向人民法院请求以自己的名义代位行使债务人的债权。债权的代位权的设立是为了避免债务人不当行为对债权人利益的侵害，其在《民法典》第535、536条和第537条有明确的适用规定，规定债权人仅对自身的到期债权，可对债务人对第三人的到期债权或债务人的债权或者与该债权有关的从权利存在诉讼时效期间即将届满或者未及时申报破产债权等情形，享有代位追偿权。

在最高人民法院2020年发布的《2020解释》中第44条，明确规定了实际施工人可以依据《民法典》第535条规定，以转包人或者违法分包人怠于向发包人行使到期债权或者与该债权有关的从权利,影响其到期债权实现为由,向人民法院提起代位权诉讼,人民法院应当受理。

同时,在《2020 解释》中,第 43 条规定,实际施工人可以突破合同相对性,直接起诉发包人来主张权利。此时,人民法院应当追加转包人或者违法分包人为本案第三人,在查明发包人欠付转包人或者违法分包人建设工程价款的数额后,判决发包人在欠付建设工程价款范围内对实际施工人承担责任。但是可以突破合同相对性请求发包人在欠付工程款范围内承担给付责任的实际施工人,并不包括多层转包和违法分包关系中的实际施工人。

因此,该司法解释只适用于同时满足下述三点的情况下,实际施工人才有权突破合同相对性向发包人主张权利。(1)涉及三方当事人、两个法律关系的情况;(2)在该关系中存在发包人欠付总承包人工程款;(3)总承包人与实际施工人之间存在转包或者违法分包关系。

2. 司法实践

(1)方某福、无锡市盛达建筑安装工程有限公司等建设工程施工合同纠纷案①

该案中,法院认为方某福与无锡市盛达建筑安装工程有限公司之间究竟是挂靠关系还是转包关系,双方有争议,且方某福在一审中的陈述与其在备忘录中的表述亦不一致,导致其难以以实际施工人的身份直接向发包人高球公司主张权利。但无论是何种关系,并不影响方某福以代位权的方式向高球公司主张权利。

(2)张某、卢某旺与辽宁连盛基建集团有限公司、营口津海置业有限公司等建设工程施工合同纠纷案②

该案中,二审法院认为《2020 解释》第 43 条系为保护农民工利益而突破了合同相对性的规定,但对该解释应从严把握。根据最高人民法院民一庭关于该条司法解释适用的裁判观点认为,可以突破合同相对性请求发包人在欠付工程款范围内承担给付责任的实际施工人,并不包括多层转包和违法分包关系中的实际施工人。因此,该司法解释只适用于涉及三方当事人、两个法律关系的情况,即发包人与总承包人之间的建设工程施工合同关系,且在该关系中存在发包人欠付总承包人工程款的事实。同时,总承包人与实际施工人之间存在转包或者违法分包关系。只有符合上述情况下的实际施工人,才有权突破合同相对

---

① 江苏省无锡市中级人民法院民事判决书,(2022)苏 02 民终 3731 号。

② 辽宁省营口市中级人民法院民事判决书,(2022)辽 08 民终 2432 号。

性向发包人主张权利。

该案中张某作为多层转包和违法分包下的保温工程实际施工人，首先无证据证明发包人津海置业欠付总承包人辽宁连盛基建集团有限公司工程款，其次其与总承包人辽宁连盛基建集团有限公司之间不存在直接的转包和违法分包关系，其不符合该司法解释的适用条件。而辽宁连盛基建集团有限公司是工程的总承包人，不是发包人，不属于该司法解释规定的付款义务主体。

(3)崔某宝、浙江宝业幕墙装饰有限公司等建设工程分包合同纠纷案①

该案中，二审法院认为案外人谬某某以浙江宝业幕墙装饰有限公司(以下简称宝业公司)名义与崔某宝签订的《装饰工程分项分包合同》，经生效判决认定对宝业公司无效，合同主体系崔某宝与聂某光，该合同因违反法律的禁止性规定而无效。但是，工程已经竣工验收合格，崔某宝有权参照《装饰装修分项分包合同》的约定要求聂某光支付工程款。案涉工程由宝业公司向绿地江北公司承包，宝业公司又与聂某光签订内部承包协议书，而该内部承包合同亦因违反法律的禁止性规定而无效。

因此，该案中绿地江北公司与崔某宝之间无合同关系，亦不是转包或违法分包关系，而是多层违法分包关系，不属于《2020 解释》第 43 条的适用范围。

(4)鹤城建设集团股份公司、吴某涛与邵某开、辽宁鹤城建设集团管件有限公司建设工程施工合同纠纷案②

二审法院认为，该案中吴某涛自认邵某开为实际施工人，且 2020 年 11 月其撤场后，后续工程由邵某开继续施工。鹤城建设集团股份公司也自认直接向邵某开支付工程款 40000 元，说明其知晓邵某开为实际施工人。鹤城建设集团股份公司虽未与邵某开签订合同，但其作为发包人，尚欠吴某涛工程款，应当与吴某涛共同承担向邵某开支付工程款的义务。

结　语

本文主要探讨了实际施工人的认定以及权利保护问题。但相信读者不难看出，实际施工人本就是弱势群体，且对于身份非法的实际施工人，虽最高人民法院为其开辟了突破合同相对性的途径，但其权利的保护仍然是受限的。因此，也希望我国的建筑工程行业能进一步地合同化、规范化，也希望本文的浅谈能给读者带来些许的启发。

---

① 浙江省宁波市中级人民法院民事判决书，(2022)浙 02 民终 4185 号。

② 辽宁省沈阳市中级人民法院民事判决书，(2022)辽 01 民终 16197 号。

相关法律规定

1.《合同法》(已失效)

第二百八十六条　发包人未按照约定支付价款的,承包人可以催告发包人在合理期限内支付价款。发包人逾期不支付的,除按照建设工程的性质不宜折价、拍卖的以外,承包人可以与发包人协议将该工程折价,也可以申请人民法院将该工程依法拍卖。建设工程的价款就该工程折价或者拍卖的价款优先受偿。

2.《民法典》

第八百零七条　发包人未按照约定支付价款的,承包人可以催告发包人在合理期限内支付价款。发包人逾期不支付的,除根据建设工程的性质不宜折价、拍卖外,承包人可以与发包人协议将该工程折价,也可以请求人民法院将该工程依法拍卖。建设工程的价款就该工程折价或者拍卖的价款优先受偿。

3. 最高人民法院《关于审理建设工程施工合同纠纷案件适用法律问题的解释(二)》(已失效)

第十七条　与发包人订立建设工程施工合同的承包人,根据合同法第二百八十六条规定请求其承建工程的价款就工程折价或者拍卖的价款优先受偿的,人民法院应予支持。

4. 最高人民法院《关于审理建设工程施工合同纠纷案件适用法律问题的解释》(已失效)

第二十六条第二款　实际施工人以发包人为被告主张权利的,人民法院可以追加转包人或者违法分包人为本案当事人。发包人只在欠付工程价款范围内对实际施工人承担责任。

5. 最高人民法院《关于审理建设工程施工合同纠纷案件适用法律问题的解释(一)》

第四十四条　实际施工人可以依据民法典第五百三十五条规定,以转包人或者违法分包人怠于向发包人行使到期债权或者与该债权有关的从权利,影响其到期债权实现,提起代位权诉讼的,人民法院应予支持。